陆游传 陆游研究

朱东润

／

著

上海古籍出版社

图书在版编目（CIP）数据

陆游传 ；陆游研究 / 朱东润著. -- 上海 ：上海古
籍出版社，2025．7． -- ISBN 978‐7‐5732‐1687‐8

Ⅰ．K825.6；I206.2

中国国家版本馆 CIP 数据核字第 202593PH98 号

陆游传 陆游研究

朱东润　著

上海古籍出版社出版发行

（上海市闵行区号景路 159 弄 1‐5 号 A 座 5F　邮政编码 201101）

（1）网址：www. guji. com. cn

（2）E-mail：guji1@guji. com. cn

（3）易文网网址：www. ewen. co

启东市人民印刷有限公司印刷

开本 890×1240　1/32　印张 15.5　插页 3　字数 333,000

2025 年 7 月第 1 版　2025 年 7 月第 1 次印刷

印数：1—2,100

ISBN 978‐7‐5732‐1687‐8

I·3940　定价：68.00 元

如有质量问题，请与承印公司联系

清人绘陆游像

1960 年

1979 年

1961 年

我社历年各版书影

新 版 弁 言

——纪念伟大诗人陆游诞辰 900 周年

今年是南宋伟大诗人陆游诞辰 900 周年(诞生于宋徽宗宣和七年十月十七日,即公元 1125 年 11 月 13 日),上海古籍出版社决定重印二十世纪五十年代末朱东润师所著陆游三书,即《陆游选集》、《陆游研究》和《陆游传》,以为纪念。《陆游选集》,出版社据旧版改排简体字,前期已印出。《陆游研究》从 1961 年初版以后,本次为首度再版,且与《陆游传》合为一册,以便读者对照阅读。

一、朱东润师在特殊时期完成陆游三书

《陆游传》自序云:"要写这本传记,事前必须做好一切准备工作。我所写的《陆游诗选注》、《陆游研究》,实际上只是准备工作的一部分,但是还很不够。"《陆游研究》后记也说:"尤其遗憾的是我写这本书的同时,也正在进行《陆游传》的创作。在《陆游研究》当中,我们不能离开他的生活而空洞地谈他的思想和作品;在《陆游传》的叙述里,离开他的生活,那又能写些什么呢? 当然,我应当尽量设法避免重复,但是也还有些无法避免的重复。"这里说清楚了三书之间的关系,即《陆游诗选注》挑选陆游最优秀的诗篇(后增注词、文,改为《陆游选集》),作认真详尽的注释和分析,是细读原作,充分理解后的思考,也具有普及的价值。《陆游研究》分为十七章,前七章分析与陆游生平有关的重大问题,包括生平细节与生活时代,所涉及的重大事件及陆游之立场,不加厘清,则传记无以着笔。其次四章,涉及陆游诗的分期,与其师承与转变,是介绍陆游诗歌成就及诗风一生数度变化的根本所在。最后六章介绍陆游各体文学的成就,那时比较喜欢讲现实主义和浪漫主义是中国文学的主流,陆游是现实主义诗人,这是主流的认识,《陆游诗中的浪漫主义成分》则强调另一方面的特色。三书的重心当然是《陆游传》,这是朱师从1939年学术重心转向传记文学研究和写作后,完成的第三本传记(第一本是1943年的《张居正大传》,第二本《王守仁大传》则未及出版而手稿遗失),虽然完成于特别繁忙而喧闹的时期,追求的学术品位和叙述深度却没有丝毫的减损,应该给以特别提出来讨论。

　　朱东润师晚年在自传中关于陆游三书的成书,有一大段很生动的叙述。1958年8月5日,"大跃进"高潮中,在教学大楼召开全系大会,教师和学生都参加,要老教授表态如何在一年内完成教学研究任务。先是两位教研室主任表态,一位表示一年内将讲义全行写过,还要出书,获得通过,另一位表态要在一年内看完120万字的稿子,也获得通过。压力来到当时担任系主任的朱先生身上,先表态可以写一本十多万字的《陆游传》,群众不通过,于是再表态还可以写一本十多万字的《陆游研究》,还是不通过。他回忆道:

群众激动了,不能不满足群众的要求,何况我是系主任,凡事都得带个头,我只有把最后一口气都挤上。我说:"在这两本书以外,我还准备写一本《陆游选集》。""多少字?""二十万字。"我和赌场里的赌棍,交易所里的投机商人一样,把最后的赌本都挤上了。(《朱东润自传》405页,东方出版中心1999年)

所幸那时中文系书记李庆云还算明白,带头鼓掌通过了朱先生的"大跃进"计划。

朱先生是很认真的人,既然在全系面前表了态,就有必要在第二年国庆十周年前完成这一写作任务。其间他担任系主任,诸事丛杂,课务繁重,还曾有四个月参加上海万人工商检查团,一年间要完成五十万字写作,实在很繁重。系里一直流传,朱先生是生活有规律的人,每天坚持只用毛边纸写对开两页的书稿,多一字都不写,估计这段时期也无法做到了。好在那年他六十三岁,身体健康,精力充沛,恰是学术成熟、笔力健旺的时期。努力了一年,居然完成了三书。《陆游研究》和《陆游传》的自序,都写于1959年国庆节那天,是按时完成任务的宣示。朱先生后来闲聊时说到,大家都在放卫星,其他人放过就忘了,只有自己认了真,居然还真完成了。

近代以来,陆游诗歌的价值获得全新认识。梁启超诗"集中什九从军乐,亘古男儿一放翁"(《读陆放翁集》其一),将陆游地位提升到无以复加的高度。1949年以后,陆游诗歌中的爱国主义情怀,也得到充分肯定,记得当时流行的《祖国十二诗人》一书中,就有陆游。朱先生早年写《中国文学批评史大纲》时,特别关心陆游的诗论。他在转型研究中国传记文学之初的 1941 年,写《宋代的三篇行状》(收入《中国传叙文学之变迁》,复旦大学出版社 2015 年)时,讨论朱熹执笔的《张浚行状》,就对绍兴、隆兴间的史事变化,表达出卓越的见解。他从什么时候确定将陆游作为传主,我想当然不会开始于"放卫星"的那天,网上有消息说他是将五年规划缩短为三年,虽未见确证,但愿意相信。

二、《陆游传》的学术定位

如何定位并写好陆游,《陆游传》自序说"有人把陆游看成权门清客,这当然是很错误的",钱钟书《宋诗选注》也注意到这一点。朱先生又说:"现代都认陆游为爱国诗人,这是正确的,但是作为一位爱国的志士,必须举出具体的事实来,否则不容易起信。""既然要为陆游写传,就有必要把具体的事实,加以疏通证明,然后才能塑造出这一位爱国诗人的形象。"

具体如何写陆游,朱先生说:"这本书的写法,和我从前写《张居正大传》时一样,尽量引用作者的原著,因为传主关于自己的叙述,总是比较可靠一些。"这里说得既明白,也含糊,明白是说写法与《张居正大传》一样,模糊是没有说《张居正大传》的写法与中国传统传记写法有什么不同。写《张居正大传》时,朱先生明确说明自己的写法不是中国传统的写法,而是取资于英国传记文学的做法。在写《张居正大传》前,他有两部书稿《八代传叙文学述论》和《中国传叙文学之变迁》,分析中国历代传记文学的成就与缺失。他学习欧洲传记文学理论,主要靠法国莫洛亚的《传叙文学综论》,用一个月时间连读带译,掌握了相关理论:"在西洋文学里,一位重要的传主,可能有十万字乃至一二百万字的传记,除了他的一生以外,还得把他的时代,他的精神面貌,乃至他的亲友仇敌全部交出,烘托出这样的人物。"(《朱东润自传》256页)他更推崇英国鲍斯维尔的《约翰逊博士传》和斯特拉哲的《维多利亚女王传》,心追力想,努力开拓中国传记文学的道路。他把这种做法概括为:"一部大传,往往从数十万言到百余万言。关于每一项目的记载,常要经过多种文卷的考订。这种精力,真是使人大吃一惊。这种风气,在英国传叙文学里一直保持到维多利亚时代。一切记载,更加翔实而确切,而证明的文卷,亦更加繁重而艰辛,于是引起二十世纪初年之'近代传叙文学'。这一派底作风,总想活泼而深刻,同时极力摆脱政见的桎梏。其实仍是一步步脚踏实地,没有蹈空的语句。"(《八代传叙文学述论》绪言)也就是说,写出来的传记可能就是十多万字,但阅读的文献可能要达到几千万字,涉及传主的行事、交游、写作乃至生活时代的变化,一切都应有准确而生动的叙述,是建立在详尽文献考订基础上的生动描述。当时的主旋律是赶英超美,对此难以直言,他用《张居正大传》的写法概括之,表示自己坚持的原则并无变化。

就以上要求来说,《陆游传》完成难度还是非常大的。要从作品里理解陆游,必须通读陆游的全部作品。陆游一生勤奋,留下来的诗有九千多首,要通读还要读懂读透,实在不容易。朱先生对此有特别的办法,用他后来在整理梅尧臣诗时所说,只要在各卷诗间确定若干点,然后整块地将树皮撕下,就能解决大多数的系年问题。陆游的《剑南诗稿》八十五卷,恰好是一部大体按照时序编次的诗集。朱先生将陆游一生所作诗,分为三个阶段,即第一阶段从少时到乾道六年(1170)陆游入蜀,存诗仅一卷半,原因是陆游自己对早年诗作删除太多,保存者仅占实际所作诗之二百分之一,这就为勾查陆游早年经历、心境和交游留下太多的困惑。第二阶段从抵达夔州到淳熙十六年(1189)六十五岁时被劾罢官,近二十年间存诗近两千首,有所删汰,也还算丰富。第三阶段从六十五岁到去世,也是二十年,大多数时间在故乡家居,存诗多达六千五百首,原因是这时期的诗作皆由其子编录,有作皆存,不加遴择。

要写陆游传记,第一阶段是材料太少,要汇聚他人和陆游后来追忆的诗篇来恢复早年经历。更大的责任还不止此,即完成陆游全部诗作的编年,更应将这些编年的诗篇与陆游生活的时代作逐年逐月逐日的比读分析,方能求得这些诗的正解。所以我们可以从三书中,看到朱先生对陆游同时或稍早各家文集的称引,其中有与他诗声齐名的杨万里、范成大,他视为师长的曾幾,他景仰的梅尧臣、吕本中,与他关系友好的周必大、朱熹、辛弃疾,以及宋一代有成就的欧阳修、苏轼、王安石、黄庭坚,各家文集规模都很大,有关陆游的记载要一条一条梳理。陆游活了八十多年,经历了太多重大变故,朱先生也希望将造成这些历史变局的内在原因弄清楚,这就需要汇聚这一时期大量的公私纪事,明了真相,追究责任,品骘人物,褒贬是非,这是另一方面的困难。

就《陆游传》所叙史实来说,陆游出生于金人南犯的前夕,必须指出徽宗朝的表面繁荣及其包涵的巨大社会危机。靖康、建炎之际,陆游还年幼,但宋金之战的胶着,以及宋廷无力抗金又不断退让的主和,造成陆游成年后必须面对的困局。在这些篇幅中,朱先生较多写到宋廷之无能与朝野之士的忧愤。晚年谈到这段史事,朱先生曾发问,为什么金人南侵,宋人还能守住半壁江山,而明亡以后,明遗民没有能够半分天下,南明各政权相继事败。那时他正写《陈子龙及其时代》,对崇祯时期明王朝之崩溃原因,有更多的分析与思考。我很清楚记得他当时的分析,北宋虽亡,士人的精神未败,朝野之间毕竟还是有能人在,最终能够维持住两分的局面。而明末,不仅朝中的皇帝、大官腐败无能,连南方的士人,包括经常为人称道的东林党人,其实也很腐败,国运倾颓,已经没有人能出来维持局面,挽救危局。读《陆游传》至第一章述陆游少年时所见父执之忧愤感激,英伟刚毅,很容易联想到朱先生的这些谈论。

三、写好《陆游传》必须理解陆游人生的三个关键(上):隆兴北伐与南郑从军

朱先生认为要理解陆游,必须抓住三个关键,即隆兴二年(1164)他在镇江的工作,乾道八年(1172)他在南郑的工作,以及开禧二年(1206)他对韩侂胄北伐所取的态度。《陆游传》对这三个时期皆着墨浓烈,分析深刻。

陆游的入仕,是绍兴二十八年(1158)任福州宁德主簿,次年改福州决曹掾,再次年调临安任敕令所删定官,迁大理司直,层级都很低,恰好可以借此结识许多友人。他所见到的首度风暴,是绍兴三十一年(1161)金主完颜亮号称百万大军的南侵,经历一系列手忙脚乱的应对,最后以女真内乱结束,宋廷侥幸度过危机。在这过程中,陆游改任枢密院编修官,有机会为军事主官起草文书,留下他最早代人草拟的分析时局的札子,自己也有了发言的机会。这时高宗退位,孝宗禅继,朝廷有更始图新的气象。主战派张浚重新主兵,朝廷形成收复中原沦陷区的决心。陆游这时调任圣政所,为高宗在位时期修史，偶然的失言，引起孝宗的不满，出为镇江府通判。他还没到任，发生宋军的仓卒北伐，以符离的大败而结束，于是再次委屈求和。陆游到镇江时，战争已经结束，只是因为镇江靠近前线，他又入名将张浚幕府，感受到缘江的紧张备战，朱先生认为陆游《书愤》所言"楼船夜雪瓜洲渡"是实写，他虽没有参与军事，但感受到前线的氛围，以及主政者举措不定的无能。

　　乾道间，陆游在担任隆兴府通判后，退归乡里赋闲三四年。由于赏识他的陈俊卿为相，他被起用为夔州通判，次年即乾道六年(1170)赴任，于路留下日记《入蜀记》，记沿途见闻、山川名迹，最负盛名。夔州是杜甫留下大量诗篇的地方，陆游的诗风也开始变化。次年，由于丞相虞允文的推荐，陆游被任命为四川宣抚使王炎手下的干办公事兼检法官，使府设在南郑，即今陕西汉中。陆游在乾道八年(1172)春初从夔州出发，三月十七日到达南郑，到九月王炎被调回临安枢密院，十一月二日陆游离开南郑调任成都，他在南郑的时间满打满算只有七个半月时间，却在他一生诗歌创作上具有划时代的重要意义。对陆游这段经历的勾稽和考察，是朱先生三书中最精彩的部分，值得费一些篇幅给以介绍。

　　朱先生早年写《宋代的三篇行状》，讨论朱熹写《张魏公行状》，对张浚建炎四年(1130)富平之败的避重就轻，虽然赞同"从一隅讲，这是失败，从大局讲，这是成功"，但也认为"自此以后，关陕一带完全沦陷，幸亏吴玠、吴璘保守和尚原、大散关，阻遏金人入蜀之计，但是从此东窥中原，几于绝望，不能不由张浚负责"。乾道间这一格局并无改变，驻扎南郑的四川宣抚使，其实就是南宋在西北一隅与金对峙的最前线。由于《宋史》没有为王炎立传，朱先生不能不广稽文献,在《陆游研究》陆游在南郑一章中,他据陆游诗文和《宋史》、《中兴圣政》、《宋会要辑稿》等书,勾勒王炎的生平出处。即他在乾道二年(1166)为权发遣两浙路计度转运副使,改知临安府,同年底除秘阁修撰。三年,知荆南府。四年,除端明殿学士,签书枢密院事,兼权参知政事、兼同知国用事,知枢密院事。五年,除四川宣抚使,依旧参知政事。也就是说三年之内,就从漕运副使,晋升为副相,再受委主持西北军事。朱先生更从王炎赴任之初,即合并利州东西路皆归宣抚使兼领,看到西北布置军力,以图进取的企图。陆游在南郑幕府七个多月,得到王炎的充分信任,参与军事机密,且曾广泛地视察前线各地,他到过仙人原、两当、西县、定军山、大散关、广元等地,甚至到过鳌屋,这里距长安已经不远了。在一次秋猎中,遭到猛虎的袭击,陆游自述他奋戈而前,刺死猛虎,晚年经常有所追忆。又说幕客们曾到南郑西北登高,遥对长安城南的南山,甚至可以望见骆谷的烽火。朱先生推测,王炎已经制定进取关中的计划,且已经得到城内豪杰的响应。他解读陆游《秋波媚》词下阕"多情谁似南山月,特地暮云开。灞桥烟柳,曲江池馆,应待人来",已经预想进入长安城内的机缘。有关陆游这段经历,朱先生授课时还联系三国时诸葛亮与魏延的矛盾,认为诸葛亮六出祁山未必能有所成,魏延从子午谷进取长安的计划,应该是可行的,也与王炎、陆游的见解相一致。

虽然陆游抱有乐观的心态,但朝廷的决策者则另有一套想法。王炎被内调担任枢密使,归京后就被罢,改领宫观,消失在历史长河中。陆游是一生都在希冀恢复中原的志士,难得地到了前线,也看到了胜利的希望,然而朝廷一纸调令,一切的梦想都破灭了。朱先生对陆游从南郑归成都途中最著名的一诗一词作了重新解读。词是《清商怨·葭萌驿作》："江头日暮痛饮，乍雪晴犹凛。山驿凄凉，灯昏人独寝。　　鸳机新寄断锦，叹往事不堪重省。梦破南楼，绿云堆一枕。"表面是写对男女之情的失望，朱先生则证明此行陆游家属同归，根本不是情怨诗，而是一首有比兴的词，是对进取中原计划未能实施的深深失望。诗是《剑门道中遇微雨》："衣上征尘杂酒痕，远游无处不消魂。此身合是诗人未？细雨骑驴入剑门。"朱先生认为这里是英雄梦碎，回归消闲诗人的无奈。在南郑所作诗，陆游曾结集为《东楼集》，自称有山南杂诗百余篇，"舟行过望云滩，坠水中，至今以为恨"（《感旧》自注），不知是否属实，还是因涉嫌忌讳而故意删弃。

王炎是否有恢复中原的计划，若付诸实行，成败究竟如何，当然都可以讨论。但在陆游一生中，却是惟一一次来到前线，参与对敌军事的部署，他始终难以忘怀，并认定这段经历，彻底改变了他对诗歌的认识。朱先生多次举出陆游《九月一日夜读诗稿有感走笔作歌》："我昔学诗未有得，残余未免从人乞。力孱气馁心自知，妄取虚名有惭色。四十从戎驻南郑，酣宴军中夜连日。打球筑场一千步，阅马列厩三万匹。华灯纵博声满楼，宝钗艳舞光照席。琵琶弦急冰雹乱，羯鼓手匀风雨疾。诗家三昧忽见前，屈贾在眼元历历。天机云锦用在我，剪裁妙处非刀尺。世间才杰固不乏，秋毫未合天地隔。放翁老死何足论，《广陵散》绝还堪惜。"认为南郑以前，陆游的诗是学江西，学曾几，关心用典和造句，关心新警和细节，南郑以后，他认识到最好的诗是写火热的生活和强烈的感受，诗风也彻底改变了。

四、写好《陆游传》必须理解陆游人生的三个关键（下）：陆游与韩侂胄之接近

陆游在夔州、南郑、蜀中度过八年，东归后又历任福建、江西的职务，罢官归乡数年后，曾出知严州，到淳熙十五年（1188），到临安任军器少监，到十六年（1189），罢而守祠禄。这是宋代的制度，就是退休而可以得到半薪的待遇。此后到他去世的二十年，主要在山阴家乡生活。虽然远离朝廷，但朝中发生的事变，又无不牵动着他的心情和作为。其中最引起非议的，是他曾为权臣韩侂胄撰《南园记》、《阅古泉记》。据说韩最初请杨万里撰记，杨拒绝了，说"官可弃，记不可作也"，反衬陆游作记为清议所不容。《宋史·陆游传》说："晚年再出，为韩侂胄撰《南园》、《阅古泉记》，见讥清议。朱熹尝言其能太高，迹太近，恐为有力者所牵挽，不得全其晚节。"话讲得很严重，且引朱熹的议论为陆游晚年失节作盖棺定论。朱先生认为这些记载是模糊的，是没有根据的。在《陆游研究》中，他将《陆游和韩侂胄》列为第四章，约一万字，在《陆游传》中，将《在一致对外的基础上和韩侂胄接近了》列为第十二章，约二万五千字，为全传中最长的一章。在前后两章中，也有连带的叙述。朱先生显然认为，这是有关陆游一生名节的重大事件，不加以澄清，无法对陆游有妥帖的评价。

从绍熙内禅到开禧北伐，韩侂胄专国政长达十四年。其间庆元党禁将朱熹为首的道学一派定为伪学，严加打击，明显得罪了一批清流士人，加上北伐之失败，以他被杀且函首送北换来嘉定间的和平，继任者将他极度丑化，《宋史》将他列为《奸臣传》，也就不足为怪了。朱先生分析绍熙内禅，退位的太上皇即孝宗去世，在位的光宗不加过问,在以孝立国的时代造成极大的危机。主政的宰相留正溜了,主事的赵汝愚和赵彦逾感到只有逼光宗退位,让嘉王赵扩继位,方能度过危机,但又不知从何着手。这时想到当时还在世的太皇太后,通过知阁门使韩侂胄在太皇太后那边进言,总算得到她的支持,完成内禅的程序。韩侂胄是太皇太后的姨侄,又是她的侄女婿,嘉王即位为宁宗,更以韩之侄女为皇后,韩是外戚,更是近臣。这样的人主政,在宋代士大夫看来,总有些来路不正。但从另一层关系来说,韩侂胄是北宋名臣韩琦的曾孙,韩琦在治平间逼退仁宗皇后垂帘,为维护北宋皇统立有不朽的功业。

朱先生认为,韩侂胄执政经历了三个时期。第一个时期是庆元时期,因争权而打击宰相赵汝愚,连带罪及朱熹等人,列入伪学之籍的多达五十九人,其中很多是陆游的朋友,陆游也在党禁的边缘。在这一时期,陆游与朱熹等人始终保持友好的来往。在朱熹去世后,他的祭文虽简洁,却表达最强烈的赞许和哀悼:"某有捐百身起九原之心,有倾长河注东海之泪,路修齿耄,神往形留。公殁不亡,尚其来飨。"三十五字内,感情饱满至极。朱先生考证陆游撰《南园记》的时间,恰在朱熹去世的前后,朱熹未必曾见到,有关评论也可存疑。在韩侂胄秉政初期,陆游皆居山阴,他不断申请罢祠禄而致仕,并无干仕之心。那么为什么有《南园记》呢?朱先生认为记中并没有阿谀的内容,主要以韩琦的勋业勖勉韩侂胄,"勤劳王家,勋在社稷,复如忠献(韩琦)之盛,而又谦恭抑畏,拳拳志忠献之志"。朱先生解释陆游作记的原因,虽无所希冀,但也"不能不有所畏惧","不是求福而是避祸",是较合理的解释。

庆元末年,韩后去世,韩侂胄失去在宫中的支持,他的执政方略也发生根本转变。嘉泰二年(1202),解除党禁,原列入伪学的诸大臣先后复官,包括许多陆游的朋友。这一氛围下,陆游以七十八岁高龄,被重新起用为实录院同修撰兼同修国史,回到临安,在史局实际工作时间为十二个月。其间他有《韩太傅生日》诗,为韩侂胄祝寿,最后说:"问今何人致太平,绵地万里皆春耕。身际风云手扶日,异姓真王功第一。"朱先生认为当时韩已经获得较广泛的支持,并在作北伐的军事准备,陆游对他有很高期待。其间韩曾邀陆游游南园,介绍园中有阅古泉,是据韩琦当年建阅古堂的故事,以示不忘本。韩当面请陆游作《阅古泉记》,陆游只能从命。在描述泉亭风景后,陆游顺便提出归乡还山的请求。朱先生认为陆游虽然为韩侂胄作了两篇记,姿态并不难看,其间当然有韩对他的关照,但他也并没有多少干求的意愿。《阅古泉记》作完后两个月,他也就离京归乡了。其后韩对他的关心,其实就是保留祠禄,直到韩被杀为止。

　　陆游归乡,仍然保持积极求战,恢复中原的志愿,许多诗里都有表达。辛弃疾重新起用为浙东安抚使,恰好来到山阴,两人有较多过从。在辛被召入京时,陆游作诗有"深仇积愤在逆胡,不用追思灞亭夜",是举名将李广灞亭被辱故事,希望辛弃疾以民族战争为重,"抛弃以前的一切个人恩怨"。战事越来越急迫的时期,陆游都在乡间,他所获得的消息半真半假,朱先生认为"他把诗人丰富的想象力和客观的具体事实纠缠在一起",加上"年龄已高,无法加以应有的判断,其结果往往脱离了现实"。这是很准确的说法。开禧北伐,韩侂胄可能有巩固权力的私心,但当时也得到多数士人的支持,最初也取得一些胜利,只是因为对敌我双方实力缺乏清楚认识,很快就遭遇到挫折。我记得朱先生晚年,曾多次谈到陆游,认为他有理想,有激情,好冲动,将北伐作为理想,其实并没有多少实际的执行力,只是经常在梦境和虚幻中呼喊杀敌。朱先生说,那时候头脑冷静的人并不多,叶适算一个。在北伐声势最盛时,叶适能够冷静分析,认为时机并不恰当。在前线兵败,金人进窥江淮时,叶适任沿江制置使,改任两淮制置使,经营得当,稳住了前线。史弥远执政时,仍然被罢任。我记得曾说到,叶适晚年很寂寞,朱先生接着感慨,"我现在也很寂寞"。

开禧北伐失败,金人提出和谈的五条条件,除了割地增币,最重要的是杀韩侂胄。力主和谈的史弥远与杨皇后勾结,乘韩早朝之机,伏兵袭杀之,然后函首送北。朝政遽变,陆游也被停了祠禄。朱先生认为陆游《书文稿后》一诗:"上蔡牵黄犬,丹徒作布衣。苦言谁解听,临祸始知非。"可能即有感于韩之被杀而作。

陆游在一段时间,确实与韩侂胄走得很近,但其间并非为自己的升官或禄俸考虑,而更多是在共同的致力方向上的靠近。他并没有出卖或疏远朋友,对韩侂胄就自己的立场有所劝勉与告诫,坚守了自己的原则。当然,北伐失败后,陆游还活了两年多,诗仍写得很多,内心更多的是绝望。以《示儿》诗为绝笔,正看到他对世事之萦怀难忘。

五、《陆游传》与《陆游研究》是互为补充的双璧

以上三大端问题的澄清,为《陆游传》写作确定基本的框架。但《陆游传》涉及上百个人物,包括当朝的皇帝及其眷属,陆游的家人与朋友,朝中主政者的不断变化,他们各自的性格及与陆游之亲疏,以及陆游仕宦经历遇到的同僚和乡居接触的邻里,每个人的个性与行为都应该弄清楚。朱先生始终认为,传记文学的生命是真实,不能有丝毫的虚构或伪饰,但传记仍是文学,必须要有生动的叙述。传中有不少对话,都是依据史传与笔记之类记载改写而成。传中对所有人物都有评骘,也都有详尽的依据,且加以透彻的理解。比如同称"中兴四大家"的尤杨范陆,朱先生认为尤袤存世作品太少,可以不论,四家成就,当以陆游为第一。范成大任四川制置使,陆游恰在蜀中,彼此唱和很多。朱先生认为范对诗的看法与陆游不同,是兴会抒写,是闲情别致,不似陆游诗中饱含血泪。杨万里是理学家,能以轻快的笔法写活泼的景物,对人友好,与陆游取径也有所不同。对徽、钦二宗及南渡后四帝的描述,更是全书中的精彩部分,可以细细品味。虽然碍于写作时的形势,贬斥稍有些过,大体还算恰当。

要写出上述众人的真相,需要做无数的考证,虽然朱先生遵循近代西方传记的写法,摆脱文献考证,但庞大的文献准备其实一点也不少。在《陆游研究》中,还存有一些精彩的文献考证。举两个例子。陆游卒年考证,一般多作"嘉定二年卒,年八十五",但钱大昕《陆放翁年谱》举陆游《题药囊》有"新春还及兹",以及《末题》诗"嘉定三年正月后,不知几度醉春风",似乎找到了三年卒,享年八十六的铁证。朱先生分析陆游历年诗,发现在旧年将尽之际设想明年的情况,是陆游的常用笔法。加上阴阳历的差别,如果元日在立春以后,但凡节气已到立春,即可以春日咏之。他更举出陆游《辛酉冬至》所述山阴乡俗:"乡俗谓吃冬至饭即添一岁",作出最完满的结论:陆游死于嘉定二年十二月,这一年十一月二十四日冬至,因此说陆游享年八十六,是符合山阴风俗的。用公元表达,陆游死在嘉定二年十二月五日以后,四日是 1210 年的元旦,因知陆游的亡日在 1 月 3 日至 26 日之间。再比如在讨论陆游《剑南诗稿》各卷存诗的时候,他看到从二十一卷到八十四卷,几乎都是百篇一卷,特殊的是卷三十七存一百三十六篇,而卷五十二存九十篇,卷六十存九十一篇。存诗多者可能是偶然的意外,少者则经过有意的删削。他发现卷五十二作于嘉泰二年他在临安为官时,也是与韩侂胄有来往的阶段,卷六十作于嘉泰四年最后三月,是韩武力北伐准备的关键时期。朱先生认为这两部分的删削,肯定是在韩被杀后,删去了一些特别敏感的内容。

《陆游传》和《陆游研究》虽为同时所作,但结构上恰如一纵一横,传记只能按照时间为序来叙述,《研究》则可以对陆游各方面成就展开探讨,其中有互证,如前述焦点问题的探讨和细节之考证,《研究》多是对传记无法展开部分的补充,更多是述传记所未及。其中特别要介绍的是《研究》中有关师承的三篇,和论述陆游各方面成就的六篇。

曾幾是陆游的老师,《剑南诗稿》的第一篇就是《别曾学士》,说自己少闻曾名,以为千载前人,读到曾文,以为成就在韩愈、杜甫间。后来更说"忆在茶山听说诗,亲从夜半得玄机"(《追怀曾文清公呈赵教授赵近尝示诗》),以诗歌传人自居。又说:"我得茶山一转语,文章切忌参死句。"(《赠应秀才》)所得似主要有关于句法。后来又说"我昔学诗未有得"(《九月一日夜读诗稿有感走笔作歌》),引起朱先生对陆游从曾幾学诗,究竟是"有得"还是"未有得"的讨论。朱先生认为陆游生活在南宋初期江西诗风弥漫的环境,他早年作诗很多,结识曾幾以前不知诗法,因此而将早年诗作删弃。拜师曾幾后他的诗风一变，重句法，重变化，讲究用字用韵，更讲究吕本中所倡活法和悟入，也接受曾幾作为胡安国的学生，治《春秋》而讲夷夏之防，重视民族情感。从曾、吕更上溯到黄庭坚，到杜甫，他的境界不断提升。《陆游和梅尧臣》一章，显然是因陆游诗中多次提到学宛陵体，认为他对北宋诸大家的认识，别具眼光，其中最重要的是关心民生，关心国事，写诗时不拘常格，浑灏流转，有许多变化。朱先生的结论是："在炼字炼句方面，陆游向曾幾学习的居多，但是在思想面貌方面，陆游从梅尧臣得到较多的启发。"必须补充一段事实。在写完陆游三书后，朱先生曾有计划为苏轼写传，沉浸阅读许久后，放弃了，觉得无法完全理解苏轼。其后用几年时间专治梅尧臣，为梅诗编年而作《梅尧臣集编年校注》，又作《梅尧臣传》和《梅尧臣诗选》，推尊梅为宋诗之开山人物，也与他治陆游一样，写一传而留下三部专著。

对陆游的律诗，朱先生评价很高，认为虽有字数和对仗的限制，但必须更严格，更凝练，在八句间把要说的话完全说出。陆游各体诗中，以七律成就最高，如《书愤》之起首气势耸动，中间两联以过去与现在，当年抱负与今日感慨作对比，篇末提出期待，没有些微松懈，最称佳作。律诗的主要安排是中间两联，通常是景一联，情一联，高手则能做到景中有情，情中有景，情景交融，浑然天成，陆游正是这样的高手。他善于用典，且很少用僻典，但情感充沛，言简意赅，取得很大成功。此节朱先生举例极繁，特别能见到陆游从江西派讲究句法和活法中，如何创造自成气象的诗境，很多诗达到了"自然流转"的圆美境界。不过朱先生也看到陆游写诗太多，"从圆美到圆熟，已经到了好句的边缘，再过一步成为圆滑，便是诗中的病态"。虽然没有展开讨论,但此节对理解宋诗,还是很有意义。

《陆游的绝诗》,谈到三言、五言、六言、七言的绝句。朱先生认为三言少可不论,五言约二百首,因为形式简短,"很少借助于平仄的平衡","更不能倚靠音调的铿锵",只能倚靠丰富的情感。六言绝句是北宋王安石和江西派的喜爱,陆游约有三四十首,偶有佳作。七言绝句,陆游写得最多,朱先生认为"富于唐人神韵",有"一唱三叹"之妙,好发议论,多数留有余地,让读者玩味思考。陆游此类好诗,《研究》举例甚多。就我所知,朱先生能背诵许多陆游的绝句,他晚年应学生或友人所请作书,以写陆游绝句为最多。他对陆游绝句的缺陷也有批评,即不免议论太多,过于直率,"平凡的字句用得太多,成为滥调"。

陆游词存一百三十首,数量不多,但分调编次,索解为难。朱先生为之编年求解,有许多发明,前已有引。他认为北宋词,苏轼与秦观同时,南宋词则辛弃疾接近苏轼,"陆游和秦观相近","扫尽游词,超然拔俗",多含对国家的恋切。同时,也指出陆游在生活优裕时,生活态度不严肃,留下一些糟粕。

陆游的散文为他的诗名所掩,朱先生的评价是在其成就若与唐宋八大家比较,应该在苏洵、苏辙之上,说南宋第一可能过誉,但足与朱熹齐肩,代表南宋散文的成就,应可论定。陆游散文有《渭南文集》所收四十二卷一般作品,六卷《入蜀记》,十卷《老学庵笔记》,以及《南唐书》十八卷,各体皆备,各造其极,其说可论定。

六、本次新版的技术处理

《陆游传》和《陆游研究》是朱先生在二十世纪五十年代末特殊

时期所写的姊妹篇著作,这里既看到他对当时流传的新理论的接纳与尝试,也看到他对自《张居正大传》以来所掌握的旧方法的贯彻与坚守。本次在写成以后相隔六十六年合璧重印,对二书采取尊重历史、尊重作者的态度,基本没有作删节和改动。朱先生所据大多为当时的通行本,《陆游选集》说明当时所用《剑南诗稿》为中华书局《四部备要》本,《渭南文集》所用为涵芬楼影明华氏活字本,即《四部丛刊初编》本。就今日来说,二本当然不能算最好的善本。本次出版前,出版社给我二书的校样,陆游诗文作了逐字校核,其中,《渭南文集》用朱迎平《渭南文集笺校》(上海古籍出版社 2022年),《剑南诗稿》据《全宋诗》卷二一五四至卷二二三八(所据底本为汲古阁刊挖改重印本,参校宋明各本),有疑字时部分参校《中华再造善本》影印两种宋刊残本。二书标点,也有部分调整,以期符合现代的出版规范。所引组诗则有所添注。校改不涉及原著论述,故未逐一加以说明。古今地名,一仍原书,未作改动。特别要说明的是,原稿引陆游二书所标卷次,复核时发现竟无一处错误,引用诗题,仅见一处误字,当年严谨如此,令我感佩。

及门陈尚君　2025 年 6 月 14 日于复旦大学光华楼

目　　录

陆　游　传

陆游研究

陆游传

自　序

　　一九三九年起,我开始对于传记文学,作一些初步的研讨。四年以后,写成《张居正大传》,由开明书店出版。中间曾经写过《王守仁大传》,所以这本《陆游传》的写成,应当是第三本了。

　　传记文学是史,同时也是文学。因为是史,所以必须注意到史料的运用;因为是文学,所以也必须注意人物形象的塑造。在史料运用方面,从搜集到掌握,从考订到识别,中间有一段相当复杂的过程。可是讲到人物形象,问题还要多些。传记中的传主,无论作者主观的意图如何力求和史实符合,其实一切叙述,都必须通过作者的认识,所以传主是不是和史实符合,主要还要依靠作者的认识。因此传记文学中的传主,正和一般文学中的主人公一样,是作者创造的成果。所不同的在于传记文学的作者,有责任通过自己的学习,求得对于传主的全面认识。

　　一位有问题的传主,有时会给传记的作者以更大的兴趣。姑以张居正为例,他的一生,始终没有得到世人的了解,最善意的评论,比居正为伊、周;最恶意的评论,比居正为温、莽。有的推为圣人,有的甚至斥为禽兽。其实居正既非伊、周,亦非温、莽;他固然

3

不是禽兽，但是他也并不志在圣人。他止是张居正，一个受时代陶镕而同时又想陶镕时代的人物。替张居正写传的人，就有责任把自己的认识交代出来。

陆游是和张居正不同类型的人物。他有他的一番抱负，但是他对于时代所起的影响和张居正所起的影响，是无可比拟的。可是有一点却相同——后代对于陆游的评价纷歧很大，因此陆游也是一位有问题的传主，他的生活值得仔细分析，做出比较近情的结论。

陆游的一生，八十五年当中，经过不少的变化，他的政治关系，也有过相当大的转变。《宋史·陆游传》说他"晚年再出，为韩侂胄撰《南园》、《阅古泉记》，见讥清议"；又说"朱熹尝言其能太高，迹太近，恐为有力者所牵挽，不得全其晚节"。因此，有人把陆游看成权门清客，这当然是很错误的。现代都认陆游为爱国诗人，这是正确的，但是作为一位爱国的志士，必须举出具体的事实来，否则不容易起信。空头文学家固然是要不得的，可是没有具体行动的爱国志士也不会引起更多的敬意。既然要为陆游写传，就有必要把具体的事实，加以疏通证明，然后才能塑造出这一位爱国诗人的形象。

要理解陆游，必须抓三个关键：隆兴二年他在镇江的工作，乾道八年他在南郑的工作，和开禧二年他对于韩侂胄北伐所取的政治态度。可是要理解这三个关键，还存在一定的困难。陆游在镇江和南郑的工作，我们所能掌握的只是很有限的史料，理解不易全面。韩侂胄发动北伐，当时的议论已经不一，及至失败以后，一般人都认为他是专权误国，《宋史》甚至把他列入《奸臣传》。是不是如此呢？最初，陆游和侂胄是有距离的，后来他们逐步接近了，直到侂胄被杀以后，陆游始终没有放弃他的立场。他们是在什么基础上接近的？陆游的立场是什么？这些问题必须搞清楚，我们才能对于陆游，获得比较正确的认识。

有时我们必须做一些考证。罗大经《鹤林玉露》卷十四记："陆游晚年为韩侂胄作《南园记》，除从官，杨诚斋寄诗云：'君居东浙我江西，镜里新添几缕丝。花落六回疏信息，月明千里两相思。不应李杜翻鲸海，更羡夔龙集凤池。道是樊川轻薄杀，犹将万户比千诗。'盖切磋之也。"万里这首诗是有的，作于绍熙五年（1194），他们在淳熙十六年（1189）相别，前后六年，所以诗中说"花落六回"。《南园记》作于庆元五年或六年（1199 或 1200），和绍熙五年中间相去五六年。万里此诗，与《南园记》全不相关，这是第一。刘埙《隐居通议》卷二十一说陆游本欲高蹈，"一日有妾抱其子来前曰：'独不为此小官人地耶？'乃降节从侂胄游"。陆游幼子子聿生于淳熙五年（1178），作《南园记》时，子聿已逾二十，更无可抱之理，这是第二。罗大经、刘埙的时代，和陆游都很近，两书亦颇有名，其不可信如此。陆游和韩侂胄的关系，中间有不少的纠缠，没有经过考证，很容易走入歧途。

尽管陆游自己说到不愿做一位诗人，但是毕竟他是一位诗人，而从他的主要成就讲，也只是一位诗人。为一位诗人作传，和为平常人作传不同，必须把诗的成就写出来。任何一位诗人的作品，都有一个来源，中间也必然要产生变化；诗人的传记就必须把作品的渊源变化交代清楚，同时还得指出之所以产生这些变化的主要原因是什么，他的作品的评价又是如何？尤其如陆游这样的一位诗人，大家都知道他的诗起过几次变化，但是如何分期，每一期的特点是些什么，尽管有人曾经指出，是不是完全符合实际？这些问题都必须在传记中交代出来。

要写这本传记，事前必须做好一些准备工作。我所写的《陆游诗选注》、《陆游研究》，实际上只是准备工作的一部分，但是还很不够。这本书的写法，和我从前写《张居正大传》时一样，尽量引用作者的原著，因为传主关于自己的叙述，总是比较可靠一些。

十几年前，自己开始写《张传》的时候，写传的人还不多，近年写传的人多了，而且不断地看到优秀的作品，传主也不限于历史上的或是近代的显著人物。作者对于传主的内心世界，正开始做深入的探讨，因此也必然会增加教育的意义。最近两年中，大量回忆录的出现，使人从这里看到英雄人物的面目，在塑造形象方面获得更多的启示，也就为更多更好的传记文学的出现，铺平了道路。作为一个爱读传记文学的我，生在这样的时代，是值得庆幸的。从另外一面说，自己只能写出这本平凡的作品，无论在思想内容上或写作技巧上，都必然有若干的错误和缺点，可是因为受到自己的政治水平和业务水平的限制，一时还没有看清，因此也不及订正。希望同志们指示出来，给我一个修订的机会。

一九五九年国庆日朱东润

第一章　童　年

　　十月中旬的淮水上,大风从北岸吹过来,幸亏水势已经跌落,但是在风狂雨骤的当中,止看到浪翻水滚,依然是白茫茫的一片。靠南岸几条官船,一字儿排开,在这样的形势之下,显见得是开不出去了,船家们遥望着中仓的那位官人,大家不敢做声。官船里静悄悄地没有一些声音,都在期待着什么,但是谁也没有说话。

　　直秘阁、淮南计度转运副使陆宰,字元钧,这时刚刚奉到上谕,卸任进京,他把公事做了一番交代以后,带着家眷,从淮南出发,打算通过淮水,开进汴河,便可以在那条清浅见底的河道里,安安稳稳地开航,却不料在淮水上,遇到这一场风雨。

　　事情不是这样简单。仆妇使女们从内仓里出来,说是夫人就要临产了。陆宰茫然地"啊"了一声,吩咐她们好生伺候。风雨之中,在山颠水涯的所在,从那里去找官医呢?所幸一则家有祖传良方,自己多少也懂得一些医道;二则夫人这一次究竟不是初产,①止要当心一些就是了。陆宰一会儿听听雨声,一会儿抬起头来,看看

---

　　① 陆游长兄陆淞,官至知郡,次兄陆浚,官至通判,见施宿《嘉泰会稽志》卷六。

岸上的那些榆、柳、槐、楸，树叶全落了，但是权枒的枯枝，还在风中摇摆不停。他的心里正在七上八下，不知道怎样说好。事实也难怪，陆宰已是三十八岁的人了，生活中受过不少的磨折，因此显得苍老，何况这一次奉调入京，前面是怎样一个下落，一点底也摸不着。他想起父亲陆佃，从原籍山阴出来，忠心耿耿，一心为国，读了一辈子的书，写了二百多卷的著作，可是在新党失败的当中，因为他是王荆公的学生，大家都攻击他是新党；后来侥幸做到尚书右丞，可是蔡京当道的时候，父亲又被人攻击是旧党，受到排挤，最后落得调到亳州，做了一任亳州知州，就在任上死去了。陆宰真有些糊涂，父亲到底是新党呢，还是旧党？是不是因为师生的关系，就被认为新党；及至时代转变以后，又因为亲戚的关系，复被认为旧党？那么新旧的分别又在那里呢？陆宰确实有些茫然了。

在陆宰沉思的当中，无情的风雨还在那里咆哮，淮水的浪头不断地打进仓来，船上的蓬久已卸下了，蓬索在桅杆上打得格拉拉地响。仆妇们屏了气在内仓里伺候。好久好久以后，才听到"呱"的一声。

"是一位小官人。"她们向陆宰道喜。

"是一个小旧派。"陆宰说。

窗外的雨声停下来了，仓里好像安静了一些。他想起早一晚夫人曾经梦到秦观，这一位比自己高一辈，诗和词都做得很好，也能写些文章。是一位旧派呵，不知妇道人家为什么会梦到他？何况这两年皇上正在禁止元祐学术，凡是学习苏轼、黄庭坚、秦观、张耒这些人的诗文的，都要受到处分，那么即使真是秦观投胎，那有什么好处呢？可是，话又得说回来，岳母不是晁家的吗？她的兄弟辈冲之、说之、补之，还不都和苏、黄有一些来往？补之和秦观一样，是苏轼的门生，"苏门四学士"中的人物。可能正因为这个关系，夫人会梦到他罢。

"秦观，字少游，这孩子就起名陆游吧。"陆宰做出了决定。及至陆游长大以后，朋友们称他为陆务观，就是这个来由。

陆游的出世在宋徽宗宣和七年十月十七日，这一年是公元1125年。按照阳历计算，他的生日是 11 月 13 日。

陆宰进京以后，调任京西路转运副使。因为时局紧张，他的责任主要是供应泽、潞一带的粮饷。泽是泽州，州城在现在的山西省晋城县；潞是潞州，州城在山西省长治县，都在山西省东南一角，那时正在宋人支援太原的大道上。他把家眷寄顿在河南荥阳以后，自己便轻装上道了。

徽宗的时候，北宋政权的昏庸腐朽已经到了顶点。从现象看，真是太平盛世，正如孟元老在《东京梦华录》序中所说的："青楼画阁，绣户珠帘。雕车竞驻于天街，宝马争驰于御路。金翠耀目，罗绮飘香。新声巧奏于柳陌花衢，按管调弦于茶坊酒肆。"但是，腐蚀的力量已经把这一座大厦完全蛀空了，止消一阵狂风，便可以摧枯拉朽。徽宗赵佶是一位有名的艺术家，同时也是一个极其昏愦的统治者。宣和七年，他把国家大事全部交给蔡京。这一个老朽，七十九岁了，眼睛已经看不清楚，自己管不了，便把政务交给儿子，偏偏两个儿子不争气，内部争吵不休。徽宗实在看不下去，暗示蔡京辞职，可是他还不肯辞，徽宗没法，止好吩咐文士代他拟好三道辞表，下台了事。继任的是白时中、李邦彦，两个腐朽的统治阶级人物。北宋政权在这样的情况下，准备了自己的坟墓。

敌人是不会睡觉的。北宋初年，东北方面的敌人是契丹部族的辽国。宋、辽之间曾经有过几次战争。经过景德元年(1004),澶渊之战以后,宋的统治者以每年向辽国奉上银十万两、绢二十万匹的代价,买取了北方的安定。腐朽的空气同时弥漫在宋、辽的两方。十二世纪的初年,北方的女真部族又起来了。他们的好战远远超过初年的契丹,正因为他们是新起的部族,他们有发展的前途,同样也有扩大的野心。徽宗政和五年(1115),他们建立国号,称为金国。三年以后,北宋政权和女真订约,双方协作,破灭辽国。北方的战争发动了,女真的武力取得了辉煌的胜利,但是腐朽透顶的北宋军队,还是经不起垂死的辽人的一击。陆游出世的这一年,契丹部族的辽国亡了,北宋军队依仗着女真的协助,收复了燕山府(北京)。

在这一次战争里,女真的统治者对于北宋政权的脆弱是看清楚了,他们也看到宋的摧毁,一定可以提供大量的猎获品,这是在对辽的进攻中,无从获得的。十月七日,他们决定调动大军,分兵两路,西路由粘罕为首,从云中(山西大同)直扑太原,东路以斡离不为首,从平州(河北卢龙)直扑燕山。他们的目标,是由东西两路合兵,最后拿下东京。这一个计划的决定,在陆游出世以前十天。淮水上的大风雨,正透露着伟大的爱国诗人是在国难声中诞生的,不过直到陆游出世这一天,宋人对于女真进攻的计划,还是懵无所知。

战争的号角响了。因为汉奸的投敌,十二月十日女真的军队占领燕山府,十八日包围太原。昏庸的徽宗想到的对策止是逃跑。二十三日传位,把这一副担子交给太子赵桓——后来称为钦宗,自己做太上皇,称为道君皇帝。新皇帝即位,改次年年号为靖康元年

（1126），正月初三道君皇帝跑了，名义上是到亳州太清宫烧香，其实是南逃。他嫌汴河里船慢，换轿子，换了轿子还嫌慢，再换骡子，最后到符离，才算安心上船，经过运河，一直逃到镇江。钦宗表面上下诏亲征，实际也在计划向陕西撤退。大官们都在准备逃跑了，有的甚至来不及辞职，甘脆一走了事。统治者的丑态完全暴露了，但是最后钦宗还是留下来，不是因为他发现了抗战的决心，而是因为有人提醒了他，禁卫军的父母妻子都在东京，他们也要招呼自己的亲属，不会跟着皇帝逃跑。皇帝没有禁卫军，成了光杆，那还算什么皇帝呢？钦宗这才留下来，指定主战的尚书右丞李纲为亲征行营使，准备作战。这时女真大军在斡离不的指挥下，已经渡河，正月七日到达东京的郊外，他们在城外放火，光焰烛天，彻夜不止，满城的人民都带着惶惧的心情度过了这痛苦的一夜。

钦宗是准备逃跑的，逃跑不成，这才决心抗战，可是抗战不到几天，他又决心屈服，正月初八派李悦、郑望之为计议使，到斡离不军前议和。女真的要求是犒师金五百万两，银五千万两，绢、彩各一千万匹，此外还要割太原、中山、河间三镇。人民对敌作战的勇气是大的，在女真进逼的时候，兵士们近的用弓箭，用床子弩和石炮，远的用神臂弓，对敌作战。神臂弓能射一百七八十丈，是当时有名的远程武器。但是这一切都落了空，统治者屈服的决心是无法挽回的，钦宗接受了敌人的条件，二月十二日女真大军撤退。

敌人的军队一退，统治者的内部斗争重行开始。道君皇帝到镇江去了，钦宗惟恐他一到东南要搞分裂，第一着便是派人去迎接他还宫，表面上当然还是那一套孝慕的封建理论。四月三日道君皇帝还京，住龙德宫，钦宗把他的侍卫都换去了，从此道君皇帝不再是皇帝了,在他给钦宗的手书上,称钦宗为"陛下",自称"老拙"。陆宰的京西路转运副使,在四月八日也免职了。据《宋会要》的记载是:

> 〔四月〕八日直秘阁、京西路转运副使陆宰落职送吏部,以臣僚言河阳郑州当兵马之冲,宰为漕臣,未尝过而问。①

陆游后来也曾记下:

> 某生于宣和末,未能言而先少师②以畿右转输饷军,留泽潞,家寓荥阳。及先君坐御史徐秉哲论罢,南来寿春。③

为什么徐秉哲会提出攻击?当然还是由于统治者的内部斗争。因此却给陆宰一个南归的机会。陆宰调任京西转运副使的时候,家眷留在荥阳,因为敌人的南侵,中间曾经一度迁居东京,陆游曾说:

> 扶床踉跄出京华,头白车书未一家。宵旰至今劳圣主,泪痕空对太平花。④

他们离开东京的时候,应当在这年八月女真大军再度南侵之后,十一月东京重新被围之前,这才和诗中的"扶床踉跄"相当,也符合那时的情况。

当时的宋人和女真相比,一边有着优秀的文化传统,一边止是落后的部族。从经济力量和文化程度讲,女真是无法和宋人抗衡的。但是这时的宋皇朝统治阶级正在走着下坡路,充满了没落意

---

① 《宋会要辑稿》职官六九。
② 陆宰死后赠官至少师,故有此称。
③ 《渭南文集》卷三十《跋周侍郎奏稿》。
④ 《剑南诗稿》卷五《太平花》。

识，内部矛盾发展到无法调和，统治者和统治者之间更没有合作的可能。从前人说，宋人议论纷纷，金兵已经渡河，正是实际的情况。钦宗一次到龙德宫朝见道君皇帝，献上一杯御酒，道君一饮而尽，顺手也给钦宗斟了一杯。钦宗正在接手的时候，一位大臣在后边轻轻地踢了他一脚，钦宗悟到这是要他防备毒酒，伏地恳辞，坚决不受，道君痛哭了一场。① 从此父子之间更加疏远了。君臣之间，父子之间，大臣和大臣之间，统治者和被统治者之间，他们的关系是一盘散沙，这正是大崩溃的预兆，等待女真部族加以摧毁。

北宋皇朝是毁灭了，靖康元年的闰十一月，钦宗向女真大军投降，东京陷落。第二年女真人把道君皇帝和钦宗父子二人扣留，三月立张邦昌为帝，四月女真大军撤出，北宋的最后两位皇帝、皇后、和太妃、太子、宗室，连带皇亲国戚三千余人作为俘虏，一齐北去。

徐秉哲是怎样的一个人物呢？ 在他弹劾陆宰的时候，他是义正词严的一个铁面御史。可是不久他便暴露了他的汉奸本色。钦宗向敌投降以后，奉命在东京搜括的时候，徐秉哲是执行这个命令的一个。靖康二年(1127)正月钦宗被敌人扣留之后，传达敌人的意图，威胁道君皇帝，要他自动投向女真大营的是他，立了这些"功劳"之后，他升做开封府尹，便伙同另一个大汉奸王时雍，拥戴张邦昌为帝。他的官衔更大了，是权中书侍郎、领枢密院。金人撤退以后，张邦昌的汉奸政权，在人民群众的反对之下，立脚不住了。钦宗的弟弟赵构，本来以大元帅的名义，将兵在外，受到群众的拥戴，就在这一年的五月在南京应天府②称帝，后来称为高宗。高宗即位

---

① 徐梦莘《三朝北盟会编》靖康中帙三十一。

② 今河南商丘。

之初,随即把靖康二年的年号,改为建炎元年。六月五日,徐秉哲责授为昭化军节度副使、梅州安置。节度副使止是一个空名,其实是把他拘留在现在广东的梅县,作为应得的处分。从徐秉哲的一系列的汉奸活动和他最后的结果看问题,陆宰的罢官,可能止是由于当时统治者的内部斗争,不一定是因为他在职务当中的疏忽。是不是因为他在工作中太积极了,受到尚未暴露身分的汉奸的仇视,这才引起他们的弹劾而终于罢官呢? 这是很可能的,不过我们还提不出具体的证明。

靖康元年的秋冬之间,陆宰带着全家从东京南归了,沿路兵荒马乱,正如陆游在诗中所说的:

> 我生学步逢丧乱,家在中原厌奔窜。淮边夜闻贼马嘶,跳去不待鸡号旦。人怀一饼草间伏,往往经旬不炊爨。呜呼,乱定百口俱得全,孰为此者宁非天![①]

陆宰虽然只是一位卸任的转运副使,但是究竟是官宦之家,妻室儿女以外,还有不少的奴仆婢妾,一家人扶老携幼,有时听得一阵"番人"来了,他们止能躲在草窝里过活,这里给陆游一个很深刻的印象。归途之中,他们在寿春停了一段时期,那里还没有遇到兵灾,因此给他们一个喘息的机会。以后他们再从淮水,通过运河,终于回到山阴的故乡。

陆宰虽然出身于官僚家庭,做过几任外官,但是到底只是一位书生,在京西转运副使任内,正值女真南下,吃尽千辛万苦,最后还得到罢免的处分,因此南归以后,他无心再入宦途了。在南方他听

---

① 《诗稿》卷三十八《三山杜门作歌》。

14

到高宗政权的建立，当然也会同一般人民一样，感到喜悦。可是这一位高宗皇帝，偏偏不争气，一边称帝，一边又和敌人勾结，派王伦为大金通问使，他的目的是和女真人以黄河为界，把黄河以北的地方出卖给敌人。在任用人才的方面，他是一边用主战的李纲、宗泽，一边用主和的黄潜善、汪伯彦。建炎初年，出现了消极作战，积极求和的局面。他一边用对敌战争的口号赢得人民的拥护，一边又准备随时出卖人民，博取敌人的好感。在这种情形之下，陆宰的政治热情，正在不断地低落。

高宗的且战且和的政策，并没有得到女真的同情。敌人的胃口不断地扩大。——宣和七年以前，他们止要夺取燕山府，出兵以后，他们要求太原、中山、河间三镇。从要求三镇再进一步，他们便要整个的黄河以北。可是现在呢，他们的眼光已经落到黄河以南。敌人的铁骑又动了，高宗的对策还是逃跑。李纲和他说明，必须由应天进驻东京，才能维系人心，高宗这才下诏，择日还京，诏书下了以后，真是人心感动，可是高宗作战的决心已经动摇了，无论李纲怎样主张，高宗还是想到逃跑。李纲看看没有办法了，这才劝他先到南阳，认为南阳西邻关陕，东达江淮，南通荆湖巴蜀，北距三都①，是一个最适合的地方。高宗接受李纲的建议，下诏迁都南阳，一边派人到南阳去修城池，缮宫室；实际上他还是准备南奔扬州。建炎元年十月间逃到扬州，在那里待了一年多，那时女真的军队，已经从楚州②、泗州、天长三面打过来。建炎三年二月，他从扬州过江，十月间到达临安，再从临安逃到越州，就是陆宰的故乡了。在山阴

---

① 东京和西京洛阳、南京应天。
② 江苏淮安。

不到几天，看看还是不妥，再从越州逃到明州①。到了明州，三面环海，无路可逃，他就逃上海船。建炎四年的元旦，是在温州海边的大船上度过的。幸亏女真大军到了南方以后，看看补给线拉得太长了，有随时被中原起义队伍截断的危险，三月间，他们从南方调回。四月高宗回到越州，舒了一口长气，改越州为绍兴府。次年改年号为绍兴元年。在建炎初年的时候，他还有一些建立的意思，现在止是争取存在了。直到绍兴二年正月，他才回到临安。

从建炎四年到绍兴二年，这三个年头里，山阴一带人民的生活是可想而知了。宋人留下的话本《冯玉梅团圆》曾经提起"建炎年间，民间乱离之苦"，又说："康王泥马渡江，弃了东京，偏安一隅，改元建炎。其时东京一路百姓，惧怕鞑虏，都跟随车驾南渡，又被虏骑追赶，兵火之际，东逃西躲，不知拆散了几多骨肉，往往父子夫妻，终身不复相见。"这个话本又提到夫妻二人，正在逃难之中，"只听得背后喊声振天，只道鞑虏追来，却原来是南朝杀败的官兵，只因武备久弛，军无纪律，教他杀贼，一个个胆寒心骇，不战自走，及至遇着平民，抢掳财帛子女，一样会扬威耀武。"这一段抒写，对于建炎四年山阴人民的遭遇，是有现实意义的。

陆宰在建炎初年回到山阴以后，更没有做官的兴趣了，但是因为家累重，生活不够宽裕，因为曾经做过官，所以请求祠禄。陆游在《陈君墓志铭》里提到陆宰"奉祠洞霄"的事实。"洞霄"是临安的洞霄宫，一座道教的庙宇。宋代的政府，可算是官僚的乐园，高级官吏退职以后，通常给予"提举"某宫某观的名义，用近代话说，就

---

①　浙江宁波。

16

是派他为庙务委员。一座道宫或道观的"提举"没有固定的限额，而且也不必到场，便可以支取半俸，每任通常是二年，但是可以不断地连任。陆宰得到这个待遇以后，他可以安稳地坐在家里。陆家是有名的藏书家，陆宰对于读书，又有一定的爱好，他的那部《春秋后传补遗》，可能是在山阴写的。

建炎四年，山阴已经卷入了战争的边缘。敌人的铁骑和杀败的官兵把整个地方搞得烟雾尘天，陆宰上有老母，下有妻子，正在无法措手的时候，一位相识的和尚惟悟道人，和他谈起浙江东阳县的陈彦声，名宗誉。他说起这一位"其义可依，其勇可恃"。在敌人南侵的当中，山东、淮南这一带，出现人民武装的组织，他们团结了附近的群众，常常能给敌人以致命的打击，当时称为"山寨"和"水寨"。组织得好的时候，便成为抗战的一分力量，陈彦声的队伍，就是这样的一类。陆游记着他的父亲听到惟悟道人的建议以后：

> 先君闻之大喜曰："是豪杰士，真可托死生者也。"于是奉楚国太夫人间关适东阳。彦声越百里来迎，旗帜精明，士伍不哗。既至，屋庐器用，无一不具者，家人如归焉。居三年乃归，彦声复出境饯别，泣下沾襟。①

陆宰回到山阴的时候，约在绍兴二年，可能迟至三年。他的时间还花在读书方面，有时也和子弟谈一些朝廷的掌故。他在京本《家语》的跋中说：

> 收书之富，独称江浙。继而胡骑南骛，州县悉遭焚劫，异时藏书之家，百不存一，纵有在者，又皆零落不全。予旧收此

---

① 《文集》卷三十二《陈君墓志铭》。

书,得自京师,中遭兵火之余,一日,于故篋中偶寻得之,而虫蠹鼠伤,殆无全幅,缀缉累日,仅能成帙。乃命工裁去四周所损者,别以纸装背之,遂成全书。呜呼,予老懒目昏,虽不复读,然嗜书之心,固未衰也。后世子孙知此书得存之如此,则其余诸书幸而存者,为予宝惜之。绍兴戊午十月七日双清堂书。①

戊午是绍兴八年,陆宰五十一岁,陆游十四岁。五十一岁自称"老懒目昏",当然早了一些,但是经过兵火丧乱,心理又受到摧残的人,是容易衰老的。

绍兴以后,宋人和女真的战事,逐渐地起了变化。女真初来的时候,宋人是感觉无法应付的。北边的辽国和宋人已经一百多年没有战事了,西边的夏国,确实和宋人打了好几次大仗,但是在那些战争里,通常止是几个回合,战争的胜败就决定了。可是女真人打仗,他们做到"胜不追,败不乱,整军在后,更进迭却,令酷而下必死,每战非累日不决,盖自昔用兵所未尝见"。② 宣和七年以来,宋人的军队吃亏在这里。可是经过长期的战争,南宋军队,从学习中得到提高,而在民族矛盾异常尖锐的当中,战士的斗志迅速地壮大起来,再加以沦陷区大后方的人民,不甘心接受异族的压迫,河北、山西、山东、淮南的人民队伍都起来了,和女真部族展开生死的斗争。战争的形势逐步发展到不利于侵略者。吴玠、吴璘、韩世忠、岳飞、刘锜,这一批有名的将领都成长起来,经过一次又一次的战

---

① 《文集》卷二十八《跋京本家语》附载。
② 吴璘语,见徐梦莘《三朝北盟会编》炎兴下帙九二。

争,从胜利走向胜利,眼看到中原就要成为侵略者的坟墓。

在南宋军队对于女真作战节节胜利的当中,最感到不痛快的是宋高宗。尤其如岳飞的军队,当时称为岳家军,张俊的军队,当时称为张家军。这一切都使他痛恨,军队既然是岳家、张家的了,那么兵士止知有岳飞、张俊,那还知道上面还有皇上吗? 张俊还好,因为他比较恭顺,听吩咐,可是岳飞呢,高宗对于他是不能原谅的。在张俊、韩世忠、刘光世都成为有名的大将的时候,岳飞还不过是一个普普通通的将领,他是经过皇上亲手提拔的;吴玠兄弟太远了,刘光世已经下台,现在岳飞居然和张俊、韩世忠并称为东南三大将,这是谁的抬举呀! 还有,高宗没有儿子,岳飞是什么人,竟敢向皇上提议,早日建立太子,是要在日后做定策元勋吗? 这一切都使得高宗感到痛恨。

建炎四年(1130),女真人立刘豫为齐帝,把黄河以南的地区都交给他。刘豫止是一个傀儡,对中原的人民称皇称帝,但是对女真人称子称臣,他的职务是替女真人打冲锋,为了个人的利益,出卖民族。在南宋将领的威力之下,刘豫是经不起打击的。绍兴七年(1137),女真把刘豫废去了。暂时把黄河以南交给南宋,但是不久仍旧收回,并且扬言如若高宗不肯彻底屈服,他们便要抛弃他,把中原交给他的哥哥钦宗赵桓。这一着确实是打中了高宗的要害。在他即位以后,他不止一次地向女真人要求交还二圣——北宋的最后两位皇帝,可是这是一句官话,是说得好听的,倘使他们两位当真回来,自己是不是还做皇帝呢? 现在父亲徽宗是死了,可是哥哥还在,万一女真把哥哥送回东京做皇帝,那和刘豫是完全不同了。自己能骂刘豫是逆贼,可不能骂哥哥是逆贼,能骂刘豫是汉奸，可不能骂哥哥是汉奸，何况自己对女真也是称臣称子，这里还有一段不可告人之隐。统治者尽管提倡封建道德，口头说孝说弟，可是事实上完全不是如此。钦宗对于父亲徽宗，高宗对于哥哥钦宗，都是惟恐他们要把自己的皇冠夺回。高宗的决心是与其把国土的全部交还钦宗，不如把国土的一半扣在手里，这就迫使他在南宋军队节节胜利的当中，决心出卖淮河以北的人民，保全自己的地位。要完成这一个丑恶的目的，他有必要倚仗一个得力的助手。

这一个助手是秦桧。他在二十岁左右的时候，在太学读书，因为个儿高，同学称他为"秦长脚"。他是一个"干才"，二十六岁中进士。女真包围东京，要求割河北三镇，秦桧上书，认为女真贪得无厌，可许以燕山一路，千万不可放弃三镇。及至东京陷落以后，女真人示意，要宋人推戴张邦昌做傀儡皇帝，那时秦桧已经从殿中侍御史，升到左司谏，他坚决不同意。在这一段时间之内，秦桧是表现了一定的认识的。女真军队撤出的时候，把秦桧带去，作为俘虏，直到建炎四年他才回到南方。绍兴元年他由参知政事改右仆射、同中书门下平章事。他的主张是以河北人归女真，以中原人归刘豫。他认为这样就可以太平无事了。实际上这是道地的汉奸理论，是出卖一半，保留一半的主张。在舆论哗然的情况下，秦桧被迫下台。绍兴八年，重行起用，从此直到绍兴二十五年（1155），秦桧做了十八年的丞相。复相之初，秦桧的政策，便是主持和议。凡是反对和议的大臣，如胡铨、曾开，以及最初赞同和议，希望利用机会整理内部而后来看穿秦桧的真相，因而坚决反对的参知政事李光，都受到排斥。高宗和秦桧都决定对敌屈服了，但是还怕东南三大将的反对，绍兴十一年（1141），发布了张俊、韩世忠任枢密使，岳飞任枢密副使,调到中央,同时把他们的军队全部改为御前军。待到他们的军权解除以后,当年岳飞被杀,韩世忠罢职,连赞同和议的张俊也在次年罢职,对敌屈服的主张,更受不到丝毫的牵制。绍兴十一年签订的和约是对女真称臣,岁贡银二十五万两,绢二十五万匹,东以淮水为界,西以大散关为界。北方六百三十二县的土地和人民完全出卖给女真,而南方七百零三县的土地和人民,除了担负南宋皇朝的重赋以外,还要替统治者向他们的主子贡献银绢二十五万两匹。

陆宰是在靖康年间参加对外作战的后勤任务的。在敌人初步撤退,获得喘息的时候,他曾经因为受到徐秉哲的攻击而免职。徐秉哲是一名汉奸,现在陆宰所看到的是比徐秉哲更大更阴险毒辣的汉奸。为了个人的利益,他们出卖了北方的人民,同时也出卖了南方的人民,出卖了现在,同时也出卖了将来。陆宰是五十开外的人了,感到衰老,自己又退居林下了,但是在他的朋友周侍郎和给事中傅崧卿、参知政事李光这一些人谈到国家前途的时候,他竟是痛哭流涕,食不下咽。陆游已经渐渐长大了,经过患难的孩子,懂事总要早一些,他把这一切都看在眼内,后来曾经记下来:

> 某生于宣和末,未能言,而先少师以畿右转输饷军,留泽潞,家寓荥阳。及先君坐御史徐秉哲论罢,南来寿春,复自淮徂江,间关兵间,归山阴旧庐,则某少长矣。一时贤公卿与先君游者,每言及高庙盗环之寇,乾陵斧柏之忧,未尝不相与流涕哀恸,虽设食,率不下咽引去。先君归,亦不复食也。伏读侍郎周公论事榜子,犹想见当时忠臣烈士忧愤感激之余风。於戏,建炎、绍兴间,国势危蹙如此,而内平群盗,外捍强虏,卒

能披草莽、立社稷者，诸贤之力为多。某故具载之，以励士大夫。倘人人知所勉，则北平燕赵，西复关辅，实度内事也。①

绍兴初，某甫成童，亲见当时士大夫相与言及国事，或裂眦嚼齿，或流涕痛哭，人人自期以杀身翊戴王室。虽丑裔方张，视之蔑如也，卒能使虏消沮退缩，自遣行人请盟。会秦丞相桧用事，掠以为功，变恢复为和戎，非复诸公初意矣。志士仁人抱愤入地者，可胜数哉！今观傅给事与吕尚书遗帖，死者可作，吾谁与归？②

李丈参政罢政归乡里时，某年二十矣。③ 时时来访先君，剧谈终日，每言秦氏，必曰"咸阳"，愤切慨慷，形于色辞。一日平旦来，共饭，谓先君曰："闻赵相过岭，悲忧出涕。仆不然，谪命下，青鞋布袜行矣，岂能作儿女态耶！"方言此时，目如炬，声如钟，其英伟刚毅之气，使人兴起。后四十年，偶读公家书，虽徙海表，气不少衰，丁宁训戒之语，皆足垂范百世，犹想见其道青鞋布袜时也。④

---

① 《文集》卷三十《跋周侍郎奏稿》。
② 《文集》卷三十一《跋傅给事帖》。
③ 李光罢参知政事，据《宋史·高宗本纪》、《宰辅表》、《李光传》，在绍兴九年，时陆游年十五岁。后二年李光谪藤州，时陆游年十七岁。此处陆游误记。
④ 《文集》卷二十七《跋李庄简公家书》。

第二章　青　年

陆宰回到山阴以后,决心不出去做官了。他自己盖了些房子,有双清堂,千岩亭;又买了一座别墅,准备在山清水秀的场所,好好读一些书,也准备把儿子教好。陆游早年,主要还是在经书上用工夫,这是当时儒生的根本之学。陆游曾说过:

> 吾幼从父师,所患经不明。何尝效侯喜,欲取能诗声? 亦岂刘随州,五字矜长城?①

在家庭教养方面,他获得一定的思想基础,在陆宰的一些朋友来往之中,他也听到不少的主张。在散文的方面,他记起:

> 三代藏宝器,世守参《河图》。埋湮则已矣,可使列市区! 文章有废兴,盖与治乱符。庆历嘉祐间,和气扇大炉。数公实主盟,浑灏配典谟。开辟始欧王,蓄畜逮曾苏。大驾初渡江,中原皆避胡。吾犹及故老,清夜陪坐隅。论文有脉络,千古著不诬。俯仰四十年,绿发霜蓬枯。②

---

① 《诗稿》卷四十四《读苏叔党汝州北山杂诗次其韵十首》之十。
② 《诗稿》卷七《书叹》。

他在另外两首诗中,也曾提到他的老师和他自己的抱负:

> 成童入乡校,诸老席函丈。堂堂韩有功,英概今可想。从父有彦远,早以直自养。始终临川学,力守非有党。纷纷名他师,有泚在其颡。二公生气存,千载可畏仰。

> 士生学六经,是为圣人徒。处当师颜、原,出当致唐、虞。斯文阵堂堂,临敌独援枹。异端满天下,一扫可使无。乃知立事功,先要定规模。彼虽力移山,安能夺匹夫。①

他还有一位老师鲍季和。陆游在十七岁的时候,早晨戴着乌帽出门,和许伯虎一同在老师那里上学。清明的前一天,老师放假,他们用矾水在纸上写字,以后涂上墨迹,作为假的拓本。这件小事,他在诗里曾经提到。

《宋史·陆游传》说他“年十二,能诗文”,不免有一些浮夸,但是在这个“书香门第”里,他从小便感染上对于诗文的爱好,这是很自然的。

> 吾年十三四时,侍先少傅②居城南小隐,偶见藤床上有渊明诗,因取读之,欣然会心。日且暮,家人呼食,读诗方乐,至夜,卒不就食。今思之,如数日前事也。③

> 余年十七八时,读摩诘诗最熟,后遂置之者几六十年。今年七十七,永昼无事,再取读之,如见旧师友,恨间阔之久也。④

---

① 《诗稿》卷四十三《斋中杂兴十首以丈夫贵壮健惨戚非朱颜为韵》之一、之二。
② 陆宰。
③ 《文集》卷二十八《跋渊明集》。
④ 《文集》卷二十九《跋王右丞集》。

> 予自少时,绝好岑嘉州诗。往在山中,每醉归,倚胡床睡,辄令儿曹诵之,至酒醒,或睡熟,乃已。尝以为太白、子美之后,一人而已。①

陆游在陶潜和唐代诗人中,摸索自己的道路,但是始终没有找到。在他十八岁那一年,认识曾几,这才算找到一条路。他有一诗记他们认识之初:

> 发似秋芜不受耘,茶山曾许与斯文。回思岁月一甲子,尚记门墙三沐熏②。(自注:游获从文清公游时,距今六十年)③

曾几这一年五十九岁了。他对于这位青年的款接,真是热情异常。从另一方面看,他对于陆游所起的影响是异常的巨大,陆游对他的崇拜算得五体投地。他说:

> 儿时闻公名,谓在千载前。稍长诵公文,杂之韩杜编。夜辄梦见公,皎若月在天。起坐三叹息,欲见亡繇缘。忽闻高轩过,欢喜忘食眠。袖书拜辕下,此意私自怜。道若九达衢,小智妄凿穿。所愿瞻德容,顽固或少瘥。公不谓狂疏,屈体与周旋。骑气动原隰,霜日明山川。④

从这首诗,我们可以看到他们初次的相见,是在曾几到陆家去的那一天。当然,他是去拜访陆宰的。南宋初年,山阴取得陪都的地

---

① 《文集》卷二十六《跋岑嘉州诗集》。

② 文清公即曾几,时主管台州崇道观。绍兴十八年,曾几寓上饶茶山,故称茶山。陆游作此诗时在嘉泰二年(1202),年七十八岁。

③ 《诗稿》卷五十一《赠曾温伯邢德允》。

④ 《诗稿》卷一《别曾学士》。

位,加以陆宰的声望和他的交游之广,都可以吸引时人的访问。曾几的这一来,对于陆游是一颗从天上降下的明珠,他是如何地渴望认识这一位伟大的人物!

是什么吸引力使得陆游对于曾几五体投地的?

首先曾几是一位有名的学者。他的著作有《易释象》五卷、《论语义》二卷,但是他的更大的声望是他继承了胡安国的春秋学。宋代在春秋学方面有卓越的成就,北宋有孙复的《春秋尊王发微》十二卷,《春秋总论》一卷,南宋有胡安国《春秋传》三十卷,又《通例》一卷,《通旨》一卷。陆宰不是也有一卷春秋学的著作吗?为什么宋人对于春秋学感到很大的兴趣,孙复、胡安国都成为有名的学者呢?因为春秋主张"尊王攘夷",拥戴封建君主作为一面旗帜,抗拒异族的侵略者。在民族矛盾成为主要矛盾的时候,这样的主张是有它的特殊意义的。胡安国在南宋初年作《春秋传》,其意在此。这一位春秋学者死于绍兴八年,那时陆游年十四岁,没有离开山阴,因此他不可能看到胡安国,可是现在他看到曾几,这是给他很大启发的。

其次,曾几是一位有名的爱国志士。在爱国主义者的家庭中,还有比爱国志士更值得欢迎的吗?陆游看到和他父亲往来的,有周侍郎、傅给事和李参政——尤其是李参政,这一位痛恨秦桧,深入骨髓,认为"咸阳"终误国家。在绍兴十一年,李光被贬,安置藤州的时候,父亲不是曾一直赶到诸暨送他吗?一年以后,又一位爱国志士来了。他的哥哥曾开在临安,官居礼部侍郎的时候,秦桧正在热烈地主张和女真议和。曾开和秦桧接谈中,问起宋朝和女真是怎样的一种关系。

"和高丽对于本朝的关系一样。"秦桧说。

"主上以圣德登大位,臣民之所推戴,列圣之所听闻。相公当强兵富国,尊主庇民,奈何自卑辱一至于此!非开所敢闻命。"曾开怫然地说。

经过这一次争执,曾开的礼部侍郎罢免了,连带曾几的两浙西路提点刑狱公事的官也罢免了。主张对敌投降的秦桧是不会容留他们的,但是也正因此曾几在陆游的认识上,给与很深的印象。

但是,更重要的是曾几是当时的最有名的诗人。北宋以来,若干有名的诗人在南渡初年还在,现在陆续死去了。徐俯、韩驹、陈与义、吕本中都死了。他们的作品不一定完全一致,但是他们都是江西派的诗人,从十八岁的陆游看,除了江西派以外,还有谁算得上诗人呢?现在曾几是江西派诗人中惟一存在的老辈,因此也就是惟一的诗人。他和建立江西宗派这个名义的吕本中同岁,比徐俯、韩驹等稍为迟一些,在学诗方面,最初得力于韩驹,中间曾向吕本中请教过,最后和本中齐名,在江西派诗人自称的一祖三宗——杜甫、黄庭坚、陈师道、陈与义——以外,便数到吕本中和曾几。江西派在北宋的后期,由黄庭坚、陈师道这一些人的提倡,成为宗派,后来经过蔡京的压迫,在"元祐学术"的名义下,受到摧残,在北宋的末年,始终不得出头,因此江西派由诗人流派而带有政治流派的意味。江西派诗人在炼字、炼句、讲对仗、谈声律以外,便隐隐地具有孤芳自赏,不与浊世同流合污的意味。正如黄庭坚所说的:"余尝为诸子弟言:'士生于世,可以百为,惟不可俗,俗便不可医也。'或问不俗之状,余曰:'难言也。视其平居无以异于俗人,临大节而

不可夺,此不俗人也。'"①南宋初年,"元祐党禁"解除了。但是就在
南渡之初,政治上隐隐起了主战和主和的两派,在敌人凶焰高张的
时候,主战派还有一些施展的余地,但是止要敌人给与喘息的机
会,主和派随即起来,把主战派全部排斥,终于获得全胜,造成屈服
的局面。江西派诗人,正因为他们不肯同流合污,所以在南渡之
初,他们的主张无形中和主战派合流。吕本中就曾有这样的一
首诗:

> 晚逢戎马际,处处聚兵时。后死翻为累,偷生未有期。积
> 忧全少睡,经劫抱长饥。欲共范仔辈,同盟举义师。②

江西派诗人在国难临头的当中,思想上得到解放,他们的作品提高
了,但是在讨论创作方法的时候,他们很少从原来的境地上踏出一
步。黄庭坚谈"点铁成金"、"脱胎换骨",局限性很大,吕本中谈"活
法",所谓"活法"其实止是话头的转变,并没有新鲜的内容。绍兴
元年,吕本中在桂林,那时曾幾在柳州,向吕本中请教律句的作法,
本中说:"治择工夫已胜,而波澜尚未阔,欲波澜之阔,须令规模宏
放,以涵养吾气而后可。规模既大,波澜自阔,少加治择,功已倍于
古矣。"③怎样才是"波澜之阔"? 本中没有说。所以南渡而后,在民
族矛盾异常尖锐的时候,受到时代的冲击,尽管江西派诗人是有所
提高了,可是如何把时代的要求和他们的创作方法统一起来,这里
还有很大的距离。在这一点上面,曾幾无法解决,吕本中也无法解

---

① 黄庭坚《书嵇叔夜诗》。
② 吕本中《兵乱后自嬉杂诗》。范仔,当时民军中的一位领导者。
③ 曾幾《东莱先生诗集后序》。

决。张戒不曾说过吗？他和本中谈到黄庭坚的诗：

"黄庭坚学到杜甫的神髓吗?"张戒问。

"是啊。"本中说。

"好处在哪里?"

"正如禅宗所说的死蛇弄得活。"

"活是活了。如杜甫的'不见旻公三十年,封书寄与泪潺湲。旧来好事今能否,老去新诗谁与传?'这一类的诗,黄庭坚早年便做得到。'方丈涉海费时节,玄圃寻河知有无。''桃源人家易制度,桔州田土仍膏腴。'这一类的诗,庭坚晚年也做得到。至如杜甫的'客从南溟来'、'朝行青泥上'、《壮游》、《北征》,庭坚能做吗? 如'莫自使眼枯,收汝泪纵横。眼枯即见骨,天地终无情!'他做得到吗?"张戒说。

"杜甫的诗,"本中沉吟很久以后才说,"有学得到的,也有学不到的。"

"那么,"张戒直截了当地说,"不能说是学到杜甫的神髓了。"①

张戒在南宋初年是有一些独到的主张的。他认为诗家有的言志,有的咏物,言志是诗人的本分,咏物是诗人的余事。他又认为王安石止知道巧语是诗,而不知道拙语也是诗,黄庭坚止知道奇语是诗,而不知道常语也是诗。他又认为诗妙于曹植,成于李、杜,而坏于苏、黄。他和陈与义、吕本中曾经有过不少的争执。在南宋初年那一个突变的时代里,张戒是理解到现实主义的意义的,他也认识到形式主义的作风,为艺术而艺术的主张,是没有多大价值的。从另一方面讲,江西派诗人不是没有受到时代的冲击,他们之中尽

---

① 张戒《岁寒堂诗话》。

有认识到现实的,但是在他们的思想深处,为艺术而艺术的主张,依然存在,这就把他们自己划在现实主义的圈子以外。江西派的许多诗人已经死了,曾幾是那时的最有成就的作家,在他和陆游的接触中间,他把他的所得传授给陆游。陆游承受了这一份教训,也就必然地在他的思想中种下了一些矛盾的种子,不过他在那时还没有觉得,经过很长一段时期,直到四十八岁才看出这一点。这是后话。

陆游二十岁的时候,诗文方面都有一些成就。他有一篇《司马温公布被铭》:

> 公孙丞相布被,人曰"诈";司马丞相亦布被,人曰"俭"。布被,可能也,使人曰"俭"不曰"诈",不能也。①

这是一篇非常简练的文字,因此有人疑为秦观的作品。他又有《菊枕诗》,在当日也传诵一时,可能这是一首纤丽的作品,后来陆游删定诗稿的时候,把它删去了,可是他还是有些不能忘情,四十三年以后,淳熙十四年(1187),他在诗中曾经提到。

绍兴十八年(1148),陆游二十四岁。从那年起曾幾寓居上饶茶山,前后七年。在这段时间里,陆游曾到上饶一次,他在那里又向曾幾请教。他说:

> 忆在茶山听说诗,亲从夜半得玄机。常忧老死无人付,不料穷荒见此奇。律令合时方帖妥,工夫深处却平夷。人间可恨知多少,不及同君叩老师。②

---

① 《文集》卷二十二。
② 《诗稿》卷二《追怀曾文清公呈赵教授赵近尝示诗》。

在另一首诗里,他说:"我得茶山一转语,文章切忌参死句。"①

陆游从曾几学习,确是有所得的,所以曾几和他说:"君之诗渊源殆自吕紫微,恨不一识面。"②曾几在同辈中,最推重吕本中,这样地和陆游说,他对陆游,显然是很满意的。从另外一点看,陆游对于这一位老师,也是称道备至。他说:

> 公治经学道之余,发于文章,雅正纯粹,而诗尤工,以杜甫、黄庭坚为宗,推而上之,縣黄初、建安,以极于《离骚》、《雅》、《颂》、虞、夏之际。初与端明殿学士徐俯、中书舍人韩驹、吕本中游,诸公继殁,公岿然独存。道学既为儒者宗,而诗益高,遂擅天下。③

曾几对于陆游的影响,是巨大的,他的论诗非常入细,陆游曾记:

> 茶山先生云:"徐师川④拟荆公'细数落花因坐久,缓寻芳草得归迟'云,'细落李花那可数,偶行芳草步因迟'。初不解其意,久乃得之,盖师川专师渊明者也。渊明之诗皆适然寓意而不留于物,如'悠然见南山',东坡所以知其决非'望'南山也。今云'细数落花,缓寻芳草',留意甚矣,故易之。"又云:"荆公多用渊明语而意异,如'柴门虽设要常关','云尚无心能出岫','要'字'能'字,皆非渊明本意也。"⑤

---

① 《诗稿》卷三十一《赠应秀才》。
② 《文集》卷十四《吕居仁集序》。吕本中,字居仁,曾为中书舍人,故称吕紫微。
③ 《文集》卷三十二《曾文清公墓志铭》。
④ 徐俯。
⑤ 《老学庵笔记》卷四。

陆游在学诗的道路摸索前进中,已经出名了。绍兴十年、十一年(1140、1141),他和陈公实、叶晦叔、范元卿,以及族兄伯山、仲高这一些人在一处。那时他才十六七岁。他还记起一次他们在灵芝寺借榻的情况:

> 我年十六游名场,灵芝借榻栖僧廊。钟声才定屦声集,弟子堂上分两厢。灯笼一样薄腊纸,莹如云母含清光。还家欲学竟未暇,岁月已似奔车忙。[①]

三年以后,绍兴十三年(1143),他十九岁了,他曾到临安考进士,这一次考试没有录取,他在临安过年,第二年上元节,在从舅唐仲俊的领导下,在临安观灯。南宋的灯节,从正月十四日开始,至十六夜收灯,当时的盛况正如吴自牧在《梦粱录》里所说的:"深坊小巷,绣额珠帘,巧制新装,竞夸华丽。公子王孙,五陵年少,更以纱笼喝道,将带佳人美女,遍地游赏。人都道玉漏频催,金鸡屡唱,兴犹未已。甚至饮酒醺醺,倩人扶着,堕翠遗簪,难以枚举。"

大约在陆游二十岁的左右,他和唐琬结婚了。陆游的母亲是唐介的孙女。唐介在熙宁元年(1068),官至参知政事,第二年王安石起用,唐介和安石主张不同,不久也就死了。唐介两子:淑问、义问。陆游《渭南文集》卷二十六《跋唐修撰手简》中的唐修撰即义问,陆游称义问字君益,和《宋史·唐介传》所称字士宣者不同。淑问、义问是陆游的外祖父一辈。陆游的舅父一辈,除了唐仲俊以外,又有唐意,字居正。陆游《老学庵笔记》卷七:"舅氏唐居正意,文学气节,为一世师表。建炎初,避兵武当山中,病殁。"《宋史》称

[①]　《诗稿》卷十五《灯笼》。

"意亦以宰相吴敏荐,召对而贫不能行,竟饿死江陵山中"。基本上也相合。

从陆游看,唐琬是舅舅的女儿,母亲的侄女,一切应当是满意的了。偏偏陆游的母亲对于这一位媳妇,非常不满,终于压迫陆游,要他们离婚。在封建社会里,谁敢违背母亲的主张呢?据说陆游因为伉俪情深,不敢违背母命,又不忍和唐琬离婚,他在外边搞了一所宅子,时时和唐琬会面。老太太听到风声,有时要去看看,他们也预先走开,免得碰面。但是事情毕竟掩饰不来,终于还是决裂了。不久以后,陆游和一位王氏结婚,唐琬也改嫁赵士程。陆游和王氏的结婚至迟当在绍兴十六七年(1146—1147),年二十二三岁。[1]

这几年,陆宰逐渐感觉到衰老了,但是还是喜欢读书。绍兴十三年,诏求遗书,曾到陆家录书一万三千卷,陆游的大哥陆淞也参加了校勘的工作。可是陆宰和李光的关系密切,李光曾经一度推荐过陆宰,秦桧对于他们是不满的,因此对于陆宰没有加以表扬。这一位藏书家终于在绍兴十八年(1148)的六月间去世了。[2]

陆游的长子子虡是在这一年出世的,两年以后,他的次子子龙出生。

绍兴二十三年(1153),陆游到临安去应考。这一年省试主试

---

① 张淏《宝庆续会稽志》:唐翊,仕至鸿胪少卿,连守楚、泗、台三州,其子唐闳为郑州通判。或据此谓唐琬为唐闳之女。陆游自言唐介为其曾外大父,唐介江陵人,其孙唐意饿死江陵山中,地点亦相合。唐翊、唐闳为山阴人,与唐介、唐意无涉。待考。

② 李心传《建炎以来系年要录》卷一五七记"知临安府直秘阁陆宰卒"。直秘阁为陆宰官衔,但陆宰始终无知临安府事,潜说友《咸淳临安志》卷四十七表列南宋知临安府诸人姓名,亦无陆宰,《系年要录》误列。

官是两浙转运使陈子茂(字阜卿),通过省试,第二年便可以参加殿试了。陆游在这时候,已经很有些声名,看来有录取第一的希望。偏偏秦桧的孙子秦埙也来应考。在门荫制度之下,秦埙已经官居敷文阁待制了,可是秦桧还不满意,他存心要秦埙通过省试、殿试,博取状元及第的荣誉。这里发生矛盾了,一边是有名的才子,一边是丞相的孙儿,这个矛盾待陈子茂来解决。可是他的解决的办法很简单,陆游有诗直记其事:

> 陈阜卿先生为两浙转运司考试官,时秦丞相孙以右文殿
> 修撰①来就试,直欲首送,阜卿得予文卷,擢置第一,秦氏大怒。
> 予明年既显黜,先生亦几蹈危机,偶秦公薨,遂已。
> 予晚岁料理故书,得先生手帖,追感平昔,
> 作长句以识其事,不知衰涕之集也
>
> 冀北当年浩莫分,斯人一顾每空群。国家科第与风汉,天下英雄惟使君。后进何人知大老,横流无地寄斯文。自怜衰钝辜真赏,犹窃虚名海内闻。②

这一年陆游省试第一,次年殿试,他被黜落了,这里正看到秦桧的作用。在这些年代中,他在诗中说起:

> 言语日益工,风节顾弗竞。杞柳为栝楼,此岂真物性。病夫背俗驰,《梁甫》时一咏。奈何七尺躯,贵贱视赵孟!③

在最后两句中,陆游显然是和秦桧对立了,但是他止是一介书生,

---

① 《宋史·秦桧传》作敷文阁待制。
② 《诗稿》卷四十。
③ 《诗稿》卷一《和陈鲁山十诗以孟夏草木长绕屋树扶疏为韵》之一。

既然不是官，也用不到担心到贬黜。幸亏第二年秦桧死了，才不致于发生意外。

就在这一年，陆游的心头，又受到一次创伤。他和唐琬的关系，因为老太太的坚持，终于决裂了。改嫁的改嫁，另娶的另娶了，但是恋爱的创痕，是永远无法治疗的。出山阴城东南四里，禹迹寺南的沈园，是当地的名胜。在春光明媚的日子里，陆游到沈园去游览，恰巧这一天赵士程、唐琬夫妇也到那里。他们会见了。但是千言万语，从何处说起。会面了，又分离了。

陆游正在无语伤神的时候，一个小使送过酒菜来。

"赵相公吩咐给相公送来的。"小使说。

"那一位赵相公？"陆游问。

"那边带着宅眷的赵相公。"

"明白了，"陆游说，"请给我向赵相公道谢吧。"

陆游又陷入沉思的苦境了。他能怨母亲吗？但是在他看到小桥远去，珠光宝气中的倩影的时候，他又能想什么呢？三十左右的人了，正是丰神饱满的日子，何况她是那样的细心和温存！酒冷了，肴馔也冷了，终于他把眼泪和酒一齐咽下，对着一堵粉墙，题下《钗头凤》一首：

> 红酥手，黄縢酒，满城春色宫墙柳。东风恶，欢情薄。一怀愁绪，几年离索。错、错、错。　　春如旧，人空瘦，泪痕红浥鲛绡透。桃花落，闲池阁。山盟虽在，锦书难托。莫、莫、莫。

据说唐琬也曾和了一首，这可能是后人的附会。他们分离了，但是永远依恋；见面了，但是又还沉默。封建社会里，男人还有男人的事业，可是女人所有的止是家庭和恋爱。赵士程是一位懂得体贴的丈夫,但是他不是恋爱的对象。没有恋爱也就没有家庭,一切都是空虚,这一位多情善感的唐琬,不久以后也就死去了。她留给陆游的是五十年温馨的旧梦。直到八十多岁的时候,他也忘记不了这一个"惊鸿倩影"。

沈园会面以后,陆游的心境是沉痛的,但是个人之上还有国家,恋爱之上还有事业。绍兴二十六年(1156),他毅然地提出"学者当以经纶天下自期"。① 一个早晨,他去看他的朋友郑禹功博士。大寒的天气,一天的大雪飘飘扬扬地直下,陆游进来了,座上还有一位老和尚。禹功介绍道:"这是妙喜禅师。"妙喜已经很有名了,但是陆游不管他,一直坐在上座,向禹功讨酒。他们喝酒谈诗,有时还谈到武器,谈到战争。这一位少年旁若无人地一路说下去,老和尚不耐烦,径自走了。这件事后来使得陆游很懊悔,②但是管他呢,少年人总还有一些少年人的意气。

秦桧再相以后,前后十八年,这是一座大山,把当时的一切的爱国主义者都压得透不过气来,陆游止是一介书生,但是也感受到时代的压迫。现在好了,虽然高宗还是那样的甘心屈服,但是究竟不同了。整个的朝廷,也逐步地看到一些清明的气象,正派的人物开始抬起头来。绍兴二十七年四月曾幾知台州;十月间调秘书少监。就在这一年辛次膺为给事中,他同曾幾一样,是老辈了,在秦桧当道的时候,他们都曾遭到歧视! 现在出来了。经过殿试罢黜以后,陆游对于科第是绝望了,现在他感到有一条进身之路。他写信给辛次膺:

---

① 《文集》卷二十六《跋文武两朝献替记》。
② 同卷《跋杲禅师蒙泉铭》。

　　某束发好文,才短识近,不足以望作者之藩篱,然知文之
不容伪也,故务重其身而养其气。贫贱流落,何所不有,而自
信愈笃,自守愈坚,每以其全自养,以其余见之于文,文愈自
喜,愈不合于世。夫欲以此求合于世,某则愚矣,而世遂谓某
终无所合,某亦不敢谓其言为智也。恭惟阁下以皋陶之谟,周
公之诰,《清庙》《生民》之诗,启迪人主而师表学者,虽乡殊壤
绝,百世之下犹将想望而师尊焉。某近在属部而不能承下风,
望余光,则是自绝于贤人君子之域矣。虽然,非敢以文之工拙
为言也,某心之为邪为正,庶几阁下一读其文而尽得之。唐人
有曰:"士之致远,先器识而后文艺。"是不得为知文者,天下岂
有器识卑陋而文辞超然者哉?①

　　绍兴二十八年,陆游出任福州宁德县主簿。主簿止是县官的
属员,但是已经是官了,在封建社会里,属于官僚阶级,可能这是上
书的结果。事实也难怪,在那个时代里,官僚地主家庭出身的人,
不能忘怀自己的阶级。陆游既然在考试中遭到挫折,不能不找一
条出路,可是父亲晚年的官阶,始终做不上去,自己又有两位哥哥,
门荫也轮不到自己,所以只能从保荐中想办法。在宁德的时候,福
建路提点刑狱公事樊茂实准备重重地推荐他一次,称为"有声于
时,不求闻达"。这一次陆游却把事情搁下了。

　　"主簿为什么不来取奏状呢?"樊茂实看到他的时候问起。

　　陆游笑着回答道:"来取奏状,那能算是'不求闻达',岂不辜负
了提刑的美意? 因此不敢。"

---

　　① 《文集》卷十三《上辛给事书》。

茂实哈哈一笑，还是吩咐给陆主簿把奏状写好。按照当时的办法，必须由被荐的人自己到临安投递，可是陆游还把事情继续搁下。

从宁德到福州，中间有一道北岭，晚秋天气，陆游和友人朱景参约会在北岭一座佛寺相见，簌簌西风，寒雨扑面，庭前荔树上挂着一串串的晚红荔枝。陆游酒酣以后，作《青玉案》一首：

> 西风挟雨声翻浪，恰洗尽黄茅瘴。老惯人间齐得丧。千岩高卧，五湖归棹，替却凌烟象。 故人小驻平戎帐，白羽腰间气何壮！我老渔樵君将相。小槽红酒，晚香丹荔，记取蛮江上。①

这一年他才三十四岁，但是已经自叹衰老了。一位有志建立功业的青年，在他看到光阴虚度、事业无成的时候，一种衰老之感，常会龁啮他的心头，这一首词正是这种感想的流露。

在宁德一年，陆游调到福州，他说"绍兴己卯庚辰之间，余为福州决曹"，②当时福建路提点刑狱公事属员有检法官、干办官，陆游担任这一类的职务，可能还是由于樊茂实的推荐。公事忙，因此没有工夫饮酒赋诗，一位诗人，对于这样的生活，当然会感到压迫。所幸不到一年，正月初他又调临安了。陆游这才高高兴兴地离开福州。这一次他是从海道走的。到温州登陆，再经过括苍、东阳北上，有诗为证。

海中醉题，时雷雨初霁，天水相接也

> 羁游那复恨，奇观有南溟。浪蹴半空白，天浮无尽青。吐

---

① 《文集》卷四十九。
② 《文集》卷二十九《跋盘涧图》。

吞交日月,颎洞战雷霆。醉后吹横笛,鱼龙亦出听。

自来福州,诗酒殆废,北归始稍稍复饮,至永嘉括苍,无日不醉,诗亦屡作,此事不可不记也

尊酒如江绿,春愁抵草长。但令闲一日,便拟醉千场。柳弱风禁絮,花残雨渍香。客游还役役,心赏竟茫茫。

东阳观酴醾

福州正月把离杯,已见酴醾压架开。吴地春寒花渐晚,北归一路摘香来。①

---

① 三诗皆见《诗稿》卷一。

第三章　大风暴的来临

陆游调临安,担任敕令所删定官的职务。他的工作主要是编纂公布的法令,地位并不重要,位置也不高,可是到了临安,他能更多地接近中央,多和人士来往,这样的机会,总会使他欣然的。

这一次调临安,可能是出于左丞相[①]汤思退的推荐。汤思退,原籍处州,和陆游同是浙东人,绍兴二十九年九月间,由右丞相改左,陆游在贺启中曾提到自己:

> 某猥以孤远,辱在记怜,如其少逭衣食之忧,犹能颂中兴之盛德,必也遂老江湖之外,亦自号太平之幸民。穷达皆出于恩私,生死不忘于报称。[②]

三十年的春夏之间,陆游到达临安供职,他想到这一次的遭际,真是不胜感慨。他在谢启中说起:

> 伏念某独学寡闻,倦游不遂。澜翻记诵,愧口耳之徒劳;跌宕文辞,顾雕虫而自笑。低回久矣,感慨凄然,使有一人之

---

① 正衔为左仆射同平章事。
② 《文集》卷六《贺汤丞相启》。

见知,亦胜终身之不遇。然而禀资至薄,与世寡谐,在乡间则里胥亭长之所叱诃,仕州县则书佐铃下之所蹈藉。声名湮晦,衣食空无,方所向而辄穷,已分甘于永弃。侵寻末路,邂逅殊私,招之于众人鄙远之余,挈之于半世浮沉之后。既赏音于一旦,又诵句于诸公;岂料前史之美谈,乃获此身之亲见。……重念某家世儒学,非有旂常钟鼎之勋;交友渔樵,又无金、张、许、史之助。特缘薄技,获齿诸生,形顾影以知归,口语心而誓报。死而后已,天实临之。①

从今天看,这样的作风是很少见的。但是在封建时代,这并不是意外。为什么杜甫献三大礼赋,韩愈有三上丞相书呢?很显然,他们必须通过这一关,为自己解除被统治阶级压迫和侮辱的苦痛,同时也为自己开辟建功立业的道路。在封建统治之下,博取封建统治者的好感,也爬上封建统治的地位——这正是旧时代知识分子的一条悲惨的道路,但是在那个时代里,千千万万人正踏着这条道路前进,一点也不感到奇怪。

在敕令所供职的一年中,和陆游常来往的有闻人滋,字茂德,嘉兴人。他也是一位删定官,很好客,常时留人吃饭,所吃的多半是豆腐羹;有时也替人介绍工作,藏书极多,最喜欢把书出借给朋友。这位老先生很诙谐,自称"作门客牙,充书籍行,开豆腐羹店"。当然这止是一句幽默话,他的学问主要还在经学和文字学方面。

还有一位是周必大,他比陆游小一岁,恰恰住在隔壁,因此来往极密。陆游也曾记到他们的关系:

---

① 《文集》卷六《除删定官谢丞相启》。

　　某绍兴庚辰(三十年)，始至行在，[①]见公于途，欣然倾盖。得居连墙，日接嘉话，每一相从，脱帽褫带，从容笑语，输写肝肺。邻家借酒，小圃锄菜，荧荧青灯，瘦影相对。西湖吊古，并辔共载，赋诗属文，颇极奇怪。淡交如水，久而不坏，各谓知心，绝出流辈。[②]

周必大后来做到丞相，封益国公，但是他们两人间的关系，始终是很好的。

　　敕令所的工作虽然不很重要，但是生活很安定，长此下去，陆游也许就在逛西湖、喝酒、作江西派诗的当中消磨一生。可是黑云已经密布了满天，一闪一闪的电光，告诉我们，大风暴就在眼前了。

　　宋金间和议的订立，已经二十年了。高宗对于女真部族的统治者称臣屈服，每岁献银献绢，出卖了北方，也出卖了南方，他总以为从此可以在小朝廷偷安了，慢慢地把西湖点缀起来，正如后来林升诗中所说的：

　　山外青山楼外楼，西湖歌舞几时休？暖风熏得游人醉，直把杭州作汴州。[③]

但是敌人是不会等待的。在他们估计到可以平吞整个中国的时候，决不会满足于北方的一半。绍兴二十六年，女真部族的统治者完颜亮迁都燕京，同时积极准备修建汴州。宋人的东京，经过残酷的战争，完全破坏了，现在改称南京，作为日后发动南侵的基地。

---

　　①　临安当时称"行在所"。
　　②　《文集》卷四十一《祭周益公文》。
　　③　《西湖游览志余》卷二。

当时南宋和女真之间,相隔止是一条淮水,南北通使,不断往来,因此女真准备作战的计划,从绍兴二十八年起已经渗过来,但是高宗还是不信,直到二十九年年底才证实了这个消息。

那时南北两方,每年都有几度使节来往,贺年的使节称为贺正旦使。十二月底女真的贺正旦使来了,正使施宜生,福建邵武人;副使耶律翼,契丹人。这一位施宜生,六十多岁了,真可算是几朝人物。他是北宋政和四年(1114)的太学生,做过官,南渡以后,参加过范汝为的起义军队。范汝为失败,他逃到北方,在刘豫的傀儡政权之下做官。刘豫被废,他就直接为女真服务。从做官到起义,从起义到投敌,施宜生有一段不简单的经历,但是并没有完全丧失了对于祖国的一点良心。贺正旦使一到,南宋派吏部尚书张焘接待,当时称为"馆伴"。张焘的资望很高,得到施宜生的重视,相处极为款洽。张焘看到机会来了,慢慢地打动施宜生的乡土之思,探听北方的动静。施宜生看到耶律翼不在面前,对着张焘说起:"目前的北风猛啊!"他顺手取起窗间的一支笔,喊着:"笔来、笔来。"

问题都清楚了。张焘把一切的经过奏明高宗。南宋也在进行一些必要的布置,直到三十一年的五月间,这才揭开战争的序幕。五月是高宗的生日,女真的贺生辰使高景山、王全来了。他们传达完颜亮的意图,大意是说两国向以淮水为界,私渡甚多,无从杜绝,容易引起纠纷,主张以长江、汉水为界,好在其间土地荒瘠,人民不多,所有户口,尽可仍归南宋,女真所要的止是土地。完颜亮提出八月间到南京,希望南宋派一位大臣——丞相汤思退、陈康伯,或是知枢密院王纶——老将杨存中和皇帝的一两位亲信同来商量。最后他还说出九月间要到泗州、寿州,和陈、蔡、唐、邓那些地方打猎,十一二月间再回南京。

最后通牒就在这个方式之下提出了,要宋人割让长江以北,要他们派遣大臣议和,最后,是出兵的威胁。在提出通牒的时候,王全甚至在殿上谩骂起来。

"听说,"高宗说,"副使是北方名家,何至如此?"

"不啰嗦了,赵桓已经死了,明白些吧!"王全说。

赵桓是钦宗,三十四年以前被俘,一向以为他还活着,现在从王全口里,得到他的死讯,当然这里也带着威胁。高宗嚎啕大哭,起身回宫,匆匆地结束了这一次的会见。

战争的情势,因为女真部族统治者的决心南侵而无可避免了。南宋的文武大臣,连同侍从御史举行了一次大会,统一意志。在这次会上,丞相陈康伯传达高宗的意图:"今日更不问和与守,直问战当如何。"大政方针决定以后,南宋方面的布置,四川以吴璘为制置使,荆襄以成闵为制置使,但是把主要的力量集中在淮南、江东、浙西一带,以刘锜为制置使。自从绍兴十一年和议告成,至今二十年了,当年的宿将,老的老了,死的死了,吴璘必须留在四川,撑住西北的大局,杨存中是最得高宗信任的,但是在士大夫之间,声望不高,因此只有把国家的重任,交给刘锜。刘锜在绍兴十年曾以四万兵在顺昌大破金兀术的十万大军,因此人望很高。瓦子①里的"说话人"②曾说刘锜"从顺昌入战之后,闲在家中,寄居湖南潭州湘潭县,他是个不爱财的名将,家道贫寒,时常到村店中吃酒"。这里正看到为什么刘锜会在当时有很高的威信。

---

①　南宋时代临安的娱乐场。
②　略同于现代的说书人。

在什么地方布置战场,和敌人作战,这时还没有把握。七月十二日陆游已经由敕令所删定官调任大理司直,官阶还是很低,可是他是一位名士,和当时的一些要人都有联系,因此也得到些内幕消息。一次他去拜访丞相陈康伯,康伯留他吃饭,还没有坐定,外边报称杨存中来了。陈康伯一边把陆游安排在书房里,一边接待杨存中,这是当时的一位老将,陈康伯和他谈到战事,陆游隐在幕后,把当时的谈话记下:

> 存中曰:"士大夫多谓当列兵淮北,为守淮计,即可守,因图进取中原,万一不能支,即守大江未晚。此说非也。士惟气全,乃能坚守,若俟其败北,则士气已衰,非惟不可守淮,亦不能守江矣。今据大江之险以老彼师,则有可胜之理。若我师克捷,士气已倍,彼奔溃不暇,然后徐进而北,则中原有可取之理,然曲折尚多,兵岂易言哉。"予不觉太息曰:"老将要有所长。"然退以语朝士,多不解也。①

当时南宋最得力的支柱,还是广大的人民群众。八月间,宿迁人魏胜率同义士三百人渡淮,取涟水军,进攻海州。在海州打了一个漂亮的胜仗,把女真的海州知州父子和他们部下的一千多士兵都杀了;夺取海州以后,发展队伍,分为五军,把朐山、怀仁、沭阳、东海等县拿下。山东的人民都动起来了,他们和魏胜取得联系,山寨的义士,号称数十万,准备随时欢迎解放的大军。

九月间,完颜亮的大军自北方南下了,他一边分遣军队,进攻川陕和荆襄两路,一边自己率同六十万军队直逼淮水清河口,号称

---

① 《老学庵笔记》卷九。

百万。刘锜的军队也沿着运河北上,准备在淮阴迎击敌人,可是他的副将王权已经在皖北合肥溃退了,王权第一步是退到昭关,再从昭关退到和州。刘锜在淮阴的大军,陷入敌人的包围,这才向扬州撤退。十月,完颜亮进驻合肥。

从当时的战争情势看,完颜亮的军队,完全是靠"签发",因为他们的内部不统一,和近代的征兵不同,实际上止是农奴大军,在每个军事单位里,都是以部分的北方部族和部分"签发"的汉人混合编制,战斗意志不强。可是正因为是农奴大军,所以能够发动很多的战士,造成浩大的声势。从另一方面讲,宋人的军队是雇佣军,因为雇佣需要很多的给养,所以在战斗员的数字方面,远远落在敌人的后面,可是因为爱国热情的高涨,他们的战斗力超过敌人,所苦的是除了少数得力的将领以外,没有坚强的领导。这一次王权的溃退,几乎误了国家的大事。南宋方面最有利的形势还是依靠敌后的发动:海州的魏胜,山东的滕晲,大名的王友直,以及日后山东的耿京,他们一呼百应,动辄是几万、几十万,战斗力不一定是强的,但是他们能够牵制敌人的大军,也能随时截断敌人的供应,成为敌人的腹心之患。

王权的军队溃退,高宗的决心动摇了,他派杨存中去和陈康伯商议,准备航海。康伯把存中留下,吩咐他把袍带解去,宽心饮酒。高宗得到这个消息,感到一些安心。第二天,康伯上朝,他和高宗说起:"听说有人主张退到绍兴,再退福州,事情不是这样的。"他再三劝告高宗,要他镇静。不久,高宗的手谕来了,大体是说如若敌人还不退兵,可立即解散政府,各投生路。康伯把高宗的手谕烧去以后,再三指出百官一散,皇上必然孤立,事情更不好办。待到高宗的情绪逐步稳定下来，康伯随即请求下诏亲征。这就是正式对敌宣战了。诏书里说："岁星临于吴分，冀成淝水之勋；斗士倍于晋师，当决韩原之胜。"高宗的决心作战，在当时的文武百官中，是起了一定的影响的。

尽管高宗表示决心作战，但是高级将领之中，有些已经腐朽到无可挽救了。王权从池州退采石，十一月奉命调职，可是在继任的李显忠没有到达之前，他已经自动退出采石，建康的左翼，完全向敌人暴露。完颜亮抓住这个机会，随即准备渡江。恰巧南宋中书舍人虞允文奉诏至采石犒军，他看到情形危急，马上把责任挑起，对于王权的残部，进行了宣传鼓动的工作。利用宋人原有兵舰，把女真渡江的七十条小船，完全冲没，第二天又烧去敌人大小兵船三百条。兵船既然冲没了，那还渡什么江？金主完颜亮挥动大军，直奔扬州。刘锜的军队在皂角林和金人遭遇，打了一个胜仗以后，全军退到镇江。这时南宋和金人已经形成划江而守的形势。所幸宋人还掌握了一定数量的兵船，在长江中流巡弋，给敌人以必要的牵制。

在敌后广大的沦陷区里，爱国的群众都已经发动了。均州知州武钜领导了一支民兵队伍向北方进军。他们在邓州、卢氏县这一带和敌人后方的军队纠缠在一处。十二月间再由庄隐领导乡兵在洛阳周围和敌人作战，在正规军的配合下，收复了嵩州、长水县、永宁县、寿安县，终于击破洛阳。当然，这次的胜利止是一种奇袭，没有能够巩固下来，但是对于人心已经起了很大的鼓舞作用。

陆游那时还在临安城里，他在幕后参与了一些活动，但是并没有起主要的作用。他听到收复西京的消息，高兴极了，作诗一首：

闻武均州报已复西京

白发将军亦壮哉，西京昨夜捷书来。胡儿敢作千年计，天意宁知一日回？列圣仁恩深雨露，中兴赦令疾风雷。悬知寒食朝陵使，驿路梨花处处开。①

这个时期，女真内部的矛盾已经暴发了。留在辽东的女真部族的首领们，拥戴完颜雍为帝，内部引起混乱。完颜亮留在瓜洲渡，积极地准备渡江，他限定三天以内全部渡江完毕。他认为当前有强大的敌人，背后有分裂的活动，万一退军，前后受敌，部下溃散，自己必然孤立，因此决心冒险南侵，一经过江，部下意志统一，尽有击溃宋军的可能。从另外一面看，完颜亮的部下，认为渡江以后，当前的南宋的主力军，虽然曾从淮阴撤退，但是实力没有受到损害，依然是强大的敌人，北方已经分裂，无法获得有力的支援。在这个形势下，镇江的刘锜大军和淮南的严重破坏，对于这支女真侵略队伍，都构成死亡的威胁。矛盾的解决，惟有出于流血的一途。终于由完颜亮的部下，在一个夜晚，把这个侵略者杀死。他们一边派人和南宋洽商，一边整理自己的队伍，有秩序地向淮北退却。在这时期，完颜雍迅速进入燕京，控制北方；南宋的大将成闵、李显忠，也收复两淮州郡。宋金双方仍旧以淮水为界，和完颜亮没有发动南侵以前完全一样。

在完颜亮南侵的当中，陆游有时也回山阴，好在一水之隔，来往不到几天，公事不多，不妨去看一下。恰巧曾幾住在禹迹寺，从山阴城去，三四里路，差不多每隔三四天，陆游总得去看望老师。

---

① 《诗稿》卷一。

曾几七十九岁了，一家百口，在人心惶惶的当中，他从来没有考虑到一身或一家的安全，谈到国家的前途，总是非常系念。这一切都给陆游很好的教育。①

三十二年的春天，南宋局势，回复到原来的安定。二月间陆游的一位哥哥到扬州去了。那时淮南东路的制置使是成闵，衙门在扬州。陆游有诗：

送七兄赴扬州帅幕

初报边烽近石头，旋闻胡马集瓜洲。诸公谁听刍荛策，吾辈空怀畎亩忧。急雪打窗心共碎，危楼望远涕俱流。岂知今日淮南路，乱絮飞花送客舟。②

这首诗是二月间作的，但是写到上一年完颜亮进逼采石和瓜洲的时候，确实是把那时人心惶惶的情形，完全写出的。

就在这一月，刘锜在临安都亭驿呕血死了。刘锜是当时有名的大将。相传完颜亮在发兵的时候，曾经历举宋将的姓名，由女真部族的将领报名应战，可是一经举到刘锜，大家都不吭声了。完颜亮这才决定自己担当这一面。可能这止是事后之辞。但是在最初布置的时候，南宋以刘锜担当淮南一路，完颜亮也进攻这一路，双方都把主力放在运河淮水这一条交通线上，这是当时的客观形势决定的。双方把主力这样安排，正见到刘锜担负了一副万钧重担。他路过镇江的时候，坐在皮敝轿当中，全城焚香迎接，人民对于这一位不爱钱的爱国将领是非常崇拜的。不幸的是刘锜已经衰病缠

---

① 《文集》卷三十《跋曾文清公奏议稿》。
② 《诗稿》卷一。

绵了。在前线,有时他止能喝一口稀粥,可是他还是尽力支持。及至王权溃下,大军的左翼完全暴露,刘锜向后撤退,在皂角林打了胜仗以后,他才撤到镇江。当时的议论是,虽然日闻捷报可喜,但是一报近如一报,亦复可忧。其实这也是一偏之见,虽然一报近如一报可忧,但是日闻捷报,究属可喜。在战争进行的当中,决定胜负的不是一城一地的得失,而是主力的能否保全。刘锜保全了南宋的主力军,扼守天险的镇江,西边有坚守建康的张焘,掩蔽了他的侧面,中间有来往江上的巨舰,敌人不敢轻于尝试。这才造成了如虎负隅的声势。完颜亮的部下宁可杀死完颜亮,也不敢过江迎战,一边固然是因为淮南路受到严重破坏,无法支援,一边也未尝不是慑于刘锜主力的存在。这一点陆游是看得清楚的,但是一般人却没有看清楚。刘锜的呕血而死,主要还是由于受到委屈和刺激,以至无法鼓起和病况斗争的勇气。从陆游的《刘太尉挽歌辞》,可以看出陆游对于军事的认识。陆游三十二岁就有《读兵书》一首,以后在诗词和笔记中都谈到论兵说剑,将略,诗情,可是实际上他并没有经过真正的战役。我们只有从他对于战事的认识上,给他作出必要的估计。

刘太尉挽歌辞二首①

羌胡忘复育,师旅备非常。南服更旌节,中军铸印章。驰书谕燕赵,开府冠侯王。赫赫今何在? 门庭冷似霜。

坚壁临江日,人疑制敌疏。安知百万虏,锐尽浃旬余? 智出常情表,功如定计初。云何媚公者,不置箧中书?

---

① 《诗稿》卷一。

绍兴三十一年完颜亮发动南侵,终于以他的被杀而匆匆结束了。侵略大军完整地退出淮南。当时的情况不易使人理解的是为什么南宋不在女真退兵的当中,趁完颜雍内部整理尚未就绪的机会,进行追击,收复失地。原因大约有三个。第一,在宋金对峙的当中,从淮河南岸直至长江北岸这一带——当时称为淮南东路和淮南西路,因为多次的战争,受到严重的破坏,三十一年再受到女真军队南下和北撤两次的搜刮,无法担负再一次的战事。三十二年正月间李显忠的军队已经开到淮西,就因为老百姓的房子久已烧光,无法住宿,士兵在大雨雪中进军,连脚趾都冻掉了,止得引还建康。第二,在完颜亮南下的当中,高宗起用了主战派的首领张浚。这一位久已受到贬斥处分的老臣,在风涛中从湖南赶到江东,高宗安排他守建康府的责任。及至侵略大军引退,一般人士都希望由张浚出任江淮宣抚使,担当追击的重任。可是在高宗、张浚中间,久已存在主和主战的矛盾,而张浚的为人望所归,更引起高宗的妒忌,他宁可把宣抚使交给不满众望的杨存中,决不交给张浚。第三,高宗对于收复沦陷区的信心,久已丧失,他所要求的止是小朝廷的偷安。完颜亮南侵的时候,他一边下诏亲征,一边又准备投降,这样的一位领导者,当然谈不上追击敌人,收复失地了。绍兴三十二年的春天,就在双方通使往来,但是军队仍在进行小规模的遭遇战的当中度过。

在完颜亮南下而后,陆游已经调任枢密院编修官。枢密院是南宋的军事领导机构,编修官名义上是担负编纂的职务,实际上还是担任秘书工作。这次的调任当然和他的才能以及他和大臣等的关系有关。《文集》有《代乞分兵取山东札子》是这时写作的:

　　为今之计,莫若戒敕宣抚司,以大兵及舟师十分之九固守江淮,控扼要害,为不可动之计;以十分之一,遴选骁勇有纪律之将,使之更出迭入,以奇制胜。俟徐、郓、宋、亳等处抚定之后,两淮受敌处少,然后渐次那大兵前进。如此则进有开国拓土之功,退无劳师失备之患,实天下至计也。盖京东去虏巢万里①,彼虽不能守,未害其疆,两淮近在畿甸,一城被寇,尺地陷没,则朝廷之忧复如去岁②。此臣所以夙夜忧惧,寝不能瞑,而为陛下力陈其愚也。

宋时有"轮对"的制度,在一定官阶以上的,都有轮流进见的机会,陆游也准备提出他的发言提纲,当时称为《札子》。

　　举吏部之籍,搢绅之士几人,其得见君父者几人?白首州县而不得一望阙门者多矣,则凡进见之人,固宜夙夜殚思竭诚,以幸千载之遇,虽其间有论事梗野不达大体者,究其设心,亦愿际会。犯威颜以徇俗,舍富贵以取名,臣窃谓无是理也。欲望陛下昭然无置疑于圣心,克己以来之,虚心以受之,不惮舍短而取长,以求千虑之一得,庶几下情得以毕达。群臣无伯益、召公之贤,陛下以舜、武王之心为心,则是圣德巍巍,过于舜、武王矣。如其屈万乘之尊,躬日昃之劳,顾于疏远之言,无大施用,姑以天地之度容之而已,是独言者一身之幸也。③

---

　　① 宋时有京东东路、京东西路,其地相当于现代的山东省。金上京会宁府在今黑龙江省阿城县南。
　　② 指上年完颜亮南侵事。
　　③ 《文集》卷三《拟上殿札子》。

陆游的这一个札子,虽然没有提出,但是却透露出当时高宗和群众对立的情况。群众要求的是对敌作战,但是高宗坚持的是继续屈服。在杨存中江淮宣抚使任命发布的时候,给事中金安节,起居舍人、兼权中书舍人刘珙就提出"存中已试之效,不待臣等具陈。顷已权势太盛,人言籍籍,陛下曲示保全,俾解重职,今复授以兹任,事权益隆,岂惟无以慰海宇之情,亦恐非所以保全存中也。"他们并且要求"宜别择重臣以副盛举"。这件事给高宗以很大的刺激,他甚至说出刘珙的父亲刘子羽担任过张浚的幕府官,得到重视,因此刘珙排斥杨存中,正是要为张浚留出担任江淮宣抚使的地步。但是高宗的咆哮,并没有阻止刘珙的继续争论。杨存中是当时的一员老将,曾任殿前都指挥使二十五年,是高宗的亲信,小心谨慎,高宗认为是他的郭子仪。可是正因为他是高宗的亲信,当时的群臣不断地对他提出弹劾,李浩、王十朋、陈俊卿、陆游,先后都曾经进言。绍兴三十二年的春天,南宋的统治者决心求和,朝廷上重行暴发了一次主和和主战之争。陆游的这一个札子,实际上是要高宗接受群众的意见,不要一意孤行,阻塞言路。这一次是二十多年以前情况的重演,但是不同了。绍兴十一年的秦桧,坚决主张对敌屈服,经过他的缜密的布置,高宗投靠敌人的宗旨居然贯彻了,可是现在呢?情形完全不同了。丞相陈康伯是主张对敌作战的,杨存中的江淮宣抚使任命发布以后,因为给事中、中书舍人这一批人坚决不同意,他们执行了他们的否决权,[①]把诏书退回了。高宗也看到现在的局面,究竟不是二十一年以前的情形,何况皇太子赵昚已

---

① 宋制:给事中四人,"若政令有失当,除授非其人,则论奏而驳正之"。绍圣以后,中书舍人兼权封驳,见《宋史》卷一六一。

经三十六岁了,在群众中有相当的威信,虽然不是亲生的儿子,但是对于自己确实有些孝心,又何必多操这一份心呢? 终于决定在这一年的六月,把政权交给太子,自己退居德寿宫,称为太上皇。赵昚即位,后代称为孝宗。即位后,改明年为隆兴元年。

陆游在枢密院的任务,主要还是秘书工作。十月中,张焘的同知枢密院事任命发布了。照例先进辞免表,后进谢表。这两个文件都委托陆游代拟。宋代的表启,是用四六文做的。陆游在启中用"飞龙在天"对"老骥伏枥"。张焘一见以后,感到不安,托左史周必大和陆游商量,把这两句改过。

"为什么?"必大说。

"老了,责任担负不了,"张焘说,"因此请求退休。'老骥伏枥'的下句是'志在千里',看了这一句,联想到第二句,人家会认为我希图重用啊。"

"不会的,"必大说,"'志在千里',正是说马老了,跑不得,所以空有此志。相公虽然年老力衰,难道没有报国之志吗?"

张焘笑了,因此没有改去。①

孝宗在南宋的一些皇帝中,是比较清明的一位。他的父亲赵子偁,太祖赵匡胤之后,在徽宗时代,止是一位远房的宗室,官止做到嘉兴县县丞。东京陷落的时候,皇室的近房,都被女真部族俘虏了,所以建炎三年(1129),高宗的独子赵旉死后,止能以孝宗为养子,后来立为太子。他在民间长大,所以和一般皇帝有些不同。他对于中原的沦陷,感到极大的沉痛,因此关心武事,有收复失地的

---

① 《老学庵笔记》卷一。

意图。同时他对于文学也很有兴趣。一天他和周必大谈起,问他当今的诗人谁能比得上唐代的李白。必大说惟有陆游,因此大家称陆游为"小李白"。①

十月间,通过权知枢密事史浩和同知枢密院事黄祖舜两人的推荐,孝宗赐陆游、尹穑两人进士出身。对地主官僚家庭出身的人来说,这是一种荣誉。尹穑字少稷,年龄比陆游大得多,以强记出名。当时出版物有麻沙版本,出于福建建阳县麻沙岭,是比较通行的版本,尹穑每日能背诵一寸高的麻沙出版物。当然宋版书字大,可是一寸厚至少也得上万字。据说有一次尹穑在吕居仁席上看历本,经过一道菜的工夫,能把两个月中每日记载的项目,完全背出,不差一字。尹穑和陆游是朋友,但是后来附和和议,他们的看法发生距离。这时期中和陆游相熟的还有程大昌,在学术界也是有名的人物。

十一月,陆游有《上殿札子》,请求振肃纲纪,他说:

> 陛下初即大位,乃信诏令以示人之时,前日数十条,或曰"当置典宪",或曰"当议根治",或曰"当议显戮",可谓丁宁切至,赫然非常之英断也。若复为官吏将帅,一切玩习,漫不加省,一旦国家有急,陛下诏令戒敕之语,将何加此,而欲使人捐肝脑以卫社稷乎?《周官·冢宰》以正月之吉,始和,布治于邦国都鄙,垂象之法,徇以木铎,曰:"不用法者,国有常刑。"正月,周正,今之十一月也。正岁,夏正,今之正月也。② 自十一

---

① 罗大经《鹤林玉露》。

② 《周礼·小宰》:"正岁,帅治官之属而观治象之法,徇以木铎,曰:不用法者,国有常刑。"

月至正月,若未甚久,而申敕告戒,俟以刑辟,已如此其严。今命下累月,而有司或恬然不以为意,臣窃惑之。欲望圣慈以所下数十条者申谕中外,使恪意奉行,毋或失坠,仍命谏官、御史及外台之臣,精加考核,取其尤沮格者与众弃之,不惟圣泽速得下究,亦使文武小大之臣,竦然知诏令之不可慢如此,实圣政之所当先也。①

十二月,张焘在召对的时候,请求举行祖宗故事,召集百官赴朝堂,条具当时弊政,和救弊的办法。初六日诏书下来,陆游有《条对状》,共七条,大意如次:

一、有国之法,当防其微,人臣之戒,尤在于逼。……自今非宗室外家,虽实有勋劳,毋得辄加王爵。

二、小臣干办于外,既衔专命,又无统属,造作威福,矜诧事权,所在骚然,理有必致。……若朝廷或有大事,势须遣使,即乞于廷臣中遴选材望,庶几不负任使。

三、自古有国,设官分职,非独下不得僭上,上亦不得侵下。……顷者遂有以师傅而领殿前都指挥使者……近复有以太尉而领阁门事者……渎乱名器,莫此为甚。

四、臣欲望圣慈令三省具诸路监司姓名,精加讨论,其不足当委寄者,例皆别与差遣,选有才智学术之士代之。

五、欲望圣慈特命有司除凌迟之刑,以明陛下至仁之心,以增国家太平之福。

六、夫宦寺之臣,自古所有,然晚唐以来,始进养子,童幼

---

① 《文集》卷三《上殿札子》。

3

63

何辜，横罹刀锯！……今道路之言，咸谓员已倍冗，司局皆溢，而日增岁加，未闻限止。

七、惟是妖幻邪人，平时诳惑良民，结连素定，待遇而发，则其为害，未易可测。……欲乞朝廷戒敕监司守臣，常切觉察，有犯于有司者，必正典刑，毋得以习不根经教之文，例行阔略。①

从陆游所提出的七条来看，主要的还在于儒家的"正名分，行仁政"。第七条主张对于当时的道会门，进行严厉的处置。当然这是维护统治阶级利益的。他对于人民群众，在宗教的外衣下，取得联系，在适当时期，进行革命的意图，是看得到的，但是对于人民群众进行革命的动力，认识还是不够。

① 《文集》卷五。

第四章 隆兴的战事与
隆兴的和议

　　孝宗在绍兴三十二年六月间即位,改第二年的年号为隆兴元年。隆兴二字把太祖"建隆"和高宗"绍兴"的年号结合,用意在于把开国的事业和争取存在的意图,适当地联系起来。孝宗在即位之初,不同于高宗,他确实有振作一番的本意,这一点不能忘却。但是也必须记清孝宗之上还有一位偷生苟安,不恤以任何手段换取生存的太上皇,他虽然放弃了帝座,但是还能随时提出主张,使这一位尊重封建礼教的孝宗,不能不迁就。所以我们对于孝宗的决心,不能作过高的估计。不过在即位之初,孝宗还是有所作为的。

　　绍兴三十二年的冬间,宋金双方还在淮河的两岸对峙着。女真部族的内部,经过一年的整理,已经稳定下来,完颜雍是一位善于掌握时机的统治者,《金史》称他贤明仁厚,可是事实上他是非常的坚强,在国内团结契丹、女真等北方部族,加强对于汉人的监视和统治;对于南宋,他一边在河南屯结十万大军,进行威胁,一边向南宋要求割让唐、邓、海、泗、商州等地。南宋方面在泗、濠、庐三州和盱眙驻扎军队,女真一时也不敢妄动。

十二月,孝宗召集张栻和陈俊卿到临安。张栻是张浚的儿子,陈俊卿是张浚的参赞。孝宗问起张浚的健康情形和他的动静饮食。

"魏国公①是国家的万里长城,朝廷的依靠,任何的浮言都不能动摇对于魏国公的信任。"孝宗说。

"陛下上念宗社之仇耻,下悯中原之涂炭,"张栻说,"力图振作,这样的存心,就是天理所在。陛下止要益加省察,一边以古人为鉴,一边依靠当代的贤臣,今日之功,可以立成。"

隆兴元年正月,以史浩为右丞相兼枢密使,张浚为枢密使、都督江淮东西路,建康、镇江府、江阴军、江、池州屯驻军马。江淮东西路指江南东路、江南西路、淮南东路、淮南西路,从江阴、镇江、建康、池州,直到江州②的军队都由张浚指挥,东南一带的军权,完全由他掌握,对于女真构成强大的镇慑力量。

这一道命令发出以后,陆游对张浚提出收复中原的要求:

> 仰惟列圣之恩,实被中原之俗。耕田凿井,举皆涵养之余;寸地尺天,莫匪照临之旧。岂无必取之长算,要在熟讲而缓行,顾非明公,谁任斯事? 不惟众人引颈以归责,固亦当宁虚心而仰成。某获预执鞭,欣闻出绋。斗以南仁杰而已,知德望之素尊;陕以东周公主之,宜勋名之益大。虽不敢纪殊尤于竹帛,或尚能被一二于弦歌。③

---

① 张浚。
② 江西九江。
③ 《文集》卷七《贺张都督启》。

　　南宋方面，从中央到地方，从陈康伯到张浚，都决定收复沦陷区，意见统一了。要收复失地，必须争取外援，陈康伯的计划，是和西夏取得联系，牵制女真的右臂。正月二十一日，中书省和枢密院的领导在中书省集合，定策以后，他们召陆游起草文书给西夏的统治者，略谓：

　　　　昔我祖宗与夏世修盟好，岂惟当无事时，共享安平之福，亦惟缓急同休戚，恤灾患，相与为无穷之托。中更变故，壤地阻绝，虽玉帛之聘，弗克往来，然朝廷未尝忘祖宗之志也。乃者皇天悔祸，舆图寖归，会今天子绍登宝位，慨然西顾，宣谕大臣曰："夏，二百年与国也，岂其不念旧好而忘齐盟哉？"某等恭以国主英武聪哲，闻于天下，是敢辄布腹心于执事，愿留神图之，惠以报音，当告于上，议所以申固欢好者。①

当时的西夏，也受到女真的压迫，对于联宋抗金的提议，原则上当然是欢迎的，但是在宋人的实力还没有充分表现以前，西夏不会给南宋以具体的协助，何况这次的通书，由陈康伯等出名，称西夏的统治者为国主，没有给西夏以平等的地位，从当时的国际关系看，是不会得到结果的。

　　二月中，二府②又约陆游到中书省，他们接受李信甫的主张，③发动北方人民起义，因为他们的水平受到时代的局限，止知道分封

---

　　①　《文集》卷十三《代二府与夏国主书》。
　　②　中书省及枢密院。
　　③　《建炎以来朝野杂记》甲集卷二十。

的老办法,不知道这是一条走不通的道路。南宋初年,在女真向南扩张的时候,宋人曾经有过类似的主张,没有实现,正是一个例证。这次还是要陆游起草。

> 除相度于唐、邓、海、泗一带置关,依函谷关外,应有据以北州郡归命者,即其所得州郡,裂土封建。大者为王,带节度、镇抚大使,赐玉带、金鱼,涂金银印。其次为郡王,带节度、镇抚使,赐笏头金带、金鱼,涂金铜印。仍各赐铁券、旌节、门戟从物。元系蕃中姓名者仍赐姓名,各以长子为节度、镇抚留后,世世袭封,永无穷已,余子弟听奏充部内防、团、刺史,亦令久任。将佐比类金人官制,升等换授。其国置国相一员,委本国选择保奏,当降真命。余官准此,七品以下听便宜辟除。土地所出,并许截留,充赏给军兵、禄养官吏等用,更不上供。每岁正旦一朝,三年大礼一助祭,如有故,听遣留后或国相代行,天申、会庆节①止遣国官一员将命。应刑狱生杀,并委本国照绍兴敕令,参酌施行,更不奏案。合行军法者,自从军法。②

从这里看到,当时的计划,是把唐、邓、海、泗以北建立若干的独立国,它们有军权、财权和司法权,除了对于南宋皇朝,每岁朝见一次的义务以外,没有其他的负担,甚至连这一点象征的负担,也可以委人代行,所以实际上他们是独立国。问题在于南宋沿边建立的这些小独立国,它们没有强有力的中央,而相互间又不可能取得良

---

① 宋帝生日。
② 《文集》卷三《蜡弹省札》。

好的协作,即使有了协作,也谈不到统一的指挥。南宋的力量在对金作战中,还不能取得胜利,那么小独立国的树立,可能止是供给女真以各个击破的机会。

《与夏国主书》和《蜡弹省札》都是陆游起草的,是不是他完全同意呢? 我们不知道,不过他在诗中曾经不止一次提到,可能他对于这两件事是感到高兴的。

三月间,下诏修太上皇帝圣政,这是一种类似实录的记载,因为太上皇还活着,所以不称实录而称圣政。陆游调圣政所工作,当时同官的还有范成大,这是南宋的一位有名的诗人,后来淳熙二年(1175),成大任四川制置使,陆游曾在他的幕府。他们之间的关系,有些和严武、杜甫的关系相同,所不同的是严武是能臣,而范成大是诗人。

陆游调圣政所工作,不久以后,他就离开临安了。在临安的时候,陆游和右丞相史浩来往很密,史浩和他谈起宫内的琐事。

孝宗一次内宴,史浩和曾觌都在座。曾觌是孝宗没有立为太子以前的门客,他在孝宗的内廷,原来是时常出入的。饮酒中间,一位宫娥拿出一幅手帕来请曾觌题词。宋代的文士在使女或歌女的手帕上题词,本来也是一件平常的事,可是最近,德寿宫的一位专管果品的内臣和宫娥有些来往,发生问题,交给法司讯问。因此曾觌说:“不敢,不敢,没有听到德寿宫的公事吗!”

这件事史浩告知陆游,陆游和参知政事张焘很熟,顺便告知张焘。

正在这个时候,孝宗准备把从前的门客龙大渊、曾觌提拔起来,可是给事中、中书舍人反对,认为这两个人招权纳贿,不能进用。孝宗下手诏痛斥,认为言官议论群起,鼓动生事,太上皇在朝的时候,谁敢这样。恰巧张焘进见,孝宗指望张焘为他撑腰。

"陛下初即大位,"张焘说,"不宜和臣下燕狎,一至于此。"

经过张焘说明以后,孝宗很感到惭愧,他问:"参政从那里听到这个消息?"

张焘坦白地说:"从陆游那里听到,陆游从史浩那里听到。"

"陆游,"孝宗说,"是一个反复小人,久已应当离开临安了。"

经过这一场无原则的纠纷,陆游在五月间调任镇江府通判,[①]事实上直到隆兴二年二月,他才到任。在这一段时间里,他回到山阴去了。在山阴,他看到他的同堂兄弟陆升之(仲高),这一位比陆游大十二岁的哥哥,年少时二人同以诗文得名,在秦桧当权的中间,因为秦桧和李光发生矛盾,升之曾经对李光狠狠地踢了一脚,因此做了官。秦桧死了以后,升之受到贬窜,现在放回山阴了,他把书斋题名为复斋。陆游替他做了一篇《复斋记》,记中说到:"某自念少贫贱,仕而加甚,凡世所谓利欲声色,足以败志汩心者,一不践其境,兀然枯槁,似可学道者,然从事于此数年,卒无毛发之得。若仲高驰骋于得丧之场,出入于忧乐之域,而自得者乃如此,非深于性命之理,其孰能之。某盖将就学焉。"[②]

九月间,他曾到青山去,在山阴这止是一座不很著名的小山,山下有罗汉堂。陆游因为和住持奕公相熟,所以去了。陆游在山水之间盘桓,给自己起了一个别号"笠泽渔隐"。[③] 陆游对于这一年

---

① 《文集》卷二十四《镇江谒诸庙文》。

② 《文集》卷十七《复斋记》。

③ 《文集》卷二十六《跋杲禅师〈蒙泉铭〉》。

的离开临安,是充满愤闷的。出都的时候,有诗一首:

> 重入修门甫岁余,又携琴剑返江湖。乾坤浩浩何由报?犬马区区正自愚。缘熟且为莲社客,伴来喜对草堂图。西厢屋了吾真足,高枕看云一事无。①

从这首诗看,他的感情自然流露,诗的创作方法开始转变了,但止是一个开始。

在陆游还乡的中间,南宋和女真之间,爆发了十日的战争,以宋人的仓卒出兵开始,以他们的大败于符离县而结束。

完颜亮部下大军退出淮水以后,南宋和女真之间,虽然维持了表面的和平,但是这是一个没有基础的和平。完颜雍掌握政权,随时要威胁南宋,而孝宗初年,也的确还存在着作战的企图。张浚都督江淮兵马的发布,《蜡弹省札》的提出,都为后来的战事铺好道路。张浚是主战派的一面旗帜,但是他在战争中的几次表现,在川陕杀大将曲端,和在富平战役中的大败,都很不得人心。这一次的表现,也使人感觉到准备的不充分,和在战事进行中的轻率。四月间张浚入奏,决定进兵,当时的左右丞相陈康伯、史浩都兼枢密使,对于军政大事,共同负责,他们坚持不可。但是在张浚的坚持之下,孝宗决定用兵,不再征求陈、史两相的同意,造成"帷幄上奏"的局面。当时发兵六万,号称二十万,由淮西招抚使李显忠,建康都统制邵宏渊分统,显忠由濠州(凤阳)直趋灵壁,宏渊由泗州(今沦入洪泽湖)直趋虹县(泗县)。在发动之初,战事很顺利。五月十四日,两位将领渡淮,十六日进围宿州,很快地就把宿州拿下。可是

---

① 《诗稿》卷一《出都》。

宿州刚刚拿下,李显忠、邵宏渊之间已经发生了矛盾。邵宏渊提议把宿州的库藏发出犒军,李显忠坚持军队驻扎城外,止以现钱犒军。这一下在兵士当中发出了不少的怨言,这里正看到南宋军队的弱点。南宋的兵士虽然也有爱国的情感,但是究竟因为止是雇佣的军队,这一种情感是不巩固的。邵宏渊充分地加以利用,在李显忠的部下,播散了不和的种子。这一切南宋的小朝廷都不清楚,他们满足于目前的成就,以李显忠为淮南、京东、河北招讨使,邵宏渊为副使。

二十三日,女真将领纥石烈志宁从睢阳引兵进攻宿州,李显忠刚刚把他打败以后,孛撒又从汴州率领十万大军到了。李显忠正在苦战的当中,要邵宏渊发兵支援。邵宏渊的答复是"暑热的天气,摇扇子、趁风凉还来不及,那能再被铁甲上阵打仗"。这一夜,人心动摇了,部队不断地从宿州开出。李显忠止得领导自己的直属部队守城,战争的情况完全恶化了,邵宏渊甚至发出敌人的生力军二十万就要开到的消息,他指出倘使宋人再要恋战,就会变生不测。在这个情形下,李显忠决定退却,二十四日至符离县(符离集)。纥石烈志宁夺回宿州以后,发兵追击,杀死宋兵四千余,夺去甲三万副,军资器械无数。

张浚当时还在盱眙,李显忠见了张浚,纳印待罪。张浚渡过淮水,入泗州,抚慰将士,随即退到扬州,请求致仕。孝宗降张浚为江淮东西路宣抚使,七月间复召汤思退为右丞相。经过群臣指出措施失当以后,他才恢复了张浚都督江淮东西路军马的职权。汤思退是主和的,张浚是主战派。孝宗作战的信心动摇了,当时的政局便呈现了一种可战可和,且战且和的局面。

近代史家把宋金之间的三次战争——完颜亮的南侵、张浚的北伐和后来韩侂胄的北伐——称为儿戏的战争,事实上这是完全有根据的。这三次战争,陆游虽然没有直接参加,但是也都有或多或少的关系,因此我们不得不明了这些战争的性质。

张浚是一位爱国的领导者,但是对于这一次的失败,不能不负有重大的责任。准备不充分,发动更不全面。在建炎初年的战争中,张浚在西北发动战争,支援东南,虽然他以准备训练都不充分的军队,和女真大军作战,以至有富平之败,但是南宋之所以能够保全东南,正因为他吸引了敌人的有生力量,因此他是有牵制之功的。那么为什么这一次他止发动了东南一隅呢? 前敌的军队,应当有统一的指挥,为什么李显忠不能指挥邵宏渊,到后来止能以直属的部队抗敌呢? 作战之中,有胜有败,甚至败中可以求胜,败止是求胜的一个过程,为什么一败之后,李显忠就要缴印,张浚也随即发布刘宝的都统制的命令呢? 作为一位大帅,当然应当持重,担负起更多的责任,争取最后的胜利,为什么又请求致仕,要以一跑了事解除自己的责任呢? 从我们今天的认识看,张浚对于这次的失败,是应当负责的,但是也不能完全责备张浚。腐朽的病菌弥漫在封建社会的中间。主和的是腐朽了,且战且和的也腐朽了,甚至主战的也不免或多或少受到这种病菌的袭击。张浚主战,但是他脱不了孝宗的手掌;孝宗是皇帝,可以独断独行,但是皇帝的上面还有太上皇。在十天的北伐战争失败以后,太上皇屈己求和的阴影,时时呈现在南宋的朝廷里。

从这一年的八月起,和议已在进行了。女真的要求,是(一)宋帝对金称侄,(二)割唐、邓、海、泗四州,(三)献岁币,(四)归还叛亡俘掠之人。经过往复的磋商，到十一月间，和议的大体确定了。孝宗把和谈的经过，向太上皇陈述，太上皇很高兴，并且说起他自己还有一番体己的礼物，送给女真。张浚在扬州听到这个消息，派他的儿子张栻入奏，认为四州决不可弃。孝宗又动摇了，吩咐侍从台谏集议。十一月二十五日，丞相等上奏，略谓"群臣皆以利害不切于己，大言误国，以邀美名。宗社之重，岂同戏剧？今日议和，政欲使军民少就休息，因得为自治之计，以待中原之变"。这时陈康伯已经病了，主要还是汤思退的主张。这是"待变论"，实际上是彻头彻尾的投降论。"待变论"出来以后，孝宗派王之望、龙大渊为通问使，和女真人联系，保持直接的接触。一边发布汤思退为左丞相，张浚为右丞相，同时又下令川陕荆襄作好准备，但也不得先事妄举。战事随时有复发的可能，但是汤思退手中，还有最后的一张王牌，他对孝宗提出"国家大计，必须面奏上皇而后从事"。孝宗在他的奏章后面批道："敌无礼如此，卿犹欲和。今日敌势，非秦桧时比，卿之议论，秦桧不若。"在封建时代，这是一道申斥的上谕，汤思退不得不请求罢相，但是没有得到批准。他的地位保住了，这就再从王之望、龙大渊身上打主意，要他们奏称兵少粮乏，器械未备，斥堠未举，战争委实没有把握。孝宗作战的意志又动摇了。可是这时户部侍郎钱端礼进言，认为兵者凶器，愿以符离之败为戒，早决国是。三月间，孝宗下诏张浚巡视江淮。从符离之败以后，孝宗的思想，徘徊在主战主和之间，反复讨论，没有得到一个决策。在这个时期之中，张浚基本上是主张对敌作战的。

陆游的通判镇江军府事，在上年五月就发布了，但是直至隆兴二年二月间才到任。他自己曾经提到他和张浚幕府的关系：

　　隆兴甲申,某佐郡京口①,张忠献公②以右丞相督军过焉。先君会稽公③尝识忠献于掾南郑时④,事载《高皇帝实录》,以故某辱忠献顾遇甚厚。是时敬父⑤从行,而陈应求⑥参赞军事,冯圜仲⑦,查元章⑧馆于予廨中,盖无日不相从。迨今读敬父遗墨,追记在京口相与论议时,真隔世事也。⑨

　　陆游到达镇江在隆兴二年二月,三月初一日张浚奉命巡视江淮,四月初六日张浚奉召还朝,十四日罢江淮都督府,二十四日,张浚罢右丞相。从这一系列的布置看,张浚巡视江淮,是主战派的一个胜利,但是在胜利中已经安排下失败的种子。奉召还朝,因为张浚是以右丞相都督江淮路军马,还朝止是意内之事,可是接下便安排了都督府的撤消,张浚的罢免。这里看得清楚是一个政治上的阴谋,在这个阴谋中,太上皇和汤思退的合作,完全可以看到,实际上止是绍兴十一年(1141)故事的复演。那一年不杀岳飞,和议不成,高宗和秦桧合作,完成了那一次的勾当;这一次又要签订和议,不罢张浚,和议不成,所以有这一次的布置。

　　但是在奉命巡视的当中,张浚是欣然而去的,从建康到扬州,往来镇江,对于这一位初到任的通判,张浚固然是"顾遇甚厚",而

①　镇江。
②　张浚。
③　陆宰。
④　张浚曾为山南府士曹参军,见朱熹《朱文公文集》卷九十五《张公行状》。
⑤　张栻。
⑥　陈俊卿。
⑦　冯方。
⑧　查籥。
⑨　《文集》卷三十一《跋张敬父书后》。

幕府中人,下榻通判衙门,也"无日不相从"。他们往来中间的诗词,没有什么留下来的,但是从二十二年后陆游《书愤》①的诗句看:

> 早岁那知世事艰,中原北望气如山。楼船夜雪瓜洲渡,铁马秋风大散关。

这里是有具体事实的。"中原北望气如山",正指出收复中原的意图,随即以夜雪楼船,秋风铁马,充实第二句的内容。所以后来台谏,认为陆游"鼓唱是非,力说张浚用兵",尽管他们的政治立场是不正确的,但是所举的不能说是不符事实。

张浚罢斥以后,幕府中人都星散了。首先受到劾罢的是冯方,不久以后,查籥也调到四川去。陆游的生活沉闷极了,有诗一首:

逍 遥

> 台省诸公日造朝,放慵别驾愧逍遥。州如斗大真无事,日抵年长未易消。午坐焚香常寂寂,晨兴署字亦寥寥。时平更喜戈船静,闲看城边带雨潮。②

寂寞呀,陆游真感到苦闷。七月间,他想起他的高祖陆轸。这一位曾经做到西京分司,在当时以朴直著名,据说遇到仙人施肩吾,经过仙人的指导,自己也成了仙,留下一部《修心鉴》,大约是学道的手册。好在官闲无事,陆游把《修心鉴》刻出来,还附上一篇跋,说什么"庶几笃志方外之士读之,有所发焉"。③

---

① 《诗稿》卷十七。
② 《诗稿》卷一。
③ 《文集》卷二十六《跋修心鉴》。

张浚解职,政府还给一个"少师、保信节度使、判福州"名义,总算是给他一些面子。张浚准备回家,八月间在途中死去了。国家的前途失去了一个依仗。这个消息由当日幕府中的王质告知陆游,陆游诗中曾说:

> 张公遽如此,海内共悲辛。逆虏犹遗种,皇天夺老臣。深知万言策,①不愧九原人。风雨津亭暮,辞君泪满巾。②

王质的万言策上去了,这时候陆游也有《上二府论都邑札子》。所谓"二府"指中书省和枢密院。隆兴二年中书省的丞相先后三人:张浚在四月间已经去了,陈康伯的复相还得迟到十一月。《札子》上去的时候,当时的丞相止有汤思退一人。陆游和汤思退的私人关系,还是好的,因此他尽可以提出自己的主张。在这里他还是继承张浚的看法,请求建都建康。他说:

> 伏闻北虏累书请和,仰惟主上圣武,相公威明,震叠殊方,足以致此,而天下又方厌兵,势且故从之矣。然某闻江左自吴以来,未有舍建康他都者。吴尝都武昌,梁尝都荆渚,南唐尝都洪州,当时为计,必以建康距江不远,故求深固之地,然皆成而复毁,居而复徙,甚者遂至于败亡。相公以为此何哉?天造地设,山川形势,有不可易者也。车驾驻跸临安,出于权宜,本非定都,以形势则不固,以馈饷则不便,海道逼近,凛然常有意外之忧,至于谶纬俗语,则固所不论也。今一和之后,盟誓已立,动有拘碍,虽欲营缮,势将艰难。某窃谓及今当与之约:建

---

① 陆游自注:君近尝奏策。
② 《诗稿》卷一《送王景文》。

康、临安，皆系驻跸之地，北使朝聘，或就建康，或就临安。如
此，则我得以闲暇之际，建都立国，而彼既素闻，不自疑沮，黠
虏欲借以为辞，亦有不可者矣。[①]

宋人南渡以后，对于建都，本来有两种不同的主张。主和派主张建
都临安，一则不至引起敌人的猜疑；二则在敌人南侵的时候，可以
随时逃跑，以免屈己投降，还有措手不及之势。主战派极力反对建
都临安，他们主张建都关中、南阳，最低限度也得建都建康，认为从
建康渡江，通过皖北，可以随时收复东京。隆兴元年十二月间，张
浚在失败以后，还请孝宗进驻建康，正是主战派的一贯的主张。在
张浚已死，和局已定，张浚幕府受到罢斥以后，陆游还向汤思退提
出建都建康的主张，我们必须认识到陆游爱国的热诚，和他那不怕
失败，坚决地提出正确主张的勇气。陆游和主和的史浩、汤思退都
有关系，甚至和奔走和谈、不恤诬告张浚跋扈的尹穑也有相当的友
谊，但是他对外作战的主张是坚决不移的。

　　这一年闰十一月间，许昌韩元吉到镇江来了。元吉是当时有
名的诗人，在陆游调任镇江通判告假还乡的当中，元吉在临安作诗
送他：

　　　　前年边马饮江水，烽火瓜洲一水间。正使楼船多战士，要
须京岘作重关。平戎得路可横槊，佐郡经时应赐环。把酒赋
诗甘露寺，眼中那更有金山？[②]

一年而后，调任江西的元吉因为母亲在镇江，到镇江来了。陆游和

---

① 《文集》卷三。
② 韩元吉《南涧甲乙稿》卷五《送陆务观得倅镇江还越》。

元吉盘桓两个多月。陆游有词：

浣溪沙和无咎韵①

懒向沙头醉玉瓶，唤君同赏小窗明，夕阳吹角最关情。

忙日苦多闲日少，新愁常续旧愁生，客中无伴怕君行。②

从最后的一句，我们看到陆游的寂寞。这和半年以前的"中原北望气如山"，是何等强烈的对照啊！元吉说的"平戎横槊"，是谈不到了，"佐郡赐环"，更不知在何年。两人的唱和诗，《剑南诗稿》里虽然仅存一首，但是事实上是很多的，陆游曾说：

> 隆兴二年闰十一月壬申，许昌韩无咎以新番阳守来省太夫人于润③。方是时，予为通判郡事，与无咎别，盖逾年矣。相与道旧故，问朋游，览观江山，举酒相属，甚乐。明年，改元乾道，正月辛亥，无咎以考功郎征，念别有日，乃益相与游。游之日，未尝不更相和答，道群居之乐，致离阔之思，念人事之无常，悼吾生之不留，又丁宁相戒以穷达死生毋相忘之意，其辞多宛转深切，读之动人。呜呼！风俗日坏，朋友道缺，士之相与如吾二人者，亦鲜矣。凡与无咎相从者六十日，而歌诗合三十篇，然此特其略也。或至于酒酣耳热，落笔如风雨，好事者从旁挈去，他日或流传乐府，或见于僧窗驿壁，恍然不复省识者，盖又不可计也。润当淮、江之冲，予老，益厌事，思自放于山巅水涯，与世相忘，而无咎又方用于朝，其势未能遽合，则今日之

---

① 韩元吉字无咎。词见《文集》卷四十九。
② 《文集》卷四十九。
③ 镇江。

乐,岂不甚可贵哉。①

隆兴二年以后,年号改为乾道——结合了宋太祖乾德(963—967)和太宗至道(995—997)两个年号。年号的转变当然表示政策的转变。"隆兴"体现了建国的意义,"乾道"多分止是体现统治。前二年孝宗的主张是对外作战,收复沦陷区,现在和议既成,当然要换一换年号,把对外作战的口号缓和一下。

这一年的夏间,陆游调隆兴府通判军州事。官衔还是一样,但是因为隆兴在现在的江西南昌,离前线更远了,显见得不够重要。从镇江到隆兴,途中经过建康,七月初曾游定林庵。

从建康向上,经过繁昌、铜陵,一路遇着逆风,船行很迟,辛辛苦苦,才到达阳山矶,天气热得透不过气来。船停下来的时候,天色已经晚了。向晓的时候,从东北方面一阵风起,雨点子直泼下来,大风大雨都来了,船在风雨中急速地开过去,傍晚的时候,直达雁翅浦。

"长年,"陆游问着船家说,"今天船走了多少路?"

"官长,怕不有三百多里路吗。"

陆游这一天作诗一首:

夜宿阳山矶,将晓大雨,北风甚劲,
俄顷行三百余里,遂抵雁翅浦

五更颠风吹急雨,倒海翻江洗残暑。白浪如山泼入船,家人惊怖篙师舞。此行十日苦滞留,我亦芦丛厌鸣橹。书生快意轻性命,十丈蒲帆百夫举。星驰电骛三百里,坡垅联翩杂平

---

① 《文集》卷十四《京口唱和序》。

楚。船头风浪声愈厉,助以长笛挝鼍鼓。岂惟澎湃震山岳,直恐灏洞连后土。起看草木尽南靡,水鸟号鸣集洲渚。稽首龙公谢风伯,区区未祷烦神许。应知老去负壮心,戏遣穷途出豪语。①

陆游的诗句是壮丽的,但是心境不够开朗。到任以后,他曾经说到自己的心境:

佐州北固,麦甫及于再尝;易地南昌,瓜未期而先代。虽千里困道途之役,幸一官在部封之中。伏念某学本小知,器非远用,昨侵寻于薄宦,偶比数于诸公。除目虽频,不出百僚之底;骇机忽发,首居一网之中。谓宜永放于穷阎,犹得出丞于近郡,复缘私请,更冒明恩。超超空凡马之群,实非能办;默默反屠羊之肆,其又奚言。侥幸非常,惭惶莫谕。②

这是他在南昌到任以后的叙述。"除目虽频"四句,说明自己在镇江的地位,止是一个通判,却想不到在张浚幕府,遭到打击之后,自己也落到同样的命运。

在南昌的当中,陆游仍旧回复书生的生活。秋天夜长了,每夜总得读到二更以后,好在通判止是一个闲官,本来不必多管闲事,也不宜于多管闲事。这正是他所说的"默默反屠羊之肆,其又奚言"。

这一个时期中,陆游的思想很苦闷,正和他在镇江的后段一样,他又把精神寄托到道经里去了。江西是有名的道教基地,南昌

---

① 《诗稿》卷一。
② 《文集》卷七《上史运使启》。

有一座玉隆万寿观。他有时到道观去谈道,有时也借一些道经看看。他在一篇跋里说起:

> 司马子微师体玄先生潘师正,体玄师升玄先生王远知,升玄师贞白先生华阳隐居陶弘景。故体玄语子微曰:"吾得陶隐居正一法,逮汝四世矣。"①

这时他所读的有《坐忘论》、《高象先金丹歌》、《天隐子》、《造化权舆》这一类的著作,陆游准备做一位学道的人了。

但是,在旧时代的政治斗争中,胜利者是不会轻易放过一个可能的敌人的。张浚的幕府已经星散了,但是陆游还在南昌,没有得到他们估计中应予的惩诫。乾道三年,他们提出弹劾,认为他"交结台谏,鼓唱是非,力说张浚用兵",终于在这一个名义下,把他免职了。在屈辱求和的当中,连主张作战也成为罪状,这是什么话?但是封建时代,本来就是无理可喻的。

这一年三月初,陆游从南昌出发取道还乡了。他有一位朋友李浩,字德远,临川人。陆游到临川去拜访李浩。在途有《上巳临川道中》一首,他说及:

> 平生怕路如怕虎,幽居不省游城府。鹤躯苦瘦坐长饥,龟息无声惟默数。如今自怜还自笑,敛版低心事年少。儒冠未恨终自误,刀笔最惊非素料。五更欹枕一凄然,梦里扁舟水接天。红蕖绿荚梅山下,白塔朱楼禹庙边。②

李浩家住临川秋陂,陆游到达的时候,李浩知靖江府的命令刚刚发

---

① 《文集》卷二十六《跋坐忘论》。
② 《诗稿》卷一。

布,因此耽搁一两天以后,陆游取道玉山,仍回山阴的故乡。道中有《寄别李德远二首》,中间说起:

> 李侯不恨世卖友,陆子那须钱买山。出牧君当千里去,归耕我判一生闲。中原乱后儒风替,党禁兴来士气屝。复古主盟须老手,勉追庆历数公间。①

经过玉山的时候,当地的一位检详官芮烨送他一些路费,这是一位老友,陆游去后寄他一首诗,托他便中问候韩元吉。端午陆游在临安,恰恰逢到尹穑,这是旧日的同僚,现在走了不同的政治路线。尹穑是主张和议的,他曾经弹劾张浚,认为他是跋扈。从此他一连升官,做到侍御史、谏议大夫,他对不肯主张割地撤兵的人,一连弹劾了二十几位。是不是陆游也在其中呢?我们不知道。这一天陆游和尹穑一同去看竞渡,临分手的时候,陆游作诗一首:

> 楚人遗俗阅千年,箫鼓喧呼斗画船。风浪如山鲛鳄横,何心此地更争先?②

他和尹穑划清界限了,但是他也通知尹穑,在政治界的惊涛骇浪中,自己没有和人计较的兴趣了。

陆家在山阴是一个大家,陆宰在城里有别墅,陆游在云门山也有一宅房屋,他自己曾说:"游有庵居在云门,流泉绕屋。"③罢官还乡以后,他着手经营三山的住宅。从此以后,他就在这里长期定居下来。三山在山阴县西九里,那里曾经发掘到吴永安(258—263)、

---

① 《诗稿》卷一。
② 同卷《重五同尹少稷观江中竞渡》。
③ 同卷《送梁谏议》自注。

晋太康(280—289)的古砖,因此有人怀疑这里曾经有过古代的寺观,可是在陆游进行建筑的时候,遗址已经看不到了。

陆游的这一宅房子,据他自己说是乾道二年开始经营的。

> 乾道丙戌,始卜居镜湖之三山,今甫三十年矣。①
>
> 曩得京口俸,始卜湖边居。屋财十许间,岁久亦倍初。艺花过百本,啸咏已有余。犹愧先楚公②,终身无屋庐。③

乾道二年,陆游自镇江调南昌,中间未回山阴,因此可能他的计划在二年肯定下来,到三年才开始建筑。这一次的建筑费,正如他所说的,是镇江通判任内的积蓄。在南昌时间很短,而且途中来往,所费不赀,因此他不去提及了。

宁宗嘉泰三年(1203),陆游在临安的时候,怀念山阴故居,有诗一首:

> 吾庐烟树间,正占湖一曲。远山何所似?鬟鬓千髻绿。近山更可人,连娟两眉麰。涧蟠偃盖松,路暗围尺竹;海棠虽妍华,态度终不俗;最奇女郎花④,宛有世外躅。虽云懒出游,闭户乐事足。年来殊失计,久耗太仓粟。淖糜不救口,断简欲满屋。兀兀不知春,青灯伴幽独。⑤

这一宅房子,最初止有十余间,以后逐年增加,到后来竟成为一所

---

① 《诗稿》卷三十二《幽栖二首》之二自注。
② 陆游的祖父陆佃。
③ 《诗稿》卷五十六《家居自戒六首》之一。
④ 辛夷。
⑤ 《诗稿》卷五十三《春晚怀故山》。

大宅院了。从乾道三年直至六年的夏间,陆游的生活都消磨在这里。究竟他是官僚地主家庭出身的人,在乡间买了田,有时派他的儿子出去分稻。旧时代地主对于佃农收租,有些是按照定额收租,有些是按成分配,陆游是按照后一个办法的,所以说他的儿子"出裹一箪饭,归收百把禾"。①

对于农村的生活,陆游是充分欣赏的。有时他和农人一样,吃一碗芋羹。天冷的时候,燃起晒干的葑草,可以取暖。他的诗中充满了农村的气息:

游山西村

　　莫笑田家腊酒浑,丰年留客足鸡豚。山重水复疑无路,柳暗花明又一村。箫鼓追随春社近,衣冠简朴古风存。从今若许闲乘月,拄杖无时夜叩门。②

雨霁出游书事

　　十日苦雨一日晴,拂拭拄杖西村行。清沟泠泠流水细,好风习习吹衣轻。四邻蛙声已阁阁,两岸柳色争青青。辛夷先开半委地,海棠独立方倾城。春工遇物初不择,亦秀燕麦开芜菁。荠花如雪又烂熳,百草红紫那知名。小鱼谁取置池侧,细柳穿颊危将烹。欣然买放寄吾意,草菜无地苏疲氓。③

---

① 《诗稿》卷一《统分稻晚归二首》之一。
② 《诗稿》卷一。
③ 同卷。

第五章　入　川

陆游在大自然的怀抱里，欣赏着农村中的生活。有时他也读些道经，最能打动他的心坎的还是《黄庭经》。

"'闲暇无事心太平'，这一句道着了。"他仔细地玩味着。

从《独学》这首诗也可看出他的心境：

> 师友凋零身白首，杜门独学就谁评？秋风弃扇知安命，小炷留灯悟养生。蹜息无声酣午枕，舌根忘味美晨烹。少年妄起功名念，岂信身闲心太平。①

老师曾几在乾道二年死了，世交张浚也死了，从枢密院调镇江，从镇江调南昌，自己的命运简直是秋风中的纨扇，眼前的生活是一片空虚，那还有什么可说呢！在小词中，他也一再地谈到这"心太平"的意义。

> 悟浮生，厌浮名，回视千钟一发轻，从今心太平。　爱松声，爱泉声，写向孤桐谁解听？空江秋月明。②

---

① 《诗稿》卷一。
② 《文集》卷五十《长相思》。

> 看破空花尘世，放轻昨梦浮名。蜡屐登山真率饮，筇杖穿林自在行。身闲心太平。　　料峭余寒犹力，廉纤细雨初晴。苔纸闲题溪上句，菱唱遥闻烟外声。与君同醉醒。①

陆游把书斋题名为"可斋"。他自己说：

> 得福常廉祸自轻，坦然无愧亦无惊。平生秘诀今相付，只向君心可处行。②

他的内心充满了斗争。他一再和自己提出，惟有身闲，心才能太平；他说在早年的时候，要想建功立业，这都是妄念，是错误的。他指出生命和油灯一样，灯中止燃一根灯芯，可以多燃几时；生命中少做　些事，可以多活几年。他悟到生命的秘诀了，这是内心许可的事。他的书斋是"可斋"，从此准备做可斋先生了。

"心已经安定下来了。"他安慰着自己。

心是安定得下来的吗？不错，少做些事，生命可以多活几年，但是倘若必须少做些事，生命才能多活几年，活着又是为的什么？这才是绝对自私者的逻辑。陆游的内心又起了斗争。一阵阵的秋风，把寒雨打向纱窗，嘀嘀嗒嗒，陆游眼看是睡不着了。他索性坐起来，雨声嚦嚦地直倒下来。他吟着诗篇：

> 慷慨心犹壮，蹉跎鬓已秋。百年殊鼎鼎，万事只悠悠。不悟鱼千里，终归貉一丘。夜阑闻急雨，起坐涕交流。③

眼泪像雨一样，从陆游的两腮直流下来，他感觉到时光已过，自己

---

① 《文集》卷五十《破阵子》。
② 《诗稿》卷一《书室名可斋或问其义作此告之》。
③ 《诗稿》卷二《闻雨》。

还没有对国家做出必要的贡献。

乾道四年陈俊卿的右丞相任命发布了。俊卿字应求,福建兴化人。完颜亮南侵的当中,张浚奉诏,冒着长江的怒涛下来,可是当时的主和派造他的谣言,甚至说他阴有异志,俊卿上疏直言:"张浚忠荩,白首不渝,窃闻谗言其阴有异志,夫浚之得人心,伏士论,为其忠义有素,反是则人将去之,谁复与为变乎?"这一道奏疏上去,没有得到结果。他因为是侍御史,有权请求面对,索性在高宗面前,把事理完全摊开,这才发布了张浚为知建康府事。孝宗即位以后,以张浚都督江淮诸路,以俊卿参赞军事。及至符离大败以后,汤思退建议取消都督府,以张浚为江淮宣抚使,驻守扬州。军权完全削去了,但是还给他以死守扬州的重任,清清楚楚地这是主和派的阴谋,是汤思退、尹穑内心的秘密。俊卿上疏提出张浚如不可用,应当另择良将;张浚如若可用,应当降级示罚,以责后效,不当改官。他甚至说清楚如若置张浚于死地,人情解体,尚何后效可图。奏疏上去以后,孝宗完全醒悟过来,张浚的江淮宣抚使撤消了,依旧都督江淮军马。从这些方面看到,陈俊卿是一位有血性负责任的大臣。

陆游和俊卿的认识,还在隆兴二年的春间,那时俊卿任职都督府参赞军事,经过镇江的时候,住在陆游的通判衙门,他们之间,真是"无日不相从"。所以俊卿的右丞相任命发布以后,陆游在贺启中说:

> 名盖当代,才高古人。瑰伟之器,足以遗大而投艰;精微之学,足以任重而道远。方孤论折群邪之锐,盖一身为众正之宗。徇国忘家,惟天知我。论去草者绝其本,宜无失于事机;及驱龙而放之菹,果不动于声气。卓矣回天之力,孰曰拔山之

难？积此茂勋，降时大任，岂独明公视嘉祐之良弼，初无间然；亦惟圣主享仁祖之治功，殆其自此。某孤远一介，违离累年，登李膺之舟，恍如昨梦；游公孙之阁，尚觊兹时。敢誓糜捐，以待驱策。①

俊卿在张浚幕中的时候，以礼部侍郎参赞军事，地位本来高得多，因此陆游有"登李膺之舟"四句，最后两句，更提出他那跃跃欲试的心理。愿意为国家担负责任的人，永远是热衷的，这事不可为讳，也不必为讳。

乾道五年十二月六日，陆游的通判夔州军府事发布。还是一位通判，可是由镇江而南昌，由南昌而夔州，官职依然，路却是愈走愈远了。因为久病，不堪远行，决定待到第二年的夏天赴川。

六年闰五月十八日启程，二十日至临安。在他准备启程的当中，心境是非常复杂的。他说：

> 一从南昌免，五岁嗟不调。朝廷每哀矜，幕府误辟召。终然敛孤迹，万里游绝徼。②

从乾道二年南昌罢官到现在，前后五年了，所得的是一官万里，怎能不使他伤怀？镇江是军事重地，南昌总还是一个大地方，可是夔府呢？正如诗中所说的：

> 又尝闻此邦，野陋可嘲诮。通衢舞《竹枝》，谯门对山烧。

他真感觉到"浮生一梦耳，何者可庆吊"。

---

① 《文集》卷八《贺莆阳陈右相启》。
② 《诗稿》卷二《将赴官夔府书怀》。

但是陆游随即克服了这一些悲感。他的心中永远是一个战场，他感到一官万里的可悲，但是他也感到这是一个为国家建功立业的机会。临行的时候，他拜访梁克家，这是绍兴三十年的状元，现在做到参知政事，政治立场，一向是坚定的，陆游平时和他谈得来。有《投梁参政》一首：

浮生无根株，志士惜浪死。鸡鸣何预人，推枕中夜起。游也本无奇，腰折百僚底。流离鬓成丝，悲咤泪如洗。残年走巴峡，辛苦为斗米。远冲三伏热，前指九月水。回首长安城，未忍便万里。袖诗谒东府，得拜求望履。平生实易足，名幸污黄纸。但忧死无闻，功不挂青史。颇闻匈奴乱，天意殄蛇豕。何时嫖姚师，大刷渭桥耻？士各奋所长，儒生未宜鄙。覆毡草军书，不畏寒堕指。①

从今天看，提出对敌作战，收复沦陷区，并不需要心理的斗争，但是在陆游当日，事情不是这样简单。五年前，他自南昌罢免，主要地因为他曾经主张用兵；经过五年的挫折，他的夔州通判发布了，但是他还是主张用兵。他的《卜算子》咏梅小词，很难考定是那一年做的，但是读到：

驿外断桥边，寂寞开无主。已是黄昏独自愁，更著风和雨。　　无意苦争春，一任群芳妒。零落成泥碾作尘，只有香如故。②

我们会认为这首词代表了陆游在每个阶段中所表现的态度——

①《诗稿》卷二。
②《文集》卷四十九。

"零落成泥碾作尘,只有香如故"。

乾道六年闰五月十八日,陆游从山阴启程,十月二十七日到达夔州,这一百六十日当中,每天都有日记,总称为《入蜀记》,见《渭南文集》卷四十三至四十八。这是一部很好的日记。记载陆游的生活,还有比他自己记得更好吗? 摘录一些如次:

〔六月〕二十九日,泊瓜洲,天气澄爽,南望京口月观、甘露寺、水府庙,皆至近,金山尤近,可辨人眉目也。然江不可横绝,放舟稍西,乃能达,故渡者皆迟回久之。舟人以帆弊,往姑苏买帆,是日方至。(自注:樯高五丈六尺,帆二十六幅) 两日间,阅往来渡者无虑千人,大抵多军人也。夜,观金山塔灯。

〔七月〕二十三日,过阳山矶,始见九华山。九华本名"九子",李太白为易名。太白与刘梦得皆有诗,而刘至以为可兼太华、女几之奇秀。南唐宋子嵩①辞政柄,归隐此山,号九华先生,封青阳公,由是九华之名益盛。惟王文公②诗云"盘根虽巨壮,其末乃修纤",最极形容之妙。大抵此山之奇,在修纤耳,然无含蓄敦大气象,与庐阜、天台异矣。岸旁荻花如雪。旧见天井③长老彦威云:"庐山老僧用此絮纸衣,威少时在惠日,亦为之。佛灯珣禅师见而大嗔云:'汝少年,辄求温暖如此,岂有心学道邪?'退而问兄弟,则堂中百人,有荻花衣者财三四,皆年七十余矣,威愧恐,亟除去。"泊梅根港。巨鱼十数,色苍白,大如黄犊,出没水中,每出,水辄激起,沸白成浪,真壮观也。

---

① 宋齐丘。
② 王安石。
③ 寺名。

　　二十四日,到池州,泊税务亭子。州,唐置。南唐尝为康化军节度,今省;又尝割青阳隶建康,今复故;惟所置铜陵、东流二县,及改秋浦为贵池,今因之。盖南唐都金陵,故当涂、芜湖、铜陵、繁昌、广德、青阳,并江宁、上元、溧阳、溧水、句容,凡十一县,皆隶畿内。今建康为行都,而才有江宁等五邑,有司所当议也。李太白往来江东,此州所赋尤多,如《秋浦歌》十七首,及《九华山》、《青溪》、《白苎陂》、《玉镜潭》诸诗是也。《秋浦歌》云"秋浦长似秋,萧条使人愁",又曰"两鬓入秋浦,一朝飒已衰,猿声催白鬓,长短尽成丝",则池州之风物可见矣。然观太白此歌,高妙乃尔,则知《姑熟十咏》,决为赝作也。杜牧之池州诸诗正尔,观之,亦清婉可爱,若与太白诗并读,醇醨异味矣。初,王师平南唐,命曹彬分兵自荆州顺流东下,以樊若冰为乡导,首克池州,然后能取芜湖、当涂,驻军采石而浮桥成,则池州今实要地,不可不备也。

　　〔八月〕十九日早,游东坡。自州门①而东,冈垄高下,至东坡,则地势平旷开豁,东起一垄颇高,有屋三间。一龟头曰居士亭。亭下面南一堂,颇雄,四壁皆画雪,堂中有苏公像,乌帽紫裘,横按筇杖,是为雪堂。堂东大柳,传以为公手植。正南有桥,榜曰小桥,以"莫忘小桥流水"之句得名。其下初无渠涧,遇雨则有涓流耳。旧止片石布其上,近辄增广为木桥,覆以一屋,颇败人意。东一井曰暗井,取苏公诗中"走报暗井出"之句,泉寒熨齿,但不甚甘。又有四望亭,正与雪堂相直,在高

---

① 黄州。

阜上，览观江山，为一郡之最。亭名见苏公及张文潜集中。坡西竹林，古氏故物，号南坡，今已残伐无几，地亦不在古氏矣。出城五里，至安国寺，亦苏公所尝寓，兵火之余，无复遗迹，惟绕寺茂林啼鸟，似犹有当时气象也。郡集①于栖霞楼，本太守闾丘孝终公显所作。苏公乐府云"小舟横截春江，卧看翠壁红楼起"，正谓此楼也。下临大江，烟树微茫，远山数点，亦佳处也。楼颇华洁。先是郡有庆瑞堂，谓一故相所生之地，后毁以新此楼。酒味殊恶，苏公'斋汤'、'蜜汁'之戏不虚发。郡人何斯举诗亦云："终年饮恶酒，谁敢憎督邮！"②然文潜乃极称黄州酒，以为自京师之外，无过者，故其诗云："我初谪官时，帝问司酒神。曰此好饮徒，聊给酒养真。去国一千里，齐安③酒最醇。失火而得雨，仰戴天公仁。"岂文潜谪黄时，适有佳匠乎？循小径缭州宅之后，至竹楼，规模甚陋，不知当王元之时④亦止此邪？楼下稍东即赤壁矶，亦茅冈尔，略无草木，故韩子苍待制⑤诗云："岂有危巢与栖鹘，亦无陈迹但飞鸥。"此矶，图经及传者皆以为周公瑾败曹操之地，然江上多此名，不可考质。李太白《赤壁歌》云"烈火张天照云海，周瑜于此败曹公"，不指言在黄州。苏公尤疑之，《赋》⑥云："此非曹孟德之困于周郎者乎？"乐

---

①　黄州官长集会。

②　《世说》："桓温有主簿，善别酒，有酒辄令先尝，好者谓青州从事，恶者谓平原督邮。"

③　黄州。

④　王禹偁，有《黄冈竹楼记》。

⑤　韩驹。

⑥　《赤壁赋》。

府云:"故垒西边,人道是,当日周郎赤壁。"盖一字不轻下如
此。至韩子苍云"此地能令阿瞒走",则真指为公瑾之赤壁矣。
又黄人实谓赤壁曰赤鼻,尤可疑也。晚,复移舟菜园步,又远
竹园三四里,盖黄州临大江,了无港澳可泊。或云旧有澳,郡
官厌过客,故塞之。

二十二日,平旦微雨,过青山矶,多碎石及浅滩。晚泊白
杨夹口,距鄂州三十里,陆行止十余里。居民及泊舟甚多,然
大抵皆军人也。

二十五日,观大军教习水战,大舰七百艘,皆长二三十丈,
上设城壁楼橹,旗帜精明,金鼓鞺鞳,破巨浪往来,捷如飞翔,
观者数万人,实天下之壮观也。

〔十月〕十三日,舟上新滩,由南岸上,及十七八,船底为石
所损,急遣人往拯之,仅不至沉,然锐石穿船底,牢不可动,盖
舟人载陶器多所致。新滩两岸,南曰官漕,北曰龙门。龙门水
尤湍急,多暗石;官漕差可行,然亦多锐石,故为峡中最险处,
非轻舟无一物不可上下。舟人冒利以至此,可为戒云。游江
渎北庙,庙正临龙门,其下石罅中,有温泉浅而不涸,一村赖
之。妇人汲水,皆背负一全木盎,长二尺,下有三足。至泉旁,
以杓挹水,及八分,即倒坐旁石,束盎背上而去。大抵峡中负
物率着背,又多妇人,不独水也。有妇人负酒卖,亦如负水状。
呼买之,长跪以献。未嫁者率为同心髻,高二尺,插银钗至六
只,后插大象牙梳,如手大。

二十一日,舟中望石门关,仅通一人行,天下至险也。晚
泊巴东县,江山雄丽,大胜秭归,但邑井极于萧条,邑中才百余

户,自令廨而下,皆茅茨,了无片瓦。权县事祗归尉、右迪功郎王康年,尉兼主簿、右迪功郎杜德先来,皆蜀人也。谒寇莱公①祠堂,登秋风亭,下临江山。是日重阴,微雪,天气飂飂,复观亭名,使人怅然,始有流落天涯之叹。遂登双柏堂、白云亭,堂下旧有莱公所植柏,今已槁死。然南山重复,秀丽可爱,白云亭则天下幽奇绝境,群山环拥,层出间见,古木森然,往往二三百年物。栏外双瀑,泻石涧中,跳珠溅玉,冷入人骨。其下是为慈溪,奔流与江会。予自吴入楚,行五千余里,过十五州,亭榭之胜,无如白云者,而止在县廨听事之后。巴东了无一事,为令者可以寝饭于亭中,其乐无涯,而阙令动辄二三年,无肯补者,何哉?

　　二十六日,发大溪口,入瞿唐峡。两壁对耸,上入霄汉,其平如削成,仰视天,如匹练然。水已落,峡中平如油盎。过圣姥泉,盖石上一罅,人大呼于旁则泉出,屡呼则屡出,可怪也。晚至瞿唐关,唐故夔州,与白帝城相连。杜诗云"白帝夔州各异城",盖言难辨也。关西门正对滟滪堆,堆,碎石积成,出水数十丈。土人云:"方夏秋水涨时,水又高于堆数十丈。"肩舆入关,谒白帝庙②,气象甚古,松柏皆数百年物。有数碑,皆孟蜀③时所立。庭中石笋有黄鲁直④建中靖国元年⑤题字。又有越公堂,隋杨素所创,少陵为赋诗者,已毁,今堂近岁所创,亦

---

① 寇准,北宋时为巴东令。
② 白帝即公孙述。王莽时据四川称帝,为刘秀所破,败死。
③ 五代时孟知祥据四川称帝。
④ 黄庭坚。
⑤ 1101年。

甚宏壮。自关而东，即东屯，少陵故居也。

乾道六年十月二十七日，陆游到达夔州，官衔是"左奉议郎、通判军州、主管学事，兼管内劝农事"。奉议郎是正八品官，加"左"，因为他是进士。七年十月间作《云安集序》，题衔为左承议郎，从七品，进了一级。

陆游这一次的出任，当然是经过自己的请求，但是他却没有估计会到四川去。从南宋时代的交通工具看，从山阴到夔州，约走了一百六十日，怎能不使人视为畏途呢？陆游经过苏州的枫桥时，他说：

> 风月未须轻感慨，巴山此去尚千重。①

经过黄州时，他又说：

> 万里羁愁添白发，一帆寒日过黄州。②

从公安向上，经过沙头，他说：

> 游子行愈远，沙头逢暮秋。③

再上去到江陵，在水亭里他的诗是：

> 渔村把酒对丹枫，水驿凭轩送去鸿。道路半年行不到，江山万里看无穷。故人草诏九天上，老子题诗三峡中。笑谓毛锥可无恨，书生处处与卿同。④

---

① 《诗稿》卷二《宿枫桥》。
② 同卷《黄州》。
③ 同卷《沙头》。
④ 同卷《水亭有怀》。

这一首分明是怨切了。"故人草诏",是不是指陈俊卿呢?毛锥两句用韩愈《毛颖传》。在那篇《传》里,韩愈描绘秦始皇嘻皮笑脸地说着:"中书君老而秃,不任吾用。吾尝谓君'中书',君今不'中书'邪?"韩愈的结论是:"秦真少恩哉!"是不是陆游对于自己的遭遇感到深刻的怨愤?

离开江陵的时候,他指出:

> 三巴亦有何好,万里翩然独寻?本意为君说破,消磨梦境光阴。①

在巴东,他说"使人怅然,始有流落天涯之叹"。为什么是流落呢?他不是在入峡时曾经说过吗?

> 故乡回首已千山,上峡初经第一滩。少年亦慕宦游乐,投老方知行路难。②

一肚皮的牢骚和怅恨,陆游在诗句中都表现出来。那么他为什么出来做官呢?这正是封建社会里官僚地主阶级的痛苦。做官是他的职业,不做官就是失业,所以出来;但是做官也有做官的痛苦,插秧的得风湿病,敲石子的得矽肺,职业总免不了带来职业病,做官当然也要出一份代价。陆游的夔州通判发布以后,他说:"贫不自支,食粥已逾于数月;幸非望及,弹冠忽佐于名州。"③当然,我们不一定相信他平时止能喝粥,可是官职的发布,总是一件喜事。他又说及:"况悻悻方起于徒中,宜懔懔过虞于意外,固勿敢视马曹而不

---

① 《诗稿》卷二《六言》。
② 同卷《沧滩》。
③ 《文集》卷八《通判夔州谢政府启》。

问,亦每当占纸尾而谨书。"从他那一些谨慎小心的语言看起,他正充满着一肚皮的痛苦。这也就为他到达夔州以后的心境,先蒙上一层阴影。

在夔州的当中,陆游是得到上级官吏重视的。那时夔州的长官对于陆游很器重,提名推荐,陆游有《谢夔路监司列荐启》,见《渭南文集》卷八。但是他总感到在夔州找不到精神上的寄托。乾道七年,他在《东屯高斋记》里谈到杜甫的遭遇:

> 予太息曰:少陵,天下士也,早遇明皇、肃宗,官爵虽不尊显,而见知实深,盖尝慨然以稷契自许。及落魄巴蜀,感汉昭烈、诸葛丞相之事,屡见于诗,顿挫悲壮,反复动人,其规模志意岂小哉!然去国寖久,诸公故人熟睨其穷,无肯出力。比至夔,客于柏中丞、严明府之间,如九尺丈夫,俯首居小屋下,思一吐气而不可得。予读其诗,至"小臣议论绝,老病客殊方"之句,未尝不流涕也。嗟夫,辞之悲乃至是乎!荆卿之歌,阮嗣宗之哭,不加于此矣。少陵非区区于仕进者,不胜爱君忧国之心,思少出所学佐天子,兴贞观、开元之治,而身愈老,命愈大谬,坎壈且死,则其悲至此,亦无足怪也。[①]

什么遭遇使得陆游这样地同情杜甫呢? 杜甫受知明皇、肃宗,陆游又何尝不是受知高宗、孝宗呢? 封建社会的知识分子,会有同样感想的。杜甫经过乱离,从秦州入川,由成都、阆中等地,终于来到夔州,现在的陆游也是一样,从镇江而南昌,再由南昌而夔州,还不是走的同一条道路吗? 他的长官不一定比柏中丞、严明府高明,

---

① 《文集》卷十七。

那么陆游的读诗流涕，正是很自然的。

是不是完全由于个人的遭遇呢？是的，但是也不尽是。陆游感到的痛苦，在于这样的地位，无法为国家做出一番可以做到而且应当做到的事业。"少陵非区区于仕进者……思少出所学佐天子，兴贞观、开元之治，而身愈老，命愈大谬。"这几句是说的杜甫，但是何尝不是说的自己？

从陆游早年的诗里，我们可以看到他有时在学李白，有时也在学杜甫。在临安的时候，"小李白"的别称，指实了他的一面。但是现在却不同了。他的遭遇，他的生活，他的思想和感情，逐年逐月地使他更接近于杜甫。可是正因为他是陆游而不是杜甫，所以他也不同于杜甫。他的豪迈的气魄，透过了他的苍凉的诗句，他的诗正在逐年逐月的变，而他到达川中，正是突变的开始。

第六章　诗的开始转变

陆游学诗，从江西诗派入门，曾幾是一位有名的诗人，他欣赏陆游的才华，也教给他不少的诗法。"忆在茶山听说诗，亲从夜半得玄机"，[1]陆游对于传授的来历，提得很清楚。我们从他入川途中所作的诗句，也看到他的成就：

> 万里羁愁添白发，一帆寒日过黄州。（《黄州》）
>
> 五更落月移树影，十月清霜侵马蹄。（《马上》）
>
> 县近欢欣初得菜，江回徙倚忽逢山。（《晚泊松滋渡口二首》之一）
>
> 看镜不堪衰病后，系船最好夕阳时。（同前之二）
>
> 常倚曲栏贪看水，不安四壁怕遮山。（《巴东令廨白云亭》）

在这些诗句里，我们看到的是锻炼，自在、苍老、生动，陆游的诗已经成家了。从全篇而论：

> 老夫樯竿插苍石，水落岸沙痕数尺。江南秋尽未摇落，檞叶离离枫叶赤。楚人自古多悲伤，道旁行歌犹感激。野花碧

---

① 　《诗稿》卷二《追怀曾文清公呈赵教授》。

紫亦满把,涧果青红正堪摘。客中得酒薄亦好,江头烂醉真不惜。千古兴亡在目前,郁郁关河含暝色。饥鸿垂翅掠舟过,此意与我同凄恻。三抚阑干恨未平,月明正照颏乌愤。①

这一首也看到情感的饱满。一切都为诗的转变准备了条件。

陆游在这年十月二十六日登白帝庙,有诗一首:

　　晓入大溪口,是为瞿唐门。长江从蜀来,日夜东南奔。两山对崔嵬,势如塞乾坤。峭壁空仰视,欲上不可扪。禹功何巍巍,尚睹镌凿痕。天不生斯人,人皆化鱼鼋。于时仲冬月,水各归其源。滟滪屹中流,百尺呈孤根。参差层颠屋,邦人祀公孙。力战死社稷,宜享庙貌尊。丈夫贵不挠,成败何足论。我欲伐巨石,作碑累千言。上陈跃马壮,下斥乘骡昏。虽惭豪伟辞,尚慰雄杰魂。君王昔玉食,何至歠鸡豚?愿言采芳兰,舞歌荐清尊。②

在这首诗里,陆游的思想感情,在他的教养和条件许可下,可算是赤裸裸地提出了。白帝公孙述止是王莽后期,中国动乱的当中,霸占一方的人物。从正统的史家看,他和刘秀争夺帝位,不甘屈服,终于在马上为刘秀部下刺伤堕马而死,正如范晔所说的"天数有违,江山难恃"。③ 从现代的眼光看,他是一个封建统治者,为个人的地位作战,无论死得如何的壮烈,没有什么博得人民崇敬的功绩。但是陆游的看法和正统的史家不一样,和我们也不一样。

---

　　① 《诗稿》卷二《醉歌》。
　　② 同卷《入瞿唐登白帝庙》。
　　③ 《后汉书·隗嚣公孙述传赞》。

他认为公孙述是一位死在战场的英雄，应当获得立庙塑像的光荣。他又指出刘禅在失败后，乘骡车向敌将邓艾投降的昏聩，认为应当受到后人的呵斥。

是不是陆游在那里做史论，来一篇公孙述、刘禅优劣论呢？当然不是。他是指出宋代的现实。陆游出生在北宋的末年，当时的皇帝徽宗赵佶、钦宗赵桓没有尽到领导人民对外作战的责任，他们向敌人投降了。南宋在高宗赵构的领导下，在南方建国，但是高宗是在对外投降的基础上，在临安苟延残喘，淮水以北的割让，岁币的进献，出卖了北方，也出卖了南方。这一切都是"乘骡昏"，昏得和刘禅一样。这就使得陆游不得不属望于一位领导人民对外作战的英雄。他认为作为一位皇帝，便有责任为国家而死；他也认为一位英雄，止要有不屈不挠的气节，成败是不值得计较的。他赞叹古代的公孙述，当然他也不能不有所期待于当时的孝宗赵眘。在隆兴年代，孝宗不是没有使陆游失望过，但是陆游对于他的期待，没有因此而斩断。

中国诗的优良传统，有时是叙述古代英雄的伟大业绩，[①]有时是叙述诗人的丰富感情。[②]尽管古代作家还没有提出现实主义的写作理论，但是在他们的写作中间，确实有若干部分，包含着现实主义的因素。唐代的伟大诗人杜甫，是一位现实主义的作家，他继承了《诗三百篇》的传统，也开创了宋代现实主义诗人的道路。陆游接受了杜甫的领导，把现实主义的作风又向前推进了一步。在他四十六岁以前，他在字句、音律、对仗、用典等方面，已经有了很

---

① 《意林》引《慎子》："诗，往志也。"
② 《诗大序》："诗者，志之所之也。"

好的成就,这是从曾幾那里学到的,他"亲从夜半得玄机",但是还没有得到向上的关键。四十六岁到了夔州,他接触到广阔的天地,也更认识到国家兴亡的根源,现在他找到自己的道路,诗正在开始转变,可是这也只是一个开始。

在夔州的当中,陆游止是一名闲官,他做了几篇无关紧要的文章,也参加过一次试院阅卷的工作。可是他也做了一些诗:

记　梦

梦里都忘困晚途,纵横草疏论迁都。不知尽挽银河水,洗得平生习气无?①

自　咏

朝衣无色如霜叶,将奈云安别驾何②!钟鼎山林俱不遂,声名官职两无多。低昂未免闻鸡舞,慷慨犹能击筑歌。头白伴人书纸尾,只思归去弄烟波。③

从这里我们看到他对于国家是关心的,提出迁都,还是主战派的主张。我们正可以从陆游的政治态度,衡量陆游的诗。

陆游说出"只思归去弄烟波",是真有这样的思想吗?真的,但是他却不能争取这个愿望的实现,因为他是官,还得在这条路上追求他的生活。夔州通判任命的发布在乾道五年十二月,宋代的任期通常是三年,尽管有不到三年就调任或免职的,但是满了三年便得准备交卸。必须事前打通出路,否则便是失业。乾道七年的结

---

① 《诗稿》卷二。

② 云安县在夔州,别驾,古官名,相当于宋代的通判。

③ 《诗稿》卷二。

束看来不久了,四川路远,交通又不便,总得早一些想办法。陆游也想到捎一封信给陈俊卿,但是俊卿在六年五月已经罢相,离开临安,这时的丞相止有虞允文一位。虞允文是四川仁寿人,和陆游没有多大关系,好在他也是一位为国家出力的人物,不妨给他去一封信。在这封信里他说起:

> 某行年四十有八,①家世山阴,以贫悴逐禄于夔。其行也,故时交友酿缗钱以遣之。峡中俸薄,某食指以百数,距受代不数月,行李萧然,固不能归,归又无所得食,一日禄不继,则无策矣。儿年三十,②女二十,③婚嫁尚未敢言也。某而不为穷,则是天下无穷人。伏惟少赐动心,捐一官以禄之,使粗可活,甚则使可具装以归,又望外则使可毕一二婚嫁。不赖其才,不借其功,直以其穷可哀而已。④

大致通过虞允文的提名,四川宣抚使王炎招请陆游参加宣抚使司的工作,正式发布以后,他的官衔是"左承议郎、四川宣抚使司干办公事、兼检法官"。⑤那时四川宣抚使司设在南郑。宣抚使主持西北军民事务,司是行政公署,新近从四川广元调到南郑。公署的主要幕府官有主管机宜文字和干办公事。陆游从夔州调任南郑,是从后方调到前方,从当时的情况看,是一件光荣的任务。

对于王炎的招请,陆游是感到兴奋的。他在《谢王宣抚启》中

---

① 是年陆游四十七岁。
② 长子子虡二十四岁。
③ 女名灵照,不知何年生。
④ 《文集》卷十三《上虞丞相书》。
⑤ 《文集》卷十七《静镇堂记》。

说起王炎：

> 民之先觉，国之宗臣，精义探系表之微，英辞鼓海内之动。
> 至诚贯日，践危机而志意愈坚；屹立如山，决大事而喜愠不见。
> 虽裴相请行于淮右，然萧公宜在于关中，姑讬外庸，即登魁柄。
> 凡一时之荐宠，极多士之光华，岂谓迂疏，亦加采录。某敢不
> 急装俟命，碎首为期，运笔飒飒而草军书，才虽尽矣，持被刺刺
> 而语婢子，心亦鄙之。尚力著于微劳，庶少伸于壮志。①

这一次的调任，给陆游一个身临前线的机会，因此也给了他极
大的鼓舞。乾道八年的春初，他从襄州出发，在到达梁山的途中，
经过三折铺，四围都是山，一簇一簇的乱峰，迎着马首，他有诗
一首：

> 平生爱山每自叹，举世但觉山可玩。皇天怜之足其愿，著
> 在荒山更何怨？南穷闽粤西蜀汉，马蹄几历天下半。山横水
> 掩路欲断，崔嵬可陟流可乱。春风桃李方漫漫，飞栈凌空又奇
> 观。但令身健能强饭，万里只作游山看。②

梁山县东二十里有蟠龙山，陆游在那里看了瀑布，有《蟠龙瀑布》一
首，最后的四句：

> 古来贤达士，初亦愿躬耕。意气或感激，邂逅成功名。③

他指出了尽管自己志在躬耕，但是因为意气激动，可能不期而遇地

---

① 《文集》卷八。
② 《诗稿》卷三《饭三折铺铺在乱山中》。
③ 同卷。

功成名就。他在这里坦率地提出自己赴南郑前线的心理状态。

从梁山再向前,经过邻山县,这是一座古代的县城,在现在大竹县东南。再向前便是岳池县了。春天已经深了,水田中冒出秧尖来,村里的小姑娘,舞着一双雪白的小手,正在忙着喊女伴们缫丝。陆游想到自己几年以来,抛荒了农家的生活,他在诗中说起:

> 农家农家乐复乐,不比市朝争夺恶。宦游所得真几何,我已三年废东作。①

当然这止是一刹那的感想。陆游还是继续向前,通过广安、南充,到达鼓楼铺,作《鼓楼铺醉歌》:

> 书生迫饥寒,一饱轻三巴。三巴未云已,北首趋褒斜。匆匆出门去,裘马不复华。短帽障赤日,烈风吹黄沙。傲装先晨鸡,投笔后昏鸦。壮哉利阆间,厓谷何谽谺。地荒多牧卒,往往闻芦笳。我行春未动,原野今无花。稚子入旅梦,挽须劝还家。起坐不能寐,愁肠如转车。四方丈夫事,行矣勿咨嗟。②

道途中经过慧照寺,陆游在寺里游览一过,直登小阁,他在诗中也说:

> 少年富贵已悠悠,老大功名定有不?岁月消磨阅亭传,山川辽邈弊衣裳。杀身有地初非惜,报国无时未免愁。局促每思舒望眼,虽非吾土强登楼。③

---

① 同卷《岳池农家》。
② 《诗稿》卷三。
③ 同卷《登慧照寺小阁》。

鼓楼铺还在广元县南,从广元再向北,便是筹笔驿,相传诸葛亮出兵北伐的时候,在这里运筹帷幄,制定行军计划。陆游经过这里,想起诸葛亮,也想起李商隐的诗句,可是他也想起了谯周,有诗一首:

> 运筹陈迹故依然,想见旌旗驻道边。一等人间管城子,不堪谯叟作降笺。①

为什么会想起谯周呢?是宋代的现实。靖康年间、绍兴年间,宋人的"降笺"还在少处吗?隆兴年间的和议,经过一些磋商,宋人对于女真,不是称臣而是称侄,岁币也从银绢二十五万两匹改为二十万两匹,地区总算还保持了淮水为界,但是从本质上看问题,又何尝不是"降笺"!陆游对于"杀身有地",实在没有把握,是不是竟会成为"报国无时"呢?他不敢这样想。不过在他北上的途中,他总还是报国有时的。他在路过葭萌驿的时候,有一首小词:

鹧鸪天

看尽巴山看蜀山,子规江上过春残。惯眠古驿常安枕,熟听《阳关》不惨颜。 慵服气,懒烧丹。不妨青鬓戏人间。秘传一字神仙诀,说与君知只是顽。②

"顽"是陆游的秘诀。正因为他顽强,他从夔州匹马北上,家室的牵挂,道途的困难,一切都不放在心头。

陆游在到达南郑以前,经过大安和金牛。大安在沔县西南九十里,金牛在宁强东北六十里。在金牛那一天恰恰是寒食节。宋

---

① 同卷《筹笔驿》。
② 《文集》卷四十九。

代南郑这一带，正是当时最富庶的地方，陆游在诗中说起：

> 莺穿驿树惺憁语，马过溪桥蹀躞行。画柱彩绳喧笑乐，艳妆丽服角鲜明。①

三十余年以前，敌人的军队，一直冲到金牛，可是现在却完全不同了，因此陆游最后慨叹道：

> 谁知此日金牛道，非复当时铁马声。

陆游终于在乾道八年的三月十七日到达南郑，在他的生命史上展开光辉灿烂的一页。他的主要的表现在他和四川宣抚使王炎的合作。

当时的四川宣抚使司在兴元府南郑县。宣抚使是西北的军民长官，官位在四川制置使和各路安抚使之上，多少带一些战时的体制。北宋时代，从汉中到四川，这一带是当时的富庶之区，在经济方面，有雄厚的力量。女真初来的时候，徽宗逃往东南以后，钦宗准备逃往陕西，止是指望依靠四川的人力和物力。高宗即位，仓皇南渡，把西北的重任，交给川陕宣抚处置使张浚，当时的策略，在于以西北支援东南。及至张浚在富平大败以后，仅仅守住大散关、仙人原这一线。宋人退出渭水平原，以南郑为根据地，随时可以从秦岭北出，仍旧造成负嵎之势。川陕宣抚使的名义不用了，但是四川宣抚使仍旧是西北的重镇。

王炎，山西清源人，是乾道年间政治界出现的一座慧星，乾道二年从天际出现了，随即以万丈光芒横扫过天空，到了乾道九年黯

① 《诗稿》卷三《金牛道中遇寒食》。

然消灭,从此不再在天空中出现。关于他的事迹,《宋史》没有传,因此我们只能从各方面搜集,给予一个粗浅的概况。

乾道二年的春天,王炎还是两浙路的一位计度转运副使。在宋代的官僚机构非常复杂的当中,这并不是一个重要的位置,但是王炎是一位能臣,也是一位不怕得罪权豪势要的人物。那时浙西一带,正是皇亲国戚权贵勋臣的天下,他们霸占草荡、荷荡、菱荡,乃至陂湖溪港周围一切可耕的土地。在这些土地开垦成熟的时候,整个的水利网受到极大的破坏,老岸的农田遭到不断加重的损害,因此也严重地影响到国库的收入。王炎执行国家的政策,把妨碍水利计划的土地停止开垦。在执行这个政策方面,他得到朝廷明诏的支持。这一年王炎调任临安府知府,提升一级。

乾道三年五月王炎上奏,他指出当时士大夫畏首畏尾的可鄙。

"最近皇上指派王琪到淮上去考察城守的情况,士大夫都怕因此引起金人的猜忌。"他说。

"这算什么?"孝宗说,"书生的议论真是不达时变。徐庶说过:'通时务者在乎俊杰。'朕与卿等当守此议论,其他不足计较。"

这一年王炎由临安府调任荆南府,要他到荆南去做一些军事的布置。

当时南宋和女真以淮水为界,东南是政治中心,西部是经济重点,因此两淮和川陕的防务都放在头等重要的地位,惟有中间一段没有得到应有的重视。在唐、邓已经放弃以后,襄阳成为前敌,荆南是策应襄阳的军事基地。王炎到了荆南,第一着是建立一支得力的民兵队伍,称为"义勇民兵"。那时荆南共有丁口一十余万,除去官户及当差户以外,共有壮丁八千四百人。他的计划是在每年农闲的时候,给这些壮丁适当的军事训练。他认为养一支八千四百人的正式队伍,每年费钱四十万贯,米一十一万石,绸绢布四万余匹;可是训练一支八千四百人的民兵队伍,每年所费止有米一万四千石,钱二万贯。他用很少的钱训练了一支得力的队伍,同时也武装了人民。

孝宗看清楚王炎是一位得力的人才,乾道四年赐他同进士出身,调兵部侍郎,签书枢密院事。兵部是主持军政工作的,但是军权却掌握在枢密院里。枢密院的长官有枢密使、副枢密使、知枢密院事、同知枢密院事和签书枢密院事。王炎的调任,使他对于军政、军权,都有过问的权力。

一年以后,王炎升任参知政事、兼同知国用事、知枢密院事。参知政事是当时的副丞相,同知国用事是管财政的。从乾道五年二月起,王炎对于政权、军权、财权都负起重大的责任。他的地位仅仅次于当时的丞相。而他从两浙转运副使直升到这样的地位,仅仅历时三年。根据我们所能掌握到的这一点资料看,他得到特有的重视,主要还是靠他的干练和他在执行政策中的坚决贯彻的作风。这一切都看在孝宗的眼里。

乾道五年三月十九日,王炎的"四川宣抚使、依旧参知政事"的任命发布,他以副丞相的名义担负起四川宣抚使的工作。在这段时期里,南宋特别重视四川宣抚使的任务,通常是以丞相、参知政事、枢密使或知枢密院事担负起这一份工作。王炎的前任虞允文就是以知枢密院事、兼参知政事,调任四川宣抚使,现在正自四川调回,担任右丞相——当时称为右仆射、同中书门下平章事——兼枢密使。这里都看到对于四川宣抚使和对于王炎的重视。

　　四川宣抚使所属有利州路,绍兴十四年以后分为东西二路,东路包括兴元府,金、洋、利、剑、阆、巴、蓬七州和广安军,西路包括阶、成、西和、凤、兴、文、龙七州。为什么要分呢? 看清了南宋统治者的丑恶面目,我们很可以明白。在高宗的时代,他对于民族的敌人是存心屈服的,但是他决不放过内部的任何一个得力的将帅,杀岳飞、罢韩世忠,其原因都在此。利州的境外,便是敌人了,他惟恐西边的将帅,军权太大,可能发生意外,好在敌人已经妥协了,削弱了自己人,也不会发生问题。绍兴十四年分利州为东西二路,原因在此。乾道二年,孝宗对于女真,多少还有些作战的意图,同时他对于大将吴璘,也存在着一定的信任,因此决定把利州东西二路,统一在吴璘的指挥之下,加强他的实力。不久以后,吴璘死了,合并的计划没有实现。现在王炎来了,王炎是得到孝宗的信任,同时也自认为理解孝宗的意图,因此在乾道五年,通过虞允文的上请,把利州东西二路的十六州军,合而为一,由四川宣抚使兼领,一边也从益昌进驻南郑,[①]距离前线更近,因此也更便于指挥。

　　王炎出发的时候,孝宗曾经面谕他在军中物色得力人才,随时保奏,因此他在到任以后,对于所部的几位将领,进行了一次职衔的调整。乾道六年三月诏书来了,指出四川宣抚使,系执政官出使,四川安抚制置使并属官并罢、并归四川宣抚使。经过这样的布置,王炎的权力更大,西北的军力、财力、人力都集中在他手里。他可以完成自己的抱负,对于国家做出应有的贡献了。在这个甚本情况下面,他和陆游遇合在一处。

---

　　① 《文集》卷十七《静镇堂记》。益昌,今四川广元县。

第七章　生的高潮,诗的高潮

　　乾道八年三月十七日陆游到达南郑,第一着当然是到宣抚司晋见王炎,早一年王炎已经由知枢密院事进为枢密使,地位更高了。

　　宣抚司的大堂是静镇堂,迎面一道屏风,上面是唐代画家边鸾的一幅折枝梨花,皎洁、皓白,从安静当中透出飞舞的姿态来,陆游看得呆了。四十年后他想起这一幅画,曾经提到:

　　　　开向春残不恨迟,绿杨窣地最相宜。征西幕府煎茶地,一幅边鸾画折枝。①

　　在初次会面的当中,没有留下记载来。《宋史·陆游传》说他为王炎"陈进取之策,以为经略中原必自长安始,取长安必自陇右始"。这样的议论是可能的,但是也并非陆游独有的见解。早在建炎四年张浚就说过"中兴当自关陕始"②。其实王炎到四川来,逐步的布置都是从这一个主导思想出发的。

---

　　① 《诗稿》卷六十六《梨花三首》之一。
　　② 见《宋史·张浚传》。

当时征西幕府是有一批人才的,从陆游的记载里,我们知道有周元吉、阎才元、章德茂、范西叔、张季长、高大卿。张季长名缤,[①]和陆游最好,陆游东归以后,他们之间,还不断地取得联系,直到晚年去世为止。高大卿名子长,高高的个儿,一捧雪白的胡子,气宇非常轩昂,是陆游表叔的女婿,因此他们之间,存在着亲戚的关系。

到达南郑以后,陆游的诗变了,他的气概沉雄轩昂,每一个字都从纸面上直跳起来。下面是三月的一首:

> 我行山南已三日,如绳大路东西出。平川沃野望不尽,麦陇青青桑郁郁。地近函秦气俗豪,秋千蹴踘分朋曹。苜蓿连云马蹄健,杨柳夹道车声高。古来历历兴亡处,举目山川尚如故。将军坛上冷云低,丞相祠前春日暮。国家四纪失中原,师出江淮未易吞。会看金鼓从天下,却用关中作本根。[②]

中原已经沦陷了,现在必须收复。从那一条路线进军呢?辛弃疾主张从山东进军,正同陆游也曾经主张从山东进军一样,他们都还没有看到四川,自己的光阴消磨在东南一隅,目光当然受到一定的限制。但是山东接近燕京,这是敌人的心脏,敌人势必不能轻易放弃,兵连祸结,造成僵持的局面,一时不易解决。因此在看到西边的形势以后,陆游正同王炎和王炎幕府中人一样,主张从关中进军。他们已经看到胜利的憧憬。四月中高子长道中有诗,陆游和他两首,中间曾说:

> 梁州四月晚莺啼,共忆扁舟篷画溪。莫作世间儿女态,明

---

①　见范成大《吴船志》。
②　《诗稿》卷三《山南行》。

年万里驻安西。①

王炎部下的将领吴挺，是吴璘的儿子，官为都统制。宋人南渡以后，西边的军事，主要是依靠大将吴玠，吴玠死后，军权掌握在吴璘手里，现在吴挺出来带兵了。吴挺家里有的是庭园，他邀请幕客们到他家里欢宴。饮酒的中间，女乐出来了，一阵歌舞以后，吴统制和大家举杯，一边吩咐童仆把笔砚捧出来。

"参谋，"吴挺和高子长说，"就在这里题诗吧。"

"还是太尉请先。"子长提到吴挺的荣衔说。

经过一阵谦让以后，大家题诗了。陆游一边喝酒，一边撩起右袖。他的草书本来是当时的一把名手，他饱蘸着墨汁题道：

参谋健笔落纵横，太尉清罇赏快晴。文雅风流虽可爱，关中遗虏要人平。②

吴挺是一位将门之子，但是和文士们却合得来，礼贤下士，遇到小官贱吏，不敢怠忽。可是在执行纪律的当中，非常严肃，从来没有丝毫的宽贷，在军队中有一定的威信。本来在吴璘执掌军权以后，吴玠的后人，相对的受到一些冷淡。陆游看到吴挺对于军事关心不够，曾经向王炎建议，把吴玠的儿子吴拱提拔起来代替吴挺。

"吴拱？"王炎沉吟了一会才说，"胆怯，同时又寡谋，遇敌必败。"

"可是在吴挺遇敌的时候，"陆游指出，"谁能保他不败吗？军

---

① 《诗稿》卷三《和高子长参议道中二绝》之一。
② 同卷《次韵子长题吴太尉云山亭》。

权在他这一房太久了，有功以后，又怎样驾驭呢?"

王炎终究因为吴挺有才，又是孝宗特别欣赏的人物，没有换他。这次在题诗的当中，陆游特别提醒吴挺，要他对于国家的重任好好注意。

南郑的附近，有很多的胜地。陆游公余看到不少的地方。韩信坛和武侯祠他都看过。嶓冢山上有一座嶓冢庙，前面一块大石，中分为二，据说这是汉高祖的试剑石。路到宁强的道上有老君祠，风景特别幽邃。离开南郑而后，追忆当日的情况，他曾说：

> 西成梁州鬓未丝，嶓山漾水几题诗。剑分苍石高皇迹，岩拥朱门老子祠。烧兔驿亭微雪夜，骑驴栈路早梅时。登临不用频凄断，未死安知无后期。①

但是陆游的职务不容许把过多的精力花费在登高吊古的上面。他是诗人，然而他更是宣抚幕中的一员高级干部。他对于国家负有重要的责任。他的踪迹，在南郑和前线中间不断地来往。西边他曾到过仙人原，②原上的仙人关，是宋金对峙中的前线，在现在陕西省凤县的西南。仙人原的西边是两当县，陆游也曾到过。凤县向北，他到过黄花驿；宁强东北，他到过金牛驿。南郑的附近，他常到的有西县、定军山、孤云两角。他到过大散关下的鬼迷店，广元道上的飞石铺。广元向南的桔柏渡，更是他多次经过的地方。从南郑画一个圆圈，在半径三百里以内，除了正东一面，他都常去。作为宣抚司的干办公事，他都必得去，他始终没有忘却自己的

----

① 《诗稿》卷二十九《偶怀小益南郑之间怅然有赋》。
② 《诗稿》卷二十四《梅花绝句》。

责任。

陆游对于南郑生活的怀念,不断地从他的诗词里涌现出来,最好还是由他自己说一下:

> 忆昔西征日,飞腾尚少年。军书插鸟羽,戍垒候狼烟。渭水秋风夜,岐山晓雪天。金鞿驰叱拨,绣袂舞婵娟。但恨功名晚,宁知老病缠。虎头空有相,麟阁竟无缘。壮士埋巴峡,[①]孤身卧海堧。安西九千里,孙武十三篇。衮叹苏秦弊,鞭忧祖逖先。何时闻诏下,遣将入幽燕。[②]

> 襄自白帝城,一马独入蜀。昼行多水湄,夜宿必山麓。时闻木客啸,常忧射工毒。蜒蜒蛇两头,踸踔夔一足。岂惟耳目骇,直恐性命促。稍历葭萌西,遂出剑阁北。奴僵不敢诉,马病犹尽力。我亦因人客,一日带屡束。最忆苍溪县,送客一亭绿。豆枯狐兔肥,霜早柿栗熟。酒酸压查梨,妓野立土木。主别意益勤,我去疲已极。行行求旅店,借问久乃得。溪声答歌长,灯焰照影独。村深寒更甚,薪尽烧篑竹。须臾风雨至,终夕苦漏屋。于时厌道途,自誓弃微禄。犹几三十年,始谢祝史职。[③]君恩念笃老,内阁使寓直。亦思秋豪报,力惫艺黍稷。却寻少时书,开卷有惭色。[④]

这两首诗主要还是说道途中的艰苦。实际上陆游是参加了前线的事务的。在宋金双方还保持着和好局面的时候,无论王炎如

---

① 原注:"独孤策。"独孤策和陆游的相识在陆游至成都后。
② 《诗稿》卷二十七《忆昔》。
③ 原注:"予四窃祠禄,乃谢事。"
④ 《诗稿》卷四十九《怀旧用昔人蜀道诗韵》。

何主张对外作战，他必然不敢轻开边衅。事实上，他也不应当这样做，因为在双方对峙的局面下，任何部分的冒进，都会遭到包围歼灭的命运，同时也会把其他没有完成准备的地区，放在敌人的射程以内。但是前敌的试探战，永远是不会停下的。至少陆游经历过两次。

一次是在南郑的正面渭水平原上。西北的雪下得早，在夜雪纷纷的当中，陆游跨着洮马，冲过渭水。他在诗中说起：

> 念昔少年日，从戎何壮哉！独骑洮河马，涉渭夜衔枚。①
> 最怀清渭上，冲雪夜掠渡。封侯细事尔，所冀垂竹素。②

还有一次他曾经参加大散关的作战。他说：

> 我昔从戎清渭侧，散关嵯峨下临贼。铁衣上马蹴坚冰，有时三日不火食。山荠畲粟杂沙磥，黑黍黄床如土色。飞霜掠面寒压指，一寸赤心惟报国。③

大散关这一次的斗争是比较艰苦的，可是和上次中夜掠渡一样，都没有取得结果。边界上这一类小接触，随时随地都可以出现，在双方没有准备好发动大战以前，照例是不会在史册里面留下什么记载的。

打仗以外，主要的生活是打猎，事实上这是作战的一种训练。这里必须经过侦察、布置、合围、射击。有时也离不开一些惊险的场面，甚至会造成伤亡。伤亡不是稀奇的事，打猎就是打仗，打仗

---

① 《诗稿》卷二十六《岁暮风雨二首》之一。
② 《诗稿》卷二十七《秋夜感旧十二韵》。
③ 《诗稿》卷十七《江北庄取米到作饭香甚有感》。

还能不死人吗？最后的结果，总还有一些作战的收获。南郑的周围：中梁山、嶓冢山、定军山，每一处都留下了陆游和同时幕府中人的马迹。

有一次陆游的确是遇到惊险了。秋风乍起，陆游和同伴们打猎，在马蹄得得的当中，他们把鞭梢一扬，前面已经隐隐地看到沮水。"离凤县不远了吧？"他们想着。看看时间已经不早，他们也有些倦了，正在下马休息的当中，一阵风起，远远听到虎叫。陆游看看同来的士兵，他们的脸色都变了。这时退是无可退的了，陆游挺起手中的长矛，大喊一声，向着前面直冲。

老虎是不会等待的，猛的一跳，浑身站直了，正在准备朝前直扑的当中，陆游的矛头早到，一直戳进喉管，向上直冒热血，结束了这一次人兽的斗争。陆游自己不是说过吗？

> 我时在幕府，来往无晨暮。夜宿沔阳驿，朝饭长木铺。雪中痛饮百榼空，蹴踏山林伐狐兔。眈眈北山虎，食人不知数。孤儿寡妇仇不报，日落风生行旅惧。我闻投袂起，大呼闻百步。奋戈直前虎人立，吼裂苍厓血如注。从骑三十皆秦人，面青气夺空相顾。[1]

> 昔者戍梁益，寝饭鞍马间。一日岁欲暮，扬鞭临散关。增冰塞渭水，飞雪暗岐山。怅望钓璜公，英概如可还。挺剑刺乳虎，血溅貂裘殷。至今传军中，尚愧壮士颜。[2]

> 中岁远游逾剑阁，青衫误入征西幕。南沮水边秋射虎，大

---

① 《诗稿》卷十四《十月二十六日夜梦行南郑道中既觉恍然揽笔作此诗时且五鼓矣》。

② 《诗稿》卷二十八《怀昔》。

散关头夜闻角。①

当然，除了作战和打猎以外，陆游的更多的时间，还是花在室内。他是书家，同时也是诗人，因此浓墨大书和掉头狂吟的次数是不会少的。那时军中的生活，总不免有些浪漫的，而我们的诗人也还是一位浪漫的诗人。高楼的长夜，照耀着无数的灯烛。幕府和将领，诗人和武士，他们痛快地喝酒赌钱，喝过了再喝，赌完了还要赌。一阵嘻笑的声音从浓重的香味中透过来。是谁呀？是歌女，当时也称为歌伎，宋代的官衙中都有，军队中更不必说了。她们弹着琵琶，奏着羯鼓；在乐器的伴奏当中，她们的歌喉发动了。她们带来动人的乐曲，叮叮咚咚的音节、咿咿呀呀的歌声，把一屋子的人都陶醉了。

军中是有不少的欢乐的，但是王炎和他的幕僚们还有更重大的责任。南郑在秦岭的高处，下面是褒城、骆谷，这一条路通向长安。王炎、陆游，此外还有参议、参谋和大小的将领，他们都清楚地认识到大散关、仙人原以北，从渭水平原向北、向东，那里有广大的沦陷区，有千千万万的祖国的人民正等待着解放。从隆兴元年到现在，十年了。在这十年的当中，皇帝决心议和了，但是爱国的志士是不会忘却战争的，议和便是屈服，是出卖广大的沦陷区和千万被奴役着的同胞。惟有战争才能收回失地，惟有战争才能拯救祖国的人民。但是在和议已经签定的时期，临安又没有作战的指示，王炎又凭什么发动战争呢？他还是踌躇着。

情况是不容踌躇了。沦陷区的人民迫切地要求解放。在敌人

---

① 《诗稿》卷三十八《三山杜门作歌五首》之三。

军队中正在热切地策动起义的工作。长安是敌人的西方军事根据地，可是长安的将吏都和四川宣抚司进行联系。他们把对方的消息，写在四五寸见方的细绢上，团成弹子，涂上蜡，再设法透过来。①在联系的当中，他们有时甚至把洛阳的春笋和黄河的鲂鱼都带过来。② 敌人对于这样的情形，不是不知道，他们迫得在长安的四周，掘起三道城河，作为防御的工事。③ 这一切都在陆游的诗里写出来，有时他还加以自注。

　　南宋方面的弱点是最高统治者的作战意志不够坚定。高宗时代，基本上没有作战意志，孝宗时代，作战的意志是存在的，但是经不起挫折，止要战事中稍有一些不利，孝宗的意志就动摇了。何况孝宗上边还有太上皇，孝宗的任何决心，经不起德寿宫的一番吩咐，一切的计划都成为虚文。可是敌人方面的弱点是更多的，他们根本没有统一的意志。金的统治制度是以少数的北方部族统治广大的汉民族，在这中间存在着尖锐的矛盾。所称为北方部族，实际上也不能成为坚强的单位。金的最高统治者是以女真族为核心，以契丹族、奚族为外围，形成一个支配的集体，把汉民族压在他们的下面。可是汉民族之中，除了背叛祖国的份子以外，绝大多数还是心向着祖国的，即使身在金国的军中，手拿着金国的武器者也并不例外。这就迫使着女真的统治者，除了防备南郑方面的袭击以外，还得防备内部的响应。

　　因此从四川宣抚司看问题，他们必须利用敌人内部的矛盾。

---

　　① 《诗稿》卷十八《昔日》自注。
　　② 《诗稿》卷四十八《追忆征西幕中旧事》。
　　③ 《诗稿》卷五《观长安城图》。

这一点王炎是很清楚的,陆游也很清楚。在宣抚司衙门里,这个看法是完全一致的。陆游曾经说起:

> 南山南畔昔从戎,宾主相期意气中。渴骥奔时书满壁,饿鹘鸣处箭凌风。千艘粟漕鱼关北,一点烽传骆谷东。惆怅壮游成昨梦,戴公亭下伴渔翁。①

这里顺便可以提出两点不同的看法。《宋史·陆游传》提出陆游主张"取长安必自陇右始",实际上不一定是这样。陆游的看法,始终着眼骆谷。他在诗中又说:

> 客枕梦游何处所? 梁州西北上危台。雪云不隔平安火,一点遥从骆谷来。②

骆谷在陕西盩厔县西南,陆游的眼光是从这一条路直取长安。在他们和长安的部分将吏已经取得联系的时候,这是直捷简便的办法,用不到向陇右去兜一个圈子,因此《宋史》的这一节不尽可信。其次,近人以为王炎、陆游之间,意见不完全一致,王炎没有采取陆游的主张。这可能是根据《三山杜门作歌》中间两句"画策虽工不见用,悲咤那复从军乐"。但是问题还是有的。陆游画策不为王炎所用,固然是"不见用",可是陆游、王炎共同的画策,不为南宋最高的统治者所用,也同样是"不见用"。从"宾主相期意气中"这一句,我们看不出王炎和陆游中间的矛盾,而从陆游诗词中的表现,到现在这一段时期中,他的军中的生活,应当说是欢乐的。

生活的高潮应当放在这一年七月。

---

① 《诗稿》卷二十三《怀南郑旧游》。
② 《诗稿》卷十八《频夜梦至南郑小益之间慨然感怀二首》之二。

秋天到了。南郑城内是一道子城，子城西北角的一座高兴亭，遥对着长安城南的南山。① 宣抚司的幕友们建议到高兴亭去喝酒。陆游很愉快地一同去了。

一阵欢笑声中，歌女们上来了，她们笑着劝酒。陆游接过酒杯，正在进杯的时候，朋友们要他做一首新词。他看着一位穿着藕色衫子的歌女，作了一首《浣溪沙》。

事实上是应当欢笑的，长安的消息不断地传来，止要这边一发动，长安城唾手可得，敌人的心脏开始崩溃了。

天色漫漫地暗下来，华灯照耀着高兴亭中的幕客，可是远处还是黯淡得很。管它呢，且喝酒。歌女的清喉压下了文士们的喧嚣。

有人指着远处的烽火，瞥了一下，随即喊道："一炬。"

"平安火吗，从骆谷来的。"酒徒们模糊地承认了。

正在这个时候，月亮从山背后升上来了。十六日的月光，还是很圆，但是比十五的满月，更充满了一股凄清味儿。照着山，照着坑坑洼洼的谷。

陆游满持着酒杯，对着东北方面凝神。

"你在看什么？"

"看灞桥，看曲江，"陆游兴冲冲地说，"中原陷落了四十七年，我多么想看一看长安的面目呀。"说着的时候，眼泪一滴滴的凝在眼眶里。他背着灯光，不断地伤心。

"不是那边最近还来过信吗？事情不远了。"说的人拖着陆游重新回到亭子来。一阵的管弦声还在高奏。

---

① 《诗稿》卷五十四《重九无菊有感》自注。

"务观兄，再来一首新词。"

藕色衫子的、插着宝钗的、吹笛的、击筑的、弹琵琶的都来了。她们逼着陆游要新词。陆游的心头正充满着怅恨、悲痛的情绪，但是对着这一群无邪的姑娘们，他又高兴了。他在席上仰看着一双水汪汪的眼睛，停了一下，笑着说："好，就来一首《秋波媚》。"

姑娘手中的纸打开了，陆游蘸着墨写下一首：

> 秋到边城角声哀，烽火照高台。悲歌击筑，凭高酹酒，此兴悠哉。　　多情谁似南山月，特地暮云开。灞桥烟柳，曲江池馆，应待人来。①

又是一阵咿咿呀呀的伴奏，歌女们欢唱着："灞桥烟柳，曲江池馆，应待人来。"

"好一个'应待人来'。"文士们在叫好。

"多咱就能去呀？"一位问道。

"不久了，不久了。"酒客们都在说。宣抚使的大营里用不到保密的，大家都知道王宣抚使和对方将领间的联系，止要一道命令，大家就会稳稳地跨进长安。"灞桥烟柳，曲江池馆"，它们等待久了，我们能够辜负吗？这一晚是在极度欢乐的气氛中度过的。

七月二十五日，陆游作《静镇堂记》。静镇堂是宣抚司的大堂，王炎到任以后修理的。陆游在《记》中也指出：

> 虏暴中原久，腥闻于天，天且悔祸，尽以所覆畀上。而公方弼亮神武，绍开中兴，异时奉銮驾，奠京邑，屏符瑞之奏，抑封禅

---

① 《文集》卷四十九。

之请,却渭桥之朝,谢玉关之质,然后能究公静镇之美云。[1]

诗人的想象力正在高速度地飞跃,他幻想到北方的敌人会请求向中国朝贺,也幻想到天山南北的部族会请求把太子送到中国来。当然这一切是以收复中原为基础,而收复中原的第一步是收复长安。这一点陆游是很明白的。

春间陆游北上的时候,家眷还留在夔州,现在他在宣抚使幕中,一切都很顺利,工作很愉快,胜利在目前了,八月间家眷正在从夔州来的途中,可是自己却又得出去巡视。这一次他经过三泉[2]、利州[3]、葭萌[4]、阆中回到南郑。深秋的天气,带来了满山的霜风,遍地的落叶,当然会给他一些伤感,但是这和一般的颓丧有所不同。他说:

太息 宿青山铺作

太息复太息,吾行无终极。冰霜迫残岁,鸟兽号落日。秋砧满孤村,枯叶拥破驿。白头乡万里,堕此虎豹宅。道边新食人,膏血染草棘。平生铁石心,忘家思报国。即今冒九死,家国两无益。中原久丧乱,志士泪横臆。切勿轻书生,上马能击贼。[5]

在阆中,陆游抽空到锦屏山去游览,那里有杜甫的祠堂,他作《游锦屏山谒少陵祠堂》一首,诗中说:

---

① 《文集》卷十七。
② 陕西宁强。
③ 四川广元。
④ 四川昭化东南五十里。
⑤ 《诗稿》卷三《太息二首》之一。

虚堂奉祠子杜子,眉宇高寒照江水。古来磨灭知几人,此老至今元不死。山川寂寞客子迷,草木摇落壮士悲。文章垂世自一事,忠义凛凛令人思。夜归沙头雨如注,北风吹船横半渡。亦知此老愤未平,万窍争号泄悲怒。①

陆游是一位多产的诗人,但是他在南郑所作的诗,在离开南郑的时候,早就经过他有意地毁灭了。这一件事下边再说,可是有一点却非常明显,他的诗变了。这个变当然不是把他早年从江西诗派学来的那一套炼字造句,用典故、讲对仗的本领全部抛弃了,因为这一套本领还是有用的,他把这些一直保留到最后的年代,但是他却认识到在这套艺术价值之上,还有思想的价值。做诗那能没有思想呢?不过这里所说的思想,却和寻常不同,必须有积极的发扬的意义。这一点他在到达襄州时已经初步摸索到了,到达南郑以后,一切都显现在他眼前。丰富多彩的生活,积极的人生观,坚强的生命力,对于国家、民族的忠诚,收复沦陷区的雄心壮志,胜利的预感,一切都涌现出来,一切都收入他的诗篇。这里面有酒,有音乐,有舞蹈,有歌女的清喉,有朋友的欢笑,间或也有眼泪,有伤感,但是基本上是积极的,是人生的颂歌,诗人的灵感。

陆游在二十年以后,曾经追溯到当日的这一转变。让我们把这首诗留在这里:

九月一日夜读诗稿有感走笔作歌

我昔学诗未有得,残余未免从人乞。力屏气馁心自知,妄取虚名有惭色。四十从戎驻南郑,酣宴军中夜连日。打球筑场一

①《诗稿》卷三。

千步,阅马列厩三万匹。华灯纵博声满楼,宝钗艳舞光照席。琵琶弦急冰雹乱,羯鼓手匀风雨疾。诗家三昧忽见前,屈贾在眼元历历。天机云锦用在我,剪裁妙处非刀尺。世间才杰固不乏,秋毫未合天地隔。放翁老死何足论,《广陵散》绝还堪惜。①

在这首诗里,陆游否定他的过去,当然这止是一种加强的语气,过去是无从否定的,但是在他获得诗家"三昧"以后,过去的那一套本领,止能算做形式主义,可是美的形式结合了积极的思想性,便成为有用的东西。从这一年起,作为一个诗人,陆游已经不再是以前的陆游。这就难怪他六十六岁在严州任内选定诗稿的时候,从四十二岁以前的一万八千多首诗中止留下九十四首来了。

陆游的诗在这一年正在转变之中,可是这一年十月中,整个的局势又来了一个一百八十度的大转变。

九月间陆游回到南郑,可是匆匆之间,他又出去视察了。道中他因为光阴易逝,恢复有待,曾经喊出:

> 汉水东流那有极,秦关北望不胜悲。

但是他对于胜利的信心是没有动摇的,所以说:

> 邮亭下马开孤剑,老大功名颇自期。②

可是当他从三泉向南,到了嘉川铺③的时候,宣抚司的驿马到了。带来的消息是九月九日王炎调回临安枢密院,十二日左丞相虞允文授少保、武安军节度使、四川宣抚使,封雍国公,二十六日虞允文

---

① 《诗稿》卷二十五。
② 《诗稿》卷三《驿亭小憩遣兴》。
③ 四川广元东一百十里。

面辞,起程入川。王炎的内调,意味着西边情况的转变。关于这一次转变的内幕,在史书上没有留下正面的记载,后来陆游是清楚的,不过在他九月间出发时,他还不知道。

王炎从宣抚使调回临安,正式担当起枢密使的职务,掌握军事调动的大权,这是重用;从另一方面看,虞允文原来是四川宣抚使,现在以左丞相的地位外调,也是对于西边的重视。是不是如此呢?陆游得到消息以后,立刻就明白了。三十四岁就做官,从十五年的经验中,陆游已经懂得怎样从本质看问题。王炎正在积极进行收复失地的准备工作,为什么要调到临安?调任枢密使是重用,不错,但是调任以后,还能保留几天,谁也没有把握。至于虞允文的为人,他在采石矶击退完颜亮强渡的这一次战役,确实获得了盛名,成为以后的政治资本,陆游虽然和他通过信,也得过他的帮助,但是他对于虞允文的了解,还很模糊。可是他还记得张栻对于虞允文就不能信任。在虞允文主张恢复,争取张栻支持的时候,张栻止是置之不答。张栻的父亲张浚担任都督江淮军事,那时张栻极力主张恢复中原,陆游不是也参预其间吗?为什么张栻又不信任虞允文呢?现在虞允文来了,这一次就可以信任吗?陆游是清楚的,驿马的消息到了以后,有诗一首:

> 黄旗传檄趣归程,急服单装破夜行。肃肃霜飞当十月,离离斗转欲三更。酒消顿觉衣裳薄,驿近先看炬火迎。渭水秦关元不远,著鞭无日涕空横。[①]

这一夜陆游很辛苦了,十月的寒霜一阵阵猛袭过来,他在马上对着

斗转参横，头脑清醒地看到局势变了。会不会这一次的战功由虞允文来完成呢？但是待他踏到汉中境上的时候，他看到还有更大的变化。他说：

> 云栈屏山阅月游，马蹄初喜蹋梁州。地连秦雍川原壮，水下荆扬日夜流。遗虏屏屏宁远略，孤臣耿耿独私忧。良时恐作他年恨，大散关头又一秋。①

事情不是很显然吗？王炎的着着布置，目的在于收复沦陷区，一切都联系好了，止待动员令的发动。假如这一次行动得到临安的支持，当然用不到临阵易将，现在既然是临阵易将，这就是说这一次行动不会得到临安的支持。沦陷区呀沦陷区，解放的日期又要向后推迟了！陆游再三玩味着"良时恐作他年恨，大散关头又一秋"。

十月下旬，陆游到达南郑，宣抚司的人员转眼都星散了。王炎准备回临安，其余的众人也是各有下落。陆游的官衔是成都府路安抚司参议官。十一月二日他再携同家眷赴官成都。

陆游在南郑的时候，他的诗起了变化，诗里充满了坚强的生命力和胜利的欢笑。可是这样的诗留下不多，现在又添上了一层黯淡的色彩，胜利的果实正要到口的时候，半空中伸出一只手臂把果实夺去了。这个突然的遭遇，使他愣了一下，然而不久他也苏醒过来。他认定胜利原是我们的，止是遭到一些挫折，这些挫折可以克服，而在克服以后，胜利依然还是我们的。他对于胜利的必然到来，重行树起坚强的信心。

从南郑到成都的时候，他在诗中写道：

---

① 《诗稿》卷三《归次汉中境上》。

　　　　平生无远谋,一饱百念已。造物戏饥之,聊遣行万里。梁
　　州在何处? 飞蓬起孤垒。凭高望杜陵,烟树略可指。今朝忽
　　梦破,跋马临漾水。此生均是客,处处皆可死。剑南亦何好,
　　小憩聊尔尔。舟车有通途,吾行良未止。①

从第五到八句,我们看出他对于南郑的看法:这是西边的一座堡
垒,从这里可以进窥长安。可是现在他的梦破了,他对于调任成都
的看法,止认为这是临时的休憩,不久以后,他就得回山阴去。这
一类思归的诗句,在南郑到成都的诗篇中都可以看到,而集中地表
现在他的一首《思归引》:

　　　　善泅不如稳乘舟,善骑不如谨持辔。妙于服食不如寡欲,
　　工于揣摩不如省事。在天有命谁得逃,在我无求直差易。散
　　人家风脱纠缠,烟蓑雨笠全其天。莼丝老尽归不得,但坐长饥
　　须俸钱。此身不堪阿堵役,宁待秋风始投檄。山林聊复取熊
　　掌,仕宦真当弃鸡肋。锦城小憩不淹迟,即是轻舠下峡时。那
　　用更为麟阁梦,从今正有鹿门期。②

　　葭萌驿在四川昭化县南,陆游来往经过这里不止一次,现在又
到了。雪花正在飘下,对着一盏昏昏欲睡的油灯,他和驿官讨了
酒,满口地咽下去。做诗有些厌倦了,他作了一首词:

清商怨 葭萌驿作

江头日暮痛饮,乍雪晴犹凛。山驿凄凉,灯昏人独寝。

鸳机新寄断锦,叹往事不堪重省。梦破南楼,绿云堆一枕。

---

① 《诗稿》卷三《自兴元赴官成都》。
② 《诗稿》卷三。

这里用了诗的"比"法,"梦破"正是上首的"今朝忽梦破",所不同的,从表面看来,这里完全写的男女之情。当日的欢爱,海誓山盟,是何等的深刻,一枕绿云,正衬着爱人的妩媚,可是现在恩情断了,"鸳机新寄断锦",更没有挽回的余地。陆游在这个境界里,感到无限的凄凉。

陆游从南郑出来的时候,诗是做得不少的。从胜利到破灭,从欢乐到怆恨,这那能没有诗?庆元四年(1198),陆游作《感旧》诗,自注:"予山南杂诗百余篇,舟行过望云滩坠水中,至今以为恨。"①他所说的"坠水中",可能止是一句托辞,其实是他不愿意提出来。

这一个猜测不是没有根据的。陆游对于南郑所作的诗,除了已弃的百余首以外,还保存着三十首,乾道九年他把这三十首诗称为《东楼集》,有《东楼集序》。

> 余少读地志,至蜀汉巴僰,辄怅然有游历山川,揽观风俗之志。私窃自怪,以为异时或至其地以偿素心,未可知也。岁庚寅,始沂峡,至巴中,闻《竹枝》之歌。后再岁,北游山南,凭高望鄠、万年诸山,思一醉曲江、渼陂之间,其势无繇,往往悲歌流涕。又一岁,客成都、唐安,又东至于汉嘉,然后知昔者之感,盖非适然也。到汉嘉四十日,以檄得还成都,因索在笥,得古律三十首,欲出则不敢,欲弃则不忍,乃叙藏之。②

这一篇序很值得注意,因为这里点出了《东楼集》的主题思想。到南郑去的目的,是想收复沦陷区,因为这个志愿的无法完成,"往往

---

① 《诗稿》卷三十七。
② 《文集》卷十四。

123

悲歌流涕"。这三十首诗，他是不忍弃、不敢留。可是最后《东楼集》还是亡失了，终于还是一个"弃之"，和"坠水"的山南杂诗百余篇，走的同一条道路。

从葭萌向西南，陆游直走成都大道。路过剑门关，一阵微雨，陆游骑着驴子入关，和自己开一个玩笑：

> 衣上征尘杂酒痕，远游无处不消魂。此身合是诗人未？细雨骑驴入剑门。①

在南郑的时候，自己总想做一个英雄，和猛虎斗争，和敌人作战，渭水的强渡，散关的坚守，这一切为了什么？止是为了骑着驴子，踱进剑门关，和唐代那些消闲的诗人媲美吗？陆游不禁失笑了。

叙述陆游进入成都的生活以前，这里对于王炎、虞允文的下落应当做一些必要的交代。

乾道八年九月王炎调枢密使，到达临安的时候，在当时的交通情况下，必然已在这一年年底了。《宋史·宰辅表》记：

> 〔乾道九年〕正月己丑(二十五日)王炎罢枢密使，以观文殿学士提举临安府洞霄宫。

这里看得清楚王炎的内调，显然是一个调虎离山之计，所以一到临安，便把他搁起来。这一位观文殿学士在九年五月上奏："被旨出使宣抚四川，今来结局。乞依昨来虞允文行府出使结局体例，官属推恩施行。"皇帝的诏书下来："各与转一官资。"②只要西边不出问题，皇帝不妨开恩，让宣抚司的属员晋升一级。

---

① 《诗稿》卷三《剑门道中遇微雨》。
② 《宋会要辑稿》职官四一。

乾道八年虞允文的四川宣抚使任命发布，据《宋史·虞允文传》说：孝宗和他谈及对敌进兵的方略，约定在河南会师。一年以后，允文没有能够出兵，孝宗下密诏，催促允文进兵，允文说是准备没有完成，孝宗很不高兴。《宋史》的记载，根据杨万里所作的虞允文神道碑①，完全合乎封建社会功则归君，过则归己的原则。事实是不是如此呢？

孝宗即位之初，重用张浚，向淮北进军，这时是有一番作为的。符离失败以后，匆促间进行和议，隆兴二年，改次年年号为乾道元年，抗战的意志经过了一些挫折，但是还没有完全消沉下来。乾道五年，合利州东西二路为一，在一定的意义上，也是一种作战的准备。可是现在如何呢？乾道九年冬至，改次年年号为纯熙元年。这一道诏谕到达四川的时候，虞允文的幕府和允文说：

> "纯熙"二字，出于《周颂》："时纯熙矣，是用大介。"说的武王伐纣的故事，怕还是使不得。②

虞允文回味一下，按照《周颂》原意，上句指出巨大的光辉，下句便是大大地武装起来，这如何使得呢？他把这个意见向孝宗提出来，可是奏章还没有到达以前，孝宗因为丞相们的建议，早把纯熙改为"淳熙"。结合了太宗"淳化"（990—994）和神宗"熙宁"（1068—1077）两个年号，表示向太宗、神宗学习，主要在于内部建设，进行改革，更谈不到光辉和武装了。淳熙元年，虞允文死，第二年重行把利州分为东西二路，撤消了战时体制。

---

① 杨万里《诚斋集》卷一百二十。
② 李心传《建炎以来朝野杂记》乙集卷七。建议者是李心传的父亲。

从这两件事看来，还见不到孝宗对付敌人的谨慎小心吗？乾道末年，他的抗战热诚，已经逐步地消失了，因为王炎到四川去以后，不能体会最高当局的意图，所以乾道八年把他调开，九年随即罢职。虞允文在采石矶作战中获得一定的声望，他再度宣抚四川，多少还有安定人心的作用。可是他这一去，不是为的对外作战，孝宗和虞允文都明白，所谓"准备尚未完成，孝宗很不高兴"，其实都是史家的虚文。淳熙九年（1182）陆游家居的时候，有《读书》一首，中间四句：

> 士初许身辈稷契，岁晚所得惭廉蔺。正看愤切诡成功，已复雍容托观衅。①

他指出号称志同道合的大臣，不能顾全国家的利益，以至一边才有出奇制胜的可能，一边却在托辞伺候敌人的缺点，不愿作战。一经衡量了王炎、虞允文的关系，我们会看到陆游的诗句，不是没有根据的。

---

① 《诗稿》卷十四。

第八章　欢笑声中的涕泪

从乾道八年冬天进入剑门关以后，直到淳熙五年春天，陆游在四川耽搁了五年多。这一段时间内，有欢笑，有涕泪，在欢歌的当中，常常带有彻骨的伤感。他的诗经过南郑的军中生活以后，已经彻底地转变了，虽然南郑时期留下来的诗不多，从量的方面，还不能完全体现他的主张，可是进入剑门以后，因为他的感情受到更大的刺激，他的诗更奔放，更淋漓尽致了。

从剑门关向南，一路经过了武连县①，魏成县②，绵州③。有《即事》一首：

> 渭水岐山不出兵，却携琴剑锦官城④。醉来身外穷通小，老去人间毁誉轻。扪虱豪雄空自许，屠龙工巧竟何成？雅闻岷下多区芋，聊试寒炉玉糁羹。⑤

① 剑阁县西南八十里。
② 绵阳县东北六十里。
③ 绵阳。
④ 成都。
⑤ 《诗稿》卷三。

绵州以后,经过鹿头关①,他在那里凭吊三国时代的庞统;经过汉州②,他又凭吊唐代的房琯。岁暮的时候,在寒风萧瑟的当中,他到达成都了。

乾道九年的春初,陆游在成都安抚使的衙门中,担任着参议官的名义,这是一个空衔,公事是没有的,正如他自己所说的"冷官无一事,日日得闲游"。③ 他的时光多半消磨在酒肆和歌院当中。

三月十七的夜晚经过一场的痛饮,他在诗中说起:

> 前年脍鲸东海上,白浪如山寄豪壮;去年射虎南山秋,夜归急雪满貂裘。今年摧颓最堪笑,华发苍颜羞自照。谁知得酒尚能狂,脱帽向人时大叫。逆胡未灭心未平,孤剑床头铿有声。破驿梦回灯欲死,打窗风雨正三更。④

陆游诗中有时把他在歌院的生活也直捷地写下来。对于歌院,因为时代不同,我们的认识也完全不同了。宋代衙门中有官伎,军中也有营伎。苏轼《贺新郎》词:"乳燕飞华屋。悄无人槐阴转午,晚凉新浴。手弄生绡白团扇,扇手一时似玉。"这里是写的官伎。陆游《九月一日夜读诗稿有感走笔作歌》的"宝钗艳舞光照席"是写的营伎。她们主要的职务是在文武官吏集会的当中,奏乐清唱,实际上她们的身分止是歌女。除此以外,商业都市中也有伎女,一般地她们都有比较好的文化修养,能赋诗填词,也能知书作画。她们的私生活也各各不同。马可波罗在游记中曾经写到南宋末年临安的

---

① 德阳县北。
② 广汉。
③ 《诗稿》卷三《登塔》。
④ 同卷《三月十七日夜醉中作》。

伎女。陆游所见的成都伎女，因为和宋末时代相去不远，又是在同样的商业大都市中，她们的生活可能也和临安的情况差不多。她们是被损害和被侮辱的，而这种生活方式的存在，恰恰控诉了那个封建社会的罪恶。陆游到歌院去的目的，止是在醇酒妇人的生活中，寻求一些精神上的安慰。他的生活不够严肃，从我们这个时代来看问题，这样的行为是应该受到批判的。

陆游的《成都行》写出他在成都的浪漫生活：

> 倚锦瑟，击玉壶，吴中狂士游成都。成都海棠十万株，繁华盛丽天下无。青丝金络白雪驹，日斜驰遣迎名姝。燕脂褪尽见玉肤，绿鬖半脱娇不梳。吴绫便面对客书，斜行小草密复疏。墨君秀润瘦不枯，风枝雨叶笔笔殊。月浸罗袜清夜徂，满身花影醉索扶。东来此欢堕空虚，坐悲新霜点鬓须。易求合浦千斛珠，难觅锦江双鲤鱼。①

这首诗是陆游这一年到达嘉州以后的作品，所以有"东来"以下四句。

为什么陆游会在酒肆歌院中消磨自己的时光呢？他在成都没有具体的职务，因此有这些多余的时间，但是更主要地是因为他心中有不断滋长的痛苦，想在沉醉和调笑中把这些痛苦压下去。在成都的一首《汉宫春》，把这个情况说得很清楚：

> 羽箭雕弓，忆呼鹰古垒，截虎平川。吹笳暮归野帐，雪压青毡。淋漓醉墨，看龙蛇飞落蛮笺。人误许，诗情将略，一时才气超然。　　何事又作南来，看重阳药肆，元夕灯山。花时

---

① 《诗稿》卷四。

万人乐处,欹帽垂鞭。闻歌感旧,尚时时流涕尊前。君记取,
封侯事在,功名不信由天。①

在醇酒妇人的生活当中,陆游的悲感不断地从心底涌现。这
是他自己所说的"逆胡未灭心未平,孤剑床头铿有声"。当然,这里
不是没有一些个人的"功名"之感,可是正因为他的"功名"是和民
族国家的利益完全一致的,因此陆游的悲感,也正诉说了当时人民
的共同感想。沦陷区人民渴望回复到祖国的怀抱,而南方的人民
也感到收复中原,解放沦陷区的必要。因此陆游的诗歌,正代表当
时全国人民的呼声。

陆游到达成都以后,他的蜀州②通判任命发布了。到蜀州以
后,他又常到成都。五月间曾到嘉州③去过一次,四十天后,又奉调
还成都。他的《东楼集》的写定,正在这个中间。还成都不久,他的
摄知嘉州的任务发布,从此直到淳熙元年的春天,他在嘉州。"摄"
的意义只是代理,因为陆游的本职,还是蜀州通判。

在嘉州的期间,陆游刻岑参集,他说:

予自少时,绝好岑嘉州诗。往在山中,每醉归,倚胡床睡,
辄令儿曹诵之,至酒醒,或睡熟,乃已。尝以为太白、子美之
后,一人而已。今年自唐安别驾④来摄犍为⑤,既画公像斋壁,
又杂取世所传公遗诗八十余篇刻之,以传知诗律者,不独备此

---

① 《文集》卷四十九。
② 四川崇庆。
③ 四川乐山。
④ 唐安,古县名,在崇庆。唐安别驾即蜀州通判。
⑤ 犍为,嘉州属县。来摄犍为,即来摄知嘉州事。

邦故事，亦平生素意也。①

他又刻孟郊，和欧阳询的遗像，在跋中②称"万里羁旅，不自意全，抚卷流涕"。这里正看到他的牢骚。为什么"万里羁旅，不自意全"呢？这一定和南郑的一段生活有关。孝宗在这一年五月间虽然有宣抚官属"各与转一官资"的明令，官资是一条空衔，其实他们还是遭到冷酷的待遇。

嘉州是四川的名胜，岷江左岸的凌云山尤为著名。山顶有大佛寺，唐代从山顶直到山脚，雕刻一座大佛，庄严、肃穆、伟大，这里正看到古代中国的雕刻艺术，同时也显出崇高的宗教情绪。陆游的《谒凌云大像》、《凌云醉归作》、《十月一日浮桥成以故事宴客凌云》、《雨中登楼望大像》等诗，都是和凌云有关的。

陆游在嘉州的生活是丰富的。他修堤、种花、筑假山、大阅、修岷江浮桥，但是这一切都没有解除他心头的悲哀。从南郑撤退已经一年了，他的心还在南郑。为什么他要刻《岑嘉州集》呢？当然不是因为岑参曾经做过嘉州刺史，而是因为"常想从军时，气无玉关路。至今蠹简传，多昔横槊赋"。③从这里我们可以看出他的思想感情。陆游的诗学李白，学杜甫，学梅圣俞，学江西诗派的诗人，但是他的思想感情却是意气风发，雄伟阔大，这正是他和岑参相通之处。但是两人之间，却有很大的差别：岑参的雄伟阔大，有具体的生活基础；陆游的雄伟阔大，主要是从他的浪漫主义思想里产生的。因此，在岑参的诗歌里，我们看到他的欢乐，而在陆游的诗歌

---

① 《文集》卷二十六《跋岑嘉州集》。

② 同卷《跋二贤像》。

③ 《诗稿》卷四《夜读岑嘉州诗集》。

里,最后总使人感到空虚,一种无可形容的悲哀。这样的诗句,在嘉州的这一段时间里特别显著,一则因为他从南郑撤回的时间不久,心头的创伤还没有收功,二则可能他读到岑参的诗歌,更感到两人中间的距离。时代在他的心头,给他盖上了烙印。

九月中旬,消息来了,据说是敌人内部发生变乱。陆游高兴极了,作《闻虏乱有感》。

> 前年从军南山南,夜出驰猎常半酣。玄熊苍兕积如阜,赤手曳虎毛毵毵。有时登高望鄠杜,悲歌仰天泪如雨。头颅自揣已可知,一死犹思报明主。近闻索虏自相残,秋风抚剑泪汍澜。雒阳八陵那忍说,玉座尘昏松柏寒。儒冠忽忽垂五十,急装何由穿袴褶。羞为老骥伏枥悲,宁作枯鱼过河泣?[①]

他所怀念的是南郑的前线。在嘉州官衙当中,有时他打开大散关地图来看,在看图的时候,他提出他的想象:

观大散关图有感

> 上马击狂胡,下马草军书,二十抱此志,五十犹癯儒。大散陈仓间,山川郁盘纡,劲气钟义士,可与共壮图。坡陀咸阳城,秦汉之故都,王气浮夕霭,宫室生春芜。安得从王师,汛扫迎皇舆,黄河与函谷,四海通舟车,士马发燕赵,布帛来青徐,先当营七庙,次第画九衢!偏师缚可汗,倾都观受俘,上寿太安宫,复如贞观初。丈夫毕此愿,死与蝼蚁殊。志大浩无期,醉胆空满躯。[②]

---

① 《诗稿》卷四。
② 同卷。

这个思想永远在那里龁着他那赤裸裸的一颗心：宋朝的广大，绝对不是女真所能比拟的，即使中原沦陷，未沦陷的地区比沦陷的地区还是大，而且东南部和西部的经济都有很大的发展，更不是历经破坏的中原地区所能比拟，何况沦陷区人民的心，永远面向祖国，而敌人的内部，矛盾不断地发展。奚、契丹、女真，这些北方部族中间的矛盾，不时要冒出头来，而女真统治者的内部，完颜亮杀完颜亶，现在完颜亮被杀了，谁能保完颜雍不会获得同样的结局？问题永远是存在的，问题也写入陆游的诗篇：

金错刀行

黄金错刀白玉装，夜穿浮扉出光芒。丈夫五十功未立，提刀独立顾八荒。京华结交尽奇士，意气相期共生死。千年史策耻无名，一片丹心报天子。尔来从军天汉滨，南山晓雪玉嶙峋。呜呼，楚虽三户能亡秦，岂有堂堂中国空无人！①

有时他把自己的空想寄托在宫中的妃嫔。当然，这只是六朝、隋、唐以来诗人常有的想象，但是却有区别。前代的诗人，止是从一位失宠的妃嫔，写出自己的牢骚，这是所谓宫怨。陆游却在这里寄托他对于国家的念念不忘的忠贞。他在嘉州所作的《长门怨》、《长信宫词》、《铜雀妓》，都是如此。《长信宫词》用的骚体，是陆游诗中比较少见的一种创作形式：

忆年十七兮初入未央，获侍步辇兮恭承宠光。地寒祚薄兮自贻不祥，谗言乘之兮罪衅日彰。祸来嵯峨兮势如坏墙，当伏重诛兮鼎耳剑铓。长信虽远兮匪弃路旁，岁给絮帛兮月赐稻

---

① 《诗稿》卷四。

粱。君举玉食兮犀箸谁尝,君御朝衣兮谁进熏香? 婕妤才人
兮俨其分行,千秋万岁兮永奉君王。妾虽益衰兮尚供蚕桑,愿
置茧馆兮组织玄黄。欲诉不得兮仰呼苍苍,佩服忠贞兮之死
敢忘!①

　　嘉州的月俸正是《长信宫词》里的"絮帛"、"稻粱",但是陆游对
于国家的怀念,是永远不会冷却的。九月十六日的夜中,他在睡梦
之中,率同大军,直到河西走廊。胜利的欢欣充满了统帅的幕府,
他派出使者,招降旁郡诸城,醒后他在诗中写着:

　　朔风卷地吹急雪,转盼玉花深一丈。谁言铁衣冷彻骨,感
义怀恩如挟𫄸。腥臊窟穴一洗空,太行北岳元无恙。更呼斗
酒作长歌,要遣天山健儿唱。②

　　这一年韩元吉出使女真,经过东都上元驿,金人赐宴,作《好事
近》一首:

　　凝碧旧池头,一听管弦凄切。多少梨园声在,总不堪华
发。　　杏花无处避春愁,也傍野烟发。惟有御沟声断,似知
人呜咽。

这正是爱国词人应有的感慨。陆游看到这首词以后,作了一首
七古:

　　大梁二月杏花开,锦衣公子乘传来。桐阴满第归不得,金
辔玲珑上源驿。上源驿中捶画鼓,汉使作客胡作主。舞女不

---

① 《诗稿》卷四。
② 同卷《九月十六日夜梦驻军河外遣使招降诸城觉而有作》。

记宣和妆，庐儿尽能女真语。书来寄我宴时诗，归囊知添几缕丝。有志未须深感慨，筑城会据拂云祠。①

陆游诗的结尾，不是衰飒而是激昂。他对于最后的胜利，没有丧失内在的信心。

在成都到嘉州的途中，陆游和师伯浑相识。这是当时的一位名士，因为没有做官，称为隐士。后来陆游在《师伯浑文集序》②说"予自成都适犍为，识隐士师伯浑于眉山，一见，知其天下伟人"。他又说："方宣抚使临边，图复中原……闻伯浑名，将闻于朝，而卒为忌者所沮。"我们很可看到王炎、陆游、师伯浑是在怎样的思想基础上结合的。陆游寄伯浑词：

夜游宫 记梦寄师伯浑

雪晓清笳乱起，梦游处不知何地。铁骑无声望似水。想关河，雁门西，青海际。　　睡觉寒灯里，漏声断月斜窗纸。自许封侯在万里。有谁知，鬓虽残，心未死。③

有时陆游也抒写了一些闲适的兴趣。那时嘉州出产荔枝，凌云山、安乐园都有不少的荔树。④陆游在荔枝花开的时候，有《乌夜啼》一首：

檐角楠阴转日，楼前荔子吹花。鸱鸪声里霜天晚，叠鼓已

---

① 《诗稿》卷四《得韩无咎书寄使虏时宴东都驿中所作小阕》自注："唐中受降城在拂云祠。"

② 《文集》卷十四。

③ 《文集》卷五十。

④ 《老学庵笔记》卷四。

催衔。　　乡梦时来枕上,京书不到天涯。邦人讼少文移省,
闲院自煎茶。①

他的诗里也有些闲适细切的诗句:如"瓶花力尽无风堕,炉火
灰深到晓温",②"松鸣汤鼎茶初熟,雪积炉灰火渐低",③这些正写出
那种官闲日永的趣味。从另一首看,更见到他那不计个人荣辱,只
求于国有利的思想:

独　坐

　　巾帽欹倾短发稀,青灯照影夜相依。穷边草木春迟到,故
国湖山梦自归。茶鼎松风吹谡谡,香奁云缕散霏霏。羸骖敢
复和銮望,只愿连山苜蓿肥。④

"连山苜蓿"指的国家的前途。陆游对于自己的归宿,很感到一些
茫然了。

陆游在嘉州,以蜀州通判的底缺代理知州的任务,淳熙元年二
月间,他又调回蜀州。初夏的时候,他曾到化成院去游览。从山巅
下去,在山谷的深处,看到一座宝塔,两株高楠,正是化成院的所
在。在前呼后拥的情况下,陆游坐着轿子到了。迎面来的是一位
住持和尚,掂着一个大肚皮,跌跌跄跄地下来迎接州官。来得太急
了,和尚累得话也说不出来,惹得陆游一场好笑。他回城作《化成
院》一首,这是集内富有幽默风味的一首。

---

① 《文集》卷四十九。
② 《诗稿》卷四《晓坐》。
③ 同卷《雨中睡起》。
④ 同卷。

翠围①至化成，七里几千盘。肩舆掀汙淖，叹息行路难。缘坡忽入谷，蜿蜿苍龙蟠。孤塔插空起，双楠当夏寒。飞屐到上方，渐觉所见宽。前山横一几，稻陇白漫漫。肥僧大腰腹，呀喘趋迎官。走疾不得语，坐定汗未干。高人遗世事，跏趺穴蒲团。作此望尘态，岂如返巾冠！日落闻鹿鸣，感我平生欢。客游殊未已，芳岁行当阑。②

在蜀州的时候，陆游还是以通判摄理州事。五月间的州考，八月间的阅兵，一切都按照州官的身分进行工作，但是他的心事还是时常萦绕着南郑的前线。四月间作《晓叹》一首，自言"容身有禄愧满颜，灭贼无期泪横臆"。他又说起"王师入秦驻一月，传檄足定河南北。安得扬鞭出散关，下令一变旌旗色"。③这里他指出一个积极的打算，但是一切的困难，还在于动员令的没有下达。

五月间有《蒸暑思梁州述怀》，把他的怀抱全部透露出来。

宣和之末予始生，遭乱不及游司并。从军梁州亦少慰，土脉深厚泉流清。季秋陵谷浩积雪，二月草木初抽萌。夏中高凉最可喜，不省举手驱蚊虻。藏冰一出卖满市，玉盘堆积寒峥嵘。柳阴夜卧千驷马，沙上露宿连营兵。胡笳吹堕漾水月，烽燧传到山南城。最思出甲戌秦陇，戈载彻夜相摩声。两年剑南走尘土，肺热烦促无时平。荒池昏夜蛙阁阁，食案白日蝇营营。何时王师自天下，雷雨颒洞收欃枪。老生衰病畏暑湿，思

---

① 僧院名。
② 《诗稿》卷五。
③ 同卷。

卜鄠杜开柴荆。①

他从夏季的湿热,想到南郑和鄠杜的天高气爽,因此更渴念出兵,收复关中。他在魂梦中,不曾忘却长安和长安附近的鄠杜。

陆游对于自己的地位,有时感到滑稽得可笑。秋后作《醉书》:

> 似闲有俸钱,似仕无簿书,似长免事任,似属非走趋。病能加餐饭,老与酒不疏,婆娑东湖上,幽旷足自娱。时时唤客醉,小阁临红蕖,钓鱼斫银丝,擘荔见玉肤。檀槽列四十,遗声传故都,岂惟豪两川,自足夸东吴。但恨诗不进,榛荒失耘锄,何当扫纤艳,杰作追黄初。②

官衙是闲极了,公事很少,自己以通判摄理州事,长官不似长官,属员不似属员,陆游感到有些茫然了。六月间曾经到过成都,不久仍回蜀州。九月间又到成都一次。不久奉到公事,到荣州③摄理州事。

四川的青城山,是一座有名的道教圣地。乾道八年的冬天,陆游从南郑到成都的时候,曾经去过一次。青城山全山没有佛寺,止有道观,道观中最有名的是丈人观。

丈人观的上官道人,北方人,在陆游看到他的时候,已经九十多了。这一位老道很别致,他不住在屋子里,在松树顶上搭一个小巢,称为"巢居",平时止吃一些松粉,不吃烟火食。老道经常推托耳聋,因此很少交谈,有时索性装哑巴,连话也不说。陆游身上本

---

① 《诗稿》卷五。
② 同卷。
③ 荣县。

来带一些道家思想的,和老道有些往来。后来他在笔记里曾经提起:

> 青城山上官道人,北人也,巢居食松麨,年九十矣。人有谒之者,但粲然一笑耳。有所请问,则托言病喑,一语不肯答。予尝见之于丈人观道院,忽自语养生曰:"为国家致太平,与长生不死,皆非常人所能,然且当守国使不乱,以待奇才之出,卫生使不夭,以须异人之至。不乱不夭,皆不待异术,惟勤而已。"予大喜,从而叩之,则已复言喑矣。①

在诗中他多次提到上官道人,试举一首:

予顷游青城,数从上官道翁游,暑中忽思其人

> 往年屡游丈人祠,上官八十如婴儿。自言少年聋不治,芝房松虀可无饥。叩之不答但解颐,德人之容端可师。我闻学道当精思,毕世不可须臾离。公虽泯默意可知,亡羊要是缘多歧。逝从公游亦未迟,联杖跨海寻安期。②

八十也好,九十也好,总之这是一位老道。在陆游的思想中,事业心是主导的,但是作为封建社会的一个知识分子,他的思想领域里存在着一定数量的糟粕,他的出世思想使他和这一批老道自然而然地契合起来。陆游后期的诗中,常时提到"道室"、"道院"这一类的事,正是这个思想的结果。

在青城山,陆游游览了丈人观、上清宫、长生观、储福观。下山以后,经过离堆伏龙祠,看到孙太古所画的李冰像。此后他又到了

---

① 《老学庵笔记》卷一。
② 《诗稿》卷七十二。

灌口庙。

陆游在灌口的当中，巍峨的雪山耸立在白云上面。无穷无尽的白云，无穷无尽的雪山，激动了他的苍茫之感，下面是浩浩不断的岷江，白浪奔腾，没有片刻的宁静，岷江的波涛，重新把陆游的神思引入了人海。陆游不再想修道了，他知道惟有人的社会，才值得我们为之而努力，为之而奋斗，为之而生，为之而死。他写下了新的诗篇：

登灌口庙东大楼，观岷江雪山

　　我生不识柏梁、建章之宫殿，安得峨冠侍游宴；又不及身在荥阳、京、索间，擐甲横戈夜酣战。胸中迫隘思远游，沂江来倚岷山楼，千年雪岭阑边出，万里云涛坐上浮。禹迹茫茫始江汉，疏凿功当九州半。丈夫生世要如此，赍志空死能无叹？白发萧条吹北风，手持卮酒酹江中。姓名未死终磊磊，要与此江东注海。①

陆游头脑清醒过来，他决不和上官道人一样，做一个"赍志空死"的人。五十岁的年纪了，陆游的健康本来不是没有问题的，经过了若干年的挫折，头发更显得稀疏了，但是他的气概依然显得非常轩昂。

这一年的十一月，叶衡的右丞相发布了。叶衡字梦锡，金华人，和陆游本来相识，在右丞相发布以后，陆游去一道贺启。他说：

　　"股肱良哉"，耻君不及尧舜；"期月可也"，致治庶几成康。方将修未央、长乐之故宫，筑马邑、雁门之绝塞，兴植礼乐于僵

---

　　① 《诗稿》卷六。

仆之后,整齐法制于抢攘之余。威慑殊邻,玉辇受渭桥之谒;
治偕邃古,金泥增岱岳之封。然后遂游谢傅之东山、偃息萧何
之甲第,委成功而不处,享眉寿于无穷。某远寄殊方,久孤隆眷。
骥老伏枥,知难效命于驰驱;狐死首丘,但拟祈哀于造化。①

他提出自己归还山阴的希望,但是更重要的,他却为叶衡指出努力
的方向,从"筑马邑、雁门之绝塞"到"玉辇受渭桥之谒",从整顿边
防,应付敌人,到建立邦交,接待贵宾,这里正有一个共同努力的
途径。

陆游到达荣州,在这一年的十一月。在荣州的当中,他在子城
上,建筑一座楼房,称为高斋。那时官府的主要目标不是为人民办
事的,因此事情不多,可以做诗填词。陆游想起族兄陆升之来,曾
作《渔家傲》一首:

> 东望山阴何处是?往来一万三千里。写得家书空满纸。
> 流清泪,书回已是明年事。　　寄语红桥桥下水,扁舟何日寻
> 兄弟?行遍天涯真老矣。愁无寐,鬓丝几缕茶烟里。②

可是在荣州的当中,他得到升之的死讯,有《闻仲高从兄讣》诗。他
说起:

> 寄书墨未干,玉立在我目。天高鬼神恶,生死露电速。丹
> 心抱忠贞,白首悲放逐。九阍不可叫,百身何由赎?③

到荣州以后,陆游把家眷从蜀州接来,自己出城去迎,满以为

---

① 《文集》卷九《贺叶丞相启》。
② 《文集》卷五十。
③ 《诗稿》卷六。

从此可以在荣州安居了,可是就在淳熙元年的除夕,得到四川制置使的命令,要他赶赴成都。他的官衔发布了:是朝奉郎、成都府路安抚司参议官,兼四川制置使司参议官。朝奉郎是正六品官,他的官阶提高了,可是职务还是参议官,没有实际的任务。

新年过了,正月十日离开荣州,临去的时候,他在高斋里徘徊,作《桃园忆故人》一首:

> 斜阳寂历柴门闭,一点炊烟时起。鸡犬往来林外,俱有萧然意。　　衰翁老去疏荣利,绝爱山城无事。临去画楼频倚,何日重来此?①

从荣州向西南,经过一百多里,到了应灵道中,路隔得更远了,但是陆游对于荣州的生活,还是那样的留恋,索兴再来一首:

> 栏干几曲高斋路,正在重云深处。丹碧未干人去,高栋空留句。　　离离芳草长亭暮,无奈征车不住。惟有断鸿烟渚,知我频回顾。②

陆游对于荣州是有一些留恋的。事实上他对于蜀州的东湖,嘉州的凌云,和对于荣州的高斋是一样的留恋。这里正看到祖国的河山之美,同时也看到诗人的深厚的感情。

淳熙二年六月,范成大以四川制置使的身分到成都了。这是陆游多年以前的旧友,他们碰到一起,生活更有意义了。范成大也是当时的一位有名的诗人,因此日常公务以外,又添上了唱和之乐。但是心境上,他们之间不是没有矛盾的。范成大是一位地主

---

① 《文集》卷五十。
② 同卷。

官僚，有时也做做诗，但是他对于诗的看法，和陆游不同，诗是兴会的抒写，是一种闲情别致；可是陆游的诗是他的血泪，他不是没有欢笑之中的歌唱，但是这不是他诗稿中的主要部分。

　　陆游爱花，尤其是在成都这个有名的海棠王国里，淳熙三年的春间，他几乎把成都附近的花园都看到了。他的十首《花时遍游诸家园》①，是大家常读的。他高兴地唱出：

　　　　看花南陌复东阡，晓露初干日正妍。走马碧鸡坊里去，市人唤作海棠颠。

　　　　为爱名花抵死狂，只愁风日损红芳。绿章夜奏通明殿，乞借春阴护海棠。

他在小东门外，看到一株千叶朱砂海棠，高贵的品种，却埋没在荒圃之内，他说：

　　　　重葩丹砂品最高，可怜寂寞弃蓬蒿。会当车载金钱去，买取春归亦足豪。

　　生活是浪漫的，陆游在

　　　　豪华行乐地，芳润养花天。②
　　　　风掠春衫惊小冷，酒潮玉颊见微赪。③

这些诗句里，对于他在酒肆歌楼里的踪迹，都留下了纪念。范成大邀他赴宴，他在《锦亭》④里也写到：

---

① 《诗稿》卷六。
② 同卷《晓过万里桥》。
③ 同卷《自合江亭涉江至赵园》。
④ 《诗稿》卷七。

　　乐哉今从石湖公①,大度不计聋丞聋②。夜宴新亭海棠底,
红云倒吸玻璃钟。琵琶弦繁腰鼓急,盘凤舞衫香雾湿。春醪
凸盏烛光摇,素月中天花影立。游人如云环玉帐,诗未落纸先
传唱。此邦句律方一新,凤阁舍人今有样。③

可能他会想起南郑的生活。同样的琵琶,同样的羯鼓,同样的歌
女,同样的华灯,同样的宾僚,同样的欢乐,但是却是不同样的气
氛,不同样的主帅。当日是"王师入秦驻一月,传檄足定河南北"。
可是现在呢,现在止是"此邦句律方一新,凤阁舍人今有样"。

　　"诗样是这样的吗!"陆游问自己,可是他也有他的"诗样"。

　　这一年的春间他的朋友谭季壬回到成都,陆游在诗中谈到两
人的抱负:

　　少鄙章句学,所慕在经世。诸公荐文章,颇恨非素志。一
朝落江湖,烂熳得自恣。讨论极王霸,事业窥莘渭。孔明、景
略间,却立颇眦睨。从人无一欣,对食有三喟。谭侯信豪隽,
可共不朽事。天涯再相见,握手更�泪。欲寻西郊路,斗酒倾
意气。浩歌君和我,勿作寻常醉。④

　　三月的后段,郁闷的天气,满天的阴云,到了半夜,风来了,雨
来了,轰隆轰隆的雷电也来了。陆游对着墨黑的天空,止觉得一阵
畅快。作《中夜闻大雷雨》:

---

① 范成大自号石湖居士。
② 陆游自指。
③ 范成大曾为中书舍人。
④ 《诗稿》卷六《喜谭德称归》。

雷车驾雨龙尽起，电行半空如狂矢。中原腥膻五十年，上帝震怒初一洗。黄头女真褫魂魄，面缚军门争请死。已闻三箭定天山，何啻积甲齐熊耳。捷书驰骑奏行宫，近臣上寿天颜喜。阁门明日催贺班，云集千官摩剑履。长安父老请移跸，愿见六龙临渭水。从今身是太平人，敢惮安西九千里。[①]

在这里陆游用浪漫的手法，从正面提出他的愿望来。他要击溃敌人，收复沦陷区，止要国家中兴有望，不问任何的艰苦，他愿意接受国家的考验。

但是在南宋统治者的苟且偷安的当中，一位爱国的志士，即使愿意为国家效死，他不会找到效死的场所的。马援说过："男儿要当死于边野，以马革裹尸还葬耳。"可是在陆游的当时，要找一所效死的边野，他从那里找呢？因此在这时期他写了那篇《松骥行》。

骥行千里亦何得，垂首伏枥终自伤。松阅千年弃涧壑，不如杀身扶明堂。士生抱材愿少试，誓取燕赵归君王。闭门高卧身欲老，闻鸡相蹴涕数行。正令咿嚘死床箦，岂若横身当战场！半酣浩歌声激烈，车轮百转盘愁肠。[②]

陆游的思想是激昂慷慨的，但是陆游的生活却沉湎在酒肆歌楼之中。芳烈的醇酒，轻盈的歌女，止有这些才能给他一些精神上的慰藉。有时他结交剑客，可是他和剑客所谈的止是如何把敌人杀死，上告宋朝先帝的陵墓：

荆轲专诸何足数，正昼入燕诛逆虏。一身独报万国仇，归

---

① 《诗稿》卷七。
② 同卷。

告昌陵泪如雨。①

有时他约青城山的道士饮酒,他说起:

有酒不换西凉州,无酒不典鹔鹴裘。不作王猛傲睨坐扪
虱,不作宁戚悲歌起饭牛。②

这里正看出他胸中的无限的牢骚。最令他向往的还是酒肆和歌
楼。芳华楼、万里桥,这些地方不知消磨了陆游多少的年光。为什
么呢?他正有无限的凄凉和感慨,要在浅斟低唱、轻歌妙舞中排
解。正如他自己所说的:

少日壮心轻玉塞,暮年幽梦堕沧洲。③

是不是因为他的生活太散漫了,还是因为他对敌作战的要求
太积极了,终于在这年九月里受到一次严厉的处分。本来陆游知
嘉州的官职已经发布了,言官们指出他在嘉州的时候"燕饮颓放",
因此他得到罢免的处分。④ 他的新任务是主管台州桐柏崇道观。
他的知州是罢免了,不过他用不到赶到台州赴任,因为宋朝时代,
在罢官以后,指明"主管"或是"提点"某宫某观,止是给你一个领取
干俸的名义,用不到当真到那座宫观里去办事。对于陆游,这一
次的处分,确实是一个打击。他有《蒙恩奉祠桐柏》一首:

少年曾缀紫宸班,晚落危途九折艰。罪大初闻收郡印,恩

---

① 《诗稿》卷七《剑客行》。昌陵即永昌陵,宋太祖陵墓。
② 同卷《与青城道人饮酒作》。
③ 同卷《芳华楼夜宴》。
④ 《宋会要辑稿》职官七二。

宽俄许领家山。羁鸿但自思烟渚,病骥宁容著帝闲。回首舻棱渺何处,从今常寄梦魂间。①

"燕饮颓放",陆游沉吟了几回,这才说起:"好,这一个说法别致得很,就作为我的别号吧。"

从此以后,陆游自称为放翁,后人也常称他为陆放翁。

这一个办法,倒不是从陆游开始的。北宋柳永是一位填词的能手,大臣向宋仁宗面前推荐,仁宗说:"此人工于填词,岂可令之仕宦。"从此以后,柳永做官上进的道路切断了,他就自称"奉旨填词"。这和陆游的自号放翁,同样是一种落拓不羁的态度,是封建时代知识分子的消极反抗的表现。

九十月的天气已经很冷,寒蝉的叫声从野外逐步向住宅区逼近了。陆游的官丢了,好得很,索性可以喝酒。他在诗中提到他的情绪:

策策桐飘已半空,啼螀渐觉近房栊。一生不作牛衣泣,万事从渠马耳风。名姓已甘黄纸外,光阴全付绿尊中。门前剥啄谁相觅? 贺我今年号放翁。②

从此以后,陆游的踪迹更是常在芳华楼出现了:

夜暖酒波摇烛焰,舞回妆粉铄花光。③
难觅长绳縻日住,且凭羯鼓唤花开。④

---

① 《诗稿》卷七。
② 同卷《和范待制秋兴》。
③ 《诗稿》卷八《芳华楼夜饮二首》之一。
④ 同诗之二。

酒、羯鼓、琵琶、银烛、妆粉、歌舞,少女的情影,长夜的轰饮,这一切几乎是陆游的生活的总和,然而陆游的思想和生命线却不在此。芳烈的醇酒灌下了一位爱国主义者的愁肠,止能化为忧国的涕泪;轻盈的少女止能使他想起如何把生命贡献给人民。陆游纵酒的时候,有时把整个酒楼包下来,他和朋友们赌博、轰饮,但是他的心却不在这里。他在诗中这样说:

> 丈夫不虚生世间,本意灭虏收河山。岂知蹭蹬不称意,八年梁益凋朱颜。三更抚枕忽大叫,梦中夺得松亭关。中原机会嗟屡失,明日茵席留馀湆。益州官楼酒如海,我来解旗论日买。酒酣博簺为欢娱,信手枭卢喝成采。牛背烂烂电目光,狂杀自谓元非狂。故都九庙臣敢忘,祖宗神灵在帝旁。①

自从到了南郑以后,陆游的七古有了绝大的跃进,每一句,每一字,都显示出他的生命力。他的七古通常止是十二句,十六句,很少有超过二十四句的,但是句法非常的生动有力,仿佛是从纸面上跳起来的。这一年所作的《关山月》,仅仅是十二句,让我们看一下:

> 和戎诏下十五年,将军不战空临边。朱门沉沉按歌舞,厩马肥死弓断弦。戍楼刁斗催落月,二十从军今白发。笛里谁知壮士心,沙头空照征人骨。中原干戈古亦闻,岂有逆胡传子孙。遗民忍死望恢复,几处今宵垂泪痕。②

陆游的七古已经精炼到这样的地步,他能在短短的十二句之

---

① 《诗稿》卷八《楼上醉书》。
② 同卷。

中，把他看到的现实和他作出的结论，完全体现出来。从"和戎诏下"、"将军不战"，到白发从军的壮士，忍死垂泪的遗民，这是一条线。从另一面看来，为什么会有忍死垂泪的遗民和白发从军的壮士？只因为"将军不战"。为什么会有不战的将军？只因为"和戎诏下"。这里直指出最后的负责者只是当时的皇帝。我们从"十五年"三个字，更看出陆游对于隆兴元年，符离一战以后，南宋统治者试探和议的痛恨。在这首诗里，陆游集中地画出了将军、战士和遗民的形象，这是现实主义的写法，而"和戎诏下"一句更隐隐地使我们看到最高统治者丑恶的嘴脸。陆游在这首诗里把任何顾虑都抛弃了。好在他自己正说过："名姓已甘黄纸外，光阴全付绿尊中。"

这不是说，这时陆游的律诗是没有进展的。陆游的律诗在这个时期内已经达到浑成工稳的境界。他所作的联句，如：

> 故人不见暮云合，客子欲归春水生。[1]
> 十年去国悲霜鬓，六月登楼望雪山。[2]
> 弄姿野花晴犹敛，作态江云晚未归。[3]

这些诗句都看到他的圆润、苍凉，他从老师曾几那里学到的那些江西诗派的作法，已经达到运用自如，甚至青出于蓝的境界了，但是陆游的造就却不止于此。

陆游的古诗在他已经达到成熟的阶段，能够把他的热烈的感受，汹涌的激情在诗句里喷发出来。现在他的律诗也赶上来了。

---

[1] 《诗稿》卷八《登剑南西川门感怀》。
[2] 同卷《青城县会饮何氏池亭赠谭德称》。
[3] 同卷《昼卧》。

从他在这个时期所作的几首律诗看：

白袍如雪宝刀横，醉上银鞍身更轻。帖草角鹰掀兔窟，凭风羽箭作鹘鸣。关河可使成南北，豪杰谁堪共死生？欲疏万言投魏阙，灯前揽笔涕先倾。①

幅巾藜杖北城头，卷地西风满眼愁。一点烽传散关信，两行雁带杜陵秋。山河兴废供搔首，身世安危入倚楼。横槊赋诗非复昔，梦魂犹绕古梁州。②

倚遍南楼十二栏，长歌相属寓悲欢。空怀铁马横戈意，未试冰河堕指寒。成败极知无定势，是非元自要徐观。中原阻绝王师老，那敢山林一枕安。③

我们能说他的律诗落后于他的古诗吗？诗人的古诗成熟的时候，应当也是他的律诗成熟的时候。可能有些诗人在运用方面，对于这一样或那一样方式比较顺手一些，不过在陆游手中，古诗和律诗是同样的顺手，也许古诗更显得纵横，而律诗却显得精炼。

陆游这几年在成都呆着，主要还是倚靠着制置使范成大的友谊。范成大不是一位英雄，这一点陆游很明白，因为陆游知道他们在思想上有距离，因此也有矛盾，可是范成大是诗人，也是朋友，因此两人之间的友谊，并没有因为地位的悬殊而受到任何创伤。从他们在成都时候的唱和之作，我们可以看出他们中间的交情。"乐哉今从石湖公，大度不计聋丞聋。"陆游的诗句是从心底出发的。

---

① 《诗稿》卷八《猎罢夜饮示独孤生三首》之三。
② 同卷《秋夜登城北门》。
③ 《诗稿》卷九《次韵季长见示》。

可是陆游不是没有想到对于范成大给以必要的帮助。淳熙四年的春天，范成大在成都建铜壶阁，陆游作《铜壶阁记》，他在《记》中说起：

> 方阁之成也，公大合乐，与宾佐落之。客或举觞寿公曰："天子神圣英武，荡清中原。公且以廊庙之重，出抚成师，北举燕赵，西略司并，挽天河之水，以洗五六十年腥膻之污，登高大会，燕劳将士，勒铭奏凯，传示无极，则今日之事，盖未足道。"识者以此知公举大事不难矣。[①]

陆游指出范成大在成都修建铜壶阁、筹边楼，其实都是"未足道"，他把大事寄托在"挽天河之水，以洗五六十年腥膻之污"上面。范成大生病了，有《枕上》一首：

> 一枕经春似宿酲，三篸投晓尚凄清。残更未尽鸦先起，虚幌无声鼠自惊。久病厌闻铜鼎沸，不眠惟望纸窗明。摧颓岂是功名具，烧药炉边过此生。

这是一首书生诗，全部苍白色，没有力量，没有情感，作者那里像是西边大帅呢！陆游在和诗里说起：

> 放衙元不为春酲，澹荡江天气未清。欲赏园花先梦到，忽闻檐雨定心惊。香云不动熏笼暖，蜡烛成堆斗帐明。关陇宿兵胡未灭，祝公垂意在尊生。[②]

前四句只是就范成大的原诗应酬一下，第五第六两句指出范成大

---

① 《文集》卷十八。
② 《诗稿》卷八《和范舍人病后二诗末章兼呈张正字》之一。

的身分，也就隐隐地点出他的责任。第七句把问题从正面提出来。陆游明了自己对于国家的责任，同样地也把这个责任在范成大的面前说清楚。《宋史·陆游传》说他与成大，"以文字交，不拘礼法"，只是从现象看问题，没有看到事情的本质。

但是不久以后，他们又走上了分手的道路。

淳熙四年胡元质的四川安抚制置使发布了，范成大奉诏东还临安。

六月间范成大东还，陆游送他，从成都到青城，经过新津，直到眉州。多年的朋友，现在又要分手，陆游真感觉到有些怅然。作《送范舍人还朝》一首：

> 平生嗜酒不为味，聊欲醉中遗万事。酒醒客散独凄然，枕上屡挥忧国泪。君如高光那可负，东都儿童作胡语。常时念此气生瘿，况送公归觐明主。皇天震怒贼得长，三年胡星失光芒。旄头下扫在旦暮，嗟此大议知谁当。公归上前勉画策，先取关中次河北。尧舜尚不有百蛮，此贼何能穴中国！黄扉甘泉多故人，定知不作白头新。因公并寄千万意，早为神州清虏尘。①

范成大的大船开远了，陆游还是不断地遥望。可能他还没有忘却他在南郑的生活吧。他不为自己打算，但是他那能忘却他的国家！"早为神州清虏尘"，这是当时每一个站得起来的汉子应有的呼声。

在成都的这两年中，他曾在附近好几个地方游览过：新都、广汉、金堂、江原、安仁、邛州，都印上了他的足迹。心神总是不安，是

---

① 《诗稿》卷八。

什么东西在那里啃他的心头肉呢？九月间他和独孤策约好，一同到广汉去打猎。他们骑着马，一路的追赶，鹿子、兔子，连带野鸡，在他们前面，飞的飞，跑的跑。天黑以后，他们找到一所老百姓的民房。

"剥啄、剥啄。"他们下了马在门上敲着。

"谁呀？"一位老婆婆隔着柴门问。

"是我们，一群打猎的，方便一下，借一个宿场。"

老婆婆把门开了，迎着他们进去。

陆游是没有官架子的，但是官人到底总是官人，老婆婆一眼就明白了，她赶紧把房屋打扫干净，请他们住下来。

陆游对着独孤策笑了一笑。跟随们把酒菜送上来，他们喝了酒。陆游的诗兴真好，先是一首五古：

> 合围麋穷鹿，设伏截狡兔。壮哉带箭雉，耿介死不顾。吾宁暴天物，战法因得寓。黄昏过民居，休马燎裳裤。割鲜盛燔炙，毛血洒庭户。老姥亦复奇，汛扫邀我驻。丈夫傥未死，千金酬此遇。①

"好诗！"独孤策一边读着，一边夸赞。他们谈到国家的大势，估计敌人的凶焰已经颓下了，但是他们也看到宋人的气势更萎缩。

"怎样好呢？要不要找一个机会好好地干它一下？"独孤策望着陆游说。

陆游举起杯子说："景略，喝酒吧！不谈机会了，那里去找？"

对着摇曳的烛光，陆游在那里徘徊着。淅淅沥沥的雨声，从窗

---

① 《诗稿》卷八《九月十日如汉州小猎于新都弥牟之间投宿民家》。

外送过来。陆游提起笔来,一手三分真、七分草的法书,如飞似的在纸上落下。写完以后,他送给独孤策。

"啊,又是三首七律,真快。"独孤策一首一首地读下去。

独孤策高声地吟着:

> 关辅何时一战收,蜀郊且复猎清秋。洗空狡穴银头鹘,突过重城玉腕骝。贼势已衰真大庆,士心未振尚私忧。一樽共讲平戎策,勿为飞鸢念少游。

可是在他读到最后一首:

> 关河可使成南北,豪杰谁堪共死生?①

他的声音已经低沉呜咽了。

他对陆游说:"务观,诗是好的,可是你为什么又说'报国虽思包马革,爱身未忍货羊皮'"?

"'羊皮'究竟是货不得的啊!"陆游让手在桌上轻轻地拍了一下。

夜深了,酒也够了,他们在一阵叹息之下,结束了这一夕的谈话。

陆游在这段时期之中,心绪是混乱的。为了国家,他愿意牺牲一切,但是这个"报国欲死无战场"②的念头,永远在那里。杀敌总还要一个战场,在最高统治者一心求和的当中,他到那里去找战场呢?"老生自悯归耕久,无地能捐六尺躯。"③他的痛苦正在于捐躯

---

① 《诗稿》卷八《猎罢夜饮示独孤生三首》之二。
② 《诗稿》卷三十五《陇头水》。
③ 《诗稿》卷七十一《闻蜀盗已平献馘庙社喜而有述》。

无地。封建社会中的爱国主义分子,倘使他没有推翻封建统治的决心,这样的痛苦正是一件常有的事情;在陆游的时代,他受到出身阶级的局限,不可能产生这样的决心。

他有时想起靖康年间的姚平仲。在金军向东京压迫的时候,种师道带着关西的军队东来抗战,那时姚平仲还年青,在他的部下当都统制。钦宗要种师道进军,师道认为准备不足;钦宗直接指挥平仲劫寨。劫寨是军事绝密,但是在那个腐朽的政治机构里,出兵以前三天,东京城里都知道了。平仲出击的结果,扑到敌人的第一寨,第一寨是空的,扑到第二寨,第二寨还是空的,扑到第三寨,敌人正在准备厮杀。这一次大败以后,姚平仲无法再回东京,骑着青骡一直逃到青城山,从青城山再深入,直逃到人烟不到的大面山。陆游听说他在那里学道,非常怀念,有诗一首:

> 姚公勇冠军,百战起西陲。天方复中原,殆非一木支。脱身五十年,世人识公谁。但惊山泽间,有此熊豹姿。①

还有一位使他念起的是宗印,这是一位和尚。在东京被围的时候,他号召一批和尚和行者,和敌人作战,自己也还了俗,称为赵宗印,在对敌作战的当中,获得不少的胜利。待到张浚在富平大败以后,宗印眼看到恢复无望,在王猛庙,号啕痛哭,把所有的一些物赀,散给部下,从此深入华山,不知所终。陆游在《赵将军》诗里说:

> 往者祸乱初,氛祲干泰宁。岂无卧云龙,一起奔风霆?时事方错谬,三秦尽膻腥。山河销王气,原野失大刑。将军散发

---

① 《诗稿》卷七《姚将军靖康初以战败亡命建炎中下诏求之不可得后五十年乃从吕洞宾刘高尚往来名山有见之者予感其事作诗寄题青城山上清宫壁间将军倘见之乎》。

去,短剑劚茯苓。定知三峰上,烂醉今未醒。①

什么会使陆游想起姚平仲、赵宗印来呢? 当然还是他的那个时代。敌人来了,封建统治者没有能够领导人民对敌作战,相反地,还要对于抗战有功的人加以牵掣,加以迫害。在陆游回想到南郑的生活,他那能不感到痛苦呢? 这里正可以解释为什么他在南郑回到成都以后,匆匆地又到青城山丈人观去访上官老道了。

但是陆游还是受到深刻的儒家思想的陶冶的。这就使他尽管怀念深入大面山的姚平仲,和深入华山的赵宗印,但是他却不能走他们的道路。这年夏间的一首诗充分地暴露出来:

> 少时酒隐东海滨,结交尽是英豪人。龙泉三尺动牛斗,《阴符》一编役鬼神。客游山南夜望气,颇谓王师当入秦。欲倾天上河汉水,净洗关中胡虏尘。那知一旦事大谬,骑驴剑阁霜毛新。却将覆毡草檄手,小诗点缀西州春。素心虽愿老岩壑,大义未敢忘君臣。鸡鸣酒解不成寐,起坐肝胆空轮囷。②

---

① 《诗稿》卷九。
② 《诗稿》卷七《夏夜大醉醒后有感》。

第九章　建安和抚州

乾道八年的冬天，陆游离开南郑，到达成都，从那时到现在，前后七年了，中间曾经到过蜀州、嘉州、荣州，但是在事业方面，当他自己屈指计算的时候，他有些什么成就呢？没有。他所获得的只是"燕饮颓放"的评语。"拜赐头衔号放翁"，[1]他真有些颓然了。淳熙五年的春初，在低沉的情绪中，他作了一篇《自闵赋》。[2] 在篇首他把自己的地位提得很清楚：

> 余有志于古兮骋自壮岁，慕杀身以成仁兮如自力于弘毅。视暗室其犹康庄兮凛昭昭之可畏，敢以不赀之身兮差冒没于富贵。

他也曾说到南郑的生活：

> 云栈剑阁兮险名九州，遂戍散关兮北防盛秋，登高以望兮慷慨涕流，画策不见用兮宁钟釜之是求？

接下他谈起他在成都：

---

① 《诗稿》卷五十一《放翁》。
② 《放翁逸稿》卷上。

> 归过蜀而少休兮卜城南之丘，筑室凿井兮六年之留，或挽而出兮遗以百忧，奚触而忿兮起为寇仇？

生活是痛苦的，欢笑之中，有不少的涕泪。他的慨叹不是完全为自己，更多的是在这样的环境之中，他没有能够为国家贡献出自己的力量。

在无聊的当中，他写下一卷《天彭牡丹谱》，[①]在那里提到彭州的牡丹，红的、黄的、紫的、白的、碧的，有若干品种，他也指出彭州如何获得"小西京"的称号，如何在成都大宴会的当中，成都的达官贵人从彭州把牡丹取来，"夜宴西楼下，烛焰与花相映发，影摇酒中，繁艳动人"。当然，陆游不会忘却在篇末说起：

> 嗟乎，天彭之花，要不可望洛中，而其盛已如此，使异时复两京，王公将相筑园第以相夸尚，予幸得与观焉，其动荡心目，又宜何如也！

他指出王公将相的"玩物丧志"，但是语气却写得特别宛转。这是淳熙五年正月间的事。

就在这一段期间，陆游的知叙州事发布了。正在计算叙州到任的当中，孝宗的诏谕下来，要他到临安面对。淳熙六年他在《谢王枢使启》[②]曾经透出：

> 伏念某拳曲散材，遭回末路，浪游山泽，不知岁月之屡迁；笃好文辞，自是书生之一癖。斐然妄作，本以自娱，流传偶至于中都，鉴赏遂尘于乙夜。既阅期年之久，两膺召节之颁，虽

---

① 《文集》卷四十二。
② 《文集》卷十。王枢密即王淮。

改命于半途,尚乘轺于名部,始终侥幸,进退光荣。

从这封信里,我们看到这次陆游的奉调入京,正和他在下一年度奉调入赣一样,主要是由于孝宗对于他的著作的赏识。

奉到诏谕以后,陆游当然只有准备出川了。可是他待在四川的年份太多了,在临去的时候,又是一阵犹疑。

一位则华和尚和他谈起射洪县白厓陆使君祠的诗签最靠得住,到白厓求签,对于前途的休咎,总可以知道一个大概。陆游将信将疑地就托则华和尚去一下。数天以后,则华和尚带来了一条诗签,是一首杜诗:

遣 兴

昔者庞德公,未曾入州府。襄阳耆旧间,处士节独苦?岂无济时策,终竟畏网罟。林茂鸟有归,水深鱼知聚。举家依鹿门,刘表焉得取!

陆游把这首诗读了几遍。是什么意思呢?无疑地,在他东归的情绪上,罩上了一层阴暗的色彩。入川八年,四川已经成为他的第二故乡了,回乡以后,能不能和四川一样顺利呢?他有些茫然,只是吟着:

南乡子

归梦寄吴樯,水驿江程去路长。想见芳洲初系缆,斜阳,烟树参差认武昌。　　愁鬓点新霜,曾是朝衣染御香。重到故乡交旧少,凄凉,却恐他乡胜故乡。①

---

① 《文集》卷四十九。

159

在内心矛盾交织之下,陆游终于携同家眷在二月中离开成都。官船沿着岷江下来,春水还没有动,止觉得水深千丈,一碧到底。船过眉州的时候,他上岸到披风榭,看看苏东坡的遗像。再下去便是青神,黄庭坚曾经做过青神尉,陆游到衙门里去瞻仰一番。此后便是叙州、泸州了。在泸州他到南定楼去一下,一阵暴雨却逗出陆游一首诗:

南定楼遇急雨

行遍梁州到益州,今年又作度泸游。江山重复争过眼,风雨纵横乱入楼。人语朱离逢峒獠,棹歌欸乃下吴舟。天涯住稳归心懒,登览茫然却欲愁。①

在川江里面,下水船总是快的,不久船到忠州,陆游到龙兴寺,这里杜甫曾经住过,他凭吊了一番。再下便是瞿唐峡,一路耽搁,到归州的时候,已经端午了。陆游作诗两首:

屈平庙

委命仇雠事可知,章华荆棘国人悲。恨公无寿如金石,不见秦婴系颈时。②

楚　城

江上荒城猿鸟悲,隔江便是屈原祠。一千五百年间事,只有滩声似旧时。③

这两首诗是不是透露了陆游的怅望呢? 国事的艰危,使他感到担

---

① 《诗稿》卷十。
② 同卷。
③ 同卷。

心，但是他对于最后胜利的信心，是不可动摇的。"秦婴系颈"的这一天，早晚总要来的，问题在于我们是不是等得到。

船开得很快，陆游一路都有诗，在公安县停下的时候，他的一联：

> 无穷江水与天接，不断海风吹月来。①

写天、写月、写江水和海风，真是何等的开阔！他经过岳阳，到达武昌，已经是秋初了。泊黄州的时候，他上去游览一下苏轼的遗迹。从黄州开船，下去便是巴河，那里有一座马祈寺，据说在孙权对曹操作战的前夕，他在这里杀马，祭天祈求战胜。陆游有《发黄州泊巴河游马祈寺》一首，最后他说：

> 紫髯刑马地，一怒江汉清。中原今何如？感我白发生。②

国家的前途还是没有把握，但是自己已经衰老了，这一切都给他很大的痛苦。

在这次旅途中，还可以指出两篇诗：

过采石有感

> 短衣射虎早霜天，叹息南山又七年。唾手每思双羽箭，快心初见万楼船。平波漫漫看浮马，高柳阴阴听乱蝉。明日重寻石头路，醉鞍谁与共联翩？③

采石是在完颜亮南渡的当中，宋人击败女真的战地，当然，这会导

---

① 《诗稿》卷十《泊公安县》。
② 同卷。
③ 同卷。

致陆游的远想。他从采石想到南郑,离开南郑七年了,他对于国家的前途,总是感到茫然。

从采石下去,不久便到建康。这时的知建康府、江东安抚使、行宫留守是刘珙。绍兴三十二年的当中,杨存中的江淮宣抚使发布的时候,刘珙曾经反对过,他和陆游有共同的政治立场。因此陆游在到达建康的前夕,感到很大的兴奋:

将至金陵先寄献刘留守

梁益羁游道阻长,见公便觉意差强。别都王气半空紫,大将牙旗三丈黄。江面水军飞海鹘,帐前羽箭射天狼。归来要了浯溪颂,莫笑狂生老更狂。①

陆游在建康的时候,曾到赏心亭去游览。这是当时的胜地,经过建康的人总得去一下。是不是和刘珙同去的,虽然没有留下记载,可是从他们的共同立场和私人关系看,很有可能的。陆游在《登赏心亭》的诗中结尾说及:

孤臣老抱忧时意,欲请迁都涕已流。②

这是他们始终一贯的主张,因为从主战派的这些人看来,必须迁都建康,才能向淮南,尤其是淮南西路,就是现在的皖北进军,完成复中原的任务。

陆游到了临安,孝宗召见一次,次年他作《鹅湖夜坐书怀》曾说:

---

① 《诗稿》卷十。
② 同卷。

去年忝号召,五月触瞿唐。青衫暗欲尽,入对衰涕滂。①

他在入对的时候,谈了些什么,没有留下记载,但是这首诗最后说:

李靖闻征辽,病愈更激昂。裴度请讨蔡,奏事犹衷创。我亦思报国,梦绕古战场。

我们可以猜测他在奏对的当中,必然会谈到南郑的布置,也必然会提出出兵收复中原的请求。

召对的结果,孝宗要他到福建去,担任提举福建常平茶盐公事。诏令下达以后,正在秋光澄空,柿红菱紫的当中,可是陆游并不能把心安定下来。他在回到山阴休息的当中,曾说:

微官行矣闽山去,又寄千岩梦想中。②

他怀念成都的生活:

怀成都十韵

放翁五十犹豪纵,锦城一觉繁华梦。竹叶春醪碧玉壶,桃花骏马青丝鞚。斗鸡南市各分朋,射雉西郊常命中。壮士臂立绿绦鹰,佳人袍画金泥凤。椽烛那知夜漏残,银貂不管晨霜重。一梢红破海棠回,数蕊香新早梅动。酒徒诗社朝暮忙,日月匆匆迭宾送。浮世堪惊老已成,虚名自笑今何用?归来山舍万事空,卧听糟床酒鸣瓮。北窗风雨耿青灯,旧游欲说无人共。③

是不是他的怀念止是成都的一场繁华梦呢?不是的。他进一步想

---

① 《诗稿》卷十一。
② 《诗稿》卷十《归云门》。
③ 同卷《怀成都十韵》。

到南郑当年的生活：

冬夜闻雁有感

从军昔戍南山边，传烽直照东骆谷。军中罢战壮士闲，细草平郊恣驰逐。洮州骏马金络头，梁州球场日打球。玉杯传酒和鹿血，女真降虏弹箜篌。大呼拔帜思野战，杀气当年赤浮面。南游蜀道已低摧，犹据胡床飞百箭。岂知蹭蹬还江边，病臂不复能开弦。夜闻雁声起太息，来时应过桑乾碛。①

在四川的后段，陆游已准备在四川安家落户了，他在成都时，一次在大醉中跨马冲出西郊，有诗两联：

青山是处可埋骨，白发向人羞折腰。末路自悲终老蜀，少年常愿从征辽。②

可是孝宗偏偏要调他东下，东下以后，是不是给他一个为国家建功立业的机会呢？他还得到建安去担负这一份没有思想准备的工作，那怎能怪他会深深地感到消极呢！

提举福建常平茶盐公事又称"仓司"，是监司官的一级，担负着较高的任务。孝宗对于陆游，确实是有意培养的。当时福建的主要产茶地在建安，现在的建瓯县。陆游启程的时候，已经是冬天了，经过衢州，仙霞岭，到达建安已经是淳熙六年了。一场风雪，使他感到南方的冬寒，真不下于西北。

到达建安以后，他在"谢史丞相启"③中，暴露了他的思想情况：

---

① 《诗稿》卷十。
② 《诗稿》卷九《醉中出西门偶书》。
③ 《文集》卷九《福建谢史丞相启》。史丞相即史浩。

伏念某早出门阑,尝尘班缀。士于知已,宁无管鲍之情;人之多言,诬为牛李之党。既逡巡而自引,因委弃而莫收。晚参戎幕之游,始被边州之寄。知者希则我贵矣,何嫌流俗之见排;加之罪其无辞乎,至以虚名而被劾。甫周岁律,复畀守符,曾未绾于印章,已遽膺于号召。行能亡取,资望尚轻,便朝才毕于对扬,使指遽叨于临遣。

在给参知政事赵雄的谢启中,他写得更具体:

伏念某固陋不通,迂疏寡合,虽抱宿道乡方之志,了无赴功趋事之能。迨从幕府之游,始被边州之寄。方漂流于万里,望饱暖于一麾。岂图下石之交,更起铄金之谤。素无实用,以为颣放则不敢辞;横得虚名,虽曰侥幸而非其罪。①

沈复在同知枢密院事罢职后,一度出知镇江府,那时正调任福建安抚使,陆游给他谈起:

徒中起废②,方蒙僰道③之除;望外召还,忽奉燕朝之对④。然而进趋梗野,论奏空疏,徒叨三接之荣,莫陈一得之虑。⑤

从这里可以看到陆游心头的郁塞。他在启中又说:

哀元祐之党家,今其余几;数绍兴之朝士,久矣无多。

更看到他内心的痛苦。封建社会统治阶级内部的矛盾,是非常尖

---

① 《文集》卷十《上赵参政启》。
② 起废指罢官后起知叙州事。
③ 僰道即叙州。
④ 燕朝即上文的便朝,指孝宗便殿召对事。
⑤ 《文集》卷十《上安抚沈枢密启》。

锐的。

在建安当中,陆游不能忘却南郑的生活,他想起:

绿沉金锁少年狂,几过秋风古战场。梦里都忘闽峤远,万人鼓吹入平凉。

刺虎腾身万目前,白袍溅血尚依然。圣朝未用征辽将,虚老龙门一少年。①

陆游在这段时期,总是感到不痛快,时常想弃官不做,回到山阴。最写得露骨的是他的那一首《婕妤怨》。这是一首宫怨诗,但是又和一般的宫怨诗有所不同。他说到"一入未央宫,顾盼偶非常。稚齿不虑患,倾身保专房。燕婉承恩泽,但言日月长。岂知辞玉陛,翻若叶陨霜"②。这是指的什么呢?这一时期他还有一首《感怀》诗:

半年建安城,士友缺还往。出门每太息,还舍犹惝恍。有酒谁与倾?得句空自赏。疏直触人情,低回沁吾颡。岂无佳山水,正尔寄梦想。何当载亲朋,烟浦摇两桨?③

这一切都指出他的愤懑。有时他也想到要报效国家,正如他在《婕妤怨》所指出的"妾心剖如丹,妾骨朽亦香,后身作羽林,为国死封疆",但是更多的他却想到还乡。他怀念镜湖、云门山和三山的住宅。

陆游决心离开建安了。五月间他把收藏的名画和图书整理一

---

① 《诗稿》卷十一《建安遣兴六首》之五、之六。
② 同卷。
③ 同卷。

下,一齐运回山阴。作《白发》一首:

> 白发千茎绿鬓稀,卧看鹓鹭刺天飞。平生窃鄙贡公喜,故里但思陶令归。清坐了无书可读,残年惟有佛堪依。君看世事皆虚幻,屏酒长斋岂必非。①

秋天以后,孝宗诏书下来,召回临安。陆游从建安、建阳北上,路过铅山,他在鹅湖寺小憩,在《鹅湖夜坐书怀》诗中又说出"我亦思报国,梦绕古战场"。是不是他的情绪又在激动呢? 陆游究竟是一位知识分子,不免有些忽冷忽热,当然这一切都和朝廷的举棋不定有关。

铅山已经进入江南西路了,再向前便是信州,现在的上饶。由信州向东北,沿着信江,直到玉山、衢州。在衢州的时候,他在皇华馆住下,上奏请求罢免。不久以后,奉到诏书,调任提举江南西路常平茶盐公事,径赴抚州到任,无庸前来临安。很可能孝宗的思想有了新的转变。十二月间陆游到达抚州。

到任的当中,陆游在谢表中指出:

> 疏恩趣召,靡待一人之言;改命遣行,犹备四方之使。……伏念臣禀资迂愚,立身羁𫞩,偶窃犁锄之余暇,妄窥述作之渊源。累然自力于简编,老之将至;过矣见称于流辈,转而上闻。顷入对于燕朝,实亲承睿奖。然而异恩赐第,弗由场屋之选抡;特旨造廷,非出公卿之论荐。已分巫投于闲散,岂期重累于生成。此盖伏遇皇帝陛下,立贤无方,用人惟己,一洗拘挛之积弊,广收魁杰之遗才。施及妄庸,亦蒙省录。

---

① 《诗稿》卷十一。

167

甫停追诏,还畀使轺,凡曰自结于上知,皆俾无蹈于后害。①

把这篇谢表和《婕好怨》结合起来,我们看到陆游前年的奉诏出川,和这一次的奉诏北上,主要都出于孝宗的主动,因此更受到大臣们的排挤,这是他所说的"非出公卿之论荐",其结果当然是"已分吧投于闲散"。现在他蒙到孝宗的"省录"。自己又到江西去了。可是孝宗对于陆游的认识,局限于他的诗文一面,正是"偶窃犁锄之余暇,妄窥述作之渊源",因此孝宗对于陆游的录用,未必能用尽其才,而陆游对于自己的前途,总还感到未必尽其所长。

在江西任中,陆游收复中原的怀想,有时在梦中反映出来。淳熙七年五月十一日的中夜,人声鼎沸。

"怎样的一回事?"陆游吃惊地问起。

"大驾西征了。"

无数的羽林军,无数的队仗,耀眼的武器,摩天的大旗,一队一队地过去了。大赦的诏书下来,陆游跟着一群人拥上去看,止见到题着淳熙七年的月日。号角呜呜地响起,又是一阵军队,花团锦簇的武士们蜂拥着向前。

陆游不知道这是那里,他止顾向人问。

"这是凉州,你还不知道吗?"

"怎会是凉州呢?"

"皇上这一次的大胜,把凉州都收复了。"

"这才是几百年来未有之盛事。"陆游一阵高兴,拍着双手,原来是一场大梦。

---

① 《文集》卷一《江西到任谢表》。

四月间天气亢旱,好多日没有下雨了,陆游亲自去求雨。在古代社会里,因为对于自然的规律还不能掌握,因此一遇天旱,当官的照例要去求雨。这一次果然雨来了。陆游正在谢雨的当中,雨还是不断地下,终于大雨滂沱,一连十多天,汝水和宜黄河一合并,水势汹涌地上涨,村子都淹没了,老百姓连跑带爬,一直奔到山上,才算喘一口气,可是粮食都被水冲走了,带在身边的干粮,不到几天也完了。陆游是提举常平茶盐公事,这是他的责任,他吩咐小舟把粮食分散给众人,一边奏开义仓,设法赈济,一边分催州县,运粮救灾。他在诗中写出:

大雨逾旬既止复作江遂大涨二首

墙角蚊雷喧甲夜,湿星昏昏出云罅。临堂仰占久叹咤,悬知龙君未税驾。行人困苦泥没胯,居人悲啼江入舍。便晴犹可望秋稼,努力共祷城南社。

一春少雨忧旱暵,熟睡湫潭坐龙懒。以勤赎懒护其短,水浸城门渠不管。传闻霖潦千里远,榜舟发粟敢不勉。空村避水无鸡犬,茅舍夜深萤火满。①

这一次的灾祸,侥幸度过了。陆游对于江西的工作情况,感到有些厌倦,他写信给当时的执政,希望能在湖南找一个立脚之地,②可是不久以后,孝宗又要他到临安。③ 十一月间陆游自抚州出发,经过弋阳,到达乾封驿,有诗一首:

---

① 《诗稿》卷十二。自注:“民家避水,多依丘阜,以小舟载米赈之。”
② 《诗稿》卷六十《予使江西时以诗投政府丐湖湘一麾会召还不果偶读旧稿有感》。
③ 《文集》卷十八《抚州广寿禅院经藏记》。

乾封驿早行

己巳①被驿书,乙亥②戒徂两。扶衰犯霜露,疲惫不可状。夜行星满天,晨起鸡初唱。槁枝烧代烛,冻菜撷供饷。三年走万里,天幸苟无恙。深知赋材薄,自笑得名妄。宣温望玉座,何以待咨访? 春江色如蓝,归舟行可榜。③

从乾封驿前进,经过江山,到达衢州,有《衢州早行书怀》诗:

邻鸡已三号,残烛无一寸。参差发行橐,迢递望前顿。满靴霜若雪,破面风抵刃。敢辞行路难,渐喜京邑近。少年奉朝请,亲见尧授舜。飘然如脱叶,蹭蹬垂七闰。风埃暗征袍,岁月集衰鬓。余生迫归休,周行愧英俊。④

陆游从福建北归的时候,准备到临安去面见孝宗,可是半路上调任江西,现在他又奉召北上了,他遏制不住中心的喜悦,风霜挡不住他前进的勇气,他只在考虑"宣温望玉座,何以待咨访"。可是正在孝宗下诏召陆游赴临安的当中,给事中赵汝愚提出弹劾,内容可能和陆游在四川的一段浪漫生活有关。恰巧陆游正在循例请求罢免的当中,孝宗的诏书下来,准予还乡,无须入都面奏。孝宗对于陆游,不是没有留意,可是在陆游正在准备进见的当中,他不止一次地遭到意外的阻挠。

---

① 十月二十六日。
② 十一月二日。
③ 《诗稿》卷十三。
④ 同卷。

第十章　再度的起用,再度的罢免

　　淳熙七年的岁暮,陆游罢官回乡了。在罢官的当中,他的名义是"主管成都府玉局观",他在诗中曾说:

　　　　放翁白发已萧然,黄纸新除玉局仙。①

他和自己调侃,还作了一首《玉局歌》:

　　　　玉局祠官殊不恶,衔如冰清俸如鹤。酒壶钓具常自随,五尺新篷织青箬。倚楼看镜待功名,半世儿痴晚方觉。何如醉里泛桐江,长笛一声吹月落。蒋公新冢石马高,谢公飞瓶凌秋涛。微霜莫遣侵鬓绿,从今二十四考书玉局。②

但是他在心境上是愤愤不平的。五六年后他曾和周必大说起:

　　　　伏念某箪瓢穷巷,土木残骸。早已孤危,马一鸣而辄斥;晚尤颠沛,龟六铸而不成。羽翮摧伤,风波震荡,薄禄作无穷之祟,虚名结不解之仇。郦生自谓非狂,甚矣见知之寡;韩愈

---

①　《诗稿》卷十四《口占送岩师还大梅护圣》。
②　同卷。

何恃敢傲，若为取怒之深。①

陆游回到山阴以后，有时过若耶溪，到云门山游赏，有时也到佛寺道观闲逛。他在家里建筑山亭，但是更多的时间却花费在小园里。在这时期以前，陆游的诗很少谈到田园，现在却把更多的时间花在这里。他有《小园》四首：

　　小园烟草接邻家，桑柘阴阴一径斜。卧读陶诗未终卷，又乘微雨去锄瓜。

　　历尽危机歇尽狂，残年惟有付耕桑。麦秋天气朝朝变，蚕月人家处处忙。

　　村南村北鹁鸪声，水刺新秧漫漫平。行遍天涯千万里，却从邻父学春耕。

　　少年壮气吞残虏，晚觉丘樊乐事多。骏马宝刀俱一梦，夕阳闲和饭牛歌。②

陆游身在乡间，有时也去了解生产劳动，但是他的内心却向往当时的社会活动，他所耿耿不忘的只是对敌作战，收复失地，同时也为自己建立功名。宦途的挫折和山阴的风景都不能动摇他的意志。

九月间他有《书悲》两首：

　　今日我复悲，坚卧脚踏壁。古来共一死，何至尔寂寂。秋风两京道，上有胡马迹。和戎壮士废，忧国清泪滴。关河入指

---

① 《文集》卷十一《谢周枢使启》。
② 《诗稿》卷十三。

顾,忠义勇推激。常恐埋山丘,不得委锋镝。立功老无期,建议贱非职。赖有墨成池,淋漓豁胸臆。

丈夫孰能穷,吐气成虹霓。酿酒东海干,累麹南山齐。平生搴旗手,头白归扶犂。谁知蓬窗梦,中有铁马嘶。何当受诏出,函谷封丸泥。筑城天山北,开府萧关西。万里扫尘烟,三边无鼓鼙。此意恐不遂,月明号荒鸡。①

陆游罢官还乡的当中,事实上我们看到两个陆游,一个安心农业生产,还有一个却是志在当世。有时他勉强地把这两个人结合在一起,但是那志在当世的一个陆游,却占着显著的优势。

冬夜不寐至四鼓起作此诗

秦吴万里车辙遍,重到故乡如隔生。岁晚酒边身老大,夜阑枕畔书纵横。残灯无焰穴鼠出,槁叶有声村犬行。八十将军能灭虏,白头吾欲事功名。②

陆游对于五六两句很感到兴趣,所以在诗集中用过两次,实际上也确实能够写出荒村寒夜的情况,可是他的精神的寄托,却侧重在最后两句。这一年他才五十七岁,他却把希望直放到八十岁,从这里我们很可看到他那顽强的精神,也的确止有这样的精神,才能支持他直到最后的一日。

十月二十六日的夜间,他梦到当年南郑的生活。过去的事迹在他惺忪的双眼里,重新体现出来,尤其他和猛虎奋斗的一幕,更画出了毛血毵毵的形象。最后他说:

---

① 《诗稿》卷十三。
② 同卷。

> 国家未发渡辽师，落魄人间傍行路。对花把酒学酤藉，空辱诸公诵诗句。即今衰病卧在床，振臂犹思备征戍。南人孰谓不知兵，昔者亡秦楚三户。①

在《冬暖》的最后四句是：

> 老夫壮气横九州，坐想提兵西海头。万骑吹笳行雪野，玉花乱点黑貂裘。②

浙东这一年，发生了普遍的灾荒。右丞相王淮推荐朱熹为提举浙东常平茶盐公事，进行救济的工作。陆游有《寄朱元晦提举》一首：

> 市聚萧条极，村墟冻馁稠。劝分无积粟，告籴未通流。民望甚饥渴，公行胡滞留？征科得宽否，尚及麦禾秋。③

在灾荒的当中，大地主阶级勒抻住他们的仓储，不肯出卖，期待更高的赢利，进行无限制的掠夺。人民为了保障自己的生命，也就必然地要进行暴动。狂风暴雨就要来了，小地主阶级出身的知识分子认为必须缓和阶级矛盾，才能保卫本阶级的利益。朱熹、陆游正站在同一个阶级立场上。这一次的救济，虽然获得部分的成果，但是这一次灾荒的现象，一直继续到次年的春天。

淳熙九年陆游有一篇《书巢记》，刻画他的生活，非常生动。知识分子总是喜欢把自己埋藏在书本的当中，这就成为书巢。陆

---

① 《诗稿》卷十四《十月二十六日夜梦行南郑道中既觉恍然揽笔作此诗时且五鼓矣》。
② 同卷。
③ 同卷。

游说:

> 陆子既老且病,犹不置读书,名其室曰书巢。……吾室之
> 内,或栖于椟,或陈于前,或枕藉于床,俯仰四顾,无非书者。
> 吾饮食起居,疾痛呻吟,悲忧愤叹,未尝不与书俱。宾客不至,
> 妻子不觌,而风雨雷雹之变,有不知也。间有意欲起,而乱书
> 围之,如积槁枝,或至不得行,则辄自笑曰:"此非吾所谓巢者
> 耶?"乃引客就观之,客始不能入,既入又不能出,乃亦大笑曰:
> "信乎其似巢也。"①

在书巢之中,陆游所读的书,有时完全联系到他自己的生活。
最显著的是他的那首《读书》:

> 读书四更灯欲尽,胸中太华蟠千仞。仰呼青天那得闻,穷
> 到白头犹自信。策名委质本为国,岂但空取黄金印。故都即
> 今不忍说,空宫夜夜飞秋磷。士初许身辈稷契,岁晚所立惭廉
> 蔺。正看愤切诡成功,已复雍容托观衅。虽然知人要未易,讵
> 可例轻天下士? 君不见长松卧壑困风霜,时来屹立扶明堂。②

《书巢记》是九月间作的,《读书》也作于九月,这里正看到陆游是以
怎样的精神在那里读书。这首诗指出志同道合的大臣,不能顾全
国家的利益,以至一边才有出奇成功的可能,一边却在托词伺候敌
人的缺点,不愿作战。最后指出即使在困顿之中,自己还准备为国
家立功。

陆游在这首诗里,虽然明显地提到国家的大臣,但是没有指出

---

① 《文集》卷十八《书巢记》。
② 《诗稿》卷十四。

姓名。结合到具体的情况，很会使我们联想到王炎、虞允文的关系。关于这一点，前面已经提过，用不到再重复。附带地，我们也可以联想到这一次陆游罢斥不用的原因。

南宋前期，主张对敌作战的张浚、张栻父子和陆游等是一条线。虞允文在采石矶一役以作战得名，但是他和张栻的道路是不同的。《宋史·张栻传》指出"虞允文以恢复自任，然所以求者类非其道，意栻素论当与己合，数遣人致殷勤，栻不答"。张栻在孝宗面前，提出必须和女真断绝关系，然后用贤养民，选将帅，练甲兵；他认为必须做出实事，不为虚文，则必胜之形，隐然可见。孝宗对于这个主张，立即同意，并且认为恢复大计，必须完全依照张栻的建议。可是虞允文和他的同乡赵雄都对张栻不满，在他们的协力之下，张栻受到排斥，没有得到重用。① 陆游在淳熙六年自福建召还，到衢州奉命改调江西，无须入都；淳熙七年他自江西召还，到严州寿昌县，奉命罢免，无须入都。这两次的事故都发生在赵雄一人独相的时期。这里正看到政治斗争的内幕，同时两次无须入都的指示，也看到赵雄手腕的毒辣，他不给陆游以面对的机会。

从淳熙十年到十二年这三年当中，陆游伏处家乡，但是他的心始终没有能安定下来。对敌作战，收复中原的思想不时地涌现出来。淳熙十年的《军中杂歌》和《秋风曲》都透露出他心坎里的呼声。

秋风曲

秋风吹雨鸣窗纸，壮士不眠推枕起床头金尽酒樽空，枥马

---

① 《宋史·赵雄传》。

相看泪如洗。鸿门霸上百万师，安西北庭九千里。帐前画角声入云，陇上铁衣光照水。横飞渡辽健如鹘，谈笑不劳投马箠。堂堂羽檄从天下，夜半研营扆可鄙。拾萤读书定何益，投笔取封当努力。百斤长刀两石弓，饱将两耳听秋风。①

"拾萤读书定何益"，陆游真感到这是一场春梦。自己书是读过了，从小住在浙东有名的藏书家，老了还终日埋头在"书巢"里，诗、词、文、史，那一件落在人后，现在只落得罢官还乡，仍旧把有限的岁月，深深地埋藏在故纸堆的当中，这又算得什么！悔恨的情绪，正和自满的情绪，交织在那首《书生叹》里：

可怜秀才最误计，一生衣食囊中书。声名才出众毁集，中道不复能他图。抱书饿死在空谷，人虽可罪汝亦愚。呜呼，人虽可罪汝亦愚，曼倩岂即贤侏儒！②

这一年秋后的《有感》一首，还是从书生的主题上着笔：

书生事业绝堪悲，横得虚名毁亦随。怖惧几成床下伏，艰难何啻剑头炊。贷监河粟元知误，乞尉迟钱更觉痴。已卜一庵鹅鼻谷，可无芝术疗朝饥？③

陆游自注："鹅鼻谷在秦望山，秦刻石之所，崖岭巉峻。"据《嘉泰会稽志》，秦望山在山阴县城东南四十里，"自平地取山顶七里，悬磴孤危，峭路险绝，攀萝扪葛，然后得至"。从这首诗里，我们很可看到陆游对于自己的估计。在四川的时候，嘉州知州已经发布了，可

---

① 《诗稿》卷十五。
② 《诗稿》卷十五。
③ 《诗稿》卷十六。

是一道命令下来,知嘉州事罢免,主管台州桐柏山崇道观,正如他自己所说的"罪大初闻收郡印,恩深俄许领家山"。现在呢? 江西的提举常平茶盐公事丢了,主管成都玉局观,恰巧是"怖惧几成床下伏,艰难何啻剑头炊"。这一切都是为的什么? 陆游一时找不到答案。

然而答案是现成的,一切都是为的国家。止要能为国家贡献出一份力量,生也可,死也可,罢官黜责更无所不可。在他想到中原的沦陷,女真部族的纵横,和沦陷区人民所受的痛苦,他所恨的止是没有能够更多地和更好地把自己的力量贡献出来,从下列两首诗正可看出:

感 愤

今皇神武是周宣,谁赋南征北伐篇? 四海一家天历数,两河百郡宋山川。诸公尚守和亲策,志士虚捐少壮年。京洛雪消春又动,永昌陵上草芊芊。[①]

作雪未成,自湖中归,寒甚饮酒,作短歌

黑云垂到地,飞霰如细砾。我从湖上归,散发醉吹笛。少年志功名,目视无坚敌。惨淡古战场,往往身所历。宁知事大谬,白首犹寂寂。凄凉武侯表,零落陈琳檄。报主知何时,誓死空愤激。天高白日远,有泪无处滴。[②]

在这几天当中,能够给陆游一些安慰的,多半是关于北方动乱的消息。淳熙十一年有《闻虏酋遁归漠北》、《闻虏政衰乱扫荡有期喜成口号》各一首,十二年《秋夜泊舟亭山下》自注:"闻虏首

---

① 《诗稿》卷十六。
② 同卷。

行帐为壮士所攻,几不免。"陆游所记,一部分是出于传闻之讹,但是更大的部分是出于对敌人情况的不了解。女真的统治者每年都到北方去避暑,这是一件常事,不是"遁归漠北"。这时在北方正是完颜雍统治的年代,这是一位沉着而固执的统治者,他利用了北方部族,坚决地进行对中原人民的压迫。暴力的统治必然会要崩溃的,但是中间还要经历一定的过程,陆游的估计,止是过于乐观的估计。

淳熙十三年的春间带来了新的生活。

赵雄在淳熙八年的秋天解职了,继任的是王淮。十一年六月间,周必大自知枢密院事进枢密使,他更是陆游的朋友。十三年春天,陆游的朝奉大夫、权知严州军州事发布了。朝奉大夫是正五品,官阶进了一级。他在山阴准备过江,到临安朝见。有名的《书愤》诗是这时期创作的:

> 早岁那知世事艰,中原北望气如山。楼船夜雪瓜洲渡,铁马秋风大散关。塞上长城空自许,镜中衰鬓已先斑。《出师》一表真名世,千载谁堪伯仲间?[1]

到了临安,住在小楼里听候召见,有《临安春雨初霁》一首:

> 世味年来薄似纱,谁令骑马客京华? 小楼一夜听春雨,深巷明朝卖杏花。矮纸斜行闲作草,晴窗细乳戏分茶。素衣莫起风尘叹,犹及清明可到家。[2]

终于在一夜新雨以后,太阳还没有出来的当中,陆游上朝了。这一

---

[1] 《诗稿》卷十七。

[2] 同卷。

次的召见在延和殿。陆游在侍从官的引导之下入宫，他在庭中立定了很久，孝宗才从东厢过来。关于这次召见，他有《延和殿退朝号两首》，①最后说到"莫恨此身衰病去，当时朝士已无多"。陆游初到临安做官在绍兴三十年，短短的二十六年，人事的变化，已经不可胜记了。

陆游在延和殿的对话虽然没有留下记载来，可是那时进见，都有上朝札子，他的发言提纲在这里提出来。

首先他要求公道，他认为国家行政，必须主张公道，对于这一个政策，在执行中，必须坚决，古代称为"坚凝"：

> 臣闻善观人之国者无他，惟公道行与否尔。《书》曰："毋虐茕独而畏高明。"②《诗》曰："柔亦不茹，刚亦不吐。"③此为国之要也。若夫虐茕独，畏高明，茹柔吐刚而能使天下治者，自古未之有也。朝庭之体，责大臣宜详，责小臣宜略；郡县之政，治大姓宜详，治小民宜略；赋敛之事，宜先富室，征税之事，宜核大商：是之谓至平，是之谓至公，行之一邑则一邑治，行之一郡则一郡治，行之天下而治不逮于古者，万无是理也。……荀卿论辟国之说曰："兼并易能也，坚凝之难。"夫岂独兼并哉，凡为政，施行之甚易，坚凝之甚难。臣区区之言，陛下或以为万有一可采焉，敢并以坚凝为献。

其次他认为必须振作士气，才能应付当前的国际情势：

---

① 《诗稿》卷十七。
② 《书·洪范》。
③ 《诗·大雅·烝民》。

今天下才者众矣,而臣犹有忧者,正以任重道远之气,未能尽及古人也。方无事时,亦何所赖此,一旦或有非常,陛下择群臣,使之假钺而董二军,拥节而谕万里,虽得贤厚笃实之士,气不素养,临事惶遽,心动色变,则其举措,岂不误陛下事耶?伏望万机之余,留神于此,作而起之,毋使委靡,养而成之,毋使沮折。及乎人才争奋,士气日倍,则缓急惟陛下所使而已。且吴、蜀、闽、楚之俗,其浑厚劲朴,固已不及中原矣,若夫日趋于拘窘怯薄之域,臣实惧国势之寖弱也。

最后的一道,他提出对于敌人的估计:

今朝廷内无权家世臣,外无强藩悍将,所虑之变,惟一金虏。虏,禽兽也,谲诈反复,虽其族类,有不能测,而臣窃以谓是亦有可必知者。夫何故?宽猛之相继,如寒暑昼夜之必相代也。故自金虏猖獗以来,靖康、建炎之间,穷凶极暴,则有绍兴之和,通和既久,则有辛巳之寇,寇而败亡,则又有隆兴之和。今边陲晏然,枹鼓不作,逾二十年,与绍兴通和之岁月略相若矣。不知此虏终守和约,至数十百年而终不变耶,将如昼夜寒暑必相代也。且虏非中国比也,无君臣之礼,无骨肉之恩,惟制之以力,劫之以威,则粗能少定。今力愈势削,有乱而已。其乱不起于骨肉相残,则起于权臣专命,又不然,则奸雄袭而取之耳,三者有一焉。反虏酋之政,以悦其国人,且何为哉?虽陛下聪明英睿,自有所处,然臣窃观士大夫之私论,则往往幸虏之懦以为安,不知通和已二十余年,如岁且秋矣,而谓衣裘为不必备,岂不殆哉!大抵边境之备,方无事时观之,事事常若有余,一旦有变,乃知不足。伏望陛下与腹心之臣力图大计,宵旰弗怠,缮修兵备,搜拔人才,明号令,信赏罚,常如羽书猋至,兵锋已交之日。使虏果有变,大则扫清燕代,复列圣之仇,次则平定河洛,慰父老之望。岂可复如辛巳仓卒之际,敛兵保江,凛然更以宗社为忧耶?[①]

从这三篇札子,我们可以看到陆游的政治主张。陆游出身于小地主的家庭,在当时是比较进步的,因此他要求缓和阶级矛盾,所以说"赋敛之事,宜先富室,征税之事,宜核大商"。当然,他也会考虑到本身的利益,但是这样的做法,对于社会还是有利的。他对于敌人的估计,也是相当正确的,显然地他已经看到女真的不断腐朽,其结果必然是不乱即亡。他认为敌人的结束,必然出于三条路,可是他还没有看到不久以后,北方会出现一个新兴的部族,把女真的统治,一扫而尽,不幸地是在扫清女真统治者以后,也把南宋的统治者,一同扫光。陆游所在的时代和地位,不可能使他知道这些,可是在他对于女真做出估计的同时,要求南宋统治者做好准备,"力图大计,宵旰弗怠",这是完全正确的。

陆游陛辞的时候,孝宗和他说起:"严陵,山水胜处,职事之暇,可以赋咏自适。"事实上,孝宗还是只把陆游作为一位诗人。

延和殿的召见在清明时节,到严州上任,还可以迟到七月,因此陆游有更多的时间在临安和山阴盘桓。

在临安时一同盘桓的有张镃、杨万里。张镃字功父,南宋初年大将张俊的孙子,是一位贵公子,能诗能词,生活的豪华,在当时是有名的。一次他约陆游会饮,陆游在扇中题诗一首:

---

① 《文集》卷四。

寒食清明数日中,西园春事又匆匆。梅花自避新桃李,不为高楼一笛风。①

事实上他和张镃的关系是不深的。

杨万里字廷秀,江西吉水人,学者又称为诚斋先生。从思想体系讲,万里和陆游都是胡安国的再传弟子,因此他们尽有可以相通之处,但是他们的生活作风是不同的,一位号为诚斋,一位号为放翁,这里正可以看出他们中间的距离。不过万里虽然是一位理学家,可是富于幽默感,因此也冲淡了理学的沉闷,而陆游在国家大事方面,他的态度却是认真严肃的。

南宋前期的诗人,共推尤袤、杨万里、范成大、陆游四家,称为"尤杨范陆"。四人之中,尤袤的诗篇所存无几,范成大的诗,从才力方面谈,也不是杨万里、陆游的敌手,因此在这个时期,杨万里和陆游是两位成就最大、声望相敌的诗人。万里在政治立场上主张对外作战,和张栻关系很深,这一切都使他和陆游接近起来。淳熙十二年五月,因为地震,孝宗循例下诏,要臣下直言,杨万里就提出要孝宗"勿矜圣德之崇高而增其所未能,勿恃中国之生聚而严其所未备,勿以天地之变异为适然而法宣王之惧灾,勿以臣下之苦言为逆耳而体太宗之导谏,勿以女谒近习之害政为细故而监汉唐季世致乱之由,勿以戎狄仇雠之包藏为无他而惩宣政晚年受祸之酷"。他又说及"以重蜀之心而重荆襄,使东西形势之相接,以保江之心而保两淮,使表里唇齿之相依,勿以海道为无虞,勿以大江为可

---

① 《诗稿》卷十七《饮张功父园戏题扇上》。

恃"。① 从一切方面看出,杨万里和陆游是有共同的立场的。这时万里恰恰也在临安,担任着左司郎中的任务。

陆游有《简杨廷秀》一首:

> 袞袞过白日,悠悠良自欺。未成千古事,易满百年期。黄卷闲多味,红尘老不宜。相逢又轻别,此恨定谁知。②

万里的答复是一首《和陆务观惠五言》:

> 官缚春无分,髯疏雪更欺。云间随词客,事外得心期。我老诗全退,君才句总宜。一生非浪苦,酱瓿会相知。③

万里还有两首《云龙歌》,当然是指两人的关系,带有挑战的意味,录一首:

> 墨池杨子云,云间陆士龙。天憎二子巧言语,只遣相别无相逢。长安市上忽再值,向来一别三千岁。王母桃花落几番,北斗柄烂银河干。双鬓成丝丝似雪,两翁对面面如丹。借问别来各何向,渭水东流我西上。金印斗大直几钱,锦囊山齐今几篇。诗家不愁吟不彻,只愁天地无风月。君不见汉家平津侯,东阁冠盖如云浮? 又不见当时大将军,公卿雅拜如星奔? 只今云散星亦散,也无鹿登台榭羊登坟。何时与君上庐阜,都将砚水供瀑布,磨镰更斫扶桑树,捣皮作纸裁烟雾,云锦天机织诗句。孤山海棠今已开,上巳未有游人来,与君火急到一

---

① 《诚斋集》卷六十二《上寿皇论天变地震书》。
② 《诗稿》卷十七。
③ 《诚斋集》卷十九。

回,一杯一杯复一杯。管他玉山颓不颓,诗名于我何有哉!①

他们曾经一同游过张氏北园,赏海棠,也曾游过天竺。杨万里集中留下很多诗,不过陆游集中留下的却不多。

陆游回到山阴以后,七月间到严州赴任。在到任谢表里提到:

> 乘传来归,两奉召还之旨;怀章欲上,丕蒙趣对之荣。亲降玉音,俯怜雪鬓。劳其久别,盖宠嘉近侍之所宜;勉以属文,实临遣使臣之未有。②

陆游对于孝宗,不能没有一些知己之感,可是孝宗对于陆游,始终只把他当作一位诗人,从早年周必大所提出的"小李白"之称,直到这一年"职事之暇,可以赋咏自适",其实出于同一思想来源。

严州是临安西南的一个大州,陆游的高祖父陆轸,一百四十年以前,曾在这里做过知州,现在陆游又来了,这件事当然会给他一些好感。可是到了严州以后,公事多,诉讼更多,山上的樵歌呜呜咽咽地在那里哭诉,酒味甜得和糖粥一样,这一切很快地把陆游搞腻了,有《秋怀》一首:

> 少时本愿守坟墓,读书射猎毕此生。断蓬遇风不自觉,偶入戎幕从西征。朝看十万阅武罢,暮驰三百巡边行。马蹄度陇电声急,士甲照日波光明。兴怀徒寄广武叹,薄福不挂云台名。颔须白尽愈落莫,始读法律亲答榜。讼氓满庭闹如市,吏牍围坐高于城。未嫌樵唱作野哭,最怕甜酒倾稀饧。平生养

---

① 《诚斋集》卷十九。
② 《文集》卷一《严州到任谢表》。

气颇自许，虽老尚可吞司并。何时拥马横戈去，聊为君王护北平。①

这样也就使他回忆到南郑的生活。这是一个摆不脱的梦，只要陆游有一些感触，随即会回想到南郑：

> 行省当年驻陇头，腐儒随牒亦西游。千艘冲雪鱼关晓，万灶连云骆谷秋。天道难知胡更炽，神州未复士堪羞。会须沥血书封事，请报天家九世仇。②

淳熙十四年二月，周必大的右丞相发布了，这是旧时的朋友，陆游对他当然抱有一番希望，但是在陆游的眼光里，他也看到国家正在走上文恬武嬉的道路，前途实在是不能乐观的。他在《贺周丞相启》里说：

> 窃以时玩久安，辄生天下之患，国无远略，必有意外之虞。方今风俗未淳，名节弗励，仁圣焦劳于上，而士夫无宿道向方之实；法度修明于内，而郡县无赴功趋事之风；边防寖弛于通和，民力坐穷于列戍，每静观于大势，惧难待于非常。至若靖康丧乱而遗平城之忧，绍兴权宜而蒙渭桥之耻，高庙有盗环之逋寇，乾陵有斧柏之逆俦；江淮一隅，夫岂仗卫久留之地；梁益万里，未闻腹心不贰之臣；文恬武嬉，戈朽钺钝，谓宜博采众谋之同异，然后上咨庙论之崇严。③

---

① 《诗稿》卷十八。
② 《诗稿》卷十八《纵笔三首》之三。
③ 《文集》卷十二。

陆游的心境是不能平静的。北方的中原沉沦在敌人手里；南方呢,正在慢慢地不可救药地一天天腐朽下去,自己是有一腔抱负的,但是这有什么用呢？对于国家起不到一点作用。

春天的夜晚,陆游睡不成了。他到高台上去张望了一下,四围都是山,阴黑沉沉的。因为这座高台上边盖了一架屋顶,古代人称它为"榭",起名叫"千峰榭"。陆游在千峰榭上徘徊,作诗一首：

夜登千峰榭

夷甫诸人骨作尘,至今黄屋尚东巡。度兵大岘非无策,收泣新亭要有人。薄酿不浇胸垒块,壮图空负胆轮囷。危楼插斗山衔月,徙倚长歌一怆神。①

在官衙的鼓角声中,陆游又想起国家的大事：

闻鼓角感怀

鼓坎坎,角呜呜,四鼓欲尽五鼓初。老眼不寐如鳏鱼,抚枕起坐涕泗濡。平生空读万卷书,白首不识承明庐。时多通材臣腐儒,妄怀孤忠策则疏。欲剖丹心奏公车,论罪万死尚有余。雷霆愿复宽须臾,许臣指陈舆地图。亿万遗民望来苏,艺祖有命行天诛。皇明如日讵敢诬,拜手乞赐丈二殳。中原烟尘一扫除,龙舟沂汴还东都。②

这一年的秋天,陆游的情绪又遭到了一些打击。从四川下来的时候,带来了一位成都的少女,这是杨氏。在陆游到任以后的八月,生了一个女孩。因为这一年闰七月,取名闰娘；又因为严州古

---

① 《诗稿》卷十八。
② 同卷。

代又称新定,所以也名定娘。陆游一共有六个男孩子,最小的这年已十岁了,因此他对于这个小女孩,特别地钟爱,有时止称为"女女"。十四年的八月,这个一岁的"女女"死了,陆游哭得非常地伤心,把眼泪洒向这具小的棺木里去。

白发苍苍的陆游抚着棺木说:"让我的眼泪给'女女'殉葬吧。"严州的后衙里大家一齐都号啕了。①

消极的心理对于陆游又是一阵袭击。灰色的人生还有什么值得留恋。八月里作《思故山赋》:

> 今予年过六十,血气已索,春忧重腿,秋畏瘅疟,饮不酾醨,食不加勺,衣食之奉,减于市药。虽富贵而孰享,矧刑祸之可愕,冒平地之涛澜,忽闾首之蛟鳄。以吾身之至贵,就华缨而自缚,旌摇摇而靡定,舟泛泛而安泊。逝将归而即汝,尚农圃之可学,指白首以为盟,挽天河以自濯。冀晨春之相闻,亦社酒之共酿,春原出而耦耕,秋场筑而偕获。仆之念归,如寒鱼之欲就箔也。②

十月间的寒风里,德寿宫里的太上皇死了,后人称为高宗。高宗建炎元年称帝,做了三十六年皇帝,二十五年太上皇,终于在八十一岁的高龄,死在临安的宫中。父母为敌人所俘虏,中原为敌人所沦陷,高宗赵构的心中,不可能不感到一些痛愤,甚至也会起发奋图强报仇雪耻的念头。对敌作战,给打击者以打击,这个念头是和广大人民的要求符合的。高宗初年所以获得爱国人士的拥护,

---

① 《文集》卷三十三《山阴陆氏女女墓铭》。
② 《放翁逸集》卷上。

其故在此。可是正由于他的怯懦，他的不敢再冒被俘的思想，甚至不愿让哥哥赵桓在敌人的掌握下，重行回国，和自己争取小朝廷的帝位，他终于认贼作父，对敌屈服，出卖了北方，承认女真对于中原的统治，同时又出卖了南方，每年对于女真还要输送沉重的岁币。高宗这就成为史无前例的出卖民族国家的统治者。在他退位以后，孝宗继承了统治权，应当可以有所作为了，符离之战，虽然止以失败而告终，但是当时北方广大地区的人民，还在盼望南宋大军的向北推进。① 可是在这个当中，德寿宫的力量出现了。隆兴元年的试探和议，其中正看到太上皇干政的行动。从隆兴到乾道，从乾道到淳熙，我们不能说孝宗完全放弃了对敌作战的意图，但是在德寿宫的阴影之下，孝宗的意志逐步消沉了。《宋史·孝宗本纪赞》说他"即位之初，锐志恢复，符离邂逅失利，重违高宗之命，不轻出师"。对于孝宗的本心，是有一定的体会的。

有一点引起注意的：陆游在诗稿中对于许多事都留下记载来，偏偏对于高宗的死亡，没有留下诗篇，是不是他也写了一些，但是没有留稿，或者竟是故意把这件事抛开呢？

陆游在严州的当中，对于《剑南诗稿》曾经来过一次严格的删定。他在绍熙元年（1190）曾留下这样一段记载：

> 此予丙戌以前诗二十之一也。及在严州，再编，又去十之九。然此残稿，终亦惜之，乃以付子聿。绍熙改元立夏日书。②

丙戌是乾道二年（1166），陆游四十二岁。《剑南诗稿》卷一尚

---

① 楼钥《攻媿集》卷一百十一《北行日录》。
② 《文集》卷二十七《诗稿跋》。

存 1165 年以前之诗九十四首。机械地计算，陆游在四十二岁以前，共作诗一万八千八百首，陆续删定为九百四十首。严州任内，再由九百四十首删定为九十四首。这个九百四十首的残本在 1190年还是存在的，交给幼子陆子聿，但是后来也丧失了，现在所看到的四十二岁以前之诗只有九十四首。

　　大量的诗曾被删除，那么去取的标准是按照什么呢？毫无疑问的这个标准是按照乾道二年陆游逐步发展的标准，尤其是他在严州任内巩固下来的标准决定的。因此尽管陆游在四十二岁以前，已经是一位有名的诗人，曾经写过大量的诗，但是从他留存的诗看来，他早年的作品，和他中年（乾道至严州任内）的作品，基本上是一致的，而和他自己所说的

　　　　我昔学诗未有得，残余未免从人乞。①
　　　　我初学诗日，但欲工藻绘。②

不很吻合，因为他所不重视的这些诗篇，都在严州删定的当中被他汰除了。是不是他完全否定这些诗篇呢？我们看到他在绍熙元年把这九百四十首的残本，重行收拾，交付子聿，也可以见到他是如何地眷恋。

　　在删诗这一年有《夜坐示桑甥十韵》，可以看到这时期中他对于诗的认识。桑甥名世昌，是陆游的女婿。

　　　　好诗如灵丹，不杂膻荤肠。子诚欲得之，洁斋被不祥。食
　　　饮屑白玉，沐浴春兰芳。蛟龙起久蛰，鸿鹄参高翔。纵横开武

---

① 《诗稿》卷二十五《九月一日夜读诗稿有感走笔作歌》。
② 《诗稿》卷七十八《示子遹》。

库,浩荡发太仓。大巧谢雕琢,至刚反摧藏。一技均道妙,佻心讵能当? 结缨与易箦,至死犹自强。《东山》、《七月》篇,万古真文章。天下有精识,吾言岂荒唐。①

从这首诗里,我们也可见到陆游的主张。"一技均道妙,佻心讵能当? 结缨与易箦,至死犹自强",他对于诗的认识,正是异常的重视,而他对于人生的态度,也是极端的坚强。六十三岁的高龄,僻居在这座小小的山城里,坐看中原的沦陷,统治者的腐朽,自己无法伸出一臂为国家收复失地,为自己建立功名,这是何等的痛苦。他在诗中也说:

东园日淡云容薄,纶巾朝暮阑干角。北风动地万木号,不料一寒如此恶。岂惟半夜雨打窗,便恐明朝雪平壑。绿酒虽漓亦复醉,皂貂已弊犹堪著。所嗟此身老益穷,蹭蹬无功上麟阁。久从渔艇寄江湖,坐看胡尘暗幽朔。万鞭枯骴愤未平,蠹下老蠹何足缚。要及今年堕指寒,夜拥雕戈度穷漠。②

淳熙十三年春天,陆游的权知严州发布,到十五年已经将近三年了。陆游对于严州的生活也感到乏味,在这年四月间,上了乞祠禄的札子。他指出虽然三年任满,为期不远,但是自己"年龄衰迈,气血凋耗,夏秋之际,痼疾多作,欲望钧慈特赐矜悯,许令复就玉局微禄,养痾故山,及天气尚凉,早得就道"。③ 这一次的请求,得到批准还乡,七月间陆游回到山阴。

---

① 《诗稿》卷十九。
② 同卷《初冬风雨骤寒作短歌》。
③ 《文集》卷四《乞祠禄札子》。

到了山阴以后,陆游随即上书,请求给予祠禄,他准备不再做行政官了。这不是政治热情的衰退,而是他感到一种更迫切的要求,因为在行政职务上无法实现他的愿望,他不得不请求退职。他在《秋夜有感》里说起:

> 即今故山归,愈叹老境逼。不眠中夜起,仰视星历历。中原何时定?铜驼卧荆棘。灭胡恨无人,有复不易识。①

有时他在半夜起来,在庭中独步,就这样度过了茫茫的一夜。他悲愤极了,作一首《感愤》诗,第二天的晚间再作一首《反感愤》诗,安慰自己。感愤也好,反感愤也好,他的主导思想在于如何和敌人作战。从下面这首诗可以看得清楚:

夜读兵书

> 八月风雨夕,千载孙吴书。老病虽惫甚,壮气颇有余。长缨果可请,上马不踌躇。岂惟鏖皋兰,直欲封狼居。万乘久巡狩,两京尽丘墟。此职在臣子,忧愧何时摅?南郑筑坛场,隆中顾草庐。邂逅未可知,旄头方扫除。②

陆游以韩信、诸葛亮自比,但是当时的客观情势,不容许他有建功立业的机会。政治上的无穷尽的斗争,更引起他的痛苦。他在这段时期曾经指出:

> 怒嗔不复有端绪,谗谤何曾容辨说?③

---

① 《诗稿》卷二十。
② 同卷。
③ 《诗稿》卷十九《桐江行》。

誓墓那因一怀祖,人间处处是危机。①

更事天公终赏识,欺人鬼子漫纵横。道边尘起频障扇,门外波清剩濯缨。②

我归亦何有? 养气犹轩昂。那因五斗陈,坐变百炼刚。③

可是这一切并没有能够摧毁他的斗志。他说出:

北 望

北望中原泪满巾,黄旗空想渡河津。丈夫穷死由来事,要是江南有此人。④

意志是屈服不了的。陆游始终是在等待着对外作战的机会。

事实上孝宗始终也在设法起用陆游。十月二十六日,他给右丞相周必大一道手谕。他说起想用陆游做郎中官,唯恐外间啧有烦言,为了避免议论起见,可以先给他一个少监。在这一点上,他征求必大的同意。

周必大是陆游的朋友,但是他官做大了,顾虑也多。他在回奏中谈起,曾经和两位参知政事商议,都说陆游严州任满已经多日,不知道皇上准备怎样差遣。皇上既然赏识陆游的才干,一般的意见,觉得如若给他一个闲官,例如驾部郎中之类,正可见出皇上爱才之意。外间议论,一时也难于揣测,为了免除浮言,目前给他外任,亦无不可;倘使皇上有意用作少监,恰好军器少监李祥正在请

---

① 《诗稿》卷二十《上书乞祠》。
② 同卷《北窗病起》。
③ 同卷《迓客至大浪滩上》。
④ 同卷。

求外放，不妨就着陆游接替李祥的职务。

周必大的话说得很宛转，可是却给陆游留下一个入京供职的机会。不久以后，他的军器少监发布了。陆游再到临安，有诗一首：

初到行在

六十之年又四年，也骑瘦马趁朝天。首阳柱下孰工拙，从事督邮俱圣贤。笔墨有时闲作戏，功名到底是无缘。都城处处园林好，不许山翁醉放颠。①

陆游再到临安，感觉到有些拘束，好在临安城中，朋友多，闲谈的机会也多。谭季壬是他在四川遇到的朋友，现在恰在这里，在唱和中，也有一些愉快。

陆游有一首纵谈鬼神的诗，正看到他们在工作的后面，有比较轻松的生活。

致斋监中夜与同官纵谈鬼神效宛陵先生体

五客围一炉，夜语穷幻怪。或夸雷可斫，或笑鬼可卖，或陈混沌初，或及世界坏，或言修罗战，百万起睚眦。余谈恣搜抉，所出杂细大；风云堕皮帻，幽坎窥铁械。群号起古聚，孤泣出空廨。妖狐冠髑髅，掩袂弄姿态。空轊伏逸囚，夜半出窃噉。虽云多闻益，颇犯绮语戒。不如姑置之，投枕休困惫。明当挂朝衣，仆仆愁巫拜。②

当然这些止是他们中间的一些无稽之谈，但是这里也看到南宋人

---

① 《诗稿》卷二十。
② 同卷。

的风气。我们不是在《清平山堂话本》里看到《西湖三塔记》、《陈巡检梅岭失妻记》，在《醒世恒言》里看到《小水湾天狐遗书》么？这些都是宋人传下来的故事。大约陆游和朋友们谈的也是这一类的故事。

可是陆游的态度，基本上还是严肃的。十一月间，他在一篇《跋吴梦予诗编》里就曾说到：

> 君子之学，盖将尧舜其君民，若乃放逐憔悴，娱悲舒忧，为风为骚，亦文之不幸也。……穷当益坚，老当益壮，大丈夫盖棺事始定。君子之学，尧舜其君民，余之所望于朋友也。娱悲舒忧，为风为骚而已，岂余之所望于朋友哉。①

第二年是淳熙十六年，是孝宗改元以后的二十七年，也是他在位的最后一年。二月二日传位给太子赵惇，后来称为光宗。孝宗这时已经六十三岁了，对于政治生活，感觉到着实厌倦，因此亟于传位，退居重华宫，上尊号为至尊寿圣皇帝。孝宗有志对外作战，收复沦陷区，但是因为客观情势的不利，主观努力也不够，在对外的关系上虽然获得部分的改善，对女真称侄不称臣，名义不同，可是基本上没有改进，沦陷区还是继续沦陷，对金的岁币还是继续支付，南北两部分的人民依然处在水深火热之中。现在他把国事交给光宗，给自己保留一些优闲的岁月。

光宗这时已经四十三岁了，在能力上他比他的父亲差得很远，可是孝宗处在太上皇的地位，对于光宗也还保留着一份指导的力量。陆游在这一年有《上殿札子》四道。第一道是在光宗即位后上

---

① 《文集》卷二十七。

陈的,指出上有太上皇,必须格外慎重:

> 譬如臣民之家,上有尊亲,则所以交四邻,训子弟,备饥馑,御盗贼,比之他人,自当谨戒百倍。何则？彼亦惧忧之及其亲也。①

在第二道里,他更极力警告光宗,不要有所偏好。他说:

> 大抵危乱之根本,谗巧之机牙,奸邪之罅隙,皆缘所好而生。臣下虽有所偏好,而或未至大害者,无奉之者也。人君则不然,丝毫之念,形于中心,虽未尝以告人,而九州四海已悉向之矣。况发于命令,见于事为乎？且嗜好之为害,不独声色狗马、宫室宝玉之类也,好儒生而不得真,则张禹之徒,足以为乱阶,好文士而不责实,则韦渠牟之徒,足以败君德,其他可推而知矣。昔者汉文帝及我仁宗皇帝所以为万世帝王之师者,惟无所嗜好而已。恭惟陛下龙飞御极之初,天下倾耳拭目之时,所当戒者,惟嗜好而已。②

光宗即位之初,在政治上还没有出现偏差,因此四月间,陆游再上札子,特别提出"故臣愿陛下图事揆策不厌于从容,行赏议罚无取于快意,兢兢业业常如此,三月之间,则成康文景之盛,复见于今日矣"③。他对光宗的告诫,可算是丁宁备至,可是还没有接触到根本性的问题。

南宋政局的根本性问题,在于对人民的剥削太重。北方已经

---

① 《文集》卷四《上殿札子》。
② 同上。
③ 同上。

沦陷,南方的人民除了担负对于女真的繁重岁币以外,还得养活为数庞大的政治人员和军事人员。不仅如此,因为高级官吏和大地主基本上获得免税的权利,于是一切的负担都落到小有产者和贫雇农身上。这是一个非常严重的问题,这个问题不能解决,便无法获得全国上下的团结,在对外关系上,因此也必然处在劣势的地位。陆游看到这一点,因此在第四道札子上痛切地说到:

> 臣伏观今日之患,莫大于民贫,救民之贫,莫先于轻赋。若赋不加轻,别求他术,则用力虽多,终必无益,立法虽备,终必不行。以臣愚计之,朝廷若未有深入远讨,犁庭扫穴之意,能于用度之间,事事裁损,陛下又躬节俭以励风俗,则赋于民者,必有可轻之理。缓急之备,固不可无,姑以岁月徐为之可也。……臣昧死欲望圣慈恢大度,明远略,诏辅臣计司,博尽论议,量入而用,量用而取,可蠲者蠲,可省者省,富藏于民,何异府库,果有非常,孰不乐输以报君父沦肌浃髓之恩哉?若有事之时,既竭其财矣,幸而无事,又曰"储积以为他日之备也",虽恢复中原,又将曰"边境日广矣,屯戍日众矣",则斯民困弊,何时而已耶![1]

这一道札子是四月十二日上奏的。四月二十六日,陆游的礼部郎中、兼膳部检察发布了。[2] 这时他在临安,住在砖街巷街南小宅。

陆游的起用和周必大的入相有关,可是这一年五月周必大罢相了,继起入相的是留正,和陆游没有深切的关系,因此陆游在政

---

① 《文集》卷四《上殿札子》。
② 《文集》卷二十七《跋松陵集三》。

治上失去了必要的倚靠。

这一年的冬间,修高宗实录,光宗命群臣齐集文华阁,进行撰述,陆游以第一名入选。① 十一月二十四日陆游作《明州育王山买田记》②,题衔为"朝议大夫尚书礼部郎中、兼实录院检讨官"。在作记的时候,他还没有什么预感,可是四天以后,因为谏官提出"陆游前后屡遭白简,所至有污秽之迹"③,光宗下诏,把陆游的现任官罢免了。绍熙二年(1191)陆游作《建宁府尊胜院佛殿记》④,题衔为中奉大夫、提举建宁府武夷山冲祐观,这是他在行政官罢免以后所得的祠官。

关于这一次的罢官,陆游曾有小诗两首:

予十年间两坐斥罪,虽擢发莫数,而诗为首,
谓之嘲咏风月。既还山,遂以风月名小轩,且作绝句

扁舟又向镜中行,小草清诗取次成。放逐尚非余子比,清风明月入台评。

绿蔬丹果荐瓢尊,身寄城南禹会村。连坐频年到风月,固应无客叩吾门。⑤

罢官的命令已下,陆游正在准备还家的当中,杨万里的儿子长孺来看他,陆游提出自己对于时局的看法,同时也指出他对于诗的认识。他的诗是从江西诗派入手的,但是自从入蜀以后,已经摸索

---

① 《诗稿》卷六十五《望永思陵》自注。
② 《文集》卷十九。
③ 《宋会要辑稿》职官七二。
④ 《文集》卷十九。
⑤ 《诗稿》卷二十一。

到自己的道路，所以这一次的言论，是他在创作道路上的一个里程碑。

次韵和杨伯子主簿见赠①

斋戒叩头笺天公，幸矣使我为枯蓬。枯蓬于世百无用，始得旷快乘秋风。此身安往失贫贱，白发萧萧对黄卷。今人虽邻有不觌，古人却向书中见。猿啼月落青山空，旧隐梦寂思东蒙。不愿峨冠赤墀下，且可短剑红尘中。终年无人问"良苦"，眼望青天惟自许。可怜对酒不敢豪，它日空浇坟上土。文章最忌百家衣，火龙黼黻世不知。谁能养气塞天地，吐出自足成虹霓。渡江诸贤骨已朽，老夫亦将正丘首。杜郎苦瘦帽掀耳，程子久贫衣露肘。君复作意寻齐盟，岂知衰懦畏后生。大篇一读我起立，喜君得法从家庭。鲲鹏自有天池著，谁谓太狂须束缚。大机大用君已传，那遣老夫安注脚。②

陆游对于杨伯子、杜兴、程有徽的推重，当然是太高了，可是他指出诗文最忌"百家衣"，惟有养气有得，才能充塞天地，这和他《跋吴梦予诗编》的理论是完全一致的。他对于杨万里的诗，也指出他的推崇。

---

① 伯子名长孺，万里之子，因此诗中说"喜君得法从家庭"。
② 《诗稿》卷二十一。自注："杜旃伯高、程有徽文若，皆近以诗文得名于诸公，而尤与予善。"

第十一章　蛰居山阴的五年

淳熙十六年十一月陆游罢官，直到嘉定二年（1209）身殁为止，这二十年的光阴，几乎完全消磨在山阴的农村。绍熙二年（1191）陆游曾说："射洪陆史君庙，以杜诗为签，极灵。余自蜀被召东归，将行，求得此签，后十四年，乃决意不复仕宦，愧吾宗人多矣。"①他的"不愿仕宦"，当然和政治环境有关，陆游不是不关心政治，而是因为政治空气太稀薄了，因此他只好在农村安家立户，一待环境有了转变，他还是准备为国家建功立业的。

山阴的农村，不是脱离现实的世外桃源，国事的消息，不断地通过千丝万缕的关系，到达山阴，因此也必然在陆游的诗里引起应有的反映。在南宋和女真以淮水为界的时期，商贩经常通过两边的警界线。初夏的时期，一位商贩到达山阴了，陆游和他畅谈北方的消息。这一天他唉声叹气地作了两首绝句：

估客有自蔡州来者感怅弥日二首

洮河马死剑锋摧，绿鬓成丝每自衰。几岁中原消息断，喜

---

① 《文集》卷二十八《跋陆史君庙签》。

闻人自蔡州来。

> 百战元和取蔡州,如今胡马饮淮流。和亲自古非长策,谁与朝家共此忧?①

痛苦的结果,惟有以醇酒消磨这不平静的岁月。夏间他在《醉歌》里提及自己的生活,他说及:

> 读书三万卷,仕宦皆束阁;学剑四十年,虏血未染锷。不得为长虹,万丈扫寥廓;又不为疾风,六月送飞雹。战马死槽枥,公卿守和约,穷边指淮泗,异域视京雒!呜乎此何心,有酒吾忍酌!②

"公卿"可能是指左丞相留正这一批人。留正是一位道地的官僚,一切都为自己打算的个人主义者,当然不止留正一人,因为当时的官僚,多半是这样的一个形态。陆游在这年《寓叹》诗里也说:"学古心犹壮,忧时语自悲。公卿缺自重,社稷欲谁期?"其实岂但公卿不知自重,当时的光宗,也正是这样的一位人物,一切都在悠悠忽忽中过去,南宋的小朝廷,正在急速地向着下坡的道路推进。

陆游到达山阴以后,欣赏故乡的生活,诗句也在不断地变得更圆熟,更平淡。环境变了,他的诗也染上了农村的自然景色。绍熙元年有《故山》诗四首,录两首于此:

> 功名莫苦怨天悭,一棹归来到死闲。傍水无家无好竹,卷帘是处是青山。满篮箭茁瑶簪白,压檐棱梅鹤顶殷。野兴尽时尤可乐,小江烟雨趁潮还。镜湖。

---

① 《诗稿》卷二十一。
② 同卷。

禹祠行乐盛年年,绣毂争先簇画船。十里烟波明月夜,万
人歌吹早莺天。花如上苑常成市,酒似新丰不直钱。老子未
须悲白发,黄公垆下且闲眠。禹祠。①

这个时期中,陆游的诗句,如

护雏燕子常更出,著雨杨花又懒飞。②
茶磑细香供隐几,松风幽韵入哦诗。③

都透露出同样的情调。

但是他的主导思想还是他的爱国主义。尽管他自称决心不再
走入仕途,但是他总是怀想如何对外作战,收复失地。他为了不能
复仇雪耻而痛心,为了敌人占据中原而悲愤。他经过山阴的禹祠,
作诗一首,后段说:

念昔平水土,棋布画九区。岂知千载后,戎羯居中都。老
房失大刑,今复传其雏。直令挽天河,未濯腥膻污。夷鬼细事
耳,披攘直须臾。天下仇不复,大耻何时袪! 蚩蚩谓固然,此
责在吾徒。挥涕洒庭草,谁怜小臣愚?④

他把摧毁敌人的责任,放在自己的肩上,所以说:

老死已无日,功名犹自期。清笳太行路,何日出王师?⑤
三万里河东入海,五千仞岳上摩天。遗民泪尽胡尘里,南

①　《诗稿》卷二十一。
②　《诗稿》卷二十二《晚春感事》。
③　同卷《山居》。
④　同卷《禹祠》。
⑤　同卷《书怀》。

望王师又一年。①

> 近村远村鸡续鸣,大星已高天未明。床头瓦檠灯煜熻,老夫冻坐书纵横。暮年于书更多味,眼底明明见莘渭。但令病骨尚枝梧,半盏残膏未为费。吾儿虽戆素业存,颇能伴翁饱菜根。万钟一品不足论,时来出手苏元元。②

陆游对于国家的前途,思想是积极的,但是在积极的思想后面,依然不断地受到消极思想的侵袭。在这两种思想的矛盾之下,他消磨了这一年的岁月。见于诗中的,如

> 志存天下食不足,节慕古人谤愈来。③
> 强颜未忍乞墦祭,积毁仅逃输鬼薪。④
> 绝世本来希独立,刺天不复计群飞。⑤

绍熙二年,陆游题衔时还没有提到封爵。绍熙三年三月作《重修天封寺记》,题衔是"中奉大夫、提举建宁府武夷山冲祐观、山阴县开国男、食邑三百户"。他的开国男的封号,可能是在绍熙二、三年之间开始的。宋代大官僚的子孙,照例可以门荫的资格获得官位,所以实际上,宋代的官僚已经成为贵族的阶级,至于他们是不是获得封爵,那止是次要的。从政治地位讲,陆游是属于贵族阶级的,可是因为他始终同情人民,具有人民的思想感情,表达了人民的希望和爱憎,因此无论他的政治地位如何,他始终是人民的

---

① 《诗稿》卷二十五《秋夜将晓出篱门迎凉有感二首》之二。
② 《诗稿》卷二十三《五更读书示子》。
③ 同卷《新秋感事二首》之一。
④ 同上之二。
⑤ 同卷《遣怀》。

诗人。

陆游自从罢官以后，获得"提举建宁府武夷山冲祐观"的头衔，到这一年已经满期了，九月间上书请求继任，《诗稿》卷二十五有《上书乞再任冲祐》一篇可证。十一月十八日批准，同卷有《蒙恩再领冲祐邻里来贺谢以长句》一篇。提举宫观，当时称为祠禄，虽然止是半俸，还是非常优厚。陆游曾说：

> 黄纸如鸦字，今朝下九天。身居镜湖曲，衔带武夷仙。日绝丝毫事，年请百万钱。恭惟优老政，千古照青编。[1]

因此陆游虽然有时也说起他自己的贫困，止能作为书生的积习，其实不必尽信。

这一年九月一日的夜间，陆游打开自己的诗稿，读了一遍又一遍，作诗一篇，最后他说：

> 世间才杰固不乏，秋豪未合天地隔。放翁老死何足论，《广陵散》绝还堪惜。[2]

陆游对于自己的作品，有一定的认识，我们从他作诗的转变和他论诗的转变看问题，是可以承认他的结论的。

陆游把他的书斋题名为老学庵，有《题老学庵壁》一首：

> 此生生计愈萧然，架竹苫茅只数椽。万卷古今消永日，一

---

[1]　《诗稿》卷二十六《拜敕口号》。自注："祠奉钱粟絮帛，岁计千缗有畸。"千缗即一百万钱。南宋初年流行的话本"错斩崔宁"记刘官人的丈人王员外给他十五贯钱，说着："今日赍助你些少本钱，胡乱去开个柴米店，赚得些利息来过日子。"十五贯即一万五千钱。当时物价，约略可知。

[2]　《诗稿》卷二十五《九月一日夜读诗稿有感走笔作歌》。

窗昏晓送流年。太平民乐无愁叹,衰老形枯少睡眠。唤得南
村跛童子,煎茶扫地亦随缘。[①]

他的《老学庵笔记》卷六,称"今上初登极,周丞相草仪注,称'新皇
帝',盖创为文也"。"今上"指光宗,其时周必大为右丞相,故称"周
丞相"。这部笔记显然是在光宗在位的几年中写成的。从《题老学
庵壁》这首诗看,笔记可能成于绍熙三年至五年之间。

绍熙四年的新春,在陆游的生活上,止留下一些黯淡的影子。
他有时愤激到要逃避现实的生活:

避世行

君渴未尝饮鸩羽,君饥未尝食乌喙。惟其知之审,取舍不
待议。有眼看青天,对客实少味,有口啖松柏,火食太多事。
作官蓄妻孥,陷阱安所避?刀锯与鼎镬,孰匪君自致?欲寻人
迹不到处,忘形麋鹿与俱逝。杳杳白云青嶂间,千岁巢居常
避世。[②]

逃避现实是不可能的,因此陆游复作《稽山农》一篇:

稽山农 予作《避世行》以为不可常也,复作此篇

华胥氏之国可以卜吾居,无怀氏之民可以为吾友。眼如岩
电不看人,腹似鸱夷惟贮酒。周公礼乐寂不传,司马兵法亡亦
久。赖有神农之学存至今,扶犁近可师野叟。粗缯大布以御
冬,黄粱黑黍身自春。园畦剪韭胜肉美,社瓮拨醅如粥酽。安
得天下常年丰,老死不见传边烽。利名画断莫挂口,子孙世作

---

① 《诗稿》卷二十六。
② 同卷。

稽山农。①

这首诗很像是安于现实了。是不是可以安于现实呢？"安得天下常年丰"，问题出在"安得"上面。既然这样的情况是不可能的，所谓安于现实也就无可安。逃避现实既然是不可能，安于现实又无可安，那么陆游的惟一的出路，止有改造现实。陆游的现实主义精神就在这里。上年十一月风雨声中的一首诗正传达出他的心情：

　　僵卧孤村不自哀，尚思为国戍轮台。夜阑卧听风吹雨，铁马冰河入梦来。②

这年冬天他也说：

　　胸中十万宿貔貅，皂纛黄旗志未酬。莫笑蓬窗白头客，时来谈笑取幽州。③

切实地说，陆游是热衷的。他罢官以后，幽居山阴，做一位提举宫观的祠官，甚至还一再请求继续领祠，一边固然是没有忘却祠禄，一边却也表示自己无意起用，但是这都不是他的本意。他止是希望起用。即使他已经是七十岁的高年了，他还是希望为国家出征，收复失地。岂但是七十岁，他不曾羡慕过八十岁东征辽东的李勣吗？不能掌握政权，便无从为国家建功立业。封建社会官僚地主阶级出身的知识分子，没有掌握到革命理论，因此陆游的希望起用，其实止是他的贯彻爱国主义思想的一个过程。我们认清了这

---

① 《诗稿》卷二十六。
② 同卷《十一月四日风雨大作二首》之二。
③ 《诗稿》卷二十八《冬夜读书有感二首》之二。

个问题的本质以后，对于陆游的热衷，是丝毫不足见怪的。

这样的人生态度，不一定是能见谅于朋友的。绍熙五年的初夏，杨万里有《寄陆务观》一首：

> 君居东浙我江西，镜里新添几缕丝。花落六回疏信息，月明千里两相思。不应李杜翻鲸海，更羡夔龙集凤池。道是樊川轻薄杀，犹将万户比千诗。①

他们从淳熙十六年在临安分别以后，到现在前后六年，所以万里说"花落六回疏信息"，这是事实；李杜指他们在诗坛的声望，这也是事实，可是"更羡夔龙集凤池"，这就不能体谅朋友的苦心了。

但是陆游是顾不得的。他怎样答复万里，虽然在诗稿和文集里没有留下记载，可是这一年的初夏，却留下这几首诗：

看　镜

> 七十衰翁卧故山，镜中无复旧朱颜，一联轻甲流尘积，不为君王戍玉关。②

夏　夜

> 我昔在南郑，夜过东骆谷。平川月如霜，万马皆露宿。思从六月师，关辅谈笑复。那知二十年，秋风枯苜蓿。③

六月间，六十八岁的太上皇孝宗——当时称为寿圣皇帝——死了。在南宋的几位皇帝之中，孝宗是比较明白的。他有志于对外作战，收复失地，但是始终没有能完成他的志愿，终于在悠悠忽忽

---

① 《诚斋集》卷三十六。
② 《诗稿》卷三十。
③ 同卷《夏夜二首》之二。

之中,抱着失望的情绪而死了。陆游对于孝宗,是有一番知遇之感的,在孝宗死后有挽词三首,最后的一首:

> 便殿咨询早,深宫宴乐稀。欲颁传位诏,犹索未明衣。寿损名方永,身瘅国愈肥。孤臣泣陵柏,心折九虞归。①

在这首诗里,陆游极力刻划出一位励精图治的统治者来,从他的阶级立场看,这样的歌颂,本来是在意中的。

因为孝宗的去世,南宋的小朝廷,顿时兴起了一场轩然大波。

孝宗赵昚是高宗赵构的养子,在高宗传位以后,孝宗对于高宗的那一番谨慎小心,怡颜悦色,在封建时代的帝皇家庭中,留下了典范的记载。孝宗把帝座传给儿子光宗赵惇的时候,当然会期待同样的举止。可是光宗是一位懦弱无能的君主,皇后李氏是太尉李道的女儿,又把赳赳武夫的作风,带进深宫。不久以后,光宗完全受制于李后,成为精神病的患者。孝宗爱惜儿子,无形之中,造成孝宗和李后的对立;光宗受制于悍妻,不但不能体会孝宗的慈爱,反而转变为对于孝宗的不满。绍熙四年以后,光宗对于孝宗的朝见,越来越少了。两宫间的失和,已经成为临安城内公开的秘密。封建社会当然必须有一套封建伦理的观念,待到最高统治者主动地破坏了封建伦理的体系,必然会引起这个社会的动荡。在孝宗、光宗父子间的关系不断疏远的当中,已经理下了不安的因素。

绍熙五年正月,孝宗病重,丞相留正、知枢密院事兼参知政事赵汝愚等请光宗问病,不听。六月九日,孝宗死了,光宗也不过问;

---

① 《诗稿》卷三十一《孝宗皇帝挽词》。

十三日大殓,光宗还是不去。临安城内谣言四起,人心惶惶,高级官吏搬家的搬家,还乡的还乡,地主家庭也把金珠细软运到乡间,准备逃难。情况越来越紧张了。左丞相留正上疏请立太子,安定人心。光宗批"甚好"两字。次日留正把立太子的上谕草稿呈上,光宗批了八个大字:"历事岁久,念欲退闲。"

留正把这八个字揣摩一下,看清楚光宗没有立太子的本意,而且可能会引起皇帝和自己的对立。第二天在上朝的时候,举步之间,滑了一脚,他想这是一个凶兆,随即请求罢免,把行装收拾一下,当晚离开临安城。

丞相去了,人心更动摇了。工部尚书赵彦逾和知枢密院事赵汝愚说:"国家大事危急到这样的地步,知院乃同姓之卿,岂容坐视,应当想一个救时的策略。"

除了留正,当时负国家重任的是赵汝愚,可是赵汝愚一时也想不出办法来,他说:"除了在危急的时候,到宫门外面,大叫数声,持刀自杀,还有什么办法!"

"与其这样一死,"彦逾说,"不如另想活法。听说皇上有八字手谕,是不是这样的?"

"有的,"汝愚说,"留丞相丁宁莫说,现在事情紧急,和尚书说亦不妨。"

"既然有此御笔,何不便立嘉王?"

"上次请立太子,皇上还发了脾气,此事谁敢担当,一切全要看太皇太后和皇太后的主张。"

"留丞相已经离开临安城了,这一件大事正是留给知院担当,岂可迟疑?"

事情是这样决定了。嘉王赵扩是光宗的长子,倘使光宗有意传位,当然是合法的人选,但是光宗正是闹别扭,和已死的孝宗和大臣们,乃至和临安城的军民人等闹别扭,并没有传位嘉王的意思。宫里宫外,人心惶惶,随时都有动摇的可能。

这时高宗的吴后还在,是太皇太后,一切都得取得吴皇后的同意。赵汝愚的计划决定以后,托吴皇后的侄儿吴琚、吴瑰入宫,征求吴皇后的同意,吴琚等都不敢担当,这才想起知阁门事韩侂胄。韩侂胄是吴皇后的姨侄,又是她的侄女婿,是亲戚,又是宫门的官吏,是可以进言的。汝愚通过徐谊、叶适,征求侂胄的同意。侂胄慨然地说:"侂胄世受国恩,愿得效力。"他到慈福宫请求,终于通过内侍关礼,获得吴皇后的赞同。

七月四日,太皇太后垂帘,有旨令赵汝愚等奏事。汝愚奏称皇帝有病,未能执行丧礼,臣等请立皇太子,皇上批出"甚好"二字,其后又批"历事岁久,念欲退闲"。请求太皇太后处分。

"皇帝既有御笔,相公自当奉行。"太皇太后说。

"此事甚大,须降一手谕方可。"汝愚说。

"好,好。"

这时汝愚便把预拟的手谕呈上,获得同意,用太皇太后的名义发布,立嘉王赵扩为皇帝,尊光宗为太上皇帝,李后为太上皇后。

这件事的内幕是把不得人心的光宗赵惇废去,立他的长子赵扩为帝,这就是后来的宁宗。主持这件事的是知枢密院事赵汝愚,计划出自工部尚书赵彦逾,而完成这个计划的关键,全靠知阁门事韩侂胄。七月间赵汝愚为枢密使,八月左丞相留正罢免,以赵汝愚为右丞相。大权落到汝愚手里,汝愚荐朱熹为焕章阁待制,兼侍讲。朱熹是当时的第一名流,汝愚的推荐,主意在集中当时的人才。另一方面,韩侂胄本来是皇亲国戚,宁宗即位的第二天,立侂胄的侄女为皇后,侂胄也获得了一定的政治权力。因为他和赵彦逾都没有得到预期的地位,不久以后,随即形成赵汝愚、朱熹和韩侂胄、赵彦逾的对立。

绍熙五年的政变正在进行的当中,陆游还在山阴,没有参预这次的政变,但是因为他和朱熹的关系比较密切,所以在赵汝愚失败以后,陆游也感到威胁;及至他因为主张抗战的关系,对于韩侂胄的主张,引起一定的共鸣以后,又遭到时人的不谅,所以必须把这次的政变交代一下。

第十二章　在一致对外的基础上
和韩侂胄接近了

　　绍熙五年的政变是一件大事,但是不久以后参预这次政变的几位主要人物,随即相互对立。赵汝愚引用朱熹为焕章阁待制兼侍讲,又用黄裳、陈傅良、彭龟年为讲读官,用皇帝的名义,吩咐经筵讲官开陈经旨,救正阙失。韩侂胄也引用谢深甫为御史中丞,刘德秀为监察御史。经筵和谏官成了旗鼓相当的局面,统治阶级的内部矛盾完全暴露。十月间矛盾急遽转变,内批罢焕章阁待制兼侍讲朱熹,黄裳早在九月间死了,十二月陈傅良、彭龟年皆罢,情况急转直下,造成一面倒的局势。

　　从临安到山阴,止是一天的路程,陆游对于临安的消息是不容不知道的。十一月间有诗一首:

书逆旅壁

　　百忧衰暮年,怀抱日骚屑。虽云归故乡,何异万里客?穷冬迫寒饿,凛有在陈厄。驾言适近村,惨惨天欲雪。人沽村市酒,马啮山坡麦。旅炊杂沙土,得饱何暇择。手皲若龟兆,面槁无人色。士穷自其分,所幸全大节。功名已甑堕,身世真瓦

212

裂。不学玉关人，饥鹰方夜擊。①

从最后的几句，我们看到陆游正在庆幸自己没有参预这次的政变，他不希望起用，因此也还不至于身世瓦裂。可是他对于统治阶级内部矛盾如此的激变，是痛感不安的。他说：

> 在昔祖宗时，风俗极粹美。人材兼南北，议论忘彼此。谁令各植党，更仆而迭起。中更夷狄祸，此风犹未已。臣不难负君，生者固卖死。倘筑太平基，请自厚俗始。②

陆游的看法，当然和他的家庭传统有关。他认为统治阶级内部的党争，是没有深厚基础的，否则为什么他的祖父有时被列入新党，后来又被列入旧党呢？从他亲身的体会，新党、旧党里面都有公忠体国的人物。王安石、唐介，乃至晁说之、晁补之，从家世渊源、亲戚故旧的关系方面看，他对于他们都有一定的认识。他更体会到北宋的亡国，主要还是由于统治阶级内部的矛盾，已经发展到不可调和的地步，内部的不团结，给与北方部族一个乘虚而入的机会。在这首诗里，陆游提出他的看法，但是他还抱着调和的希望，认为必须如此，国家才能找到安定的道路。

但是事态的演变是无可阻止的。庆元元年的二月，右正言李沐上奏，赵汝愚以同姓居相位，将不利于社稷。汝愚本来已经孤立了，遭到这一次的打击，随即罢免，和汝愚接近的如徐谊、杨简等也同时受到排斥。陆游春间有《雨夜书感》一首：

> 宦游四十年，归逐桑榆暖。皇恩念黎老，一官犹置散。春

---

① 《诗稿》卷三十一。
② 同卷《岁暮感怀十首以余年谅无几休日怆已迫为韵》之九。

残桃李尽,风雨闭空馆。有怀无与陈,万事付酒碗。近代固多贤,吾意终不满。可怜杜拾遗,冒死明房琯。慷慨讵非奇,经纶恨才短。群胡穴中原,令人叹微管。①

朝廷的局面一变了,因此陆游说到"风雨闭空馆"。赵汝愚在危难之中,毅然地把国家大事担当起来,但是因为处置无方,没有满足韩侂胄的期望,以至变出意外,造成两人的对立,终于受到贬斥,所谓"慷慨讵非奇,经纶恨才短"者指此。

陆游和赵汝愚这个系统以内的人,都是意气相投的。对于朱熹、叶适,他的来往更密,因此他更感觉到必须置身事外,这一年诗句中这样的表现特别显著:

平生万事付之天,百折犹能气浩然。试问软尘金络马,何如柔橹月侵船?英雄到底是痴绝,富贵但能妨醉眠。三百里湖随意住,人间真有地行仙。②

陆君拙自谋,七十犹粝食。著书虽如山,身不一钱直。默自观我生,困弱良得力。转喉畏或触,唾面敢自拭。世路方未夷,机阱宁有极。但能常闭门,尊拳贷鸡肋。③

一亩山园半亩池,流年忽逮挂冠期。卖花醉叟剥红桂,种药高僧寄玉芝。午枕为儿哦旧句,晚窗留客算残棋。登庸策免多新报,老子痴顽总不知。④

姓名无复世人闻,静处何妨独策勋。久矣不堪东阁客,归

---

① 《诗稿》卷三十二。
② 同卷《舟中戏书》。
③ 同卷《自规》。
④ 同卷《闲中书事二首》之二。

哉无愧《北山文》。横林霜近有丹叶,平野雨余多断云。更喜
鸥鹭来渐熟,一溪烟水与中分。①

陆游感到权贵的威胁,因此更想脱离政治,脱离现实。失败的
概予"策免",胜利的同时"登庸",陆游的答复止是"老子痴顽总不
知"。有时他更怀念到镜湖上的隐士。他说起:

夜坐闻湖中渔歌

少年嗜书竭目力,老去观书涩如棘。短檠油尽固自佳,坐
守一窗如漆黑。渔歌袅袅起三更,哀而不怨非凡声。明星已
高声未已,疑是湖中隐君子。②

题庵壁

万里东归白发翁,闭门不复与人通。绿樽浮蚁狂犹在,黄
纸栖鸦梦已空。薄技徒劳真刻楮,浮生随处是飞篷。湖边吹
笛非凡士,倘肯相从寂寞中。(自注:每风月佳夕,辄有笛声起
湖之西南,莫知何人,意其隐者也。)③

陆游对于这一位湖中隐士,是非常怀念的,后来诗中也不断提
出。这是怎样的一位人物呢? 杨万里曾经有一个解答:

近尝于益公许,窥一二新作,邢尹不可相见,既见不自知
其位也。独其间有使人怏怏无奈者,如"湖中有一士,无人知
姓名",又如"寄湖中隐者"是也。斯人也,何人也? 谓不可见,
则有欲拜某床下者;谓不可闻,则有闻其长啸吹笛者。斯人

---

① 《诗稿》卷三十三《野堂四首》之二。
② 《诗稿》卷三十二。
③ 《诗稿》卷三十六。

也,何人也? 非所谓"不夷不惠"者耶? 非所谓"出乎其类"、"游方之外"者耶? 非所谓"逃名而名我随,避名而名我追"者耶? 公欲知其姓名乎? 请索琼茅,为公卦之? 其繇曰:"鸿渐之筮,实维我氏;不知其字,视元宾之名;不知其名,视言偃之字。"既得是占,颇欲自秘,又非闻善相告之义,公其无谓"龟策诚不能知事"。①

万里这一篇富于幽默趣味的书信,揭穿了陆游的秘密。所谓湖中隐士,其实是陆游自己,是他的脱离现实的化身。

由于对现实的不满,陆游有时想到抛弃这个现实世界。他不想谈国家大事了,止谈一些农村的生活。他在《倚杖》诗中说:

> 倚杖柴门外,踟蹰到日斜。儿童拾笋箨,妇女卖茶芽。掠岸过渔艇,隔篱闻纬车。年来诗料别,满眼是桑麻。②

有名的《小舟游近村舍舟步归》的几首绝诗,是在这个动机之下写的,如:

> 数家茅屋自成村,地碓声中昼掩门。寒日欲沉苍雾合,人间随处有桃源。

> 斜阳古柳赵家庄,负鼓盲翁正作场。死后是非谁管得,满村听说蔡中郎。③

可是一位现实主义的诗人,要想逃避现实,正和要想逃避自己的影子一样,那是永远随在你身后的,在阴影下,有时似乎不易见到,止

---

① 《诚斋集》卷六十八《再答陆务观郎中书》。
② 《诗稿》卷三十二。
③ 《诗稿》卷三十三。

要透出一线的光耀来,影子立即出现。它不是你的身体的一部分,但是和你无可分割地联系在一处。陆游在《初冬感怀》这首律诗的前半首,好像是"满眼桑麻"了,但是一读到第五句,你会看到陆游止是原来的陆游:

> 落叶扫还积,断鸿飞更鸣。羸躯得霜健,老眼向书明。水瘦河声壮,萁枯马力生。竟为农父死,白首负功名。①

无论小朝廷的政争,演变到怎样的一个局面,陆游关心的还是国家大势。最使他忧切的是中原沦陷的日子久了,慢慢地会滋生一种视为当然的心理状态,这样便会削弱收复中原的动力。这一年他曾说:

> 虏覆神州七十年,东南士大夫视长淮以北,犹伧荒也。以使事往者,不复黍离麦秀之悲,殆无以慰答父老心。②

其后二年,他又提出:

> 承平无事之日,故都节物及中州风俗,人人知之,若不必记。自丧乱来七十年,遗老凋落无在者,然后知此书之不可阙。吕公论著,实崇宁、大观间,岂前辈达识,固已知有后日耶!然年运而往,士大夫安于江左,求新亭对泣者,正未易得,抚卷累欷。③

抱有这样的思想,因此无论当时的政治情况怎样对他不利,无论他

---

① 《诗稿》卷三十三《初冬感怀二首》之一。
② 《文集》卷二十八《跋张监丞云庄诗集》。
③ 同卷《跋吕侍讲岁时杂记》。

自己怎样的有意逃避现实,陆游还是摆脱不了政治的现实,而且认为一个诗人,必须有伟大的抱负,不能仅仅在字句方面下工夫。庆元元年他的《读杜诗》是在这个情绪下写出的:

> 城南杜五少不羁,意轻造物呼作儿。一门酝法到孙子,熟视严武名挺之。看渠胸次隘宇宙,惜哉千万不一施。空回英概入笔墨,《生民》《清庙》非唐诗。向令天开太宗业,马周遇合非公谁? 后世但作诗人看,使我抚几空嗟咨。①

事实上,政治情况已经急转直下。十一月间,监察御史胡纮上言汝愚倡引徒众,谋为不轨。这一位"慷慨诡非奇"的大臣,获得贬窜湖南永州的处分。汝愚行至衡州,病况很严重,衡州知州钱鍪对他百端窘辱,汝愚自杀。八月间胡纮再言:"比年以来,伪学猖獗,图谋不轨。"在他们群起攻击的当中,宁宗下诏:"伪学之党,勿除在内差遣。"监司荐举,士人投考的时候,都必须注明"不是伪学"的字样。到庆元三年十二月,正式宣布了伪学之籍,共计宰执四人,待制以上官十三人,余官三十一人,武臣三人,士人八人,共计五十九人。这是所谓"庆元党禁"。五十九人之中,周必大、朱熹、叶适,都和陆游关系较深,因此陆游的地位,处在党禁的边缘,止要扩大党籍,他随时有列名的可能。

　　但是陆游只是自行其是,在诗歌中,主要地还是提出他的对外作战,收复中原的愿望。庆元二年他在《寒夜歌》里提得很清楚:

> 陆子七十犹穷人,空山度此冰雪晨。既不能挺长剑以抉九天之云,又不能持斗魁以回万物之春。食不足以活妻子,化不

---

① 《诗稿》卷三十三。

足以行乡邻。忍饥读书忽白首,行歌拾穗将终身。论事愤叱目若炬,望古踊跃心生尘。三万里之黄河入东海,五千仞之太华磨苍旻。坐令此地没胡虏,两京宫阙悲荆榛。谁施赤手驱蛇龙,谁恢天网致凤麟?君看煌煌艺祖业,志士岂得空酸辛![①]

陆游对于自己所处的境地,不能说是没有感慨的,他说:

苦心虽呕何由出,病骨非谗亦自销。[②]

但是他却用更大的力量写出前线将士的痛苦:

陇头水

陇头十月天雨霜,壮士夜挽绿沉枪。卧闻陇水思故乡,三更起坐泪数行。我语壮士勉自强,男儿堕地志四方。裹尸马革固其常,岂若妇女不下堂。生逢和亲最可伤,岁辇金帛输戎羌。夜视太白收光芒,报国欲死无战场。[③]

在这首诗里,他指出对外屈服的可耻,和报国无路的可悲。他写陇上的壮士,可是他也是写自己。七十三岁的陆游,没有忘却报国的战场。

庆元三年五月陆游的妻王氏死了,有《令人王氏圹记》。记中题衔为中大夫,中大夫是从四品,陆游虽然止是一名祠官,但是祠官没有脱离仕籍,循例升转,这时应当得到这个官阶了。陆游对王氏之死,有《自伤》一首。

---

① 《诗稿》卷三十四。
② 《诗稿》卷三十五《龟堂独坐遣闷二首》之一。
③ 同卷。

朝雨暮雨梅子黄，东家西家鹂兰香。白头老鳏哭空堂，不独悼死亦自伤。齿如败屐鬓如霜，计此光景宁久长？扶杖欲起辄仆床，去死近如不隔墙。世间万事俱茫茫，惟有进德当自强。往从二士饿首阳，千载骨朽犹芬芳。①

陆游和王氏，共同生活了五十年，他的痛苦是很自然的。从庆元元年以来，他的健康状况已经不很好，经过这样的事故，无怪他会说起"去死近如不隔墙"了。为什么他要"往从二士饿首阳"呢？这里当然和他的政治风度有关。

庆元党禁发布了，陆游虽然不在党籍之中，但是他的亲密的朋友都在禁中，这就必然使他要考虑到自己的风度问题。赵汝愚和韩侂胄的斗争，陆游虽然没有参预其间，他对于侂胄，也谈不到私人的恩怨，但是侂胄是皇亲国戚，封建时代的自爱之士，必然要在自己和皇亲国戚之间，安置一定的距离。侂胄曾经官为知阁门事，当然这不是什么污辱，但是正因为这个官职和皇宫发生连带关系，宋代都视为一种近幸，南宋以来的曾觌、龙大渊、张说等人，品格固然不高，和当时的一般官吏相比，也未见得特别卑鄙，但是当时人都因为他们的官职关系，视同小人，不愿和他们亲近。韩侂胄当权，用人进退都由侂胄作主，陆游必然要考虑到"往从二士饿首阳"了。

这年他有《杂题》一首：

少谈王霸谋身拙，晚好诗骚学道疏。赖有一筹差自慰，闭

---

① 《诗稿》卷三十六。

门不作子公书。①

子公是西汉的陈汤,《汉书》有传,称他"家贫丐贷无节,不为州里所
称"。陆游的生活,尤其他在四川的时候,是浪漫的,但是他的政治
风度是非常严肃的,这一点有时被人忽视,因此对于陆游的理解不
够全面,对于他此后十二年的生活面貌,得不到正确的认识。

十二月里,伪学五十九人的名单已经正式公布了,但是陆游和
朱熹的来往还是很密。朱熹送他纸被,陆游有诗两首:

> 木枕藜床席见经,卧看飘雪入窗棂。布衾纸被元相似,只
> 欠高人为作铭。

> 纸被围身度雪天,白于狐腋软于绵。放翁用处君知否?绝
> 胜蒲团夜坐禅。②

庆元四年正月,陆游有《镇江府驻札御前诸军副都统厅壁记》。
这是一篇普通酬应的文章,但是篇末提出:

> 然今天子神圣文武,承十二圣之传,方且拓定河洛,规恢
> 燕赵,以卒高皇帝之伐功,则宿师江淮,盖非久计,夏侯君亦且
> 与诸将移屯玉关之西,天山之北矣。予虽老,尚庶几见之。③

陆游的气概,依然是很磅礴,并没有因为时局的不安而受到挫折。
秋天以后,他在《感秋》诗里说:

> 秋色关河外,秋声天地间。壮士感此时,朝镜凋朱颜。一

---

① 《诗稿》卷三十六。
② 同卷《谢朱元晦惠纸被》。
③ 《文集》卷十九。

> 身寄空谷,万里梦天山。噫呜怒眦裂,愤激悲涕潸。古来真龙
> 驹,未必置天闲。长松倒涧壑,委弃同蓁菅。得志未可测,谈
> 笑济时艰。凛然《出师表》,一字不可删。①

陆游对于建立功名的向往,一向没有讳言过,现在依然没有讳言。
他说:

> 早岁元于利欲轻,但余一念在功名。白头不试平戎策,虚
> 向江湖过此生。
>
> 书生忠义与谁论?骨朽犹应此念存。砥柱河流仙掌日,死
> 前恨不见中原。②

“利欲”和“功名”是两种不同的观念。“利欲”是从个人利益出发
的,因此是坏的,是对于集体、对于国家不利的;“功名”,在为人民
立功的意义上,是从事业前途出发的,因此是好的,是对于集体、对
于国家有利的。陆游的这几首诗,正要把这两种不同的观念,加以
应有的区别。

他对于个人的利益,有他一定的立场。祠禄他是接受的,从他
罢官以后,直到现在已经继续担任过四任的祠官,“日绝丝毫事,年
请百万钱”,这是当时的社会制度,陆游也没有感到有什么不安。
现在不同了,在政治斗争的当中,在士大夫和权贵对立的当中,他
必须来一个选择,而他的选择是在祠禄行将满期的当中,不再申
请连任,和权贵划清界限,我们可以从他的《病雁》篇看出他的
心理。

---

① 《诗稿》卷三十七。
② 同卷《太息四首》之一、之二。

病雁祠禄将满,幸粗支朝夕,遂不敢复有请,而作是诗

芦洲有病雁,雪霜摧羽翰。不辞道路远,置身湖海宽。稻梁亦满目,鸣声自辛酸。我正与此同,百忧双鬓残。东归忽十载,四忝侍祠官。虽云幸得饱,早夜不敢安。乃知学者心,羞愧甚饥寒。读我《病雁》篇,万钟均一箪。①

"羞愧甚饥寒",这里正指出陆游的人生态度,也就在这个思想指导之下,形成他的政治风度。他还有几首七律,谈到同样的问题,录一首:

祠庭八载窃荣名,一饱心知合自营。牍后落衔便手倦,月头镌俸喜身轻。弊衣不补惟频结,浊酒难谋且细倾。赖有东皋堪肆力,比邻相唤事冬耕。②

这一年的冬天,他有《三山杜门作歌》五首,调子和杜甫的《同谷七歌》相近,杜甫的诗写出他在穷困之中的气概,陆游在这个基础上更表现出他不和权贵们同流合污的意境。

陆游决定不再申请祠禄,当时的统治者也不来迁就,这便构成了"君平既弃世,世亦弃君平"的局面。庆元五年五月七日临安的诏书下来,准予致仕。所谓致仕,是从现任官吏的名册里销号,不但行政官取消,连祠官也一并取消了。陆游有诗,说起:

剡曲东归日醉眠,冰衔屡忝武夷仙。恩如长假容居里,官似分司不限年。一札疏荣驰厩置,两儿扶拜望云天。坐縻半俸犹多愧,月费公朝二万钱。③

---

① 《诗稿》卷三十七。
② 《诗稿》卷三十八《祠禄满不敢复请作口号三首》之二。
③ 《诗稿》卷三十九《五月七日拜致仕敕口号二首》之一。

在没有取消祠官以前,陆游的官俸是"年请百万钱";现在止说"月费二万钱",当是专指货币,其他还有粮食絮帛,不在此内。①

　　致仕以后,陆游的心境是恬然的。致仕正是由于他的不再申请祠禄的自然结果,因此他觉得很恬适,所以说:

　　　　生理虽贫甚,胸中颇浩然。常辞问字酒,屡却作碑钱。宁有骆堪鬻,尚无车可悬。小须梅雨霁,散发醉江天。

　　　　昔自台郎斥,频年困负薪。四叨优老禄,十送故乡春。衰悴宁知活,萧条敢厌贫。惟思逢乐岁,击壤学尧民。②

　　但是陆游对于当时的统治者是不能满意的。固然,周必大、朱熹、陆游、叶适、乃至已死的赵汝愚都属于地主阶级,但是他们还不是当时权贵那样的大地主阶级,他们同样地受到大地主阶级的压迫,而因为他们的地位,比较地和人民接近,所以更能了解人民的痛苦,在一定的程度上,也反映了人民的要求。他们要求缓和阶级矛盾,固然是统治阶级意识的反映,可是因为他们同时也反映了人民的要求,因此他们的作品,也表现了一定的人民性。

　　陆游对于统治者的不满,特别表现在他的读史的一类诗里。这本是古代诗人常用的手法,可是陆游写得更灵活、更生动。这一年的作品中,如:

读晋书

　　诸公日饫万钱厨,人乳蒸豚玉食无。谁信秋风雒城里,有

---

　　① 参《诗稿》卷二十六《拜敕口号》自注。
　　② 《诗稿》卷三十九《致仕后述怀六首》之三、之四。

人归棹为莼鲈。①

读后汉书

赍春老子吾所慕,垂世文章宁在多? 诗不删来二千载,世间惟有《五噫歌》。②

陆游读史的诗篇,都有他的用意所在。这一年他有《读书》一篇,更把自己的意义加以阐述:

古人已死书独存,吾曹赖书见古人。后之视今犹视古,吾书未泯要有取。贾生痛哭汉文时,至今读之有余悲。魏征嘻笑封德彝,生亦岂责绛灌知。穷秋风雨卧孤馆,万世悠悠百年短。垂死成功亦未晚,安知无人叹微管。③

附带地我们还可以举出另外一首诗:

读夏书

巨浸稽天日沸腾,九州人死若丘陵。一朝财得居平土,峻宇雕墙已遽兴。④

这首诗是嘉泰二年作的,但是对于南宋的统治阶级,是一个更辛辣的讽刺,攻击的目标一直对准最高统治者,认为女真南侵的攻势才得安定下来,统治者又是剥削人民,大兴土木,不顾民生的疾苦。

致仕以后,陆游安居农村的思想,更加坚定下来。《村舍杂书》

---

① 《诗稿》卷三十九。
② 同卷。
③ 《诗稿》卷四十一。
④ 《诗稿》卷五十一。

十二首写出了他自己的生活,他栽桑、养蚕、种菜、种胡麻,酿酒,做酱。有时他也种药。古代的书生,多少都懂得一些医道,陆游本来有家传的验方,空暇的时候,有时也为人民诊病,因此家园里也种药。这里有玉芝,也有黄精,他说:"活人吾岂能,要有此意存。"山阴的家乡,是一个沼泽的区域,因此家中也备了小船,有时他可以到菱白田里看一下,有时也可以看一看芋田。最后他说:

> 爵禄九鼎重,名义一羽轻。人见共如此,吾道何由行? 湖山有一士,无人知姓名。时时风月夕,遥闻清啸声。①

庆元六年,他已经是七十六岁的高龄了,为了优待这一位老臣,南宋的统治者把他的官衔提升为直华文阁,并且赐紫金鱼袋。这是封建时代的一种礼遇。陆游有《恩赐龟紫》两首七绝:

> 忆昔青衫上赤墀,颔间未有一茎丝。岂知晚拜金龟赐,却是霜髯雪鬓时。
>
> 已挂朝衣神武门,暂纡紫绶拜君恩。儿孙贺罢还无事,雨笠烟蓑自灌园。②

陆游有《除直华文阁谢丞相启》,中间说到自己的状况:

> 伏念某承学迂疏,禀姿蓁陋。幼生京洛,尚为全盛之编氓;长缀班联,曾是中兴之朝士。福未容于盈眦,祟已骇于烧城。西征至岐凤之间,南戍掠瓯闽之境,晚仅升于省闼,旋即返于乡关。鹤归辽天,狐死丘首,蓬户十移于岁律,慢亭四阅

---

① 《诗稿》卷三十九《村舍杂书》。
② 《诗稿》卷四十三。

于祠官。久遂屏居,非始挂冠之日;尽捐半俸,真为纳禄之人。岂期垂尽之光阴,忽玷殊常之惠泽。①

庆元六年三月陆游作《赵秘阁文集序》,②题衔作中大夫、直华文阁致仕、赐紫金鱼袋,官衔是提升了,但是这只是空衔。

就在这年三月朱熹死了。后代对于朱熹,有时认为他是一位高谈心性的理学家,脱离了时代的实际,其实在南宋的时代,一般都认为他是一位要求革新的领导者,在和韩侂胄的对立中,赵汝愚只是名义上的领导,实际上的领导是朱熹。在朱熹的周围,团结了当时的一般中小地主阶级出身的知识分子。陆游、叶适、陈亮、辛弃疾:他们和朱熹关系的亲密程度,虽然不完全一样,但是他们对于朱熹都有一致的推崇。朱熹对于当时的统治者,一边要他们正心诚意,励精图治,一边也要他们秣马厉兵,报仇雪耻。虽然他在中央的时间不久,没有做出显著的成绩,但是他在担任地区工作的时间,推动社仓,举办经界,切切实实做出一些于人民有利的事业。在这些方面,他完全推行王安石的新政,虽然在名义上,因为政治影响的关系,始终没有承认这一点。

韩侂胄和他的左右,对于朱熹的地位,是有足够的认识的。所谓"伪学""伪党"之禁,矛头都指向朱熹,因此到了朱熹的晚年,平时和他来往,但是立场不够坚定的人,都和他断绝关系了,有人甚至故意开始腐化糜烂的生活,表示他们和朱熹的生活道路,完全不同。朱熹死了以后,统治者惟恐他的朋友和生徒前往追悼,甚至连

---

① 《文集》卷十二。
② 《文集》卷十四。

追悼的行动也列入禁条。

陆游的立场是坚定的。朱熹死了,陆游以七十六岁的高龄,在那时代的交通情况下,当然不可能由浙东跋涉千里,前往福建致祭,可是他的祭文在寥寥的三十五字之内,充分地表现了他对于朱熹的认识和他自己的立场。

　　某有捐百身起九原之心,有倾长河注东海之泪,路修齿耄,神往形留。公殁不亡,尚其来飨。①

这里牵涉到两篇作品的关系。《宋史·陆游传》说他"晚年再出,为韩侂胄撰《南园》、《阅古泉记》,见讥清议"。《阅古泉记》的写作,待后再说。《南园记》的写作,因为记中称韩侂胄为少师,据《宋史》,庆元五年九月加韩侂胄少师,六年十月进太傅,因此这篇作品不可能早于庆元五年九月,也不可能迟至六年十月以后。这是《南园记》写定的年份。

为什么会有这篇记?庆元三年,赐韩侂胄土地,经过他的经营以后,称为"南园"。据《宋史·杨万里传》,侂胄请万里作记,许以掖垣(翰林学士),万里说:"官可弃,记不可作也。"侂胄大怒,把作记的事改命别人。我们把这段记载和《宋史·陆游传》配合,那么所谓改命他人,当然是指改命陆游。《宋史》的记载是否可信,是值得怀疑的。当时万里罢官家居,实际上无官可弃,所谓"官可弃",自不足信。其次,陆游作《记》,是不是有所希冀呢?陆游这一年和次年都没有作官,那么作记和作官没有连带的关系,陆游在《记》中自称:

---

① 《文集》卷四十一《祭朱元晦侍讲文》。

　　游老病谢事,居山阴泽中,公以手书来曰:"子为我作《南园记》。"游窃伏思公之门,才杰所萃也,而顾以属游者,岂谓其愚且老,又已挂衣冠而去,则庶几其无谀词,无侈言,而足以道公之志欤。此游之所以承公之命而不获辞也。①

从这一节中,我们看到陆游还在山阴,并没有和侂胄见面,而且一称"老病谢事",再称"又已挂衣冠而去",这也指出了他自己无意出山。

最主要的还在于《南园记》所提出的命意:

　　自绍兴以来,王公将相之园林相望,莫能及南园之仿佛者,公之志岂在于登临游观之美哉! 始曰"许闲",终曰"归耕",是公之志也。公之为此名,皆取于忠献王之诗,则公之志,忠献之志也。与忠献同时,功名富贵略相垺者,岂无其人,今百四五十年,其后往往寂寥无闻。韩氏子孙,功足以铭鼎彝,被弦歌者,独相踵也。逮至于公,勤劳王家,勋在社稷,复如忠献之盛,而又谦恭抑畏,拳拳志忠献之志,不忘如此;公之子孙又将嗣公之志而不敢忘,则韩氏之昌,将与宋无极,虽周之齐、鲁,将何加哉! 或曰:"上方倚公如济大川之舟,公虽欲遂其志,其可得哉?"是不然。知上之倚公而不知公之自处,知公之勋业而不知公之志,此南园之所以不可无述。

侂胄是宋代功臣韩琦——忠献王——的曾孙,因此陆游一再以韩琦之志,勉励侂胄,而且指出"谦恭抑畏,志忠献之志"。毫无疑问的,陆游对于韩侂胄,主旨还在于勖勉而不是阿谀。

那么他为什么要作《南园记》? 在侂胄声势赫奕的当中,陆游

---

①　《放翁逸稿》卷下《南园记》。

固然无所希冀，但是他不能不有所畏惧。《南园记》的写作，主要还是出于一种畏惧的心理，不是求福而是避祸。但是陆游在立场上还是相当坚定，他没有因此求官，同时他也没有为了作《南园记》而忘却了作《祭朱元晦侍讲文》。

陆游在诗中也提出自己的立场：

> 古人处丘园，如彼不嫁女。终身秉大节，敢恨老环堵。嗟予晚乃觉，乞骸归卒伍。去就讲已熟，穴居宜知雨。百尺持汲绠，道长畏天暑。先见虽有惭，爱身亦自许。[①]

> 吾幼从父师，所患经不明。何尝效侯喜，欲取能诗声？亦岂刘随州，五字矜长城？秋风短檠夜，掉头费经营。区区宇宙间，舍重取所轻！此身倘未死，仁义尚力行。[②]

八月间，陆游有一篇《居室记》，对于自己的日常生活，写得很清楚，为了对于他有更清切的了解，移录于此：

> 陆子治室于所居堂之北，其南北二十有八尺，东西十有七尺。东西北皆为窗，窗皆设帘障，视晦明寒燠为舒卷启闭之节。南为大门，西南为小门，冬则析堂与室为二，而通其小门以为奥室，夏则合为一，而辟大门以受凉风。岁暮必易腐瓦，补罅隙，以避霜露之气，朝晡食饮，丰约惟其力，少饱则止，不必尽器，休息取调节气血，不必成寐；读书取畅适性灵，不必终卷。衣加损，视气候，或一日屡变。行不过数十步，意倦则止。虽有所期处，亦不复问。客至，或见或不能见。间与人论说古

---

① 《诗稿》卷四十四《读何斯举黄州秋居杂咏次其韵十首》之六。
② 同卷《读苏叔党汝州北山杂诗次其韵十首》之十。

事,或共杯酒,倦则亟舍而起。四方书疏,略不复遣,有来者或亟报,或守累日不能报,皆适逢其会,无贵贱疏戚之间。足迹不至城市者率累年。少不治生事,旧食奉祠之禄以自给。秩满,因不复敢请,缩衣节食而已。又二年,遂请老,法当得分司禄,亦置不复言。舍后及旁皆有隙地,莳花百余本,当敷荣时,或至其下,方羊坐起,亦或零落已尽,终不一往。有疾,亦不汲汲近药石,久多自平。①

这一年冬间,陆游辟东园路,直至山脚;路旁隙地,杂植花草,生活还是丰富多彩的。

山阴的岁月是安定的,但是他对于国事还是非常的关怀。嘉泰元年的春间,作《追感往事》五首,他对于南渡以来,国家所受的屈辱,指出这是由于当时公卿的不负责任,不仅是秦桧一人的主张,他说:

> 诸公可叹善谋身,误国当时岂一秦? 不望夷吾出江左,新亭对泣亦无人。②

在《夏日杂题》中,他谈到自己:

> 憔悴衡门一秃翁,回头无事不成空。可怜万里平戎志,尽付萧萧暮雨中。
>
> 衰疾沉绵短鬓疏,凄凉坦上一编书。中原久陷身垂老,付与囊中饱蠹鱼。③

---

① 《文集》卷二十。
② 《诗稿》卷四十五。
③ 《诗稿》卷四十六。

可是他始终没有忘却为国家出力,他愿意为国家的中兴献出自己的生命:

> 征西幕罢几经春,叹息儿音尚带秦。每为后生谈旧事,始知老子是陈人。建隆乾德开王业,温洛荣河厌虏尘。倘得此生重少壮,临危敢爱不赀身。①

但是他也是一位儒生,因此他必须考虑到自己的身分。他愿意为国家效力,可是他又不愿意为了效力国家的关系,向人乞取官职和地位,这样的一前一却,正是儒家所不能解决的问题。他说:

> 儒生安义命,所遇委之天。用可重九鼎,穷宁直一钱? 虽云发种种,未害腹便便。高卧茅檐下,羹藜法不传。②
>
> 济剧人才易,扶颠力量难。为谋须远大,守节要坚完。气与秋天杳,胸吞云梦宽。方知至危地,自有泰山安。③

在这样的思想斗争之下,他有时感到无法安睡了。九月的秋雨,淅淅沥沥滴个不停,这位七十七岁的爱国主义的诗人,是无法成眠的,他在诗中说:

> 丽谯听尽短长更,幽梦无端故不成。寒雨似从心上滴,孤灯偏向枕边明。读书有味身忘老,报国无期涕每倾。敢为衰残便虚死,誓先邻曲学春耕。④

宁宗是一位庸主,即位以后,大权旁落,最初止看到赵汝愚、韩

---

① 《诗稿》卷四十八《客去追记坐间所言》。
② 《诗稿》卷四十七《儒生》。
③ 《诗稿》卷四十八《寓言》。
④ 同卷《不寐》。

侂胄的斗争,其后大权一直落在韩侂胄手里。侂胄是韩皇后的叔父,虽然韩后在庆元六年死了,在宫中失去了有力的支持者,但是侂胄的权力依然很大,看不到宁宗的作用。陆游对于宁宗的不顾国事,一味享乐,提出他的讽谏:

读 史

青灯耿耿夜沉沉,掩卷凄然感独深。悯纬不遑嫠妇叹,美芹欲献野人心。孤忠要有天知我,万事当思后视今。君看宣王何似主,一篇《庭燎》未忘箴。①

读 史

民间斗米两三钱,万里耕桑罢戍边。常使屏风写《无逸》,应无烽火照甘泉。②

但是政治方面已经出现了转变的朕兆。宋代政治的转变,常常可以从年号的变更里找到它的迹象;当然,年号有时也没有深刻的意义,"绍熙"止是淳熙的继续,"庆元"止是新政的开始,可是"嘉泰"是具有一定的含意的。《易经》说:"天地交,泰。"这就暗示了在朝的当局有接受在野者意见的思想准备。事实也正在引向这一条道路。这里联系到三个人的死讯。朱熹的死,解除了韩侂胄的最大的威胁;京镗的死,解决了侂胄派的死硬的斗士;尤其是韩后的死,更使侂胄感觉到他不能再以皇亲国戚的地位掌握政权,而必须在事业上有所成就。可能他会想起他的曾祖父韩琦吧。韩琦是北宋时代的大臣,忠心耿耿地支持当时的皇室,中间并曾带兵抵抗向

---

① 《诗稿》卷四十八。
② 《诗稿》卷四十九。

中原人民进攻的西夏。他是一位爱国者，值得侂胄的怀想，作为模范的人物。可是要在事业上有所成就，在抵御女真的压迫方面做出一番功业来，侂胄必须团结得力的人物，因此他在思想上有了和士大夫中的知识分子言归于好的准备。

嘉泰二年二月庆元党禁正式解除，监司保举的时候，用不到开明"不系伪学"字样。徐谊、陈傅良、薛叔似、叶适等人皆先后复官自便，连带死在永州的赵汝愚也追复资政殿学士。十月追复朱熹焕章阁待制致仕，十二月复周必大少傅、观文殿大学士。庆元党禁至此成为一个历史上的名词。身预党禁之列，止要活着的都已和韩侂胄在团结一致，对外作战的基础上合作了，那么不在党禁之列的陆游还用得到置身于群众之外吗？

陆游的起用在嘉泰二年五月，他的官衔是中大夫、直华文阁、提举祐神观、兼实录院同修撰、兼同修国史。在起用的时候，因为他年龄已高，特旨无须参加朝贺。六月间陆游到临安，他在《上殿札子》里说：

> 臣乞身累年，忽蒙圣恩，起之山泽之间，使与闻大典，既不累以他职，又特宽其朝谒，责委之意，可谓重矣。然臣之愚虑有欲陈者，未敢遽以仰渎天听，而略具梗概于前，欲乞圣慈明诏大臣，俟臣供职，有所陈请，择其可者，出自朝廷主张施行。如臣不能自力，旷职守，负圣知，则窜殛之刑，所不敢避。①

陆游的计划，是集中自己的精力，在九个月的时间内，做出一些成绩来。当时的文人以陆游、杨万里为首，他们在诗的方面，各有成

---

① 《文集》卷四《除修史上殿札子》。

就,工力悉敌,但是在史才方面,陆游的特长,比较显著,他的《南唐书》,言简意赅,确实是一部有名的著作,因此起用陆游担任修史的工作,实际上是用其所长,在陆游固然没有奔走权门的嫌疑,在韩侂胄也没有与以特别的照顾。

　　党禁解除以后,和韩侂胄的合作,在陆游思想上,没有不可克服的障碍。因为他认为在国家大事上,可以开诚共事;而在私人关系上,更用不到因为政见的不同而发生无原则的纠纷。他认为"熙宁、元祐所任大臣,盖有孟、韩之学,稷、契之忠,而朋党反因之而起,至不可复解,一家之祸福曲直,不足言也"①。他记"东坡自黄州归,见荆公于半山,剧谈累日不厌,至约卜邻以老焉。公论之不可揜如此,而绍圣诸人,乃遂其忮心,投之岭海必死之地,何哉"②。在另外一段记载里,他又记:"熙宁初,有朝士集于相蓝之烧朱院,俄有一人末至,问之,则王元泽也。时荆公方有召命,众人问舍人:'不坚辞否?'元泽言:'大人亦不敢不来,然未有一居处。'众言:'居处固不难得。'元泽曰:'不然,大人之意,乃欲与司马十二丈卜邻,以其修身齐家,事事可为子弟法也。'"③元泽即王雱,安石之子;司马十二丈即司马光。从这些记载里,我们可以看到在庆元六年到嘉泰二、三年之间陆游的思想,因此他在和韩侂胄的合作上,思想问题是已经解决了。

　　未往临安之前,陆游在正月间曾经有诗叙述他的身分:

　　　　丈夫自重如拱璧,安用人看一钱直。箪食豆羹不虚受,富

---

① 《文集》卷二十九《跋蔡忠怀送将归赋》作于嘉泰三年。
② 同卷《跋东坡谏疏草》作于嘉泰二年。
③ 《文集》卷二十八《跋居家杂仪》作于庆元六年。

贵那可从人得！读书万卷行愧心，幽有鬼神为君惜。龟堂乐处谁得知？红日满窗听雪滴。①

到达临安以后，开办史局，有《开局》诗：

八十年光敢自期，镜中久已发成丝。谁令归踏京尘路，又见新开史局时。旧吏仅存多不识，残编重对只成悲。免朝愈觉君恩厚，闲看中庭木影移。②

又有《史院书怀》一首：

后死与斯文，犹能读典坟。虽惭千载事，要是一生勤。石砚霏霏雪，铜炉袅袅云。扶衰又秋晚，何以报吾君？③

在茶砚飞雪，香炉袅云的当中，陆游开始修史的工作，但是他还在不断地怀念故山，他的诗句：

碧云又见日将暮，芳草不知人念归。④

是在这个情绪之中写出的。

嘉泰二年当局的韩侂胄及其左右和士大夫之中的知识分子在对外作战的基础上合作，因此战争的号角隐隐地发动了。秋后是韩侂胄的生日，陆游有诗一首，他说：

珥貂中使传天语，一片惊尘飞辇路。清霜粲瓦初作寒，天为明时生帝傅。黄金饰盝雕玉觞，上尊御食传恩光。紫驼之

---

① 《诗稿》卷五十《雪后龟堂独坐四首》之一。
② 《诗稿》卷五十一。
③ 同卷。
④ 《诗稿》卷五十二《怀故山》。

峰玄熊掌，不数沙苑千群羊。通天宝带连城价，受赐雍容看拜下。神皇外孙风骨殊，凛凛英姿不容画。问今何人致太平，绵地万里皆春耕。身际风云手扶日，异姓真王功第一。①

最后四句，已经逗出由韩侂胄出来，领导作战，取得中兴的局面。韩侂胄用郑唐老出镇襄阳。当时的情势，襄阳是联系淮南东西两路和四川的中枢，从襄阳进兵，可以收复南阳，进取洛阳，袭击敌人的心腹。因此陆游在《送襄阳郑帅唐老》诗中说：

> 郑侯此行端可羡，绣旗皂纛戈如霜。三更传令出玉帐，平旦按阵来球场。宿兵万灶尽貔虎，牧马千群皆骕骦。酒酣赋诗幕府和，纵横健笔谁能当？虽然郑侯志意远，虎视直欲吞北荒。榆林雁门塞垣紫，孟津砥柱河流黄。出师有路吾能说，直自襄阳向洛阳。②

这一年的冬间，陆游提举祐神观的名义发布了，因此在《自嘲》诗里说：

> 是处登临有风月，平生敭历半宫祠。即今个事浑如昨，唤作朝官却自疑。③

他在自注中，列举曾经担任崇道、玉局、武夷三处的祠官，如今又提举祐神观，真是"唤作朝官却自疑"。不久以后，又增加了秘书监的任务，陆游有《馆中书怀》一首：

---

① 《诗稿》卷五十二《韩太傅生日》。
② 同卷。
③ 同卷。

流落逢明主，恩光集晚途。题名惊手战，拜阁藉人扶。枉辱三华组，终归一腐儒。库书时取读，犹足补东隅。①

"三华组"指国史馆、实录院和秘书监。他在临安住在六官宅第六位。在山阴有老学庵，因此他把临时的书斋称为老学行庵。

在临安的当中，当然他有出游的机会，他到过天竺，到过灵隐。有时他在冷泉亭饮酒，欣赏自然界之美，他在诗中说起：

灵隐前，天竺后，鬼削神剜作岩岫。冷泉亭中一尊酒，一日可敌千年寿。清明后，上巳前，千红百紫争妖妍。冬冬鼓声鞠场边，秋千一蹴如登仙。人生得意须年少，白发龙钟空自笑。君不见灞亭耐事故将军，醉尉怒诃如不闻。②

陆游在临安的生活是愉快的。自己担负了最适合的工作，得到一切的重视和照顾，年龄较大的儿子都陆续得到官位，幼子子聿随侍在侧，生活顺利得和长河里的流水一样，可是他还是怀念家乡。在《春晚怀故山》那首诗里，他列举家园的景色：

吾庐烟树间，正占湖一曲。远山何所似？鬟鬓千髻绿。近山更可人，连娟两眉蹙。涧蟠偃盖松，路暗围尺竹。海棠虽妍华，态度终不俗。最奇女郎花，宛有世外躅。虽云懒出游，闭户乐事足。年来殊失计，久耗太仓粟。淖糜不救口，断简欲满屋。兀兀不知春，青灯伴幽独。③

在这里我们必须记清陆游的年龄。将近八十岁的人，对于生活常常

---

① 《诗稿》卷五十二。
② 《诗稿》卷五十三《西湖春游》。
③ 同卷。

是向后看的。固然，在号角高奏的当中，他会和奔马一样，瞪着眼睛向前，可是平时他还是向后看的，这就使他不断地怀念自己的庭园。

四月间韩侂胄邀陆游游园，宾客们衣冠楚楚地随着侂胄，直到阅古泉。三尺宽的泉眼，不知有多么深，水清得和镜子一样。尝过以后，这才知道甘如饴蜜，寒如冰雪。

"诸位知道为什么叫做阅古泉啊?"侂胄问。

"正待太师吩咐。"众中有人说起。

"在先，先忠献王在日，宅中有一座阅古堂，因此起名阅古泉。"

大家正在嗟叹韩琦的忠勤和侂胄的威望的时候，侂胄向着陆游，希望他做一篇《阅古泉记》。

宋人叶绍翁《四朝闻见录》记侂胄宴客的故事，曾说侂胄吩咐得宠的四夫人，擘阮琴起舞，嘱陆游作《南园记》。其实作《南园记》的时候，在三年以前，陆游还在山阴，因此是否曾有四夫人出场，大致也不可尽信。下边是《阅古泉记》的大概：

> 太师平原王韩公府之西，缭山而上，五步一磴，十步一壑，崖如伏鼋，径如惊蛇，大石礧礧，或如地踊以立，或如翔空而下，或翩如将奋，或森如欲搏。名葩硕果，更出互见，寿藤怪蔓，罗络蒙密。地多桂竹，秋而华敷，夏而箨解，至者应接不暇。及左顾而右盼，则呀然而江横陈，豁然而湖自献，天造地设，非人力所能为者。其尤胜绝之地曰阅古泉，在溜玉亭之西，缭以翠麓，覆以美荫，又以其东向，故浴海之日，既望之月，泉辄先得之。[1]

---

[1] 《放翁逸稿》卷上。

在这篇《记》里，陆游便中提出他请求还山的愿望。本来陆游这一次来临安，原以九个月为期，现在时期已过，《孝宗实录》五百卷、《光宗实录》一百卷已经告成，因此他决定还山。四月一日他曾说起：

> 予居镜湖北渚，每见村童牧牛于风林烟草之间，便觉身在图画。自奉诏绅史，逾年不复见此，寝饭皆无味。今行且奏书矣，奏后三日，不力求去，求不听辄止者，有如日。①

实录的奏上在四月十六日，四月内奉旨批准，那时在官衔上已升一级，因此嘉泰四年三月作《普灯录序》题衔称"太中大夫、充宝谟阁待制致仕、山阴县开国子、食邑五百户、赐紫金鱼袋"。这一次的还山，因为事前接洽妥当，一切都很顺利，五月十四日出都，十五日宿浙江亭。过了江便是山阴。陆游匆匆还山，有诗一首：

乍自京尘中得归故山作五字识喜

> 门巷如秋爽，轩窗抵海宽。初还绶若若，已觉面团团。引睡拈书卷，偷闲把钓竿。人生快意事，五月出长安。②

从嘉泰二年六月十四日入都，到这一年五月十四日出都，因为二年闰十二月，先后在都，恰恰十二个月。陆游年龄大了，无从担任具体工作，他的要求还山，和获得批准，都是很自然的。他对于临安中的情况，可能有一些不满意，所以他在诗中曾说：

---

① 《文集》卷二十九《跋韩晋公牛》。
② 《诗稿》卷五十三。

世事蛮攻触,人情越事吴。①

但是基本上他是满意的,因为陆游所期待的止是对外作战的实现,而现在正向这条道路上进行。

从国家和民族的立场上,陆游要求作战,这一年有诗:

感　愤

形胜崤潼在,英豪赵魏多。精兵连六郡,要地控三河。慷慨鸿门会,悲伤易水歌。几人怀此志,送老一渔蓑。②

可是从他个人的立场上,他主张退缩,甚至还要发动他的小儿子,一同走上退却的道路:

杂言示子聿

福莫大于不材之木,祸莫惨于自跃之金。鹤生于野兮何有于轩,桐爨则已兮岂慕为琴。古今共戒玉自献,卷舒要似云无心。庐室但取蔽风雨,衣食过足岂所钦? 我今余年忽八十,归耕幸得安山林。逢人虽叹种种发,入塾尚忆青青衿。吾儿殆可守绝学,相与竭力穷幽深。③

嘉泰四年,周彦文托了一位画师为陆游画像。这时陆游已经完全是一位农村居民了,他的自赞是:

皮葛其衣,巢穴其居,烹不糁之藜羹,驾秃尾之蹇驴。闻

---

① 《诗稿》卷五十三《予以壬戌六月十四日入都门癸亥五月十四日去国而中有闰月盖相去一年矣慨然有赋二首》之一。

② 《诗稿》卷五十五。

③ 同卷。

鸡而起,则和宁戚之牛歌;戴星而耕,则稽氾胜之农书。谓之瘁则若腴,谓之泽则若癯。虽不能草泥金之检以纪治功,其亦可挟《兔园》之册以教乡闾者乎?①

嘉泰三年的夏天,辛弃疾为浙东安抚使,兼知绍兴府。他是陆游的朋友,恰恰又在陆游的故乡担任重要的任务。他看到陆游的居宅过于简陋,因此有意代他修盖新宅,这一件事陆游谢辞了。次年的春天,辛弃疾奉召入都,陆游认识到这一定和时局有关,因此在弃疾临行的时候,作了一首长诗送行:

　　稼轩落笔凌鲍谢,退避声名称学稼。十年高卧不出门,参透南宗牧牛话。功名固是券内事,且葺园庐了婚嫁。千篇昌谷诗满囊,万卷邺侯书插架。忽然起冠东诸侯,黄旗皂纛从天下。圣朝厌厌意未快,尺一东来烦促驾。大材小用古所叹,管仲萧何实流亚。天山挂旆或少须,先挽银河洗嵩华。中原麟凤争自奋,残虏犬羊何足吓。但令小试出绪余,青史英豪可雄跨。古来立事戒轻发,往往谗夫出乘罅。深仇积愤在逆胡,不用追思灞亭夜。②

辛弃疾是当时的一位杰出的英雄,因此统治者对他存有戒心,始终没有重用。绍熙五年,罢官家居,直到嘉泰三年才得起用。在政治关系上,他和朱熹、陆游站在一条线上,现在号召团结一致,共同对外,因此被召入都。在这首送别诗的最后四句里,陆游重新提出团结对外的要求,希望他抛弃以前的一切个人恩怨。弃疾入都,

---

① 《文集》卷二十二《放翁自赞》。
② 《诗稿》卷五十七。

面奏"金国必乱必亡,愿付之元老大臣,务为仓猝可以应变之计"。[①]
这里正看到陆游所起的作用。

中原的消息不断地传来,都认为女真内部混乱,正是可乘之
机,陆游有《闻虏乱次前辈韵》、《壮士吟次唐人韵》各一首。[②] 在《壮
士吟》里他说:

> 士厌贫贱思起家,富贵何在发已华。不如为国戍万里,大
> 寒破肉风卷沙。誓捐一死报天子,兜鍪如箕铠如水。男儿堕
> 地射四方,安能山栖效园绮? 寒云漠漠黄河深,凉州新城高十
> 寻。风餐露宿宁非苦,且试平生铁石心。

我们能说这是一位寻常的八十老翁的诗句吗?

战事还没有发动,但是胜利的消息已经传来了。陆游是战士,
但是他主要地还是诗人,有时他把诗人丰富的想象力和客观的具
体事实纠缠在一处,而因为年龄已高,无法加以应有的判断,其结
果往往脱离了现实。秋天他有《书事》绝句四首:

> 闻道舆图次第还,黄河依旧抱潼关。会当小驻平戎帐,饶
> 益南亭看华山。
>
> 关中父老望王师,想见壶浆满路时。寂寞西溪衰草里,断
> 碑犹有少陵诗。
>
> 鸭绿桑乾尽汉天,传烽自合过祁连。功名在子何殊我,惟
> 恨无人快着鞭。
>
> 九天清跸响春雷,百万貔貅扈驾回。不独雨师先洒道,汴

---

① 李心传《建炎以来朝野杂记》乙集卷十八。
② 《诗稿》卷五十七。

流滚滚入淮来。①

在另外一首七律里，最后他说：

> 史臣历纪平戎策，壮士遥传入塞歌。自笑书生无寸效，十年枉是枕珊戈。②

十二月间，下诏改明年为开禧元年。"开"是开宝（968—975），宋代开国之君太祖的年号，"禧"是天禧（1017—1021），宋代和契丹作战的真宗的年号，这里透露了对外作战、恢复中原的决心，战争的形势完全决定了。开禧元年四月陆游有诗：

> 符离既班师，北讨意颇阑。志士虽有怀，开说常苦艰。诸将初北首，易水秋风寒。黄旗驰捷奏，雪夜夺榆关。

> 小丑盗中原，异事古未有。尔来同左起，似是天假手。头颅满沙场，余藏饲猪狗。天网本不疏，贷汝亦已久。③

从陆游诗中，我们看到他那踊跃求战的激情，但是战争的准备是长期的，自从宋人南渡，至今已八十年，在这八十年中，有过几次大战，可是文恬武嬉，为日已久，必须经过相当时期的发动和准备，才能在战场上，获得一定的把握，从事后看来，韩侂胄掀起开禧年间的战争，是没有经过必要的准备的。然而陆游已经不耐烦了，他甚至非常激动地写出他那带有谴责性的诗句：

---

① 《诗稿》卷五十八。
② 同卷。
③ 《诗稿》卷六十二《出塞四首借用秦少游韵》录二首。

客从城中来

客从城中来,相视惨不悦。引杯抚长剑,慨叹胡未灭。我亦为悲愤,共论到明发。向来酺斗时,人情愿少歇。及今数十秋,复谓须岁月。诸将尔何心,安坐望旌节?①

在这个时期里,陆游在论诗论文的时候,都带有一种激动的心情。九月间他为陈德召作《澹斋居士诗序》,曾经说起:

《诗》《首》《国风》,无非变者,虽周公之《豳》亦变也。盖人之情,悲愤积于中而无言,始发为诗,不然,无诗矣。苏武、李陵、陶潜、谢灵运、杜甫、李白,激于不能自已,故其诗为百代法。国朝林逋、魏野以布衣死,梅尧臣、石延年弃不用,苏舜钦、黄庭坚以废绌死,近时江西名家者,例以党籍禁锢,乃有才名,盖诗之兴本如是。②

陆游的这一类主张,虽然平时也曾看到,可是如这样的深刻,究竟是少有的。他在《傅给事外制集序》里更说:"某闻文以气为主,出处无愧,气乃不挠。"③他认定文章必须有立场,立场正确的文章才可以理直气壮。这不能不算是有识之论。

战事还没有发动,因此陆游有时在山间周行,他的诗确实又在变了,变得那么自然,在写作中间好像没有经心,可是字句却是非常亲切有味,读下边的几首绝句可以看出:

闲行偶复到山村,父老遮留共一尊。曩日见公孙未晬,如

---

① 《诗稿》卷六十四。
② 《文集》卷十五。
③ 同卷。

今已解牧鸡豚。

耕佣蚕妇共欣然,得见先生定有年。扫洒门庭拂床几,瓦盆盛酒荐豚肩。

儿扶一老候溪边,来告头风久未瘥。不用更求芎芷辈,吾诗读罢自醒然。

驴肩每带药囊行,村巷欢欣夹道迎。共说向来曾活我,生儿多以陆为名。

逆旅人家近野桥,偶因秣寒暂消摇。村翁不解读《本草》,争就先生辨药苗。①

陆游在群众中生活,因此诗句也带来群众的气息,这几首诗正是很好的例证。

开禧二年,战事的发动已经迫在眉睫,陆游的情绪更激动了,有《二月一日夜梦》一首:

梦里遇奇士,高楼酣且歌。霸图轻管乐,王道探丘轲。大指如符券,微瑕互琢磨。相知殊恨晚,所得不胜多。胜算观天定,精忠压房和。真当起莘渭,何止复关河。阵法参奇正,戎游相荡摩。觉来空雨泣,壮志已蹉跎。②

当然,这一位梦里奇士,是陆游自己,正如杨万里所说的:"不知其字,视元宾之名,不知其名,视言偃之字。"这个月里,他还有《杂感》六首,第三首说:

雨霁花无几,愁多酒不支。凄凉数声笛,零乱一枰棋。蹈

---

　①　《诗稿》卷六十五《山村经行因施药》。
　②　同卷。

海言犹在，移山志未衰。何人知壮士，击筑有余悲。①

战事正在发动，但是国论还没有统一，韩侂胄锐意用兵，参知政事钱象祖坚持不可，三月，钱象祖罢。陆游的《书贾充传后》，很可能是这一年做的：

> 言一也，情则三也，其惟论兵乎！自古惟用兵最多异论，以其有是三者也。祸机乱萌，伏于隐微，人知兵之利，不知其害，有识者焉，逆见而力止之，王猛之于秦是也。投机之会，转眄已移，而常人暗于事机，私忧过计，冯道之于周是也。猛固贤矣，道虽暗，犹有忧国之心焉。至于贾充，当晋武时，力沮伐吴之谋，至请斩张华，则何说哉？
>
> 自汉之季，百数十年间，庸人习见南北分裂，谓为故常。赤壁之役，以魏武之雄，乘破竹之势，而大败涂地，终身不敢南向。充之心，盖窃料吴未可下，因为先事之言，以侥后日之福，而不料天下之遂一也。要之，战，危事也，以舜为君，禹出师不能一举而定三苗；……故为充之说者，常有利焉。此人臣之阴为身计者，所以多出于此也。冯道不足言矣，王猛、贾充之论，所谓差毫厘而谬千里者，可不察哉。②

这是主战派的言论，极力驳斥了当时反对作战的人士。在这一点上，陆游和韩侂胄的主张，是完全一致的。

嘉泰四年，追封岳飞为鄂王；开禧二年四月，降申王秦桧为卫国公。当然，这样的封降，对于死者没有什么影响，但是对于当时

---

① 《诗稿》卷六十六。
② 《文集》卷二十五。

的人士,却起了一定的作用。降封秦桧的制词说起:"兵于五材,谁能去之,首弛边疆之备;臣无二心,天之道也,忍忘君父之仇!"又说:"一日纵敌,遂贻数世之忧,百年为墟,谁任诸人之责?"这些语句,在当年是传诵一时的。

四月间战争爆发,武义大夫毕再遇,镇江都统陈孝庆取泗州,江州统制许进取新息县,兖州忠义人孙成取褒信县。五月陈孝庆取虹县。战争进行非常顺利。宁宗下诏伐金,双方的战争正式开始了。陆游得到邸报以后,有诗一首:

> 六圣涵濡寿域民,耄年肝胆尚轮囷。难求壮士白羽箭,且岸先生乌角巾。幽谷主盟猿鹤社,扁舟自适水云身。却看长剑空三叹,上蔡临淮捷奏频。①

陆游对于国事的关怀,随处都有表现。五月间跋曾幾的奏稿时说:

> 绍兴末,贼亮入塞,时茶山先生居会稽禹迹精舍,某自敕局罢归,略无三日不进见,见必闻忧国之言。先生时年过七十,聚族百口,未尝以为忧,忧国而已。后四十七年,先生曾孙黯以当日疏稿示某。于今某年过八十,仕忝近列,又方王师讨残虏时,乃不能以尘露求补山海,真先生之罪人也。②

在《老马行》里,陆游更抒写了自己的感慨:

> 老马骯髒依晚照,自计岂堪三品料? 玉鞭金络付梦想,瘦稗枯萁空咀嚼。中原蝗旱胡运衰,王师北伐方传诏。一闻战

_____

① 《诗稿》卷六十七《观邸报感怀》。
② 《文集》卷三十《跋曾文清公奏议稿》。

鼓意气生,犹能为国平燕赵。[1]

战事不是顺利的,经过初步胜利以后,宋人不断地受到挫折。马军司统制田俊迈进攻蕲县,为金人所败,在退却的时候,他的上级郭倬把田俊迈作为俘虏交给敌人,自己却乘机逃走了。毕再遇奉命进攻徐州,行至虹县,听到俊迈的败耗,随即据守灵壁,在灵壁和金人打了一次遭遇战,在击溃敌人以后,退守泗州。京西北路招抚副使皇甫斌进攻唐州,为敌人所败。兴元都统秦世辅出兵至城固,军大乱。最大的挫折出在四川。四川宣抚副使吴曦,向金的统治者投降,金封为蜀王,整个的西南完全动摇了。但是这一切消息都被封锁着。陆游在山阴县听到四川出兵,收复华州,作诗二首:

> 西师驿上破番书,鄠杜真成可卜居。细肋卧沙非望及,且炊黍饭食河鱼。
>
> 青铜三百饮旗亭,关路骑驴半醉醒。双鹭斜飞敷水绿,孤云横度华山青。[2]

战事已经无望了,可以安慰这一位八十二岁的诗人的惟有他自己的想象力,但是想象力毕竟是靠不住的。

南渡以来,因为统治者的加强剥削,人民的痛苦是重大的,这些在陆游的诗里都有反映,在和韩侂胄的合作当中,他并没有忘却人民。

---

[1] 《诗稿》卷六十八。
[2] 《诗稿》卷六十九《闻西师复华州二首》。

书　叹

　　齐民困衣食，如疲马思秣。我欲达其情，疏远畏强聒。有
司或苛取，兼并亦豪夺。正如横江网，一举孰能脱？政本在养
民，此论岂迂阔？我今虽退休，尝缀廷议末。明恩殊未报，敢
自同衣褐。吾君不可负，愿治甚饥渴。①

　　战争发动以后，为了争取人民的拥护，曾经下诏免除人民欠下的租
税，同时也在农村中召募新兵。陆游说：

村舍得近报有感

　　莫谓山村僻，时闻诏令传。宽民除宿负，募士戍新边。霜
重瓦欲裂，月明人少眠。残民抱遗恨，终愧祖生鞭。②

　　因为战事的紧迫，有时战士在结婚的第二日，就得匆匆地走上征
途。陆游又说：

戍兵有新婚之明日遂行者予闻而悲之为作绝句二首

　　送女匆匆不择日，彩绕羊身花照席。暮婚晨别已可悲，犹
胜空房未相识。

　　夜静孤村闻笛声，溪头月落欲三更。不须吹彻《阳关曲》，
中有征人万里情。③

　　战事在胶着的状态中进行，南宋仅有的一些锐气已经消耗了。
二月间，四川宣抚使司长史安丙和监兴州合江仓杨巨源等起义，杀吴
曦，这才消灭了西南的大害，但是四川因为内部的混乱，更没有力量

---

　　① 《诗稿》卷六十八。
　　② 同卷。
　　③ 《诗稿》卷六十九。

支援东南的战事。在吴曦被杀之后,陆游上贺表,中间说及:

> 恭惟皇帝陛下,德配天地,功光祖宗。览图籍而动容,每念两京之未复;奉庙祧而贾涕,不忘九世之深仇。蠢兹雏卵之微,自投鼎镬之地,人情共愤,天讨遂加。葅醢以赐诸侯,虽特宽于汉法;头颅之行万里,已大震于戎心。①

四月以后,宋人作战的意志开始动摇,正在试探和议,但是这是绝对的机密,一般人不知道。五月二十一日的大风雨中,陆游还在庆祝宋人的胜利:

> 风雨纵横夜彻明,须臾更觉势如倾。出门已绝近村路,对面不闻高语声。衔舳江关多蜀估,宿师淮浦饱吴粳。老民愿忍须臾死,传檄方闻下百城。②

七月以后,他有《雨晴》一首:

> 旱暵常思雨,沉阴却喜晴。放船莲荡远,岸帻竹风清。淮浦戎初遁,兴州盗甫平。为邦要持重,恐复议消兵。③

和议的试探没有获得成功,金人的军队继续向南压迫,南宋必须重新鼓起作战的勇气来。这样的思想情况,在陆游诗里也有反映:

> 鸡声喔喔频催晓,木叶飕飕已变秋。忧患纵多终强项,饥寒未至且优游。老黑尚欲身当道,乳虎何疑气食牛。但有一

---

① 《文集》卷一《逆曦授首称贺表》。
② 《诗稿》卷七十一《五月二十一日风雨大作》。
③ 同卷。

愁消未得,大儿白发戍边头。①

这一年他的长子子虡调官寿春,篇末指此。"乳虎"指他新得的小孙,这时才半岁。他在诗中又说:

> 会稽城南古大泽,霜晴水落烟波迤。寒风萧萧凋榉柳,暖日晖晖秀荞麦。传闻新诏募新军,复道公车纳群策。忠诚所感金石开,勉建功名垂竹帛。②

宋人对于战争的担负已经感到沉重了,但是女真统治者的要求更显得无从应付。他们要南宋(一)割江淮,(二)增岁币,(三)送还归正人,(四)犒军银,(五)杀韩侂胄。在这样的条件之下,侂胄当然无从进行和谈了。十月间宁宗下诏,晓谕军民,他指出南宋的退却:"先捐四州已得之地,亟谕诸将敛戍而还,盖为修好之谋,所谓不远之复,无非曲为于生民,讵意复乖于所约。议称谓而不量于彼此,索壤地而拟越封陲,规取货财,数逾千万,虽盟好之当续,念膏血之难胶。当知今日之事,愧非得已而应,岂无忠义,共振艰虞。"这样的号召,正暴露了南宋最高当局的软弱。

女真的大军南下,破信阳,破襄阳,一边包围楚州,一边进窥和州,陷滁州。早一年淮南西路全部沦陷,现在更是烽火一直逼到大江的北岸。南宋的作战,已经到了声嘶力竭的地步。但是这只是问题的一面。可是这一次女真南下的声势,远远不是绍兴三十一年可比。北方蒙古部族的勃兴,给与女真以致命的打击,因此七年以后,女真的最高统治者被迫放弃燕京,南迁汴都,二十四年以后,

---

① 《诗稿》卷七十二《秋晚》。
② 《诗稿》卷七十三《秋日村舍二首》之一。

终于在南宋和蒙古的夹击之下，全部溃灭。所以开禧三年，止要南宋政权坚持一下，用不到向女真屈服，而且西北的四川已经安定下来，东南则叶适以江淮制置使坚守建康，都为南宋的坚持，创造了必要的条件。可是南宋的统治阶级，兴起了新的矛盾，这才急转直下，重行开辟对敌屈服的道路。

韩后死后，宁宗立杨妃为皇后。投降派的礼部侍郎史弥远，参知政事钱象祖勾结杨后，布置了一个阴谋。十一月三日韩侂胄正在准备早朝的时候，中军统制夏震带着部队三百人在六部桥候着。

"是谁？"韩侂胄问。

"中军统制、权殿司公事夏震。"

"干什么？"

"有旨：太师罢平章军国事，即日出国门。"

"有旨为什么吾不知道？"侂胄说，"这一定是伪造的。"

韩侂胄的话还没有说完，夏震的部下已经把他的轿子拥进玉津园，在一顿乱棒之下，结束了他的生命。

韩侂胄死了，主战派的大小官吏杀的杀，流放的流放，都得到了处分；投降派的钱象祖为右丞相，嘉定元年改左丞相，史弥远为右丞相。不久以后，钱象祖罢官，史弥远独相，掌握了二十多年的政权。韩侂胄一死，在钱象祖、史弥远的领导之下进行和议，最后终于增岁币为三十万，外加犒军费三百万两。韩侂胄的头颅，也在女真的要挟之下，一并献出。开禧三年十二月，改明年年号为嘉定元年。在这个时代里，开国的太祖和对契丹作战的真宗，都不值得回忆，统治阶级终于以无比的屈辱，换得目前的安定。嘉定元年三月复秦桧王爵。在投降派掌握政权以后，秦桧封王，正是应有的结论。

第十三章　坚持到最后的一刻

　　陆游在开禧元年十二月作《严州钓台买田记》的时候,题衔称山阴县开国子,可是开禧三年正月初二作《仁和县重修先圣庙记》,全衔为"太中大夫、宝谟阁待制致仕、渭南县开国伯、食邑八百户、赐紫金鱼袋"。他的改封渭南伯,大约在开禧二年。一位主张对外作战的文人,在对外作战的当中,获得进爵的光荣,完全是意内的。

　　宋代的封爵,止是一条虚衔,所谓食邑若干户,甚至食实封若干户,都是虚有此称,所谓"渭南县开国伯",不但没有这一国,甚至连伯爵的印也没有。开禧三年陆游自刻渭南伯印,有诗一首:

　　　　旋着朝衣拜九天,荣光夜半属星躔。渭南且作诗人伴,敢望移封向酒泉。(自注:唐诗人赵嘏为渭南尉,时谓之赵渭南)[①]

　　韩侂胄的死,在十一月三日,当时在陆游诗中没有反映,可能因为政治的理由,他没有作诗。十二月间有诗:

---

　　① 《诗稿》卷七十一《蒙恩封渭南县伯因刻渭南伯印》。

书文稿后

上蔡牵黄犬，丹徒作布衣。苦言谁解听？临祸始知非。①

同卷又有一首《雀啄粟》：

坡头车败雀啄粟，桑下饷来乌攫肉。乘时投隙自谓才，苟得未必为汝福。忍饥蓬蒿固亦难，要是少远弹射辱。老农辍耒为汝悲，岂信江湖有鸿鹄？

这首诗可能指出韩侂胄当权时的新贵，现在都遭到失败了。

嘉定元年的春天，陆游有《简湖中隐者》一首：

夫子终年醉不醒，若为问我故丁宁。书因遣仆驮黄蘖，诗许登山斸茯苓。畴昔但知悲骥老，即今谁不羡鸿冥。清宵定许敲门否，拟问《黄庭》两卷经。②

"湖中隐者"，当然还是陆游自己。五六两句，一边固然怅恨前年没有参加作战，同时也不无自幸免于放逐的意义。

作这几首诗的时候，正在主战派受到严重打击以后，因此陆游只是庆幸自己没有遇到灾祸，可是他立即表现了坚定的立场，他还是四十八岁南郑前线的斗士。他在《予好把酒常以小户为苦戏述》这首诗里，起初说：

我非恶旨酒，好饮而不能。方其临觞时，直欲举斗升。若有物制之，合龠已不胜。岂独观者笑，心亦甚自憎。

接下他便直转到：

---

① 《诗稿》卷七十四。
② 《诗稿》卷七十五。

　　　　正如疾逆虏,愤切常横膺。蹭蹬忽衰老,何由效先登? 上
天无长梯,系日无长绳。可叹固非一,壮志空飞腾。[1]

我们只要记得在这时期,主张对外作战是一种罪恶,有人正因为主
战而得到杀头或斥逐的处分,那便可以看到陆游的立场是如何的
坚定了。

　　嘉泰四年,陆游升宝谟阁待制,还山以后,可以领到半俸。嘉
定元年二月,半俸被剥夺了,当时的制词还给他一顿热嘲冷讽:

　　　　山林之兴方适,已遂挂冠,子孙之累未忘,胡为改节? 虽
文人不顾于细行,而贤者责备于春秋。某官早著英猷,寖跻膴
仕,功名已老,萧然鉴曲之酒船,文采未衰,籍甚长安之纸价。
岂谓宜休之晚节,蔽于不义之浮云。深刻大书,固可追于前
辈,高风劲节,得无愧于古人? 时以是而深讥,朕亦为之慨叹。
二疏既远,汝其深知足之思,大老来归,朕岂忘善养之道。[2]

在最后的两句,多少还带一些"招安"的意味。

　　陆游是怎样地答复呢? 有七绝两首:

　　　　力请还山又几年,何功月费水衡钱? 君恩深厚犹惭惧,敢
向他人更乞怜?

　　　　俸券新同废纸收,迎宾仅有一绨裘。日锄幽圃君无笑,犹
胜墙东学侩牛![3]

这是一位战士的答复。第一首指明半俸出自君恩,现在用不到再

---

①　《诗稿》卷七十五。
②　周密《浩然斋雅谈》。
③　《诗稿》卷七十五《半俸自戊辰二月置不复言作绝句二首》。

向"他人"乞怜。陆游认清这一次的剥夺,不是宁宗的本意,用不到乞怜。关于这一点,我们可以指出宁宗是一位不问国事的君主,在韩侂胄被杀三日以后,他还没有理会,统治者的昏聩,达到这样的程度,是现代人所无法理解的。第二首指明自己可以从农作里找到生活资料,用不到去做无耻的市侩。

春天来了,陆游在春游里重到沈园,有诗一首:

> 沈家园里花如锦,半是当年识放翁。也信美人终作土,不堪幽梦太匆匆。①

在恋人的眼光里,唐琬依然是盛装的美人。生命快要结束了,但是爱是永恒的,不会衰老的,让我们把陆游的几首诗在他的传中留下吧!

禹迹寺南有沈氏小园,四十年前尝题小阕壁间,
偶复一到,而园已易主,刻小阕于石,读之怅然

> 枫叶初丹槲叶黄,河阳愁鬓怯新霜。林亭感旧空回首,泉路凭谁说断肠?坏壁醉题尘漠漠,断云幽梦思茫茫。年来妄念消除尽,回向禅龛一炷香。②

沈园二首

> 城上斜阳画角哀,沈园非复旧池台。伤心桥下春波绿,曾是惊鸿照影来。

> 梦断香消四十年,沈园柳老不吹绵。此身行作稽山土,犹吊遗踪一泫然。③

---

① 《诗稿》卷七十五《春咏四首》之四。
② 《诗稿》卷二十五,作时年六十八岁。
③ 《诗稿》卷三十八,作时年七十五岁。

十二月二日夜梦游沈氏园亭二首

　　路近城南已怕行,沈家园里更伤情。香穿客袖梅花在,绿蘸寺桥春水生。

　　城南小陌又逢春,只见梅花不见人。玉骨久成泉下土,墨痕犹锁壁间尘。①

城　南

　　城南亭榭锁闲坊,孤鹤归来只自伤。尘渍苔侵数行墨,尔来谁为拂颓墙?②

从这几首诗里,我们看到陆游的爱是如何的忠贞不渝,始终如一。对于恋人的爱如此,对于民族国家的爱也是如此。惟有忠贞不渝,始终如一的爱,才是真正的爱,也惟有这样的爱,才能想起死去五十余年的唐琬,便看到美人的情影;也才能对危在旦暮的国家,发生无穷的恋慕。

　　战争是失败了,对外作战的主张,更无法贯彻,但是陆游的意气还是轩昂的。他在诗中一再地表现出来:

　　老去转无饱计,醉来暂豁忧端。双鬓多年作雪,寸心至死如丹。③

　　退士愤骄虏,闲人忧旱年。耄期身未病,贫困气犹全。④

　　马周浪迹新丰市,阮籍兴怀广武城。用舍虽殊才气似,不

---

①　《诗稿》卷六十五,作时年八十一岁。
②　《诗稿》卷六十八,作时年八十二岁。
③　《诗稿》卷七十六《感事六言八首》之一。
④　《诗稿》卷七十六《自贻四首》之四。

妨也是一书生。①

这一年秋天,陆游在农村中游行,一位老农和他谈起对于敌人的愤恨,和他自己报国的决心。人民爱国的热忱,深深地打动了这位老诗人,他写出这一首诗:

识愧<small>自注:路逢野老共语,归舍赋此诗</small>

几年羸疾卧家山,牧竖樵夫日往还。至论本求编简上,忠言乃在里闾间。私忧骄虏心常折,念报明时涕每潸。(自注:二句实书其语)寸禄不沾能及此,细听只益厚吾颜。②

在作诗的方面,陆游在二月间作《曾裘父诗集序》,提出"诗以言志"的主张。秋间有《示子遹》一首,更从正面指出他的看法:

我初学诗日,但欲工藻绘。中年始少悟,渐若窥宏大。怪奇亦间出,如石漱湍濑。数仞李杜墙,常恨欠领会。元白才倚门,温李真自邻。正令笔扛鼎,亦未造三昧。诗为六艺一,岂用资狡狯。汝果欲学诗,工夫在诗外。③

陆游论诗,一再提到"三昧",结合到他那首有名的《九月一日夜读诗稿有感走笔作歌》,我们可以看到他对于"三昧"的看法,也可以看出他从到达四川以后,追求作诗"三昧"的经过。

对于时事,陆游还是一腔的不满。他在《独立》里说:

上书不上登封书,乘车但乘下泽车。夕阳独立衡门外,闲

---

① 《诗稿》卷七十七《读史》。
② 《诗稿》卷七十八。
③ 同卷。

看村童学钓鱼。①

另外还有两首《古意》：

> 千金募战士，万里筑长城。何时青冢月，却照汉家营？
> 夜泊武昌城，江流千丈清。宁为雁奴死，不作鹤媒生。②

是不是史弥远还在继续作"招安"的尝试呢？从私人关系讲，这完全是可能的。陆游受过史浩的提拔，史浩死后，他在挽诗中也深刻地叙述了私人间的情感。在社会声望上，陆游有一定的地位，他的屈服，对于当局，也必然会发生相当的影响。史弥远是史浩的儿子，可能他正在作"招安"的尝试。但是陆游的态度是非常坚决的。"宁为雁奴死，不作鹤媒生"，对于史弥远，确是一个决绝的答复。

嘉定二年的春天，陆游有《读史》一首：

> 萧相守关成汉业，穆之一死宋班师。赫连、拓跋非难取，天意从来未易知。③

这里他指出击溃女真不是一件不可能的事，而南宋的失败，正由于韩侂胄的一死。当然，他对于侂胄的估计，是有些偏高的，可是南宋时一般人都认为止要坚持下去，女真是可以击溃的。南宋末年周密的《齐东野语》指出这样的看法。

陆游晚年多病，这一年的病况更复杂，时好时坏，反复了好多次。夏天的病情好转，作《病起杂言》：

---

① 《诗稿》卷七十九。
② 同卷。
③ 《诗稿》卷八十一《读史二首》之一。

国不可以无菑眚，身不可以无疢疾。无菑之国乱或更速，无疾之身死或无日。昆夷、猃狁无害于周之王，辟土富国无救于隋之亡。壮夫一卧多不起，速死未必皆羸尪。古来恶疾弃空谷，往往更得度世方。我年九十理不长，况复三日病在床。天公念之亦已至，儆戒不使须臾忘。起居饮食每自省，长若严师畏友在我旁。跻民仁寿则非职，且为老惫针膏肓。[1]

陆游侥幸度过这一次的险境，可是他毕竟是衰老了，体力不断地消耗，但是他的气概还是不可屈服的。七月间的《跋傅给事帖》，[2]正表现出他对于投降派的痛恨。他在病榻上所怀念的止是国家：双方的作战，关中的收复，这一切都从他的梦寐中展示出来。

梦中作

一客若蜀士，相逢意气豪。偶谈唐夹寨，遂及楚成皋。顿洗风尘恶，都忘箠辔劳。蝉嘶笑余子，辛苦学《离骚》。[3]

梦华山

路入河潼喜著鞭，华山忽到帽裙边。洗头盆上云生壁，腰带鞓前月满川。丹灶故基谁复识？白驴遗迹但相传。梦魂妄想君无笑，尚拟今生得地仙。[4]

立秋以后，陆游得膈上病，直到寒露，才开始好转。可是不久又病倒了。九月中旬，他曾计算一下，说起"一病七十日，共疑无

① 《诗稿》卷八十三。
② 见第一章。
③ 《诗稿》卷八十四。
④ 同卷。

复生"①。病后起来,有时还乘船出游。十月间他在黎明起来,进城纳税,在《租税》这首诗里,有一些生动的描绘:

> 占星起饭箸,待月出输租。遇险频呼侣,扶辕数戒奴。畏饥怀饼饵,愁雪备薪樗。意象今谁识?当年赋《两都》!②

到月底,他又病倒了。

十二月初五,进行按摩浴,这一天他的左辅第二臼齿脱去了。此后他又作了六首诗,终于在一个寒冬的日子,这一位为国家奋斗了八十五年的战士,为人民留下了九千余首诗歌的诗人,在病榻上瞑目了。临死的时候,他写下一首诗:

示　儿

> 死去元知万事空,但悲不见九州同。王师北定中原日,家祭无忘告乃翁。③

这首诗传达了他的思想感情:渴望沦陷区的收复和国家的统一。这正是他留给千千万万中国人的宝贵的遗产。

陆游死后十六年,张淏续修《会稽志》,又称《宝庆续会稽志》,在第五卷记陆游"嘉定二年卒,年八十有五",和《宋史·陆游传》的记载相合,可见他死于嘉定二年,是肯定的。这一年十二月月小,初四日是公元1210年的元旦。陆游死于十二月初五日以后,所以我们可以把陆游的卒年定为公元1210年,日期在1月3日至26日之间。

---

① 《诗稿》卷八十四《一病七十日》。
② 《诗稿》卷八十五。
③ 同卷。

陆游研究

自　序

　　陆游是南宋前期的一位伟大的现实主义诗人。本来现实主义在中国久已扎了根，有人一直上溯到"诗三百篇"。一般人都认为杜甫是唐代伟大的现实主义诗人。白居易出来以后，更建立了现实主义文学的理论。可是，到了南宋前期，现实主义才完全成熟，在这个时期，出现了好些现实主义作家，陆游也是其中的一位。

　　为什么把现实主义的成熟时期，安排在南宋前期，就是十二世纪的下半期呢？理由如次：

　　（一）现实主义的成熟，必须通过一系列的成长过程，宋人论诗，师法杜甫，经过不断的努力，发扬滋长，充实丰富，从内在的发展规律看，已经到达成熟阶段，加以这时期的阶级矛盾和民族矛盾都是非常的尖锐，因此对于现实主义的成熟，起了促进的作用。在阶级社会里，阶级矛盾是永远存在的。宋代的官僚地主阶级掌握着政权，土地的集中达到前此未闻的境地。情况已经非常严重，但是还有作为主要矛盾的民族矛盾。南宋前期的女真部族在北方和江淮之间进行任意的侵略和极大的压迫，人民在死亡和奴役的威胁之下,度过他们的生活,这就为现实主义的成熟创造了条件。

(二)北宋时代的创作中,我们看到不少的作品反映了人民生活的痛苦,但是在这时期中,明显地以现实主义精神为创作原则的文学理论还是不多,到了南宋,这种情况也有所变化发展了。张戒的《岁寒堂诗话》,把言志和咏物对立起来,把苏轼的好议论和黄庭坚的补缀奇字,都看成是他们的所短,这完全是强调现实的主张。不仅如此,就是江西派诗人吕本中的《兵乱后杂诗》、陈与义的《伤春》,也冲破了江西派炼字炼句的清规戒律。时代对于他们起了极大的冲击作用,因此他们能作出这样的诗来;但是,他们还没有提出一套理论。稍迟以后,到了陆游,情况便不同了。他在《澹斋居士诗序》中说:"《诗》首《国风》,无非变者,虽周公之《豳》亦变也。盖人之情,悲愤积于中而无言,始发为诗,不然,无诗矣。"他认为必须有悲愤的感情,郁积胸中,无法说出,这才有诗,不然就没有诗。我们从陆游的作品中,如《关山月》、《松骥行》、《书愤》、《陇头水》,都可以证实他的主张。有理论、有实践,我们是无法否认他的成就的。

(三)在词的方面同样也有现实主义的作品,只是在理论方面,并没有正面提出。岳飞的《满江红》,张元幹的《贺新郎》,朱敦儒的《相见欢》,张孝祥的《六州歌头》,刘过的《沁园春》,这一切都反映出南宋前期的时代面貌。至如辛弃疾的词,那更是不待列举的。

(四)上面所举的,都是文人的作品,是不是现实主义局限于文人的圈子中呢?当然不是。在现实主义成熟的时期,必然成为风气,影响到每个角落。现实主义既然是阶级矛盾和民族矛盾中的产物,那么对于阶级矛盾和民族矛盾感受最深刻的人,只要他的文化程度使他能够发表自己的感受,那么他在作品中的表现也必然最深刻。我们在宋话本中正可证明这一点。从流传下来的宋人话本看,有些是北宋的,但是更多的是南宋的。北宋话本比较简单朴素,但是到了南宋,话本便完全不同了。这里的情感更充沛,因此在阶级矛盾和民族矛盾的抒写方面,更加深刻,而在创作方法上也达到诗词所不能达到的境界。《碾玉观音》里的崔宁和秀秀养娘是综合了无数的被压迫的、心地善良的手工业工人和使女的形象而塑造出来的典型。《郑意娘传》里的郑意娘是综合了无数的热爱祖国,受到敌人蹂躏的,同时又是在夫权压迫下的女性的形象而塑造出来的典型。不但如此,前一篇的咸安郡王画出一个横暴的统治者,而后一篇的韩思厚却描绘了一个向异族屈膝而同时又是荒淫无耻的人物,我们能说南宋话本没有达到很高的水平吗?我看是不能的。

从上面几点看,十二世纪后半期的中国,工商业相当发达,海外贸易有了进一步的开展,民族矛盾和阶级矛盾更加尖锐,文人创作方面,不但有了更多的现实主义作家,而且有了更丰富的现实主义文学理论,为若干作家所接受,因此创造出更多的作品;而在广大的群众中间,也出现了现实主义的民间文学作品,达到前所未有的高度。这样的时代是前所未有的,因此也就使得这个时代和以前的任何时代有了显著的不同。

陆游是在这个文学上的现实主义成熟的时代里长大,写成他的著作,而且推动这个时代前进的。这本书是在这样的认识之下写成的。因为受到自己的政治水平和业务水平的限制，书中的错误和缺点，一定有很多自己没有看清，因此不及订正的，希望同志们指示出来，给我一个修订的机会。

一九五九年国庆日朱东润

第一章　陆游的思想基础

　　陆游是十二世纪的有名的诗人,同时也是有名的词人和文人。在诗人、词人和文人的后面必然有他的思想基础。陆游的作品里,充满了爱国思想和人道主义的精神,这样的精神必然有他的来路。同样地,我们也不能不承认陆游的作品在思想方面还存在着一定的局限性,这些局限性也必然有它的来源。

　　宣和七年(1125)女真统治者发动大军,向中原进攻,虽然当时政治觉悟较高的人已经看到这个事态的必然性,但是从一般人民看来,这真是青天的霹雳。宋朝开国以来,经过一百六十多年的相对安定,都市获得高度的繁荣,一般人民——尤其都市的人民,正在享受着较高的文化生活,统治者的剥削是繁重的,但是都市的繁华掩盖了人民的痛苦,从孟元老的《东京梦华录》看来,当时真是"青楼画阁,绣户珠帘,雕车竞驻于天街,宝马争驰于御路,金翠耀目,罗绮飘香"。宣和七年侵略者的军队来了。当时的女真统治者还没有脱离落后的面貌,发动了奴隶大军,一路烧杀虏掠,从河北、河东,漫山遍野的直逼东京,正同洪水猛兽的袭击,使中原人民感到措手不及。在作战的过程中,他们的凶猛,是史无前例的。南宋

269

的名将吴玠、吴璘都和女真大军作战,后来也曾打过好几次胜仗。绍兴九年吴玠死后,川陕宣抚使胡世将问起吴玠作战的情况,吴璘说:"璘与先兄束发从军,屡战西戎,不过一进却之间,胜负决矣。至金人则胜不追,败不乱,整军在后,坚忍持久,令酷而下必死,每战非累日不能决,盖自昔用兵所未尝见。"(《三朝北盟会编》)在这一支侵略大军初来的时候,宋人是感到束手无策的。

当然,彼时的女真人民是受着统治者的欺骗和驱使而来的,他们不明了自己的命运也掌握在统治者的手掌上,止认为这是一个作战的使命,在作战中,有时不免带来烧杀虏掠的暴行。统治者和统治者的战争以两个民族间的战争姿态出现。一边是生活粗犷的民族,一边是文化较高的民族,在最初的交战中,完全造成一边倒的形势,对人民造成极大的恐怖。宋话本《冯玉梅团圆》曾经写起:

> 只为宣和失政,奸佞专权,延至靖康(1126),金虏凌城,掳了徽钦二帝北去,康王泥马渡江,弃了汴京,偏安一隅。其时东京一路百姓,惧怕鞑虏,都跟随车驾南渡,又被虏骑追赶,兵火之际,东逃西躲,不知拆散了几多骨肉,往往父子夫妻,终身不复相见。

在另外一篇话本《金鳗记》也说:

> 时遇靖康丙午(1126)年间,士马离乱,因此计安家夫妻女儿三口,收拾随身细软包裹,流落州府,后来打听得车驾杭州驻跸,官员都随驾来临安,计安便迤逦取路奔行在来。不则一日,三口儿入城,权时讨得个安歇,便去寻问旧日官员相见了,依旧收留在厅着役,不在话下。

270

从话本《郑意娘传》,更可以看到作者的深厚的爱国情感。话本是南宋的说话人,在游乐场——当时称为瓦子——为广大群众说的,他有必要反映广大群众的情感。因此从这里很可以看到在女真大军南下的时期,中原人民对于异民族的侵略者是如何的反抗。在史册留名的如岳飞、王彦以及太行山的张横、梁山泺的张荣,固然是从人民队伍中出现的反抗侵略的英雄,而在话本笔记中流传的如北司官厅的押司计安,临安卖鱼羹的宋五嫂,其实也都表现了爱国的精神。他们从北方南下,在临安找个安身之所,正表现了不与敌人合作的精神。在南宋初年,爱国精神正和空气一样,弥漫于当时的各个方面。

在当时的士大夫阶级里,除了个别人以外,他们都表现了高度的爱国精神。这中间可能也有一些不同的成份,受到封建社会教养的人,怀着对于君主的忠爱,抱定主辱臣死的思想;依靠做官生活的人,因为失业沦落而怀着对于旧时代的依恋;享受旧时代文化生活的人,也因为社会基础的动摇而感到不习惯,因此对于落后民族的侵入感到异常的不满。——这一切都在爱国的作品里得到表现,因为从他们看来,"国"代表了一定的社会制度和文化。

陆游的父亲陆宰在宣和年间曾经做过直秘阁,权发遣淮南计度转运副使公事,靖康元年,他带着两岁的陆游从东京沿着运河回到山阴,后来因为女真军队的进逼,他们又曾从山阴逃到东阳,所以他们也是备尝了民族斗争中的艰苦的。陆游曾经写到少年时代在家庭中的所见:

> 某生于宣和末,未能言,而先少师(指陆宰)以畿右转输饷军,留泽潞,家寓荥阳。及先君坐御史徐秉哲论罢,南来寿春,复自淮徂江,间关兵间,归山阴旧庐,则某少长矣。一时贤公

卿与先君游者，每言及高庙盗环之寇，乾陵斧柏之忧，未尝不相与流涕哀恸，虽设食，率不下咽引去。先君归，亦不复食也。伏读侍郎周公论事榜子，犹想见当时忠臣烈士忧愤感激之余风。呜呼！建炎、绍兴间，国势危矗如此，而内平群盗，外捍强虏，卒能披草莽、立社稷者，诸贤之力为多。某故具载之，以励士大夫。倘人人知所勉，则北平燕赵，西复关辅，实度内事也。①

绍兴初，某甫成童，亲见当时士大夫相与言及国事，或裂眦嚼齿，或流涕痛哭，人人自期以杀身翊戴王室，虽丑裔方张，视之蔑如也。卒能使虏消沮退缩，自遣行人请盟。会秦丞相桧用事，掠以为功，变恢复为和戎，非复诸公初意矣。志士仁人抱愤入地者，可胜数哉。②

从这两节里，我们看到陆游的立场，仍然是士大夫阶级的立场，但是他对于国家，确实有他从本阶级出发的爱国精神。他认为绍兴十一年(1141)宋金间的和平的局面，不是由于秦桧的卖国求和所促成，而是当时国力增长的结果。这一点正可以看到陆游论史的特长。敌人大举进攻的时候，倘使没有遇到坚强的力量在半途给以阻挠，他们不会自动地停止下来。宋金间的短期和平，是双方认识到势均力敌，因此维持一个停战的局面。在这一个局势之下，赵构、秦桧还要向敌屈膝求和，一面固然是由于他们的无耻，同时也是由于他们的无知。

陆游所处的时代和他的阶级意识，使他产生了爱国思想，同时

---

① 《渭南文集》卷三十《跋周侍郎奏稿》。
② 《文集》卷三十一《跋傅给事帖》。

他早年所受的教育，对于他的爱国思想，也发生促成的作用。我们经常认为陆游是诗人、词人和文人，但是陆游对于自己的估计，不是这样的。庆元六年（1200）他在诗中说起：

> 吾幼从父师，所患经不明。何尝效侯喜，欲取能诗声？亦岂刘随州，五字矜长城？秋雨短檠夜，掉头费经营，区区宇宙间，舍重取所轻？此身倘未死，仁义尚力行。①

> 儒生安义命，所遇委之天。用可重九鼎，穷宁直一钱！虽云发种种，未害腹便便。高卧茅檐下，羹藜法不传。②

陆游对于自己的估计，是一位深通经术、能为国家担当大事的人物。他论杜甫诗时，曾经说起：

> 向令天开太宗业，马周遇合非公谁？后世但作诗人看，使我抚几空嗟咨。③

这里是说的杜甫，其实更是说的自己。

陆游是曾几的学生，曾几是胡安国的学生，从这一条线上，我们可以看到南宋初年的学术渊源和当时爱国志士间的关系：

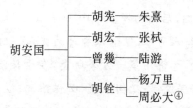

① 《剑南诗稿》卷四十四《读苏叔党汝州北山杂诗次其韵》。
② 《诗稿》卷四十七《儒生》。
③ 《诗稿》卷三十三《读杜诗》。
④ 参见《宋元学案》。

胡安国(1074—1138)是宋代有名的学者,北宋宣和年间提举江东路学事,南宋初除中书舍人,出知通州,又召为给事中。著《春秋传》。《春秋》主张"尊王攘夷",因此在古代起过宣传民族思想和爱国思想的作用。高宗赵构用胡安国为中书舍人兼侍讲,以《左氏传》付安国点句正音,安国奏称:"今方思济艰难,左氏繁碎,不宜虚费光阴,耽玩文采。"其后进《春秋传》,自言:

> 乃于斯时承奉诏旨,辄不自揆,谨述所闻为之说以献,虽微词奥义或未贯通,然尊君父,讨乱贼,辟邪说,正人心,用夏变夷,大法略具,庶几圣王经世之志,小有补云。①

《春秋胡传》的思想,主要的还在于"尊王攘夷",这是说拥戴正统的皇帝,反击进犯的女真侵略者。他在进讲的时候,进时政论二十一篇,大略言:

> 拨乱兴衰,必有前定不移之计而后功可就。陛下履极六年,以建都则未必有守不移之居,以讨贼则未必有操不变之术,以立政则未必有行不反之令,以任官则未必有信不疑之臣。舍今不图,后悔何及。……②

> 设险以得人为本,保险以智计为先,人胜险为上,险胜人为下,人与险均,才得中策。方今所患,在于徒险而人谋未善。今欲固上流,必保汉沔;欲固下流,必保淮泗;欲固中流,必以重兵镇安陆。此守江常势,虽有小变而大概不可易者也。……③

------

① 胡安国《春秋传序》。
② 《定计论》。
③ 《设险论》。

陆游和胡安国的时代虽然相接,但是年辈悬殊,他们中间,没有接触过。在学术方面,对于陆游影响最大的是曾幾(1084—1166)。曾幾在靖康初年,提举淮东茶盐,南渡以后,官至秘书少监、敷文阁待制。陆游叙述曾幾的学术渊源,曾言:

> 避乱寓南岳,从故给事中胡安国,推明子思、孟子不传之绝学。后数年,时相倡程氏学,凡名其学者,不历岁取通显,后学至或矫托干进。公源委实自程氏,顾深闭远引,务自晦匿。及时相去位,为程氏学者益少,而公独以诚敬倡导学者,吴越之间翕然师尊,然后士皆以公笃学力行,不哗世取宠为法。[①]

曾幾的主张,在完颜亮南下的当中表现得最突出。高宗赵构是一位"色厉内荏"的统治者。当完颜亮派高景山、王全南来,当庭侮辱的时候,曾经一度表示抗战的决心,下诏亲征,及至敌人出兵以后,他又准备投降。曾幾上疏,认为:

> 遣使请和,增币献城,终无小益而有大害。为朝廷计,当尝胆枕戈,专务节俭,整军经武之外,一切置之。如是,虽北取中原可也。且前日陛下降诏,诸将传檄,数金人君臣,如骂奴耳,何词复和耶?[②]

他的主张对于绍兴三十一年(1161)宋金战局的开展,起了一定的影响。上疏的时候,曾幾已经退休,居山阴禹迹寺。陆游曾记:

> 绍兴末,贼亮入塞,时茶山先生居会稽禹迹精舍。某自敕

---

① 《文集》卷三十二《曾文清公墓志铭》。
② 同上。

局罢归,略无三日不进见,见必闻忧国之言。先生时年过七十,聚族百口,未尝以为忧,忧国而已。后四十七年,先生曾孙黯以当日疏稿示某,于今某年过八十,仕忝近列,又方王师讨残虏时,乃不能以尘露求补山海,真先生之罪人也。开禧二年岁在丙寅五月乙巳。①

这一年夏秋之间,陆游自敕令所罢归,他看到七十八岁高龄的曾幾,终日所谈,止有忧国,这确实给他以极大的感动。开禧二年(1206)陆游八十二岁,宋金之间的战局,正在胶着状态中,陆游终日所谈,也是止有忧国。在这一点上,他是无愧于他的老师的。

从公元 1127 年南宋开国之初,直到公元 1210 年陆游身没的八十余年之中,我们可以看到爱国思想的精神弥漫于当时的广大人民和士大夫阶级之中。人民的爱国是肯定的。士大夫阶级因为他们的土地必须依靠政权为保障,因此从个人利益出发,他们对于政权的转移感到担心:他们惟恐敌人来了以后,土地失去保障,所以必须拥护现有的政权。当然,在这里也会出现个别的情况。党怀英和辛弃疾同样地出身于士大夫阶级,在同学的时期,讨论起义的问题,他们分路了,党怀英结识女真的统治者,留在金国做官,辛弃疾参加了起义的队伍,走向南宋。为什么? 党怀英的土地都在北方,这样可以更好地保障个人的利益,辛弃疾的土地即使也在北方,他把国家利益放在个人利益之上,因此参加起义,为国家利益贡献他的一切。

陆游是出身于士大夫阶级的,他的土地都在南方,个人利益和

---

① 《文集》卷三十《跋曾文清公奏议稿》。

国家利益完全一致，再加上他幼年以来所受的教养，从胡安国、曾几传下来的尊王攘夷的思想，和从朱熹、张栻、杨万里、周必大这一群朋友间所得的感染。他生长在浙东，那时浙东的几位有名的爱国志士如陈亮、叶适，虽然年龄比他略小一些，但是正因为同在浙东，同在一时，也必然能互相影响。所以陆游的爱国思想在他身上扎了根，这一根主线，在陆游六十余年的著作中，可说是彻上彻下，没有任何动摇的。

其次，从陆游的教养上，我们也可看到人道主义思想的因素。《次北山杂诗》所说的"此身倘未死，仁义要力行"，两句中的"仁义"，正表达了儒家相传的精神。当然，所谓人道主义，止是从第三者的地位，对受压迫、受剥削的人民表示同情，完全没有能够达到挺身而出，为广大人民解除危害的程度，甚至尽管同情受压迫受剥削的人民，而他自己，也正在有意或无意地对人民进行压迫和剥削。阶级的局限性使他不可能理解到这一点。

陆游在诗中极力推崇杜甫，杜甫的《三吏》、《三别》，正表现了高度的人道主义精神。他对于宋代的诗人，最推崇梅尧臣，尧臣的《田家语》、《汝坟贫女》，也表现了高度的人道主义精神。从陆游的诗中，我们也能看到：

> 有山皆种麦，有水皆种秔。牛领疮见骨，叱叱犹夜耕。竭力事本业，所愿乐太平。门前谁剥啄，县吏征租声。一身入县庭，日夜穷笞搒。人孰不惮死，自计无由生。还家欲具说，恐伤父母情。老人倘得食，妻子鸿毛轻。①

---

① 《诗稿》卷三十二《农家叹》。

齐民困衣食,如疲马思秣。我欲达其情,疏远畏强聒。有司或苛取,兼并亦豪夺。正如横江网,一举孰能脱? 政本在养民,此论岂迂阔? 我今虽退休,尝缀廷议末。明恩殊未报,敢自同衣褐! 吾君不可负,愿治甚饥渴。①

《农家叹》这一首,代农民立言,充分地暴露了人民的痛苦。《书叹》揭露了人民的痛苦,也指出了政治的根本方向,但是这首诗的最后两句,便有些模糊了统治者和被统治者之间的矛盾。宋代的最高统治者因为要收买士大夫,因此对人民尽力剥削,当时称为"恩逮于百官惟恐不足,财取于万民不计其余"。南渡而后,国土削去了一半,官吏的数字没有削减,反而更须支出大量的军费,供养不作战的庞大的军队和骄奢淫佚的军官。陆游的"愿治甚饥渴",具有为最高统治者粉饰的意义。又如:

霜清枫叶照溪赤,风起寒鸦半天黑。鱼陂车水人竭作,麦垅翻泥牛尽力。碓舂玉粒恰输租,篮挈黄鸡还作贷。归来糠粞常不餍,终岁辛勤亦何得? 虽然君恩乌可忘,为农力耕自其职。百钱布被可过冬,但愿时清无盗贼。②

这首诗前八句,充分暴露了劳动人民的痛苦,但是诗末四句便不似人民的口吻。从李心传《建炎以来朝野杂记》,我们可以知道北宋对于人民的剥削,固然非常厉害,南宋而后,更是加强剥削。仅就盐课一端而论,北宋庆历中(1041—1048)是七百十五万余缗,南宋绍兴末(1162)是二千一百余万缗,地区止当北宋的二分之一,负担

---

① 《诗稿》卷六十八《书叹》。
② 《诗稿》卷五十五《记老农语》。

加到接近三倍,这是何等的骇人!陆游在这四句里,不仅模糊了统治者和被统治者间的矛盾,甚至还有些类似韩愈《原道》所说的"民者出粟米麻丝,作器皿,通货财以事其上"的主张。在这些地方,陆游一方面写出农民生活的痛苦,一方面又为封建统治者开脱剥削的罪恶,这里正反映出他的思想上的矛盾,他的认识显然受到出身阶级的限制。

从陆游的作品中,我们看到他的爱国思想和人道主义精神,在这两者之中,爱国思想是主要的,因为这个普遍存在于南宋的社会里。陆游的作品,反映了广大人民的要求,同时更以自己的爱国思想影响了他的读者。对同时代和宋末的人民都起了良好的影响。甚至辽远的后代人在读到他的《示儿》诗,都会想到自己对于国家的责任。

但是陆游诗在思想性方面,也存在着一定的缺点。他的人道主义精神是受到限制的,前面已经说过。更严重的是他从佛教和道教那里带来的虚无主义思想。初期的儒家思想,是封建社会的产物,主要是为统治阶级服务的,但是总还有它的积极一面。汉代而后的儒家,他的思想意识起了变化,因为接受道家的影响,更发展了那消极一面。同时汉代而后的道家又从黄老申韩那一套统治的思想向炼丹、服食、导引、游仙方面转变,最后终于成为虚无主义思想。佛教初入中国的时候,主要是以唯心论哲学的姿态出现,及至净土宗、禅宗等盛行以后,也卷入了虚无主义。唐代儒、释、道三家还有自己的面目,宋代则在绝大部份的士大夫中间,已经把这些面目逐渐混同起来,走向三教合流的局面。所谓合流,其主要的方向是向虚无主义、向现世的或幻想的个人利益的目标前进,这正是一个不好的现象。士大夫之中，因为出身和事业的关系，有时也会把儒家思想作为主流来考虑。陆游就是这样的一个。诗中曾言：

> 两眼欲读天下书，力虽不迨志有余。千载欲追圣人徒，慷慨自信宁免愚。置书不读谈虚无，谁其始为此创痍？古时泽被禽与鱼，博施所以为唐虞。正使老释信不诬，为我未免近杨朱！高轩大旆塞路衢，台阁尊显来于于。安得禹皋日陈谟，沾濡四表无焦枯。坐令事业见真儒，老农不恨老耕锄。①

陆游指出儒者的事业，主要还是从如何为皇帝服务，进行统治方面立论，这个当然是因为儒家思想原来止是封建社会统治阶级的思想。但是我们也得指出陆游的佛家、道家思想，在他的作品里都有所论述。

庆元五年（1199）陆游有题跋一篇：

> 《法华》之为书，天不足以喻其大，海不足以喻其深，利根之士，一经目，一历耳，自不能舍，虽举天下沮之，彼且不动，尚何劝相之有哉！然人之根性利钝，盖有如天渊者，善知识谆谆告语，诱之以福报，惧之以祸罚，亦有不得已者。譬之世法，道德风化固足坐致唐、虞、三代之治矣，而赏以进善，罚以惩恶，亦乌可废哉？观晓师《显应录》者，当作是观。②

诗中如：

---

① 《诗稿》卷三十五《读书》。
② 《文集》卷二十八《跋晓师显应录》。

　　　　老犹嗤佞佛，贫亦讳言钱。①

　　　　读罢《楞伽》四卷经，其余终日坐茆亭。②

都可以看到佛家思想，已经渗入陆游的日常生活里去，他一边站在统治者的立场，认为佛家思想，同样可以为统治阶级服务；一边为个人利益打算，认为佛教经典，可以安慰自己的心灵，对于《法华经》，更是极力称道，竭尽言语之能事。

　　但是对于陆游影响较大的则是道家思想，尤其是道家中的服食、求仙的一派。这里更可远溯到陆游的高祖父陆轸。陆轸在皇祐中(1049—1053)官至昭文馆直学士、吏部郎中，后来出知越州、严州，死后追赠太傅。关于这一位祖先，家庭中留下了不少的传奇式的故事：

　　　　右高祖太傅公《修心鉴》一篇。初，公生七年，家贫未就学，忽自作诗，有神仙语，观者惊焉。晚自号"朝隐子"。尝退朝，见异人行空中，足去地三尺许，邀与俱归，则古仙人嵩山栖真施先生肩吾也。因受炼丹辟谷之术，尸解而去。然其术秘不传，今惟此书尚存。某既刻版传世，并以《七岁吟》及《自赞》附卷末，庶几笃志方外之士读之，有所发焉，亦公之遗意也。隆兴二年(1164)七月二日。③

　　　　先太傅自蜀归，道中遇异人，自称"方五"，见太傅曰："先生乃西山施先生肩吾也。"遂授道。盖施公睦州桐庐人，太傅

---

　　① 《诗稿》卷四十九《自勉四首》之二。
　　② 《诗稿》卷七十五《茆亭》。
　　③ 《文集》卷二十六《跋修心鉴》。

晚乃自睦守挂冠,盖有缘契矣。①

这一位施肩吾,和陆轸是一是二,据传奇式的故事所叙,陆轸的死不是死而是"尸解"。陆轸以下,从陆珪、陆佃,到陆宰、陆游,都在服食、求仙这一条道路上打转。陆游曾说:

> 吾家学道今四世,世佩施真《三住铭》。一窗萝月照孤咏,万壑松风吹半醒。②

施真即施肩吾,《三住铭》是他留下的学道的口诀。陆游的学道,不仅是家学渊源,而且据说他曾亲遇异人,授受都有来历:

> 乾道初(1165),予见异人于豫章西山,得司马子微《饵松菊法》,文字古奥,非妄庸所能附托。八年(1172),又得别本于蜀青城山之丈人观,斋戒手校,传之同志。③

青城山是道教的圣地,陆游在四川的时候,和许多道士都有来往,尤其契合的是上官道人,他说:

> 青城山上官道人,北人也,巢居食松黪,年九十矣,人有谒之者,但粲然一笑耳,有所请问,则托言病喑,一语不肯答。予尝见之于丈人观道院,忽自语养生曰:"为国家致太平,与长生不死,皆非常人所能,然且当守国使不乱,以待奇才之出,卫生使不夭,以须异人之至。不乱不夭,皆不待异术,惟勤而已。"

---

① 《老学庵笔记》卷五。
② 《诗稿》卷六十《道室试笔六首》之四。
③ 《文集》卷二十六《跋司马子微饵松菊法》。

予大喜,从而叩之,则已复言喑矣。①

陆游和这位上官道人的往还,是比较亲密的。诗中提及上官道人的不止一处,且曾言及:

> 我昔游青城,万仞穷跻攀。巢居上官翁,许我分半山,且言牡丹平,可卜茅三间。报国未能忘,承诏遽东还。蹭蹬意何成,看云徒汗颜。②

陆游亲自做过服食的工作,并且自己认为确曾有所收获。见于诗中的,如:

> 曩岁读隐书,妄意慕陶、葛。芝房及乳石,日夜躬采掇。飞举固未能,死籍或可脱。那知事大谬,发齿将秃豁。神仙岂弃汝,正坐自迂阔。余年尚努力,勿待烛见跋。③

> 五十余年读道书,老来所得定何如? 目光焰焰夜穿帐,胎发青青晨映梳。(自注:二事皆纪实)甚畏蝮蛇宁断手,已烹熊掌敢兼鱼。春芜二亩扶犁去,空忆高皇赐对初。④

后一首诗是嘉泰元年(1201)陆游七十七岁时作的。前十年他在一首题跋里说:

> 子宅、季思下世忽已数年,予今年六十有七(按,当作六),览此太息。然予方从事金丹,丹成,长生不死,直余事耳。后

---

① 《老学庵笔记》卷一。
② 《诗稿》卷四十七《予出蜀日尝遣僧则华乞签于射洪陆使君祠使君以老杜诗为签予得遣兴诗五首中第二首其言教戒甚至退休暇日因用韵赋五首》之五。
③ 《诗稿》卷四十三《自勉》。
④ 《诗稿》卷四十五《道室书事》。

五百年,过云门草堂故址,思昔作彩戏,岂非梦耶! 绍熙元年
(1190)上元日放翁书。①

彩选是后世的升官图,子宅、季思是早年共掷升官图的朋友。所可
注意的是陆游亲自炼丹,并对于炼丹的成就,有一定的幻想。从这
一首回看《道室书事》的"断手"之"手","兼鱼"之"鱼",应当是指的
现实生活。最可怪的尽管陆游炼丹学道,并无所得,但是自己认为
确有所得,直到生命的最后一个月,他还在《题药囊》的诗中说起:
"半夜噉朝日,晨兴饮上池。金丹有门户,草木尔何知!"脱离现实
生活,始终找不到一个门户,但是陆游沉醉在自己的幻想之中,并
没有看到这事的诞妄。

陆游的爱国思想是肯定的,但是他也有学佛求仙的思想。为
什么现实主义和反现实主义的不同的思想,会同时存在他的身上?
这里正看出他心理上存在的矛盾。尤其可诧异的在他意气激昂奋
发的时期,反现实的幻想照样存在。隆兴二年他任镇江府通判,那
时虽在符离溃败以后,但是春间张浚奉命巡视江淮,南宋还存在对
敌作战的企图,可是七月初陆游却刊刻《修心鉴》,指出求仙的途
径。乾道八年他在南郑前线准备作战,爱国热情高涨,但是这一年
的十二月他却到青城山丈人观手校司马承祯的《饵松菊法》。当
然,有人也可说刻《修心鉴》在四月间张浚罢官以后,校《饵松菊法》
在九月王炎内调以后,从而把陆游的消极思想,归纳为对于国家前
途的失望,因此产生了消极的情绪。事实上不一定是如此。隆兴
二年的诗,留下的不多,无从考证,但是乾道八年的诗,却给我们一

---

① 《文集》卷二十七《跋彩选》。

个反证。陆游正在前线,积极布置的时候,他的诗中说起:

> 北首褒斜又几程,骄云未放十分晴。马经断栈危无路,风
> 掠枯茆飒有声。季子貂裘端已弊,吴中莼菜正堪烹。朱颜渐
> 改功名晚,击筑悲歌一再行。①

不仅如此,甚至在开禧二年(1206)盛传北伐胜利的当中,他还
说及:

> 偶住人间遂许时,残骸自笑尚支持。直须消破黄虀尽,始
> 是浮生结局时。
> 龟常曳尾岂非乐,鹤已铩翎徒自伤。造物今知不负汝,北
> 窗夜雨默焚香。②

陆游是一位爱国诗人,他和广大人民同呼吸,共存亡,在国势危急
的当中,他斗志昂扬;在捷报频传的时期,他感到欢乐:这是完全正
确的。但是陆游也是士大夫阶级的一个成员,在宋代这个阶级矛
盾和民族矛盾都非常尖锐的时代,士大夫阶级对于自己的前途感
到无限的怅惘:他们学佛,是希望麻醉自己;他们学道,是幻想拯救
自己。所以从当时的统治阶级看来,儒、释、道三种思想,其实止是
一种思想,儒家思想是用来进行统治,佛家道家思想,是用来进行
麻醉和安慰。宋代的士大夫,常在儒家思想的基础上,沾染了佛家
和道家思想,其理由在此。苏轼如此,秦观、黄庭坚如此,陆游也是
如此。这里正看出他们都属于统治阶级。

　　但是陆游毕竟是属于他出身的阶级而又超越这个阶级的。他

---

① 《诗稿》卷三《自阆复还汉中次益昌》。
② 《诗稿》卷六十七《老学庵北窗杂书七首》之二、之七。

已经在阶级利益之上，看到国家的利益，因此他能为国家的屈辱而愤慨，为国家的胜利而欢欣。这一点使他成为人民的歌手，爱国的诗人。他不是没有缺点的，而这些缺点正是他出身的阶级给与他的烙印，在陆游作诗的时候，完全出于不自觉的流露，其实即使他自觉了，也不会找到如何克服这些缺点的方法。

为什么陆游能在阶级利益之上，看到国家的利益呢？这个主要还是由于形势的教育。在女真统治者欺骗人民，驱使他们以一个民族压迫另一个民族的姿态向中原人民进攻的时候，中原人民发现了不能全部奋起保卫全民族的利益，便不能争取生存，爱国思想因此成为当时的主导思想。南宋初年，这个情形普遍于整个社会。当时的作家，和一般进行创作的人们都表现了爱国思想，也不仅仅一个陆游。为什么陆游能在一般爱国作家之中，得到更多的成就呢？这就和他的家庭环境和早年所受的教养以及他所经历的生活道路有关，而他在写作技巧中所受的训练，和他所作的大量成品都能给他以必要的保证。

第二章　陆游在南郑

　　陆游在南郑前线不足一年,但是这不足一年的生活对于他的一生起了最大的影响。在到达南郑以前,他有报国的热忱和誓死杀敌的志愿,但是他请缨无路,徒唤奈何,到达南郑而后,他找到了努力的机会,在这里可以发抒他的热忱,完成他的志愿。但是他在南郑的时间太短了,前后仅仅八个月,他又怎样能满足他的希望呢? 在他离开南郑的时候,他又带着永远不能实现的期待而去,作为此后三十七年诗歌创作中最突出的主题。因此我们对于他在南郑的生活必须了解,同样也必须了解当时在南郑负着主要军事责任的四川宣抚使王炎,和他们二人间存在的关系。

　　陆游出身于官僚地主家庭,他到四川去的动机,主要还是为了做官,把官俸作为养家活口、买田起屋的资本,这样的动机是很平凡的,但是这正是那个阶级的阶级性,用不到讳饰。他自己也曾说起:

　　　　三巴亦有何好,万里翻然独寻。本意为君说破,消磨梦境光阴。①

---

　　① 《诗稿》卷二《六言》。

书生迫饥寒，一饱轻三巴。①

乾道六年（1170）陆游四十六岁，到达夔州，为夔州通判。在夔州不足一年，他在工作上得到应有的重视，在生活上也得到应有的照顾，但是不久他看到短期以后，夔州通判任满，自己又有失业的危险，这才使他想起写信给当时的丞相虞允文：

> 某行年四十有八，家世山阴，以贫悴逐禄于夔。其行也，故时交友酿缗钱以遣之。峡中俸薄，某食指以百数，距受代不数月，行李萧然，固不能归，归又无所得食，一日禄不继，则无策矣。儿年三十，女二十，婚嫁尚未敢言也。某而不为穷，则是天下无穷人。伏惟少赐动心，捐一官以禄之，使粗可活，甚则使可具装以归，又望外则使可毕一二婚嫁。不赖其才，不借其功，直以其穷可哀而已。②

这封信可能是乾道七年冬天作的，次年春初，陆游被任命为四川宣抚使司干办公事兼检法官。很可能在这次发布中，虞允文尽了一份力量，因为虞允文自己做过四川宣抚使，当时的四川宣抚使是他的后任；由前任向后任推荐幕府官，是封建时代的常事，何况虞允文身为丞相，正在言听计从的当中，对于王炎，他的推荐，当然会起一定的作用。陆游春初由夔州出发，起行的时候，对于自己的任务，认识还不够清楚，所以《鼓楼铺醉歌》，在"一饱轻三巴"句下，紧接着"三巴未云已，北首趋褒斜"。但是他所受的教养和他自己对事业的责任心使他起了内心的斗争，因此他说："稚子入旅梦，挽须

---

① 《诗稿》卷三《鼓楼铺醉歌》。
② 《文集》卷十三《上虞丞相书》。

劝还家。起坐不能寐,愁肠如转车。"最后他的责任心战胜了,他看清了他的前途是和国家的前途紧密结合的,因此毅然决然地说:"四方丈夫事,行矣勿咨嗟。"

陆游的工作岗位是四川宣抚使司干办公事。那时的四川宣抚使是王炎,司在兴元府南郑县。王炎的前任是虞允文。乾道五年(1169)三月"以王炎为四川宣抚使,仍参知政事,召虞允文赴行在"(见《宋史·孝宗本纪》)。

王炎《宋史》无传,因此我们对于他的认识,是比较片段的。据陆游《静镇堂记》(《文集》卷十七),可以略知王炎的为人。《记》称:

> 岁庚寅,某自吴适楚,过庐山东林,山中道人为某言,公尝憩此院,闭户面壁,终夏不出,老宿皆愧之。则公之剋心受道,盖非一日矣。世徒见公驰骋于事功之会,而不知公枯槁澹泊,盖与山栖谷汲者无异;徒见公以才略奋发,不数岁取公辅,而不知公道学精深,尊德义,斥功利,卓乎非世俗所能窥测也。

从《宋史》、《中兴圣政》和残存的各种《宋会要》中,我们得到一些关于王炎的记载:

> 乾道二年(1166)四月诏:"漕臣王炎开浙西势家新围田、草荡、荷荡、菱荡,及陂湖溪港岸际旋筑塝畦围裹耕种者,所至守令同共措置。"①

> 〔乾道二年〕五月九日诏:"权发遣两浙路计度转运副使王炎除直敷文阁、知临安府。"②

---

① 《宋史》卷一七三《食货志》。
② 《宋会要辑稿》选举三〇四。

〔乾道二年〕十一月二十八日诏:"直敷文阁、权发遣临安府王炎职事修举,可除秘阁修撰。"①

〔乾道三年(1167)五月〕辛酉(二十四日)王炎奏:"近来士大夫议论太拘畏,且如近诏王琪至淮上相度城壁,朝士皆纷然以为不宜。"上曰:"此何害。儒生之论真不达时变。昔徐庶言'通时务者在乎俊杰'。朕与卿等当守此议论,他不足恤。"②

〔乾道三年〕五月二十五日诏:"秘阁修撰权发遣临安府王炎除敷文阁待制、知荆南府。"③

〔乾道四年(1168)〕是月(正月)籍荆南义勇民兵。先是前知荆南府王炎奏:"荆南七县主客佃夫共四万有奇,丁口一十余万。臣依旧籍双丁以下,及除官户、并当差户人外,净得八千四百有奇。每岁于农隙,只教阅一月。若此以赡养官军八千四百人,岁当钱四十万贯,米一十一万石,䌷绢布四万余匹。今才岁费一万四千石,钱二万缗,获此一军之助,利害岂不较然可见。"④

〔乾道四年〕二月己巳(十二日)王炎自右朝奉大夫、试兵部侍郎、同进士出身、除端明殿学士、签书枢密院事。⑤

〔乾道五年(1169)〕二月甲寅(二十七日)王炎自端明殿学士、签书枢密院事、兼权参知政事、兼同知国用事、知枢密

---

①　《宋会要辑稿》选举三〇四。
②　《中兴圣政》卷四十六。
③　《中兴圣政》卷四十六。
④　《中兴圣政》卷四十七。
⑤　《宋史》卷二一三《宰辅表》。

院事。①

〔乾道五年〕三月十九日诏:"王炎除四川宣抚使,依旧参
知政事。"②

王炎在不足三年的时间里从转运副使,直做到参知政事、知枢密院
事,担当西北重任,替出当时重臣虞允文,由允文回临安任枢密使。
这正是陆游所说的"驰骋于事功之会……以才略奋发,不数岁取
公辅"。

王炎宣抚四川的任命在三月间,五月间通过虞允文的上请,把
利州东路的兴元府,金、洋、利、剑、阆、巴、蓬七州,大安军,和利州
西路的阶、成、西和、凤、兴、文、龙七州,共十六州军并而为一(《宋
会要辑稿》方域七),由四川宣抚兼领(《宋史》卷八九《地理志》)进
驻兴元。从这里我们看到虞允文、王炎中间的合作,也可以看到当
时的布置是把西北的军力集中到四川宣抚使手里,作为有力的
准备。

王炎在出发之前,孝宗面谕:"在外及诸军偏裨或小官内选择
人才,将来可以管干军马者以姓名闻奏。"到任以后,对所部将领员
琦、吴拱、王承祖也作了一次职衔的调整(《宋会要辑稿》职官三
二)。乾道六年(1170)正月降金字牌二面附发边防文字(《宋会要
辑稿》职官四〇)。三月十四日:"中书门下省言'勘会四川已有宣
抚使,系执政官出使'。诏:'四川安抚制置司并属官并罢,并归四
川宣抚司。公使等及见管钱物委宣抚使拘收,具数申尚书省。'"

---

① 《宋史》卷二一三《宰辅表》。
② 《宋会要辑稿》职官四一。

（见《宋会要辑稿》职官四〇）经过这样的布置，王炎的权力更大，西北和四川的军力、财力、人力都集中了。

陆游到达南郑在乾道八年三月。他的职衔是干办公事、兼检法官。当时幕府中的主要人员有主管机宜文字，有干办公事；有时止有干办公事，大约相当于现代的机要秘书。陆游在军中的生活，他在绍熙二年（1191）所作的一首诗，曾经写出：

> 南山南畔昔从戎，宾主相期意气中。渴骥奔时书满壁，饿鸱鸣处箭凌风。千艘粟漕鱼关北，一点烽传骆谷东。惆怅壮游成昨梦，戴公亭下伴渔翁。①

王炎在南郑如何准备收复失地的工作，因为没有直接的材料，我们不得而知了，但是从陆游的诗中，我们知道他曾经到过褒斜、骆谷、沔县、两当，接待过永兴军（今西安）方面的地下工作者，不断得到敌人内部的情报。他的活动范围环绕着敌人的前线。同时我们也看到当时将领意气的发扬，平时在南郑、沔县一带打猎，陆游自己也曾经刺死一只猛虎。这一切都看到南郑前线的军队，士气是非常的旺盛。陆游在军中的官位，止是干办公事，后来常以诸葛亮自比，好像有些比不于伦，但是在当时这正是可以理解的。大帅的幕府官，常常可以独当一面，指挥诸将。张浚做川陕宣抚处置使的时候，以刘子羽参议军事，刘子羽的地位就是如此，这是陆游的榜样。

南宋的中央政权对于王炎在西边的布置，不是不了解的。乾道七年（1171）以王炎为枢密使、四川宣抚使（见《宋史》卷三四《孝

----

① 《诗稿》卷二十三《怀南郑旧游》。

宗本纪》),正是一种鼓舞的表示。但是次年(1172)九月间起了变化,《宋史》的记载是:

> 乙亥(九日)诏王炎赴都堂治事。
>
> 戊寅(十二日)以虞允文为少保武安军节度使、四川宣抚使,封雍国公。己丑(二十三日)赐允文家庙祭器。壬辰(二十六日)允文入辞,帝谕以决策亲征,令允文治兵候报。①

是不是孝宗决策亲征,所以调允文入川呢? 据《宋史》卷三八三《虞允文传》:

> 上命选谏官,允文以李彦颖、林光朝、王质对。三人皆鲠亮,又以文学推重于时,故荐之,久不报。曾觌荐一人,赐第,擢谏议大夫,允文、〔梁〕克家争之,不从。允文力求去,授少保、武安军节度使、四川宣抚使,进封雍国公。陛辞,上谕以进取之方,期以某日会河南。允文言异时戒内外不相应。上曰:"若西师出而朕迟回,即朕负卿;若朕已动而卿迟回,即卿负朕。"上御正衙酌酒赋诗以遣之,且赐家庙祭器。……上尝谓允文曰:"丙午(1126,东京陷落)之耻,当与丞相共雪之。"又曰:"朕惟功业不如唐太宗,富庶不如汉文景。"故允文许上以恢复。使蜀一岁,无进兵期,上赐密诏趣之,允文言"军需未备"。上不乐。淳熙元年(1174)薨。

乾道八年九月王炎调枢密使,《宋史》又记乾道九年:

> 正月己丑(二十五日)王炎罢枢密使,以观文殿学士、提举

---

① 《宋史》卷三四《孝宗本纪》。

临安府洞霄宫。①

此后就没有记载了。从这一些仅有的记载中,我们看到王炎的内调,主要止是为虞允文空出一个调任四川宣抚使的机会来。虞允文的外调,是不是因为宋孝宗"决策亲征"呢?从《宋史·虞允文传》看,动机不在这里,所谓"进取之方",所谓"密诏",事实上并无从证明。乾道五年,把利州东路、利州西路合而为一,可能是把西北的军力集中,作为对敌进攻的准备,那么淳熙二年(1175)利州重行分为东西二路,更可能是因为进攻的准备决定撤销,因此不妨再行分开。当然,这里有不少的猜测的成分,但是孝宗对敌作战的决心,自从符离失败以后,始终是不够坚定的。《宋史·孝宗本纪赞》说他"即位之初,锐志恢复,符离邂逅失利,重违高宗之命,不轻出师,又值金世宗之立,金国平治,无衅可乘……天厌南北之兵,欲休民生,故帝用兵之意,弗遂而终焉"。《宋史》作者的结论,固然透露出他那套陈腐的理论根据,但是他认为孝宗对外作战的决心,不够坚定,是符合事实的。在这个动摇之中,我们看到王炎是主张抗战,积极布置的,他的获得重用,是因为在孝宗有意作战的时候,他符合了抗战的要求,而他的由内调而罢斥,则因孝宗作战的意志,重行走向低潮,王炎已经成为过时的人物。相反地,虞允文是始终符合孝宗的要求的,在孝宗的决心走向高潮的时候,他主张作战;可是在这决心落到低潮的时候,他就在作战的号召下进行怠工。所谓"许上以恢复",所谓"军需未备",都是统治者在对外屈服,偷安旦夕中作出来的一套浮词滥调。在高潮的当中,虞允文可以引

---

① 《宋史》卷二一三《宰辅表》。

王炎为同调，待到低潮到来的时候，他们便分路了。

孝宗在位二十七年，换过三次年号：隆兴共二年（1163—1164），乾道共九年（1165—1173），淳熙共十六年。隆兴初年，正值金主完颜亮失败以后，南宋人心振奋，以张浚为首的主战派抬头起来，孝宗也表示了坚决北伐的意志。但是符离大败以后，他的决心动摇，宋金双方在战线上胶着了一段时期，终于在隆兴二年十二月正式成立和议，再度向金的统治者屈服。大体说来，隆兴的两年之中，基本上是以作战为主。其后整个的国策起了变化，年号也变为乾道，乾道前后九年，在屈服之中，或多或少还保留着一些作战的措施，王炎的外调四川宣抚使，便是措施中的一个项目。淳熙改元以后，连这一点意义也没有了，从此安心在临安歌舞升平，度着小朝廷的生活。

陆游和王炎的关系，主要是通过虞允文的推荐。乾道八年的冬天，虞允文外调四川宣抚使，王炎内调枢密使。从虞允文、王炎二人间的关系看，加以王炎当日的外调，原来是接虞允文的遗缺，如今正是"物还故主"，在王炎固然应当全不介意，乐于从命；在陆游更应当驾轻就熟，继续供职；但是王炎内调的当中，陆游也调任成都府安抚使司参议官。参议官比干办公事没有什么差别，但是陆游认识到四川宣抚使和成都府安抚使是有差别的，南郑和成都是有差别的，总而言之，前线和后方是有差别的。对外作战，抗击敌人的愿望结束了，从此以后，止有对于往事的回忆。从诗中看到的如次：

梦里何曾有去来，高城无奈角声哀。连林秋叶吹初尽，满路寒泥蹋欲开。笠泽决归犹小憩，锦城未到莫轻回。炊菰斫脍明年事,却忆斯游亦壮哉。①

　　善泅不如稳乘舟,善骑不如谨持辔。妙于服食不如寡欲,工于揣摩不如省事。在天有命谁得逃,在我无求直差易。散人家风脱纠缠,烟蓑雨笠全其天。莼丝老尽归不得,但坐长饥须俸钱。此身不堪阿堵役,宁待秋风始投檄,山林聊复取熊掌,仕宦真当弃鸡肋。锦城小憩不淹迟,即是轻舠下峡时。那用更为麟阁梦,从今正有鹿门期。②

这两首诗都是陆游初离南郑未入剑门以前作的,因此充分地保留当时的真情实感。高城鼓角,止成为他日的回想,建立功名,击败敌人,都是一场幻梦。陆游说"那用更为麟阁梦",连梦也用不着再做了,这正是最大的痛心,但是真正的还乡,一时还谈不上。

　　陆游对于这一次的变动,是不是把他的看法都写出来呢? 从庆元四年(1198)他所作的一首诗看,事情还不尽然:

　　要识梁州远,南山在眼边。霜郊熊扑树,雪路马蒙毡。惨淡遗坛侧(自注:拜韩信坛至今犹存),萧条古庙壖(自注:沔阳有蜀后主所立武侯庙)。百诗犹可想,叹息遂无传(自注:予山南杂诗百余篇,舟行过望云滩,坠水中,至今以为恨)。③

"惨淡"、"萧条",是写的韩信坛和武侯庙,但是更可能不是写韩信坛和诸葛庙的景色,而是悼叹二人的事业没有能获得最后的成功;在这个情形之下,这很可能是"陈古刺今"了。出人意外的是山南

---

① 《诗稿》卷三《初离兴元》。
② 同卷《思归引》。
③ 《诗稿》卷三七《感旧六首》之一。

杂诗百余篇的失传，是不是陆游故弄玄虚，把当日最能写出他的真情实感的诗篇完全删除，而又留此两句，使人有一些"曲终人不见，江上数峰青"的感想呢？

乾道八年，陆游离开南郑，十年以后，淳熙九年（1182）家居山阴，作《读书》一首，和当日军中情况，是有联系的：

> 读书四更灯欲尽，胸中太华蟠千仞。仰呼青天那得闻，穷到白头犹自信。策名委质本为国，岂但空取黄金印。故都即今不忍说，空宫夜夜飞秋磷。士初许身辈稷契，岁晚所立惭廉蔺。正看愤切诡成功，已复雍容托观衅。虽然知人要未易，讵可例轻天下士。君不见长松卧壑困风霜，时来屹立扶明堂。①

在这十六句中，陆游写出在南郑前线事败垂成的伤感。"士初"以下四句，指出号称志同道合的大臣，不能顾全国家的利益，以至一边才有出奇制胜的可能，一边却在托词伺候敌人的缺点，不愿作战。这里是指谁呢？这不可能是指陆游自己，因为（一）在南郑前线，陆游仅四十八岁，作诗时已五十八岁，不可能指十年前为晚岁；（二）和陆游相处的朋友中，不可能有廉、蔺的关系，更不可能有愧对廉、蔺的事实；（三）从杜甫起，诗人尽可自比稷、契，但是因为下文三句的无从吻合，因此"士初"一句也不可能是陆游自指。

从虞允文、王炎的关系看，这四句是相当切合的。虞允文由左丞相外调四川宣抚使，王炎从四川宣抚使内调枢密使，他们的地位是和稷、契符合的，即在未到四川以前，两人都做过知枢密院事、参知政事，也和稷、契的地位相差无几。两人都担负过四川宣抚使的

---

① 《诗稿》卷十四《读书》。

职务,虞允文交给王炎,王炎再交给虞允文,他们的关系是密切的。但是乾道八年冬间王炎卸任回京,到达临安以后,随即解除枢密使,陆游认为虞允文对于调虎离山是负有责任的,所谓"岁晚所立惭廉、蔺"者指此。周必大《省斋文稿》卷十四《王炎除枢密使御笔跋》曾言"炎与宰相虞允文不相能,屡乞罢归",对此正可作证。王炎在南郑,着着布置,陆游也曾感到成功的有望:

> 国家四纪失中原,师出江淮未易吞。会看金鼓从天下,却用关中作本根。①
>
> 莫作世间儿女态,明年万里驻安西。②
>
> 邮亭下马开孤剑,老大功名颇自期。③

他在得到调任成都府安抚使司参议官的消息以后,感到很大的失望,说起:

> 云栈屏山阅月游,马蹄初喜蹋梁州。地连秦雍川原壮,水下荆扬日夜流。遗虏屡屡宁远略,孤臣耿耿独私忧。良时恐作他年恨,大散关头又一秋。④

在《读书》诗中,"愤切"是情感的表现,"成功"止是一种希望,这种希望可望而不可即,所以说"正看愤切诡成功"。成功还在"诡"的过程中,王炎内调,虞允文调来了。允文一来,形势顿变,结局正如《宋史·虞允文传》所说的"允文言军需未备",这是诗中所说的"已

---

① 《诗稿》卷三《山南行》。
② 同卷《和高子长参议道中二绝》。
③ 同卷《驿亭小憩遣兴》。
④ 同卷《归次汉中境上》。

复雍容托观衅"。这里也正看到陆游对于虞允文的评价的问题。虞允文一生的事业，最主要的还在采石矶作战的一役。绍兴三十一年（1161）十一月，金主完颜亮率大军至西采石杨林口，宋将王权率部守东采石，中间隔着一条大江。王权首先离开军队，部下在那里守着，正在仓皇无主的当中，敌人开始渡江了。据《宋史·虞允文传》所说，恰巧允文以中书舍人的资格，至军中犒师，他鼓动了王权的部下，迎敌作战。在这一次战役中，射死敌人四千余，杀万户二人，俘千户五人，及生女真五百余人。经过这次挫折以后，完颜亮率部东走扬州。这是绍兴三十一年的一次胜利。《宋史》称为大胜，其实并不见得，所说射死敌人的数字，也未必可靠，虞允文用此为他的政治资本，后来的发展，都以这一次战役作为基础。宋人记载、看法也不一致。熊克《中兴小历》、王明清《挥麈录》都认为允文以参赞军事，偶至采石，遂向朝廷报捷，赵甡之《遗史》更说"允文坐蛾眉台中，战灼几不能止"。当时对于允文的评价，本来不尽相同。李心传《建炎以来系年要录》自称"尝以众说考之，采石之役，若非虞允文身在兵间，激厉诸将，则将士溃亡之余，将鸟奔兽散之不暇，使敌人一涉江，则大事去矣"。李心传的父亲，曾在虞允文的幕府，不免因为私人间的关系，有所偏护。他认为当时若非允文，将士必然会鸟奔兽散，这样的轻视群众，突出个人，从我们现有认识水平看，是很不正确的。采石的一战，虽然不是大胜，但是打击了完颜亮的锐气，对于后来金军的撤退，是有重大关系的。这一次战争，主要还是依靠群众的奋勇作战，而允文适逢其会，也起了一定的宣传鼓动的作用。

从陆游的南郑诗中，我们正可以看到当时南宋统治阶级的内部矛盾。隆兴年间,孝宗一边用主战的张浚担当前线,一边却用主和的汤思退担当中枢,他自己徘徊在主战、主和之间,拿不出自己的主张。乾道年间,表面上还是徘徊在主战、主和之间,但是逐步倾向对敌屈服,这就造成消极作战、积极请和的局势。王炎到四川去的时候,体会还不深刻,再加上陆游的跃跃欲试,把最高统治者消极作战的要求,误认为积极作战的企图,这就造成二人调职的张本。虞允文是能体会孝宗的用意的,作战还是作战,但是他认识到止可消极,不要积极,"军需未备",其实正是孝宗的本意。

第三章　陆游在农村

　　淳熙十六年(1189)十一月二十八日陆游罢礼部郎中,从此以后,直到嘉定二年(1209)的年底去世,中间虽曾一度到过临安,担任国史和实录的编纂工作,但是为时甚短,大体上可算在农村二十年。在这二十年之中,成诗六十五卷,绝大部分都是写的他自己在农村的生活。虽然我们很少称他为田园诗人,但是和一般文学史上的田园诗人相比,他在农村的时间较长,叙述农村生活的诗数量较多,有的质量也较高。

　　陆游在农村中,是不是参加生产劳动呢?这对于他的生活和思想,都有很大的关系。从他的诗中看来,有时似曾参加劳动的,如:

　　　　我年近七十,与世长相忘。筋力幸可勉,扶衰业耕桑。①
　　　　宦拙谤销骨,言狂悔噬脐。自今焚笔研,有手但扶犁。②
　　　　惟有躬耕差可为,卖剑买牛悔不早。③

---

① 《诗稿》卷二十三《晚秋农家八首》之五。
② 《诗稿》卷二十八《村居二首》之二。
③ 《诗稿》卷三十三《贫甚作短歌排闷》。

逋负如山炊米尽,终年枉是把锄犁。①
自今当务本,春芜饱锄犁。②
天假残年使荷锄,白头父子守园庐。③

但是从另一首诗看:

我悔不学农,力耕泥水中。二月始稼事,十月毕农功。④

他对于农业生产,是没有具体经验的,不过这并不能证明他没有把生产劳动作为业余的工作。《记悔》这一首诗也曾说起"我悔不学医,早读黄帝书",事实上陆游在乡村中确曾做过施医赠药的事,在诗中的记载也不止一处。从陆游的年龄,和他的社会地位、经济情况讲,当时不会感到参加农业生产的必要,但是偶然参加劳动,给自己一定的锻炼,或者即使很少参加,可是在诗句中加以少许的夸张,显出自己参加了人民的劳动生活,更能体会他们的思想感情,这完全是可能的,而且在写作中也是可以容许的。

陆游诗中,有时提到自己的穷困。

银杯羽化不须叹。⑤
瘦如饭颗吟诗面,饥似柴桑乞食身。⑥

---

① 《诗稿》卷三十五《林居秋日》。
② 《诗稿》卷五十四《入秋游山赋诗略无阙日戏作五字七首识之以野店山桥送马蹄为韵》之七。
③ 《诗稿》卷六十一《园庐》。
④ 《诗稿》卷七十一《记悔》。
⑤ 《诗稿》卷四十二《贫甚卖常用酒杯作诗自戏》。
⑥ 《诗稿》卷四十五《春来食不继戏作》。

忍病停朝药,捐书省夜灯。①

曲身得火才微直,槁面持杯只暂朱。食案阑干堆苜蓿,褐衣颠倒著天吴。②

巾偏非雨垫,衣弊岂尘缁。米尽时炊稗,樽空惯啜漓。③

数种裤襦秋未赎,羡他邻巷捣衣声。④

这只是几句具体的,其他如言"贫居"、"穷居"、"贫病"之类的还很多。陆游六十五岁罢官以后,领受祠禄,至庆元五年(1199)致仕,嘉泰二年(1202)复出,次年再领祠禄,一直到八十四岁,即死前一年为止。绍熙三年(1192)作《重修天封寺记》,自题"山阴县开国男、食邑三百户"。开禧三年(1207)作《仁和县重修先圣庙记》,自题"渭南县开国伯、食邑八百户"。宋人的封男封伯,食邑若干户,其实是虚衔的成分居多,不一定真是如此,可是他在《诗稿》卷二十六《拜敕口号》曾说:"日绝丝毫事,年请百万钱。"自注:"祠奉钱粟絮帛,岁计千缗有畸。"我们可以看到他的生活不是艰苦的,所谓"贫居"、"穷居",即使有时不免拮据,其实亦未可尽信。

陆游是地主,有田收租,诗中言:

仲秋谷方登,螟生忽告饥。艰难冀一饱,俯仰事已非。贷粮助耕耘,客主更相依。一旦忽如此,欲语涕屡挥。共敛螟之余,存者牛毛稀。吾儿废书出,辛苦幸庶几。夜半闻具舟,怜汝露湿衣。既夕不能食,念汝戴星归。手持一杯酒,老意不可

① 《诗稿》卷四十五《贫甚自励》。
② 《诗稿》卷四十九《岁暮贫甚戏书》。
③ 《诗稿》卷六十一《穷居》。
④ 《诗稿》卷六十三《贫甚戏作绝句八首》之四。

违。秝瘦酒味薄,食少鸡不肥。①

从这首诗看,陆游的庄田,可能不止一处,所以二子"俱出",不是"同出"。在佃农缺粮的时候,陆游曾经出贷粮食,即在蝗灾严重,秋收减成的当中,陆游照旧收租,尽管佃农所余的粮食,稀少到牛毛一样,地主父子还能饮酒食鸡。这一点陆游并没有觉到。在诗的末后,陆游说"官富哀吾民,榜笞方甚威",其实陆游的贷粮收租,和一般的官也没有什么差别。

作为一位退休的高级官吏和地主,陆游也蓄有奴婢,诗中所见,如:

僮奴课锄菜,婢子学烧糠。②

赖有吾家老阿对,相从引水灌园蔬。③

家僮自行在来报,子布寒食前可到家。④

赘童拥篲扫枯叶,聩婢挑灯缝破裘。⑤

奴闵囊空辞雇直,婢愁爨冷拾炊薪。⑥

"僮奴"、"老阿对"、"赘童",可能是三个不同的人,加上婢女,陆游这一个家庭,至少当有四五个奴隶,在那时的士大夫家,这并不是一个突出的数字。

陆游出身于士大夫阶级,尽管他自己也常时喊出生活的困苦,

---

① 《诗稿》卷四十《九月七日子坦子聿俱出敛租谷鸡初鸣而行甲夜始归劳以此诗》。

② 《诗稿》卷二十九《村舍》。

③ 《诗稿》卷四十五《独坐视老奴灌园》。

④ 《诗稿》卷四十五《春雨三首》之二自注。

⑤ 《诗稿》卷六十八《贫舍写兴二首》之二。

⑥ 《诗稿》卷七十二《秋来苦贫戏作》。

实际上享受了士大夫阶级的生活，但是他已经看到农村中阶级的不同，看到剥削和被剥削的不同，这可以看出他的认识比当时一般人有所提高，除了本阶级的利益以外，认识到被剥削者的痛苦。诗中如：

> 万钱近县买黄犊，被裯行当东作时。堪笑江东王谢辈，唾壶麈尾事儿嬉。①
>
> 采桑蚕妇念蚕饥，陌上匆匆负笼归。却羡邻家下湖早，画船青伞去如飞。②

在这两首诗中，陆游把被剥削者的辛勤劳动，和剥削者的逍遥自在，作了一个强烈的对比。"唾壶麈尾"，"画船青伞"，固然有人觉得可羡可笑，但是更加可耻可恨，不过陆游还没有能突破这一点。他有《不如茅屋底》四首：

> 铸印大如斗，佩剑长拄颐。不如茅屋底，睡到日高时。
> 南伐逾铜柱，西征出玉关。不如茅屋底，高枕看青山。
> 火齐堆盘起，珊瑚列库藏。不如茅屋底，父子事耕桑。
> 列鼎宾筵盛，笼坊从骑都。不如茅屋底，醉倒唤儿扶。③

在这四首诗里，陆游在把剥削者和被剥削者对比以后，他的结论是剥削者不如被剥削者，这正是前人所谓"富不如贫，贵不如贱"。"不如"确实是不如，但是这四首诗的提法，不是要人去斗争，而是要人去安分。在被剥削者的安贫乐道的精神胜利之下，剥削者更

---

① 《诗稿》卷五十九《农舍四首》之三。
② 《诗稿》卷六十六《农桑四首》之三。
③ 《诗稿》卷五十九《不如茅屋底四首》。

可以为所欲为,肆无忌惮。因此这样的安分,其实是于被剥削者不利的。

因为长时期住在农村,陆游诗中写到农业生产和一般生活的特别多,如卷二十四《农家》、《戏咏村居》,卷二十七《春社》,卷三十九《村舍杂书》,卷四十《村饮》,卷五十三《春社日效宛陵先生体》,卷六十五《山村经行因施药》,卷六十六《农桑》,卷六十八《农家》,卷六十九《夜投山家》,卷七十八《农家》、《村舍》,卷七十九《道上见村民聚饮》。在这许多诗中,可以看到他对于农村生活的爱好,对于农民的同情。诗人在尽力缩短自己和农民中间的距离,不过这个距离,无论是短到如何,还是存在的,因为他究竟不是参加生产劳动的农民。

正因为自己不是农民,所以对农民的疾苦,理解得不够深刻,有时还觉得当时农村生活是可乐的。

紫葚狼藉桑林下,石榴一枝红可把。江村夏浅暑犹薄,农事方兴人满野。连云麦熟新食䉽,小裹荷香初卖鲊。苹洲蓬艇疾如鸟,沙路芒鞋健如马。君看早朝尘扑面,岂胜春耕泥没踝。为农世世乐有余,寄语儿曹勿轻舍。①

南村北村春雨晴,东家西家地碓声。稻陂正满绿针密,麦陇无际黄云平。前年谷与金同价,家家涕泣伐桑柘。岂知还复有今年,酒肉如山赛春社。吏不到门人昼眠,老稚安乐如登仙。县前归来传好语,黄纸续放身丁钱。②

① 《诗稿》卷二十二《江村初夏》。
② 《诗稿》卷三十四《丰年行》。

村东买牛犊,舍北作牛屋。饭牛三更起,夜寐不敢熟。茫茫陂水白,纤纤稻秧绿。二月鸣搏黍,三月号布谷。为农但力作,瘦卤变衍沃。腰镰卷黄云,踏碓春白玉。八月租税毕,社瓮醲如粥。老稚相扶携,间里迭追逐。坐令百世后,复睹可封俗。君不见朱门玉食烹万羊,不如农家小甔吴粳香。①

生活是不是美满如此呢?"吏不到门人昼眠,老稚安乐如登仙",确是事实,但是县吏到门以后,那不便是老稚相顾,奔走仓皇吗?"八月租税毕,社瓮浓如粥",可能也是事实,但是租税未毕以前,必须先有一段节衣缩食。东拼西凑的时期。对于这样的痛苦,陆游的理解是不够深刻的。因为在封建社会里,士大夫阶级无形中享受免税的权利,陆游自己不是也曾说过吗?

躬耕不预差科事,犹向清时作幸民。②
所欣惟一事,无吏督残租。③

因为他是一位士大夫,所以他用不到担负南宋时代举办的各项苛捐杂税:所谓"经制钱"、"总制钱"、"田契钱"、"月桩钱"、"身丁钱"这一些剥削人民的名目,对他是安不上的。同时也正因为他是士大夫,所以在南宋那骇人听闻的土地大集中的情况下,他也没有受到影响。本来土地集中,在北宋久已存在,但是一到南宋,高级官吏,疯狂地进行掠夺,仅仅张俊一人,便有田六十四万亩。南宋后期的刘克庄就曾说过:"昔之所谓富贵者,不过聚象犀珠玉之

---

① 《诗稿》卷五十五《农家歌》。
② 《诗稿》卷十五《读书罢小酌偶赋》。
③ 《诗稿》卷六十《即事二首》之一。

好,穷声色耳目之奉,其尤鄙者则多积坞中之金而已。至于吞噬千家之产业,连亘数路之阡陌,岁入号百万斛,则开辟以来,未之有也。"(《后村大全集》卷五十一《贴黄》)土地既然集中到大地主的手里,人民的生活必然更加痛苦。朱熹曾说:

> 乡村小民,其间多是无田之家,须就田主讨田耕作,每至耕种耘田时节,又就田主生借谷米,乃至终冬成熟,方始一并填还。佃夫既赖田主给佃生借,以养活家口,田主亦借佃客耕田纳租,以供赡家计。①

所谓"生借谷米",其实是变相的高利贷,是一种掠夺的方式。"贷粮助耕耘,客主更相依",陆游在乡间,正是过的地主的生活,对于剥削的生活,并不陌生。这样也就必然使他在认识上受到局限,他甚至会认为在当时的农村中,居然也还有美满的生活。

但是充满痛苦的现实,毕竟使陆游放开了眼界,体验到南宋农村中存在的矛盾。他说:

> 春得香秔摘绿葵,县符急急不容炊。君王日御金华殿,谁诵周家《七月》诗?②

《诗稿》卷三十一《岁暮感怀》里指出"哀哉古益远,祸始开阡陌。富豪役千奴,贫老无寸帛。困穷礼义废,盗贼起蹙迫"。他指出贫富的两极化,由于土地的集中,而最后的结果,必然会造成社会的大动乱。卷三十二《农家叹》更刻画出在官吏横征暴敛之下,农民所受的痛苦:"一身入县庭,日夜穷笞搒。"他的《秋获歌》更表现出他

---

① 《朱子大全集》卷一〇〇《劝农文》。
② 《诗稿》卷二十一《邻曲有未饭被追入郭者怃然有作》。

思想中存在的矛盾：

> 墙头累累柿子黄，人家秋获争登场。长碓捣珠照地光，大甑炊玉连村香。万人墙进输官仓，仓吏禀冷不暇尝。讫事散去喜若狂，醉卧相枕官道旁。数年斯民厄凶荒，转徙沟壑殣相望。县吏亭长如饿狼，妇女怖死儿童僵。岂知皇天赐丰穰，亩收一钟富万箱。我愿邻曲谨盖藏，缩衣节食勤耕桑。追思食不餍糟糠，勿使水旱忧尧汤。①

他指出了在丰收中人民踊跃献纳的热诚，他更回忆到在歉收中人民受到县吏亭长的摧残，这一切都是事实。那么为什么在"饿狼"猖獗的时候，甘心"转徙沟壑"，甚至看到妻子僵死，不喊出反抗的呼声呢？陆游止要人民节衣缩食，莫去惊动上面的"尧、汤"。在丰收的年岁，要求人民完粮纳税；在歉收的年岁，坐视人民转徙沟壑，这分明是桀、纣，算得上什么"尧、汤"！正因为陆游出身于士大夫阶级，看不到这一点，同时也因为他自己毕竟没有经验过转徙沟壑，妻子僵死的痛苦，所以尽管纸面上写出来，心底并没有深切的感受，在他的思想意识里，所反应出来的不是如何去反抗统治和剥削，而是节衣缩食，以免"尧、汤"的担心。

再进一步，在丰收的年岁，人民的生活是不是丰衣足食呢？南宋以来，统治者既然是苛捐杂税，尽量剥削，同时还有大官僚和地主肆意掠夺，欺侮人民，除了秋收的时候，农民会因为看到粮食登场而感到暂时的欢欣以外，他在被剥削和被掠夺以后，所得到的除了失望和饥寒以外，还有什么呢？这一点陆游不是不知道的。他

---

① 《诗稿》卷三十七《秋获歌》。

在诗中也说:

> 初寒偏著苦吟身,情话时时过近邻。嘉穑连云无水旱,齐民转辗自酸辛。室庐封镝多遗户,市邑萧条少醉人。甑未生尘羹有糁,吾曹切勿怨常贫。①

> 太息贫家似破船,不容一夕得安眠。春忧水潦秋防旱,左右枝梧且过年。

> 祷庙祈神望岁穰,今年中熟更堪伤。百钱斗米无人要,贯朽何时发积藏?

> 北陌东阡有故墟,辛勤见汝昔营居。豪吞暗蚀皆逃去,窥户无人草满庐。②

这几首诗都是嘉泰四年(1204)陆游八十岁那年作的。陆游这时得到当局的推崇,在政治上没有什么不满,不会夸大政府的缺点,我们可以肯定这是当时的实际情况。农民求神拜佛,祈求给他们丰收,现在秋收到手了,粮食的价值暴跌,行政当局完全没有想到如何进行救济。有一些办法的还左右枝梧,勉强过年;没有办法的再加上权豪势要的掠夺,他们便只有三十六策,走为上策,其结果是在丰收的年岁,人民反而四出逃亡。丰年如此,那么荒年的情况更可想见了。这一幅悲惨的图画,陆游是完全看到的,而且在诗句中,也提出人民对于统治阶级的控诉。

但是仅仅至此为止,陆游没有从人民的走投无路的情况下,做出任何结论来。他看出问题来,但是没有勇气做出解答。他的出

---

① 《诗稿》卷五十九《过邻家》。
② 同卷《太息三首》。

身，他所受的教养，乃至他的阶级利益，都使他不敢提出解答；而他内心所蕴藏的某些人道主义的思想，又使他不能不指出问题。有时他模糊地指出丰收以后人民的欢乐，甚至还模糊地要人民对于统治者感恩图报。这样他便把统治者和被统治者之间的阶级矛盾完全否定了。陆游是一位伟大的爱国诗人，但是他还是无法克服他的阶级意识。

第四章　陆游和韩侂胄

　　绍熙五年(1194)韩侂胄在南宋的政治舞台出现了,从这一年起直至开禧三年(1207)共十四年之久,他是南宋的最有权力的政界人物。他的出现,不仅影响了国内的政治,同样也影响了南宋和金的关系,发生了规模相当大的战争。侂胄身死以后,对他的评价直到今天还不能说是已经得出令人心服的结论。

　　韩侂胄出现之初,陆游在政治立场上,和他是有距离的,但是不久以后,他们逐步地接近了。陆游对于侂胄的同情,甚至会影响到时人——包括陆游的朋友在内——对于陆游的看法。侂胄一经失败,陆游活着的时候,受到政治当局的贬斥,死去以后,也会受到史家的讥评。这些他都没有放在心中,即在他垂死以前的诗篇内,他还是继续坚持他的主张,没有任何退却的表示。为了要理解陆游,我们必须首先理解他和韩侂胄的关系。

　　绍熙五年南宋的小朝廷,发生了一次政变。当时的光宗赵惇,因为和他的父亲孝宗赵昚闹别扭,平时已经很少接近,这一年孝宗去世,他甚至不肯执行丧礼。这一举动,对建立在封建关系上的政治基础显然大有影响,而小朝廷的整个政局可能由此发生变化。

因此知枢密院事兼参知政事赵汝愚和知阁门事韩侂胄合作,取得太皇太后的同意,强迫光宗退位,拥立光宗的儿子嘉王赵扩即位,这就是后来的宁宗。在这一次政变中,赵汝愚是宗室,韩侂胄是外戚,政变的完成,正是宗室和外戚联盟的结果。政变完成以后,迅速发展为赵汝愚和韩侂胄的对立。庆元元年(1195),韩侂胄运用了政治手腕,把赵汝愚贬斥出外,夺取政权。宁宗赵扩是一位无能的君主,实际上韩侂胄掌握了政权十三年。

赵汝愚并不是孤立的。他的最得力的支柱是朱熹,后代都认为朱熹是理学家,其实当时人认清他是一位有政治抱负的人物。李心传《建炎以来朝野杂记》乙集卷八《晦庵先生非素隐》条,正指出这一点。朱熹的左右,团结了当时有主张有能力的士大夫,他们的力量随时可以动摇韩侂胄的统治。这就迫使韩侂胄和这一批士大夫为难。庆元二年(1196)侂胄提出伪学之禁,三年(1197)更指明伪学之党转为逆党,历史上称为"庆元党禁":计开曾任宰相执政者四人,曾任待制以上者十三人,余官三十一人,武官三人,士人八人,总共五十九人,赵汝愚、周必大、朱熹、叶适等都在内。而和这五十九人有关的,例如和朱熹来往的陆游,也可能蒙到逆党的嫌疑。

赵汝愚是在庆元元年二月廿二日罢斥的,三月间陆游作诗:

> 春残桃李尽,风雨闭空馆。有怀无与陈,万事付酒碗。近代固多贤,吾意终不满。可怜杜拾遗,冒死明房琯。慷慨讵非奇,经纶恨才短。群胡穴中原,令人叹微管。①

---

① 《诗稿》卷三十二《雨夜书感二首》之一。

《宋史》卷四七四《韩侂胄传》记侂胄"以传道诏旨,浸见亲幸,时时乘间窃弄威福,朱熹白汝愚,当用厚赏酬其劳而疏远之,汝愚不以为意",这才造成后来侂胄推翻汝愚的张本。同书卷三九二《赵汝愚传》亦称"侂胄恃功,为汝愚所抑,日夜谋引其党为台谏以摈汝愚。汝愚为人疏,不虞其奸"。"慷慨讵非奇,经纶恨才短",正是陆游给赵汝愚所作出的鉴定。

庆元二年(1196)赵汝愚在衡州暴卒,二年三年之间(1196—1197)韩侂胄对于赵汝愚这一派的士大夫还是继续压迫。庆元五年陆游作了一篇有名的《南园记》。《宋史》卷四三三《杨万里传》说:

> 韩侂胄用事,欲网罗四方知名士相羽翼,尝筑南园,属万里为之记,许以掖垣,万里曰:"官可弃,记不可作也。"侂胄恚,改命他人。卧家十五年,皆其柄国之日也。

所谓"改命他人",就是陆游。《宋史》卷三九五《陆游传》说:

> 晚年再出,为韩侂胄撰《南园》、《阅古泉记》,见讥清议。朱熹尝言其能太高,迹太近,恐为有力者所牵挽,不得全其晚节。

《宋史》的记载是很模糊的。陆游自淳熙十六年(1189)被劾去官以后,直至嘉泰二年(1202)始以原官提举祐神观、兼实录院同修撰、兼同修国史,复入临安。所谓"晚年再出"作《南园记》之说,没有根据。陆游记中言:

> 知上之倚公而不知公之自处,知公之勋业而不知公之志,此南园之所以不可无述。游老病谢事,居山阴泽中,公以手书

来曰:"子为我作《南园记》。"游窃伏思公之门,才杰所萃也,而顾以属游者,岂谓其愚且老,又已挂衣冠而去,则庶几其无谀辞,无侈言,而足以道公之志欤? 此游所以承公之命而不获辞也。①

杨万里的坚决拒绝,把他和韩侂胄之间的界线,毅然划清,是不容易的;但是陆游的作记,不是由于他对于侂胄有所希冀而是由于不敢坚拒,最后提出自己曾经"挂冠而去",更指明他没有再行出山的意念。很可能韩侂胄对于陆游,也曾"许以披垣",但是陆游指出自己无意复出。他的态度比较和婉,可是界限并没有混淆。可惜这一点并没有得到朋友们的体谅。朱熹的猜测不能不算是苛刻。《宋史》的作者在朱熹的猜测以后,甚至称为"盖有先见之明焉",坐实了陆游的不得全其晚节,正证明了《宋史》作者的无识。

为什么说陆游没有把他和韩侂胄之间的界线混淆起来? 庆元四年(1198)陆游曾经说出自己的思想:

> 东归忽十载,四忝侍祠官。虽云幸能饱,早夜不敢安。乃知学者心,羞愧甚饥寒! 读我《病雁》篇,万钟均一箪。②

他在注中自称:"祠禄将满,幸粗支朝夕,遂不敢复有请而作是诗。"为什么不敢请? 正因为早一年十二月"庆元党禁"已经宣布,陆游自己虽然不在党籍之内,但是自己平时与周必大、朱熹、叶适等都有往还,不愿再向韩侂胄有所干求,所以不请。

韩侂胄的最大的政敌是赵汝愚,其次便是朱熹。在政治压迫

---

① 《放翁逸稿》卷上。
② 《诗稿》卷三十七《病雁》。

之下,朱熹的门徒,竟至过门不入(见黄榦《黄勉斋集》卷八),及至庆元六年(1200)朱熹死后,他们更是划清界限了。陆游和朱熹一向都有往还,在朱熹死后,他的祭文是:

> 某有捐百身起九原之心,有倾长河注东海之泪,路修齿毫,神往形留。[1]

陆游作《南园记》,但是他也作《祭朱元晦文》。1199 年他没有坚决拒绝韩侂胄,但是 1200 年他却坚决站在朱熹这一边。"捐百身起九原之心",正指出他对于朱熹的衡量,完全是从国家的利益出发。

韩侂胄斥逐赵汝愚,压迫朱熹,是无可讳饰的。统治阶级内部的倾轧有时是一种生死存亡的决斗,韩侂胄的政敌动辄上疏乞斩侂胄,当然侂胄对于他们也谈不到宽恕。可是"庆元党禁"五十九人的宣布,止是政争中的一件历史文献,其实即如朱熹最得意的门生黄榦也不在内,正见到韩侂胄的无意株连。庆元五年(1199)盛传将兴大狱,中书舍人韩仲艺对他问起是否如此,韩侂胄说:"某初无此心,以诸公见迫,不容已,但莫问其人。"这才知道是京镗、刘德秀等的工作。庆元六年,京镗死,朝政又起了变动。次年,改年号为嘉泰元年(1201),开始了号召一致对外,准备北伐的年代。嘉泰二年(1202)追复赵汝愚资政殿大学士。自此以后,徐谊、刘光祖、陈傅良、章颖、薛叔似、叶适、林大中、詹体仁、蔡幼学、曾三聘、项安世、范仲黼、黄灏、游仲鸿都先后复官。十月,朱熹追复原官,十二月周必大、留正复官。这一切都标帜着"庆元党禁"的解除。

为什么要解除?这说明了人民抗金力量的高涨,使"庆元党

---

① 《文集》卷四十一《祭朱元晦侍讲文》。

禁"到后来不得不松弛下来，迫使韩侂胄还得重用这批一度是他的政敌的人物。从嘉泰解禁起，至开禧北伐失败为止，他们之中，曾经先后担负过：

徐　谊　知建康府兼江淮制置使　（《宋史》卷三九七《徐谊传》）

薛叔似　兵都尚书京西湖北宣抚使　（《宋史》卷三九七《薛叔似传》）

皇甫斌　陕西河东招抚副使　（《宋史》卷四七四《韩侂胄传》）

吴　猎　京西湖北宣抚使　（《宋史》卷三九七《吴猎传》）

项安世　权京西湖北宣抚使　（《宋史》卷三九七《项安世传》）

何　异　知夔州兼本路安抚使　（《宋元学案》卷六十七）

叶　适　知建康府兼江淮制置使　（《宋史》卷四三四《叶适传》）

这里说明他们已经和韩侂胄合作，而且都曾担负战时体制中的重要任务。我们再结合丘崈、辛弃疾的出任艰巨，可以认识韩侂胄已经了解到组织内部力量的重要，而当时的一般士大夫也了解到在强敌当前的时期，必须放弃私人的恩怨，团结一致，并力对外。元人所修的《宋史·韩侂胄传》说："时侂胄以势利蛊士大夫之心，薛叔似、辛弃疾、陈谦皆起废显用，当时固有困于久斥，损晚节以规荣进者矣。"这固然一边是对于韩侂胄的有意贬斥，同时也是对于薛叔似、辛弃疾、陈谦等的含血喷人，甚至不恤和诸人本传有所抵触。这个当然一则是修史诸人的主观主义在作祟，同时也正看出他们的特定的时代和他们的社会地位,都使他们不可能理解在民族危机的当中,人们会丢开身受的政治压迫,采取爱国的立场,取得对外作战的一致。

从不择手段夺取政权,发展到号召一致对外、准备北伐,韩侂胄的转变,是完全可能的。从另外一个角度看,我们也会见到当时的这一批有主张有能力的士大夫,确实是一支不可轻视的队伍,以致韩侂胄不得不向他们靠拢而采取对外作战、收复失地的政策,因为这正是当时人民所要求的政策。

陆游虽然和辛弃疾、黄榦一样,不在"庆元党禁"之列,但是他是士大夫队伍中的一员,对于韩侂胄的转变,他不容不感到欣慰,因此在被召入都的时候,他也就不容拒绝。嘉泰二年(1202)他以实录院同修撰、兼同修国史的名义,重来临安,那时他对于准备北伐的计划已有所闻。次年作《阅古泉记》,他写到他和韩侂胄的关系:

> 公常与客徜徉泉上,酌以饮客,游年最老,独尽一瓢。公顾而喜曰:"君为我记此泉,使后知吾辈之游,亦一胜也。"①

嘉泰三年(1203)的冬天,发布了辛弃疾知绍兴府兼浙东安抚使的任命。次年三月间②辛弃疾入朝,陆游作诗送他。"深仇积愤在逆胡,不用追思瀄亭夜。"他勉励弃疾抛开历年所受的政治压迫,一致对外。李心传曾记弃疾入朝的情形:

---

① 《放翁逸稿》卷上。
② 据《朝野杂记》,弃疾入朝在嘉泰四年正月,按《剑南诗稿·送辛幼安殿撰造朝》在上巳以后,初夏以前,诗必作于三月。自山阴至临安,二日可达(见陆游《入蜀记》)。弃疾入朝,当在三月。

会辛殿撰弃疾除绍兴府,过阙入见,言"金必乱必亡,愿付之元老大臣,务为仓猝可以应变之计"。侂胄大喜,时四年正月也。①

所谓"元老大臣",当然是指侂胄。辛弃疾的主张,正和陆游的主张相同,也是一致对外。

陆游这一年八十岁了,但是他还没有忘却平生的志愿:

士厌贫贱思起家,富贵何在鬓已华。不如为国戍万里,大寒破肉风卷沙。誓捐一死报天子,兜鍪如箕铠如水。男儿堕地射四方,安能山栖效园绮! 塞云漠漠黄河深,凉州新城高十寻。风餐露宿宁非苦,且试平生铁石心。②

但是他毕竟衰老了。秋后有《书事》四首,录其二于此:

闻道舆图次第还,黄河依旧抱潼关。会当小驻平戎帐,饶益南亭看华山。

鸭绿桑乾尽汉天,传烽自合过祁连。功名在子何殊我,惟恨无人快着鞭。③

陆游虽然"誓捐一死报天子",但是他毕竟是老了。四十八岁的陆游能在秦岭射虎,但是八十岁的陆游,也只有把杀敌立功、恢复山河的希望付托给旁人,所以说"功名在子何殊我,惟恨无人快着鞭"。

开禧元年(1205)的秋天,战事已经迫在眉睫了,但是陆游还恨时间拖延得太久,有《客从城中来》一首:

---

① 李心传《建炎以来朝野杂记》乙集卷十八。
② 《诗稿》卷五十七《壮士吟次唐人韵》。
③ 《诗稿》卷五十八《书事四首》之一、之三。

> 客从城中来，相视惨不悦。引杯抚长剑，慨叹胡未灭。我亦为悲愤，共论到明发。向来酣斗时，人情愿少歇。及今数十秋，复谓须岁月。诸将尔何心，安坐望旄节！①

韩侂胄对于进兵北伐，不是没有布置的，从西北的程松、吴曦，京西的薛叔似，两淮的邓友龙，到东南的郭倪，安排下一个向金人反攻的局势。开禧二年（1206）四月战事爆发了，第一步收复了泗州、新息县，而光州的起义人民也收复了褒信县。陆游在诗中说起：

> 六圣涵濡寿域民，耆年肝胆尚轮囷。难求战士白羽箭，且岸先生乌角巾。幽谷主盟猿鹤社，扁舟自适水云身。却看长剑空三叹，上蔡临淮奏捷频。②

但是陆游的估计太高了。韩侂胄的号召一致对外，准备北伐是正确的；有人说他存心要立盖世功名，即使如此，他的希望和民族前途没有矛盾，也是不错的。但是南宋的统治阶级内部已经腐朽到无可救药，这便铸成了开禧北伐终于失败的命运。

南宋和金人的多次战争里，主要战场虽然在运河线的淮东、淮西，但是川陕战场常常起最大的牵制的作用。因此在多次战争里，西北常屯有重兵。只要西北存在着强大的军事力量，敌人始终不敢在江浙一带深入，南宋初年如此，即在完颜亮、完颜雍向南进迫的时候还是如此。西北的大将吴玠、吴璘兄弟对于国家的命运不止一次地起了决定性的作用。但是吴氏在西北久了，到吴曦手里已经三代，早已成为封建性的军阀。因此留正、丘崈先后为四川安

---

① 《诗稿》卷六十四《客从城中来》。
② 《诗稿》卷六十七《观邸报感怀》。

抚制置使的时候，都主张不用吴氏的子孙。庆元元年（1195）韩侂胄用吴曦为利州西路安抚使；开禧二年（1206）进为四川宣抚副使，彼时程松名为宣抚使，其实军政大权都掌握在吴曦手里。四月间东南还没有发动，吴曦已经和金人勾结，献阶、成、和、凤四州，求封为蜀王。韩侂胄日夜望吴曦进兵，吴曦止是按兵不动。所以战争一起以后，韩侂胄势必以东南一隅，支持金人南下的兵力，已经造成必败的局势。

当时东南人才，主要的是辛弃疾、岳霏、叶适。嘉泰四年（1204）用辛弃疾知镇江府。镇江是运河线的枢纽，东南的重镇，弃疾去的时候，是带有一番抱负的，所以在《永遇乐》中提到："有谁问，廉颇老矣，尚能饭否？"但是仅仅一年，辛弃疾撤职了，止剩得"提举冲祐观"的空名。弃疾有词：

瑞鹧鸪 乙丑奉祠,归舟次余干赋

江头日日打头风，憔悴归来邴曼容。郑贾正应求死鼠，叶公岂是好真龙？　　孰居无事陪犀首，未辨求封遇万松。却笑千年曹孟德，梦中相对也龙钟。[①]

词中的"郑贾"、"叶公"，正是韩侂胄，至此弃疾对于自己的出山，已经感到后悔了。此后侂胄陆续要他去做知江陵府、兵部侍郎、枢密院都承旨，对于弃疾不能不算是重用，而且也算是用当其才，可是弃疾止是一再托病不就，虽然在都承旨命下以后不久去世，但是从刘过的《沁园春》（斗酒彘肩）看来，弃疾的不赴都承旨之召，主要的还是由于意气的不投而不是由于体力的衰退。

---

① 《稼轩长短句》卷九。

开禧元年(1205)任命丘崈为江淮宣抚使,丘崈曾说:"中原沦陷且百年,在我固不可一日而忘,然兵凶战危,若首倡非常之举,兵交胜负未可知,则首事之祸,其谁任之?此必有夸诞贪进之人,侥幸万一,宜亟斥绝,不然必误国矣。"丘崈对于北伐,是主张慎重的。开禧三年(1207)丘崈罢职。

韩侂胄在准备出兵的时候,和叶适商量,叶适奏称:"今欲改弱以就强,为问罪骤兴之举,此至大至重事也,故必备成而后动,守定而后战。今或谓金已衰弱,姑先开衅,不惧后艰,求宣和之所不能,为绍兴之所不敢,此至艰至危事也。"叶适是主张慎重的,他虽然后来在敌人进逼长江的阶段,保障江南,但是对于韩侂胄的出兵,始终没有予以积极支持。

西北方面重用吴曦,而吴曦投敌,东南方面倚赖辛弃疾、丘崈、叶适,而诸人之间,又没有开诚的合作。这一切都透露出北伐失败的危机,但是陆游似乎都没有看到。开禧二年秋间他在诗中说起:

> 中原蝗旱胡运衰,王师北伐方传诏。一闻战鼓意气生,犹能为国平燕赵。①

此后又有:

> 解梁已报偏师入,上谷方看大盗除。②
> 衔舳江关多蜀估,宿师淮浦饱吴粳。老民愿忍须臾死,传檄方闻下百城。(自注:蜀盗已平,淮壖胡贼亦遁去)③

---

① 《诗稿》卷六十八《老马行》。
② 《诗稿》卷六十九《书儿试笔》。
③ 《诗稿》卷七十一《五月二十一日风雨大作》。

注中的"蜀盗"指吴曦被杀之事;"胡贼遁去",其实是在南宋屡败之后,已经开始试探和议的可能,但是陆游还不知道。直到秋天,陆游才开始了解此事的内幕,他说:

> 淮浦戎初遁,兴州盗甫平。为邦要持重,恐复议消兵。①

开禧三年(1207)的秋天,是一个痛苦的秋天。前方的局势不断地恶化,北伐的信心已经动摇,韩侂胄看到通好的可能性逐渐削弱,重新鼓起作战到底的意志。陆游在诗中说:

> 传闻新诏募新军,复道公车纳群策。忠诚所感金石开,勉建功名垂竹帛。②

最后的和平在支付可耻的代价以后,终于获得了。礼部侍郎史弥远和杨皇后布置了一个阴谋网,通过了殿前司中军统制夏震,把韩侂胄的轿子拥入玉津园,用一顿乱棒打死。次年嘉定元年(1208)和议初步成立,宋人派王枏把韩侂胄的头献出,作为屈服的表示。开禧北伐是由韩侂胄倡议的,最后由韩侂胄献出自己的生命而告终。事定以后,史弥远继承了韩侂胄的权位,杨皇后曾因韩侂胄的提议,几乎失去皇后的荣位,至此出了一口恶气。统治阶级的腐朽已经落到为了争权夺利,不恤对外屈服的地步,积弱的南宋政府从此更加显得奄奄一息了。南宋的太学生有诗一首:

> 岁币顿增三百万,和戎又送一於期。无人说与王枏道,莫遣当年寇准知。③

---

① 《诗稿》卷七十一《雨晴》。
② 《诗稿》卷七十三《秋日村舍二首》之一。
③ 《宋人轶事汇编》引《坚瓠集》。

张端义的《贵耳集》说韩侂胄的头送到北方以后，金人认为侂胄忠于其国，缪于其身，封为忠缪侯。李心传《朝野杂记》也有忠缪侯的记载，这是当时南北双方对于侂胄的舆论。

韩侂胄的被杀在开禧三年的十一月。这年年底陆游有诗：

> 上蔡牵黄犬，丹徒作布衣。苦言谁解听，临祸始知非。①
>
> 坡头车败雀啄粟，桑下饷来乌攫肉。乘时投隙自谓才，苟得未必为汝福。忍饥蓬藋固亦难，要是少远弹射辱。老农辍耒为汝悲，岂信江湖有鸿鹄。②

这两首诗作成的时候，陆游正在悲慨的当中，他悲悼韩侂胄的死，但是还没有来得及给侂胄做出鉴定来。次年的夏天，他写得更具体了：

> 瞿公冷落客散去，萧尹谴死人所怜。输与桐君山下叟，一生散发醉江天。③
>
> 身向人间阅事多，杜门聊得养天和。盛衰莫问萧京兆，壮老空悲马伏波。④

诗中的萧京兆正是韩侂胄的化身。

从韩侂胄号召一致对外以后，陆游是始终支持这个主张的。八十岁的高龄正证明他对于个人的前途，已经没有丝毫意外的希冀，但是一生的爱国思想却不容许他不热烈拥护对外作战。韩侂

---

① 《诗稿》卷七十四《书文稿后》。
② 同卷《雀啄粟》。
③ 《诗稿》卷七十六《书感二首》之一。
④ 《诗稿》卷七十七《即事四首》之一。

胄失败以后,陆游所得到的是什么呢? 嘉定元年(1208)二月,侂胄死后才三个月,陆游有诗:

> 力请还山又几年,何功月费水衡钱? 君恩深厚犹惭惧,敢向他人更乞怜!

> 俸券新同废纸收,迎宾仅有一绹裘。日锄幽圃君无笑,犹胜墙东学傗牛。①

不但祠俸的半禄被剥夺了,甚至连致仕的恩泽也被剥夺,见周密《浩然斋雅谈》。

韩侂胄被杀以后,当日和他合作的人,都得到处分,甚至始则力主慎重,后则保障东南的叶适,也受到罢斥,因此陆游遭到谴责,止是意内。经过两年阴暗的年代,陆游在八十五岁的岁暮死了。死后他和韩侂胄有关的诗文,大部分遭到删除,所残存的一部分,如《南园记》、《阅古泉记》之类,《宋史》本传认为"见讥清议",叶绍翁《四朝闻见录》则认为其中有微词,总之,认定这是接近韩侂胄的铁证。陆游接近韩侂胄,是无可讳言的,我们必须认识陆游是以怎样的身分接近韩侂胄,因此对于韩侂胄的转变,以及开禧北伐之所以失败的原因,我们必须首先了解,然后对于陆游的为人,才能获得正确的认识。

宁宗即位之初,韩侂胄和赵汝愚站在对立的地位,赵汝愚失败以后,陆游作诗,称他为房琯,他没有顾虑到韩侂胄的不满。及至韩侂胄号召一致对外,准备北伐,陆游站在韩侂胄的一面。韩侂胄被杀以后,陆游没有放弃他的立场,他认为韩侂胄正同萧京兆一

---

① 《诗稿》卷七十五《半俸自戊辰二月罢不复言作绝句二首》。

样，为小人所陷害，终于不幸而死。

陆游诗给我们的最宝贵的教训，在于即使在失败中，他始终不承认是失败，认为经过失败，可以从失败中追求胜利。失败止是偶然的，而胜利是决定的。失败没有摧毁他的斗志，他没有感到懊丧，甚至在失败中，他感到一种安慰，因为从失败中可以吸取教训，作为胜利的资本。录两诗于次：

> 萧相守关成汉业，穆之一死宋班师。赫连、拓跋非难取，天意从来未易知。①

> 国不可以无灾眚，身不可以无疢疾。无灾之国乱或更速，无疾之身死或无日。昆夷、猃狁无害于周之王，辟土富国无救于隋之亡。壮夫一卧多不起，速死未必皆嬴尪。古来恶疾弃空谷，往往更得度世方。②

我们知道这些诗篇都是陆游八十四岁以后的创作，他已经衰老了，他的年光多半是在病榻中度过的。他的祠禄已经停止，生活方面当然受到压迫，六个儿子多半不在眼前，他自己正在受着人们的嘲骂，认为依附奸党，"蔽于不义之浮云"。国家大局呢？正在开出一个对敌投降，苟且偷安的局面。但是陆游的爱国精神，始终没有屈服。他的《卜算子·咏梅》不会是在这时做的，但是却指出了陆游一生的道路。

---

① 《诗稿》卷八十一《读史二首》之一。
② 《诗稿》卷八十三《病起杂言》。

第五章　陆游卒年考证

《宋史·陆游传》指出陆游"嘉定二年卒,年八十五"。清人赵翼据此,作《陆放翁年谱》,在嘉定二年己巳下,记:

> 先生年八十五,终于家。是年有《自笑》一首。自注:"腊月五日汤沐按摩几半日,是早左车第二牙脱去。"此后尚有诗七首,则先生之卒在腊底也,然不详何日。

这个主张,和宋人张淏《宝庆续会稽志》卷五陆游条,"嘉定二年卒,年八十有五",是完全符合的。但是钱大昕作《陆放翁年谱》,认为陆游卒年八十六岁,在嘉定三年条记:

> 三年庚午八十六岁
>
> 是岁先生卒。先生《题药囊》诗,有"残暑才属尔,新春还及兹"之句,又《末题》诗云"嘉定三年正月后,不知几度醉春风",则正月间先生尚无恙。陈氏《直斋书录解题》谓"嘉定庚午,年八十六而终"者盖得其实;《宋史》本传云"嘉定二年卒,年八十五",殆考之未审尔。

从陆游作品讲,最后的七首诗,不足全部作品千分之一,而且都和时代没有显著的关系，因此早迟一年，所关不大。可是钱大昕的论证，主要还是根据陆游诗中词句的用法，因此可以作一些比较，求得陆游的原意。

绍熙四年（1193）癸丑，陆游有《癸丑正月二日》两首（《诗稿》卷二十六），肯定是这一年的作品。前一首是《壬子除夕》，肯定是绍熙三年的作品。但是再前有《立春》一首。

立　春

> 绍熙又见四番春，春日春盘节物新。独酌三杯愁对影，例添一岁老催人。

这一首肯定是绍熙三年的作品，我们不能因"绍熙又见四番春"一句，把它归入绍熙四年。

庆元四年（1198）戊午，陆游有《戊午元日读书至夜分有感》两首（《诗稿》卷三十六），肯定是这一年的作品。前有《初春欲散步畏寒而归》一首，说出"春困苦多无处卖，客魂欲断倩谁招"。所谓"初春"和"春困"，都是指的戊午元日以前。

庆元六年（1200）庚申，陆游有《庚申元日口号》六首（《诗稿》卷四十二），肯定是这一年的作品，前有《新春》一首："柳淡春初破，梅寒瘦不禁。"所谓"新春"，指庚申元日以前。

开禧二年（1206）丙寅，陆游年八十二岁，有《丙寅元日》一首（《诗稿》卷六十五），肯定是这一年的作品。前有《天气作雪戏作》，自言"八十又过二"，编在《十二月二日夜梦游沈氏园亭》以前。又《吾年过八十》诗两首，第二首言"八十又过二，自言名放翁"，亦编在《丙寅元日》以前。所谓"八十又过二"者，其实当时陆游年仅八十一岁。

开禧三年（1207）正月初六立春，《诗稿》卷六十九末篇为《春前六日作》，卷七十首篇为《立春后作》，两卷有岁尾岁首之别，显然可见。但是卷六十九有《春近》一首：

春　近

> 开禧忽见第三春，身寄枫林野水滨。吾道幸逢天道在，物华又与岁华新。

我们不能认"绍熙又见四番春"为绍熙四年之诗，不能认"开禧忽见第三春"为开禧三年之诗；同样地也不能认"八十又过二"为陆游八十二岁之诗，因为《剑南诗稿》的编定，不容许这样看。那么止凭"嘉定三年正月后"一句，也就很难使我们肯定这是嘉定三年之诗，何况下面"不知几度醉春风"止是疑问的语气，不是肯定的语气。

后人重视月日，但是古人重视节令，因此止要元日以前，已交立春，作者即可言"新春"、"初春"、"春日春盘"。陆诗所言，皆属此例。不仅如此，宋人尤重视冬至，见于记载者，如：

> 京师最重此节，虽至贫者，一年之间，积累假借，至此日更易新衣，备办饮食，享祀先祖。官放关扑，庆贺往来，一如年节。①

> 大抵杭都风俗，举行典礼，四方则之为师，最是冬至岁节，士庶所重，如馈送节仪，及举杯相庆，祭享宗禋，加于常节。②

再结合《诗稿》卷四十九《辛酉冬至》陆游自注"乡俗谓吃冬至饭即

---

① 孟元老《东京梦华录》。
② 吴自牧《梦粱录》。

添一岁"，我们更可以理解陆游在八十一岁冬天，为什么自称"八十又过二"。所以根据陆游诗中字句的用法而论，我认为钱大昕的论证，还是不能成立。因此我们也就不能专凭《直斋书录解题》的旁证，推翻《宋史》本传和《宝庆会稽续志》的记载。

《直斋书录解题》的作者陈振孙，南宋后期人。同时的方回选注《瀛奎律髓》，对于陆游作诗年份、干支、履历，记载均不误。如：

> 放翁宣和乙巳年(1125)生，长石湖一岁。①
>
> 放翁淳熙丙午、丁未、戊申(1186、1187、1188)，在严州二考满，其去，年六十四矣。②
>
> 放翁解严州后归镜湖，寻入为礼部郎，淳熙十五年戊申。明年己酉(1189)元日，以思陵服中免贺，放翁年六十五矣。③
>
> 放翁嘉定壬戌(1202)致仕，出领史局，年七十八矣。明年除秘书监，再奉祠告老。④
>
> 嘉泰四年甲子(1204)，宁庙在位十一年，放翁年八十。⑤
>
> 嘉泰四年甲子(1204)，放翁八十岁。⑥

但是一到卒年，便不能符合了。如：

> 嘉定二年己巳(1209)，放翁年八十六……是年放翁卒。⑦

---

① 《瀛奎律髓》卷十六注。
② 同书卷四注。
③ 同书卷十六注。
④ 同书卷六注。
⑤ 同书卷十六注。
⑥ 同书卷十注。
⑦ 同书卷十六注。

　　放翁卒于是年之冬，年八十六，嘉定二年(1209)也。[1]

　　其临终之诗曰："死去原知万事空，但悲不见九州同。王师北定中原日，家祭无忘告乃翁。"嘉定二年(1209)己巳冬也。先是腊月五日脱去左车第二牙，亦有诗。其卒之日候考。盖年八十有六，生于宣和七年乙巳(1125)。[2]

陆游生于宣和七年乙巳，见《诗稿》卷三十三，这是无可置疑的。生于宣和七年乙巳，至嘉定二年己巳，应当是八十五岁，但是方回三次所记，皆为八十六岁，与前后皆不合。为什么会有八十六岁的记载？山阴的风俗，过冬至即称为添一岁，陆游死于嘉定二年十二月，这一年十一月二十四日冬至，按照山阴的风俗说，陆游死时，年八十六。方回选注《瀛奎律髓》时，没有细考，因此尽管在别处完全正确，到了卒年，便发生错误。从另一方面说，陈振孙作《直斋书录解题》，可能因为听说陆游死时年八十六，他明知宣和七年乙巳的生年，无可动摇，因此把卒年推迟一年，改为嘉定三年庚午，这也是一个错误。张淏作《会稽续志》在宝庆元年(1225)，这是山阴所作的山阴地方志，成书之年，上去陆游的卒年，止有十五年，应当是比较可靠的。

---

① 同书卷十六注。
② 同书卷四十四注。

第六章　陆游所接触到的统治
阶级内部斗争

　　陆游的人生观,除了儒家思想以外,还从他的高祖父陆淳,继承了一定成分的道家思想;他的政治立场,除了根据自己对于时代的观察以外,还从他的祖父陆佃继承了一定成分的认识。在封建社会的官僚地主家庭里面,这种情况是很自然的,也是很普遍的。关于陆佃的事迹,主要见《宋史》卷三四三《陆佃传》。

　　陆佃(1042—1102)是王安石的学生,从熙宁三年(1070)他入京应试,授蔡州推官起,直至崇宁元年(1102)在知亳州任内去世为止,他在政治界经过了不少的风波。他曾经官至尚书右丞,仅次于当时的宰相以下一级,但是当他在世的时候,也曾经列入党禁,认为是一个旧派的党人。在这三十多年之中,代表大地主阶级利益比较落后保守的团结在一处,称为旧党;代表小地主阶级利益,要求进步的也团结在一处,称为新党。这只是一个大概。所谓旧党新党,常常因为最高统治者的变动,而分别成为在朝和在野。神宗赵顼在位的时候,从熙宁元年至元丰八年(1068—1085)新党执政;神宗死了,哲宗赵煦即位,在他年青的时候,祖母宣仁高后听政,旧党来了，罢斥新党。元祐八年（1093）高后死了，哲宗亲政，旧党下台，新党执政。哲宗死于元符三年（1100），徽宗赵佶即位，在他即位之初，把年号改为建中靖国，号召旧党新党，双方并用，所谓"建中靖国"，指出一条中间路线的道路。这条道路显然是走不通的，所以后来改年号为崇宁，"崇宁"是推崇熙宁的意义，从此以后，任用蔡京，追贬司马光等，称为元祐奸党，刻石记名，党人的数字从九十七人，推广到三百〇九人，党人的子孙不得任京朝官，不得到东京的附近。甚至连元祐党人的学术、文章都受到严禁。当时的政治界完全是新党的天下了，但是这时的新党已经完全变质，任用新党的徽宗赵佶，固然是昏庸腐朽，而执政的新党，如蔡京、王黼，也是腐朽昏庸。直至女真统治者的军队打到东京城下，这才解除党禁，但是大势已去，北宋的政权终于崩溃。

　　陆佃是王安石的学生，应当是坚定的新党了，但是他在到东京应举的时候，曾和安石论及新法，说及："法非不善，但推行不能如初意，还为扰民，如青苗是也。"元祐元年，安石死的时候，正在新党失败的当中，平时和他亲近的人都疏远了，但是陆佃还是按照当时的风俗，为安石供佛设祭。徽宗初年，陆佃上书说起："近时学士大夫相领竞进，以善求事为精神，以能讦人为风采，以忠厚为重迟，以静退为卑弱，相师成风，莫之或止，正而救之，实在今日。神宗延登真儒，立法制治，而元祐之际，悉肆纷更；绍圣以来，又皆称诵。夫善续前人者不必因所为，否者赓之，善者扬焉。元祐纷更，是知赓之而不知扬之之罪也；绍圣称颂，是知扬之而不知赓之之过也。"陆佃的主张，是在两者之中，求得一个折衷，这个主张，很符合建中靖国那个时代的要求，他的得到重用，原因在此。不久以后，这个主张被抛弃了,陆佃出知亳州,随即在任内死去。

陆佃的采取折衷的主张,很可能和他的阶级利益有关系,可惜我们在这方面的资料不够,不能详细地举出例证。他和旧派也存在着千丝万缕的关系。陆游的母亲姓唐,她的祖父唐介,是著名的旧派;唐介的次子义问,建中靖国初年,知颍昌府,据陆游说,他听到起用蔡京的消息,"抚案愤咤,即日,疽发背卒"(见《文集》卷二十六《跋唐修撰手简》)。这位唐夫人的舅舅晁冲之、晁说之都是旧派。封建社会的党派关系,是和私人关系密切联系的,陆佃一边是王安石的学生,一边又和若干旧派有亲戚关系,他的主张折衷不是偶然的。

在这样的家庭里,陆游得到启发,认为北宋之所以崩溃,主要是由于党派的纠纷。他说:

> 宋兴百余年,累圣致治之美,庶几三代,熙宁、元祐所任大臣,盖有孟杨之学,稷契之忠,而朋党反因之以起,至不可复解,一家之祸福曲直,不足言也。为之子孙者,能力学进德,不为偏诐,则承家报国,皆在其中矣。嘉泰三年五月十五日,山阴陆某书于浙江亭。[①]

陆游这样提出,可能和嘉泰三年(1203)南宋正在号召一致对外有关,但是基本上这是符合陆游平时的主张的。他在诗中也曾屡次提到:

> 中原乱后儒风替,党禁兴来士气孱。[②]

---

① 《文集》卷二十九《跋蔡忠怀送将归赋》。
② 《诗稿》卷一《寄别李德远二首》之二。

　　　　党祸本从名辈出，弊端常向盛时生。①

最提得清楚的是绍熙五年(1194)冬间的一首：

　　　　在昔祖宗时，风俗极粹美。人材兼南北，议论忘彼此。谁
　　令更植党，更仆而迭起。中更夷狄祸，此风犹未已。臣不难负
　　君，生者固卖死。倘筑太平基，请自厚俗始。②

这首诗作于十一二月间，是有它的特殊背景的。这一年七月间，光
宗赵惇退位，宁宗赵扩即位，小朝廷里不久就展开了赵汝愚和韩侂
胄的对立。韩侂胄取得了宫廷的支援，第一步罢免了赵汝愚的助
手朱熹，这是十月间的事。陆游的这首诗，作于朱熹罢斥以后，在
作诗的时候，他是站在赵汝愚、朱熹这一边的。

　　绍熙庆元之间的党派之争，和北宋的党派之争是有所不同的。
北宋时代王安石和司马光之间的斗争，是新旧的斗争，小地主阶级
要求改革和大地主阶级主张保守之间的斗争。在这次斗争的当
中，双方的壁垒都很鲜明，领导人物，尽管主张不同，但都具有一定
的威望，也能尊重对方的人格。南宋初期政治方面也有斗争，但是
这是主战派和主和派之间的斗争，一边极力主张对于敌人止有战
争没有调和的余地，一边则主张对敌屈服，委曲求全，终于导致祸
国殃民的结果。陆游的早年和中年所经历的是这样的党争，这里
是说不上"党祸本从名辈出"的。但是绍熙五年(1194)以后开始的
斗争，后来进一步演变而为庆元二年(1196)的党禁，其实是人与人
之间的斗争，和以前两次的政治斗争有所不同。而且因为赵汝愚、

──────────

　　① 《诗稿》卷五十九《书感》。
　　② 《诗稿》卷三十一《岁暮感怀十首以余年谅无几，休日怆已迫为韵》之九。

朱熹和他们周围的一群人,始终没有忘却对外作战,收复失地;而对方的韩侂胄后来也号召北伐,收复沦陷区,因此他们之间,本来有合作的可能,而在赵汝愚、朱熹这两位领导人物去世以后,这样的合作也毕竟实现了。不过因为南宋政权内部的腐朽,和合作的不彻底,开禧年间的北伐,以失败宣告结束。

从绍兴三十一年(1161)完颜亮发动对宋的侵略起,直至隆兴二年(1164)两国之间,和议正式成立为止,这四年当中,南宋的小朝廷,是主战派和主和派两派斗争的战场。主战派以张浚为首,但是隆兴元年出兵北伐,经过符离的挫败以后,张浚的主张提不出了,而主和派的汤思退、史浩相继而起,阻挠作战。在这一次斗争的当中,陆游无疑的是站在主战派一边的。绍兴三十二年(1162)他有《送七兄赴扬州帅幕》一首:

> 初报边烽照石头,旋闻胡马集瓜洲。诸公谁听刍荛策,吾辈空怀畎亩忧。急雪打窗心共碎,危楼望远涕俱流。岂知今日淮南路,乱絮飞花送客舟。[①]

在这首诗里,他追叙了自己在三十一年十一月完颜亮兵逼采石矶和瓜洲渡时候的心理情况。在这一次战争里,金人因为内部矛盾的激烈而退却了。隆兴元年,张浚以都督江淮诸军事的身分,驻扎建康,策动大军北伐;次年陆游四十岁,担负通判镇江军州事的责任,正在镇江。建康、镇江间,相去不远,陆游和张浚幕府人物,包括张浚之子张栻在内,往还甚密。及至张浚失败以后,陆游调任隆兴府通判,还是以"交结台谏,鼓唱是非,力说张浚用兵"的名义,获

---

① 《诗稿》卷一。

得罢免的处分。所以在这四年当中,陆游的参加主战,是有具体的证明的。

但是陆游对于主和的汤思退、史浩,没有采取正面对立的态度。《送七兄》诗中的"诸公",主要的应当是指当时的左丞相汤思退。但是在次年汤思退罢相、知绍兴府的时候,陆游有《送汤岐公镇会稽》一首,中言:

> 永怀前年秋,群胡方啸凶。同左发蓟北,戈船满山东。旧盟顾未解,谁敢婴其锋?公时立殿上,措置极雍容。南荒窜骄将,京口起元戎。旧勋与宿贵,屏气听指踪。规模一朝定,强虏终归穷。当时谓易耳,未见回天功。及今始大服,咨嗟到儿童。①

同样地,史浩在战事进行中,主张和议,甚至在张浚出兵的时候,对孝宗赵眘说:"浚锐意用兵,若一失之后,恐陛下终不得复望中原。"吴璘在川陕出兵,收复十三州、三军,也因为史浩主张和议,下诏班师,全部放弃,退到大散关以内。当时吴璘的幕府有人反对退却,提出:"将在军,君命有所不受,此举所系甚重,奈何退师?"吴璘看到当时政府的内幕,说起:"璘岂不知此,顾主上初政,璘握重兵在远,有诏,璘何敢违?"吴璘的退兵,当然是有鉴于南宋初年杀戮大将的故事,但是这一次不能不算是重大的挫折。绍熙五年(1194)史浩死的时候,陆游在挽歌里说:

> 垅干劳久戍,大将未班师。抗议回天意,忘身为圣时。人心险莫测,时事远难知。汗简方传信,孤生欲语谁?(自注:吴璘戍德顺军,师老欲还,不敢自请,公为相,察其情,即力请班

---

① 《诗稿》卷一。

师,西鄙赖以无事。后议者乃指公为弃地,公不辨也)①

陆游在这一类诗句里的表示,正表现了他的庸俗的一面,他有时也有一些应酬之作,因为私人间的关系,委曲迁就,在立场上比较模糊。

除了这些应酬之作以外,陆游对于当时的大臣,在不满意的时候,他会直接提出的。

> 学古心犹壮,忧时语自悲。公卿阙自重,社稷欲谁期?②
> 虎豹九关君勿叹,未妨一笑住壶天。③
> 诸公可叹善谋身,误国当时岂一秦。不望夷吾出江左,新亭对泣亦无人。④

从这些诗篇里,我们可以看到陆游对于当时的大臣是不满意的,从秦桧的同时人起,一直到他作诗的年代。

是不是陆游对于最高统治者,会提出他的抗议呢?是提到的,但是词句却很隐约。庆元五年(1199)有《读后汉书》二首,其一是:

> 赁春老子吾所慕,垂世文章宁在多?诗不删来二千载,世间惟有《五噫歌》。⑤

《五噫歌》是梁鸿对于最高统治者不顾人民疾苦,竭力建筑宫殿的刻骨的讽刺。东汉章帝对他进行政治压迫,他逃到山东,后来再逃

---

① 《诗稿》卷三十《太师魏国史公挽歌词五首》之五。
② 《诗稿》卷二十一《寓叹三首》之三。
③ 《诗稿》卷二十二《喜事》。
④ 《诗稿》卷四十五《追感往事五首》之五。
⑤ 《诗稿》卷三十九。

江南,死后还不能归葬。这是一件历史事实。陆游在这年秋天又曾说起:

> 平生许国今何有? 且拟梁鸿赋《五噫》。①

这就看出他推崇梁鸿,不是无为而至。他从梁鸿的作品里,看到自己应当采取的道路。他对于最高的统治者也有同样的不满。

嘉泰二年(1202)陆游有《读夏书》一首:

> 巨浸稽天日沸腾,九州人死若丘陵。一朝财得居平土,峻宇雕墙已遽兴。②

这首诗是显然的讽刺。前两句指出东京陷落,仓皇南渡,人民死亡载道的悲惨景象,后两句指出生活才得稍为安定下来,统治者已经开始大兴土木,完全不顾人民的痛苦。我们可以把这首联系到另一首:

> 僧庐土木涂金碧,四出征求如羽檄。富商豪吏多厚积,宜其弃金如瓦砾。贫民妻子半菽食,一饥转作沟中瘠。赋敛鞭笞县庭赤,持以与僧亦不惜。古者养民如养儿,劝相农事忧其饥。露台百金止不为,尚愧《七月》周公诗。流俗纷纷岂知此,熟视创残谓当尔。杰屋大像无时止,安得疲民免饥死。③

这首诗的"杰屋大像",正是《读夏书》里的"峻宇雕墙"。我们再回顾到梁鸿《五噫歌》的五句:"陟彼北芒兮,噫! 顾览帝京兮,噫! 宫

---

① 《诗稿》卷四十《秋思二首》之二。
② 《诗稿》卷五十一。
③ 《诗稿》卷二十七《僧庐》。

室崔嵬兮,噫! 人之劬劳兮,噫! 辽辽未央兮,噫!"也会看出这和
"杰屋大像无时止,安得疲民免饥死",完全可以印证。陆游对于时
政的缺失,虽然无意隐瞒,但也不是有意夸张,这里正反映出那时
统治者的不顾人民痛苦的一面。

嘉泰元年(1201)陆游有《读史》二首:

> 青灯耿耿夜沉沉,掩卷凄然感独深。恤纬不遑嫠妇叹,美
> 芹欲献野人心。孤忠要有天知我,万事当思后视今。君看宣
> 王何似主,一篇《庭燎》未忘箴。①

> 民间斗米两三钱,万里耕桑罢戍边。常使屏风写《无逸》,
> 应无烽火照甘泉。②

从陆游的作品看,他的《读史》,不一定是读史,常常是对于时代的
讽刺,这两首诗提得很清楚。嘉泰元年是宁宗赵扩即位以后的第
七年。这是一位庸暗无能的皇帝,他在宫中享乐,把大权先后交给
当朝的韩侂胄和史弥远。嘉泰元年正是韩侂胄大权独揽,还没有
开放政权,和反对派的开明士大夫提出合作对外的时期。《庭燎》
是《小雅》的一篇,相传为周宣王晏起,诗人在赞美当中,给他劝告,
其后成为中兴之主。《无逸》是《周书》的一篇,是周公对于成王的教
导,指示他不要追求享乐,必须认识到稼穑的艰难,才可以成为好的
君主。从这两首诗里,我们看到陆游对于宁宗赵扩,指出他的享乐思
想,认为必须改正,国家的前途才有保证,敌人也不致于进犯。

当然,陆游诗里的矛头,主要还是对准当时对敌的屈服。南宋

---

① 《诗稿》卷四十八。
② 《诗稿》卷四十九。

时代,民族矛盾是当时的主要矛盾,因此诗人进行攻击,必须对准这一点,用当时的词汇,就是"和亲"或"和戎"。陆游最有力的一篇是他的《关山月》:

> 和戎诏下十五年,将军不战空临边。朱门沉沉按歌舞,厩马肥死弓断弦。戍楼刁斗催落月,二十从军今白发。笛里谁知壮士心,沙头空照征人骨。中原干戈古亦闻,岂有逆胡传子孙? 遗民忍死望恢复,几处今宵垂泪痕。①

这首诗是淳熙四年(1177)作的。上溯十五年为隆兴元年(1163),那时南宋在符离溃退以后,已经试探和议的可能。"和戎诏下十五年"一句,正看出陆游对于当局的攻击。将军的不战,由于和戎的诏下,陆游并没有放过最高的统治者。其他攻击对敌屈服的诗句,如:

> 秋风两京道,上有胡马迹。和戎壮士废,忧国清泪滴。关河入指顾,忠义勇推激。常恐埋山丘,不得委锋镝。②
> 功名不遣斯人了,无奈和戎白面郎。③
> 历观千载事,和戎固尝有。定襄五原间,乃可画地守。神州在何许? 东巡已去久。煌煌一统业,谟训其可负!④
> 和亲自古非长策,谁与朝家共此忧?⑤
> 战马死槽枥,公卿守和约。穷边指淮沘,异域视京雒! 呜

---

① 《诗稿》卷八。
② 《诗稿》卷十三《书悲》。
③ 《诗稿》卷十七《题海首座侠客像》。
④ 《诗稿》卷十八《水亭独酌十二韵》。
⑤ 《诗稿》卷二十一《估客有自蔡州来者感怅弥日二首》之二。

呼此何心,有酒吾忍酌!①

陆游并不是主张和北方部族战争到底,他认为"和戎"是可以的,但是必须让北方部族仍旧留在北方,在定襄、五原之间,是可以共处的,可是一旦敌人已经侵入中原,占有了广大的北方地区,惟有作战到底,才可以保持中原的生存。他认为当时的一切灾祸,都是从对外屈服出发的。这就看到他后来是在怎样的基础上和韩侂胄合作的。

在陆游的一生,我们看到他是遭到不少折磨的。无可讳言的他是官僚地主阶级的一员,做官固然可以为人民为国家做一番事业,同时也正是为自己的养家活口、男婚女嫁,建立必要的经济基础。陆游在《上虞丞相书》里坦白地提到这一节。因此在宦途上遭到的挫折,必然会给陆游带来很大的痛苦。他把这些遭遇主要地归于谗言。他一边要建立一番功业,一边又因为遭到谗言而灰心消极,他在两者之间的徘徊给他极大的苦恼。乾道八年(1172)他自夔州出发,赴南郑前线,便有这样的两首诗:

吾闻虎虽暴,未尝窥汝栖。孤行暮不止,取祸非排挤。彼谗实有心,平地生沟溪。哀哉马新息,薏苡成珠犀。②

古来贤达士,初亦愿躬耕。意气或感激,邂逅成功名。③

两年以后,他在离堆作《伏龙祠观孙太古画英惠王像》一首,中间有句:

---

① 《诗稿》卷二十一《醉歌》。
② 《诗稿》卷三《畏虎》。
③ 同卷《蟠龙瀑布》。

徒木遗风虽峭刻，取材尚足当世用。寥寥后世岂乏人，尺寸未施谤已众。要官无责空赋禄，轩盖传呼真一哄。奇勋伟绩旷世无，仁人志士临风恸。①

这时他从南郑撤退还不久，因此在叙述中充满了沉痛的口吻。"要官无责空赋禄"一句，是讽刺，是咒骂，这是旧时代诗句中少见的例子，从这里正见到陆游在统治阶级矛盾中所感到的痛苦。

淳熙十年（1183）陆游正在罢官家居中，因为怀念南郑前线的生活，有《幽居感怀》一首，诗中说及："十月风霜欺客枕，五更鼓角满江天。散关清渭应如昨，回首功名一怆然。"追叙矛盾中的生活，他有《书生叹》一首：

可怜秀才最误计，一生衣食囊中书。声名才出众毁集，中道不复能他图。抱书饿死在空谷，人虽可罪汝亦愚。呜呼！人虽可罪汝亦愚，曼倩岂即贤侏儒。②

这一时期他对于同辈中的往还，也感觉到萧森可畏，所以说：

壮岁京华羁旅，暮年湖海清狂。勿倚新知可乐，笑中白刃如霜。③

三年以后，在淳熙十三年（1186）发布了陆游知严州军州事的任命，但是生活并不安定，第二年他在《桐江行》诗里说起：

我来桐江今几时，面骨峥嵘鬓如雪。怒嗔不复有端绪，谗

___

① 《诗稿》卷六。
② 《诗稿》卷十五。
③ 《诗稿》卷十六《六言四首》之四。

谤何曾容辨说?^①

淳熙十五年(1188)陆游上书辞职,回到故乡。在乡居的当中,重行开展内心的斗争,一边他要为国家建立功业,一边仍旧是忧谗畏讥,因此在忽冷忽热的当中,充分暴露了知识分子的脆弱:

> 八月风雨夕,千载孙吴书。老病虽愈甚,壮气颇有余。长缨果可请,上马不踌躇。岂惟鏖皋兰,直欲封狼居。万乘久巡狩,两京尽丘墟。此责在臣子,忧愧何时摅。南郑筑坛场,隆中顾草庐。邂逅未可知,旄头方扫除。^②

> 钓竿风月寄沧洲,醉发鬖鬖获叶秋。仕进世谁知我懒,功名命不与人谋。衰迟更觉岁时速,疏贱空先天下忧。病骨未销谗未已,聊须《周易》著床头。^③

第二年陆游又到临安,做礼部郎中,他在官衙中仍有"谗波方稽天,未遽妨人狂"(卷二十一《仪曹直庐》)的诗句,描写宦途中的风波。最后,他终于在谗波中倒下了。《宋会要》记十一月二十八日"礼部郎中陆游放罢,以谏议大夫何淡论游前后屡遭白简,所至有贪污之迹⋯⋯故有是命"(《宋会要辑稿》职官七二)。关于这一点《宋会要》的记载不详,陆游有诗自记:

予十年间两坐罪斥,虽擢发莫数而诗为首,谓之嘲咏风月。既还山,遂以"风月"名小轩,且作绝句

扁舟又向镜中行,小草清诗取次成。放逐尚非余子比,清

---

① 《诗稿》卷十九。
② 《诗稿》卷二十《夜读兵书》。
③ 同卷《闲中戏书》。

风明月入台评。①

经过这一次打击，陆游的生活转变了，在此后二十年的当中，除了一度曾至临安，在实录院修国史及实录以外，他是过的农村生活，但是他的气概，却没有因为曾受打击而遭到摧毁。他在《遣怀》一首，自言：

> 绝世本来希独立，刺天不复计群飞。②

绍熙三年(1192)他更说出：

> 曩时对酒不敢饮，侧睨旁观皆贝锦。狂言欲发畏客传，一笑未成忧祸稔。如今醉倒官道边，插花不怕颠狂甚。行人唤起更毷氉，牧竖扶归犹踸踔。始知人生元自乐，误计作官常懔懔。秋毫得丧何足论，万古兴亡一醉枕。③

在这当中，陆游可能还遭遇到一些"凶终隙末"的事。绍熙五年(1194)，他在《甲寅元日予七十矣酒间作短歌示子》一首，提到："萧朱尚或隙，籍湜固宜畔。出门无一欣，抚事有三叹。"这一年的秋天，政治界的波浪来了，从秋间的赵汝愚和韩侂胄的对立，进一步而有次年二月赵汝愚的罢斥，韩侂胄的专政。陆游本来是在野的，现在向后退却，有《自规》一首：

> 陆君拙自谋，七十犹粝食。著书虽如山，身不一钱直。默自观我生，困弱良得力。转喉畏或触，唾面敢自拭。世路方未

---

① 《诗稿》卷二十一。
② 《诗稿》卷二十三。
③ 《诗稿》卷二十五《醉倒歌》。

夷,机阱宁有极。但能长闭门,尊拳贷鸡肋。①

自此以后,直至嘉泰元年(1201)陆游总还在忧谗畏讥的当中。他虽和韩侂胄打过交道,但是他并没有和侂胄取得进一步的接近,他的《悲歌行》总结了这几年来的生活:

> 有口但可读《离骚》,有手但可持蟹螯。人生堕地各有命,穷达祸福随所遭。嗟予一世蹈谤薮,汹如八月秋江涛。尊拳才奋肋已碎,曹射箭尽弓未发。形尪骨悴吹可倒,摧拉未足称雄豪。一身百忧偶得活,残年幸许归蓬蒿。时时照水辄自笑,霜颅雪颔不可薅。脱身仕路弃衫笏,如病癣疥逢爬搔。见事苦迟已莫悔,监戒尚可贻儿曹。勉骑款段乘下泽,州县岂必真徒劳。②

在晚岁的二十年当中,陆游对于国家的命运,虽然没有一刻放松,但是关于个人的前途,考虑却比较少了。这和他的生活道路和思想发展是完全符合的。开禧二年(1206),宋金间的战事已经迫在眉睫了,陆游八十二岁,有《杂感》六首,录二首于此:

> 雨霁花无几,愁多酒不支。凄凉数声笛,零乱一枰棋。蹈海言犹在,移山志未衰。何人知壮士,击筑有余悲。
>
> 早仕谗销骨,迟归悔噬脐。短衣犹掩胫,穷巷固多泥。婢喜蚕三幼,奴贪雨一犁。衡茅明我眼,刮膜谢金篦。③

---

① 《诗稿》卷三十二。
② 《诗稿》卷四十七。
③ 《诗稿》卷六十六。

第七章　陆游诗中的山阴风土

陆游六十五岁罢归山阴以后,晚年的生活都在农村中度过了。这个时期的六千四百七十首左右的诗,很多是关于山阴风土的,这里看到他对于故乡的热爱,和农村生活的欣赏。同时的杨万里在诗集中运用人民的语言是比较成熟的,陆游这一点不如他,但是也在集中留下一些当时的风俗和土语。对于我们来说,这些都是有用的资料。

诗中有两篇概括性的介绍:

稽山何巍巍,浙江水汤汤。千里亘大野,勾践之所荒。春雨桑柘绿,秋风粳稻香。村村作蟹椴,处处起鱼梁。陂放万头鸭,园覆千畦姜。春碓声如雷,私债逾官仓。禹庙争奉牲,兰亭共流觞。空巷看竞渡,倒社观戏场。项里杨梅熟,采摘日夜忙。翠篮满山路,不数荔枝筐。星驰入侯家,那惜黄金偿?湘湖莼菜出,卖者环三乡。何以共烹煮?鲈鱼三尺长。芳鲜初上市,羊酪何足当!镜湖滀众水,自汉无旱蝗。重楼与曲槛,激滟浮湖光。舟行以当车,小伞遮新妆。浅坊小陌间,深夜理丝簧。我老述此诗,妄继古乐章。恨无季札听，大国风泱泱。①

　　我欲游蓬壶，安得身插羽？我欲隐嵩华，叹息非吾土。会稽多名山，开迹自往古。岂惟颂刻秦，乃有庙祀禹。山形舞鸾凤，泉脉流湩乳。家家富水竹，处处生兰杜。方舟泛曹娥，健席拂天姥。朱楼入烟霄，白塔临云雨。修梁看龙化，遗箭遣鹤取。茶荈可作经，杨梅亦著谱。湖莼山蕨辈，一一难遍数。终年游不厌，冰玉生肺腑。诵诗有樵童，乞字到俚妪。况复青青衿，盛不减邹鲁。古诗三千篇，安知阙吴楚。土风聊补亡，吾言岂夸诩。②

对于山阴的食物，陆游诗中讲到的不止一处，也有一首概括的介绍：

　　山阴古称小蓬莱，青山万叠环楼台。不惟人物富名胜，所至地产皆奇瑰。茗芽落硙压北苑，药苗入馔逾天台。明珠百舸载芡实，火齐千担装杨梅。湘湖莼长涎正滑，秦望蕨生拳未开。箭萌蛰藏待时雨，桑葚菌蕈惊春雷。棕花蒸煮蘸醯酱，姜苗披剥腌糟醅。细研罂粟具汤液，湿裹山葙供炮煨。老馋自觉笔力短，得一忘十真堪咍。从今置之勿复道，一瓢陋巷师颜回。③

从陆游的诗里，我们看到南宋时山阴的风俗。冬至吃馄饨，称为"冬馄饨"；吃过冬至饭，俗称为添一岁；除夕中夜祭享，分食祭品，这一晚一家聚赌，称为"试年庚"；新年吃汤饼，称为"年馎饦"。

---

① 《诗稿》卷六十五《稽山行》。
② 《诗稿》卷七十五《会稽行》。
③ 《诗稿》卷四十四《戏咏乡里食物示邻曲》。

见《诗稿》卷三十八《岁首书事》，及卷四十九《辛酉冬至》。立春日未明，儿童早起相呼，称为"卖春困"，见《诗稿》卷三十八《岁首书事》。

在饮食方面也有记载。《诗稿》卷二十三有《甜羹之法，以菘菜、山药、芋、莱菔杂为之，不施醯酱，山庖珍烹也，戏作一绝》。卷二十五有《闲中颇自适戏书示客》一首，言"烹野八珍邀父老"，所谓"野八珍"，不可考。卷五十七《初夏》自注："吴中名粗粝为米果。"卷七十七《杂感十首》自注："吴人谓饭不炊者为鐪饭，鐪音劳。"这里所说的"吴中"、"吴人"，当然包括山阴在内。卷二十五《秋日郊居八首》自注："饁散，米名；丁坑，茶名。"卷七十九《杂赋》自注："半舍、沿沟，皆果名。"此外夏秋鱼称为"荷叶下鱼"，见卷四十四《自咏闲适》自注；祭神之猪称为"神猪"，祭神之鹅称为"神鹅"，见卷四十八《赛神》自注；小梨称为梨头，见卷四十一《东村》自注；杨梅简称为"梅"，见卷四十三《项里观杨梅》自注。

碾茶称为"作茶"，见《诗稿》卷七十一《秋晚杂兴》自注。选择杨梅称为"作梅"，见卷四十三《项里观杨梅》自注。蚕眠称为"幼"，三眠即三"幼"，见卷四十三《幽居初夏》自注。典质称为"送"，见卷四十六《五月十日晓寒甚闻布谷鸣有感》自注，注中引吴谚"未吃端午粽，布袄未可送"。佃农以鸡鱼之类送给地主，称为"送羹"，见卷四十四《初晴》注。

剡县和诸暨县的贫农，八月间到山阴帮助农民收稻，称为"客"，因为他们来自山中，又称为"上客"；十月以后，农家遣子入学，称为"冬学"；所读大都是《杂字》、《百家姓》之类，称为"村书"，见《诗稿》卷二十五《秋日郊居》。村中有"村医"，卷五十九有《示村

医》一首,末言:

> 却羡龙钟布裘客,埭西卖药到村东。

又有《村伶》,有名的《小舟游近村舍舟步归》(《诗稿》卷三十三)中的一首:

> 斜阳古柳赵家庄,负鼓盲翁正作场。死后是非谁管得,满村听说蔡中郎。

正是指的农村文娱的演出。

在陆游诗中,有若干关于气候的预测,这里正表现了古代劳动人民的智慧,节引如次:

> 父老谓云逆风则必雨,验之信然。①

> 未吃端午粽,布袄未可送。②

> 东方虹见则雨止,俗语谓之隔雨。③

> 俗以黑云接落日为风雨之候。④

> 乡中以杜宇早鸣为蚕麦不登之候。⑤

> 吴俗以芒种后得壬日为入梅,今年正以此日重云蔽天,比夜乃雨,父老以为有年之候。⑥

> 俗谓二十四五间雨为骑月雨,主霖霪不止。⑦

---

① 《诗稿》卷四十《急雨》自注。
② 《诗稿》卷四十六《五月十日晓寒甚闻布谷鸣有感》自注引吴谚。
③ 同卷《夜雨有感》自注。
④ 《诗稿》卷五十九《寄子坦》自注。
⑤ 《诗稿》卷六十一《杜宇行》自注。
⑥ 《诗稿》卷六十六《入梅》自序。
⑦ 《诗稿》卷八十三《秋兴四首》之一自注。

诗中有时提到物价。《诗稿》卷三十一《买屐》言"百钱买木屐，日日绕村行"。卷七十九有《闻吴中米价甚贵二十韵》，在这首诗里指出"千钱得斗米，一斛当万钱"。这样的米价在当时是相当贵的了。陆游又在诗中说："我欲告父老，食为汝之天。勿结迎神社，勿饰航湖船。筑室勿斫削，但取垣屋坚。妇女省钗泽，野妆何用妍?"大约斗米千钱，还没有到恐慌的程度，所以陆游止要大家节约一些，不要浪费。

陆游诗中也提到山阴的禽鸟。《诗稿》卷六十八有一首，题为《镜湖有鸟名水鸟，鸣于春夏间，若曰"打麦作饭"，偶有所感而作》。卷七十六《禽言》，所指的除了"打麦作饭"以外，还有"架犁"、"拔笋"、"堂前捉绩子"三种。卷七十九《病中夜思》自注："乡中有栖雀夜鸣为'翻更'。"卷八十二有《时鸟》一篇，是带有概括性的叙述：

> 日出鸣布谷，月落鸣子规。一气之所感，彼亦不自知。"架犁"最晚至，适当农事时。丁壮戴星出，力作孰敢迟? 鸣者既有警，闻者得以思。乃知失时辈，强聒终何为? 百舌亦能言，今默乃其宜。我作《时鸟》篇，用继豳人诗。

卷十四有《夏夜舟中闻水鸟声甚哀，若曰姑恶，感而作诗》。"姑恶"是一种水禽的鸣声，恰巧陆游为母亲所逼，和他的爱人唐琬离婚，因此有人认为这首诗是作者有感于唐琬被遣而发。但是诗言"姑色少不怡，衣袂湿泪痕。所冀妾生男，庶几姑弄孙。此志竟蹉跎，薄命来谗言。放弃不敢怨，所悲孤大恩"。陆游离婚以后，再娶王氏，二十四岁生子。陆游得子不为太迟，那么唐琬的被遣，当然不会因为没有生男的原故。所以"姑恶"这首诗，和唐氏的被遣，可能是没有什么关系的。

山阴水利的关键,主要是镜湖,陆游《稽山行》曾说:"镜湖溢众水,自汉无旱蝗。重楼与曲槛,潋滟浮湖光。"从镜湖到海滨,种稻九十万亩,都仰赖湖水的灌溉。陆游诗中说起:

> 买得乌犍遇岁穰,此身永免属官仓。塘南塘北九千顷,八月村村稻饭香。①

同时湖上也是人民的游乐场所,每年春暮,游人下湖,《诗稿》卷五十一《寒食》自注:"乡人贫甚者每自谓不能下湖,则其贫可知。"不过这还是限于上层的阶级,卷六十六《农桑》诗:

> 采桑蚕妇念蚕饥,陌上匆匆负笼归。却羡邻家下湖早,画船青伞去如飞。

这里显然看到两个不同的阶级,有着不同的生活。

山中民居,有时是一种箬屋。《诗稿》卷四十七《村舍》自注:"山中人以箬覆屋,厚密过于茅。"卷六十二《村居》有句:"防盗枳作藩,蔽雨箬代瓦。"宋人对于地下发掘,已经感觉兴趣,卷七十三《结茅》自注:"劚地得吴永安、晋太康中古砖。"永安是吴景帝孙休年号(258—263),太康是晋武帝司马炎年号(280—289)。

植物中,陆游特别提出陆家芍药,《诗稿》卷五十一《夏初湖村杂题》自注:"吾乡有陆家芍药,其品甚高。"动物中他特别提出老虎。当时山阴山中有虎出现,因此卷六十一有《捕虎行》:

> **捕虎行** 自故岁有三虎出上皋天衣山谷,近者尤为人害,捕之未获
>
> 山村牧童遭虎噬,血肉俱尽余双髻。家人行哭觅遗骨,道

---

① 《诗稿》卷四十五《稻饭》。

路闻之俱掩涕。州家督尉宿山中,已淬药箭攒长弓。明朝得
虎彻槛阱,缫丝捣麸歌年丰。

最后我们也可以附记一下陆游的乡邻。他的三邻是北邻韩三
翁,西邻因庵主,南邻章老秀才,《诗稿》卷六十九有怀念三人的两
首七律。他的两友郭希吕、吕子益每年馈酒,见卷七十二《龟堂》自
注。乡间老农力衰,不能耕田,有时照顾一些家禽家畜,见同卷《南
堂杂兴》自注。他时时怀念想象中的镜湖隐士,卷六十三《湖上》自
注:"湖中有隐士,月夜必吹笛,人莫有见者。"卷七十一《秋晚杂兴》
中有诗:"烟波万顷镜湖秋,清啸虽闻不可求。自是世间知者少,山
林何代乏巢由。"但是最使他感动的还是有一天他在田间和一位老
农的谈话,这里看到陆游的思想和当时劳动人民的思想感情:

识愧路逢野老共语,归舍赋此诗

几年羸疾卧家山,牧竖樵夫日往还。至论本求编简上,忠
言乃在里闾间。私忧骄虏心常折,念报明时涕每潸。(自注:
二句实书其语)寸禄不沾能及此,细听只益厚吾颜。①

_____

① 《诗稿》卷七十八。

第八章　陆游和梅尧臣

　　陆游的师承所在，我们可以从他的作品中去搜求。他曾说起十三四岁在藤床上见陶潜诗，十七八岁时读王维诗最熟，又说少时绝好岑参诗。他曾举出谢朓、孟浩然、李白、杜甫、白居易、李商隐、许浑、韩翃、林逋、魏野、王安石、苏轼、苏过这些诗人。我们可以说陆游之所以成为陆游，这许多诗人的作品，对他都曾起过一定的影响，但是他们似乎都没有起过决定性的作用。

　　古今诗人对陆游的影响最大的应当说是梅尧臣。陆游集中自称学尧臣者多处，如：

　　　　《寄酬曾学士学宛陵先生体》①

　　　　《过林黄中食柑子有感学宛陵先生体》②

　　　　《致斋监中夜与同官纵谈鬼神效宛陵先生体》③

　　　　《送苏召叟秀才入蜀效宛陵先生体》④

------

① 《诗稿》卷一。
② 《诗稿》卷一。
③ 《诗稿》卷二十。
④ 《诗稿》卷三十一。

《桐江哲上人以端砚遗子聿才寸余而质甚奇天将雨辄先流沚予为效宛陵先生体作诗一首》①
《春社日效宛陵先生体四首》②
《假山拟宛陵先生体》③
《熏蚊效宛陵先生体》④

他对于梅尧臣的评价怎样呢？诗中说：

突过元和作，巍然独主盟。诸家义皆堕，此老话方行。赵璧连城价，隋珠照乘明。粗能窥梗概，亦足慰平生。⑤

李杜不复作，梅公真壮哉！岂惟凡骨换，要是顶门开。锻炼无遗力，渊源有自来。平生解牛手，余刃独恢恢。⑥

这两首诗是陆游七十九至八十岁时作的，因此可以作为晚年定论。他认为梅尧臣是李杜而后的第一位作家，在韩愈、白居易之上，所谓"突过元和作"者，其意在此。六十三岁的时候，他在《读宛陵先生诗》中说"向来不道无讥评，敢保诸人未及门"，那时他仅是说明讥评梅诗的人，正是没有理解梅诗，还没有对于尧臣作出独具只眼的估价。他对于梅尧臣的认识，正是逐步提高的。

陆游七十九岁那一年，有《梅圣俞别集序》，对于尧臣的诗，作了一个全面的总结。他说：

---

① 《诗稿》卷三十一。
② 《诗稿》卷五十三。
③ 《诗稿》卷五十四。
④ 《诗稿》卷七十七。
⑤ 《诗稿》卷五十四《书宛陵集后》。
⑥ 《诗稿》卷六十《读宛陵先生诗》。

先生当吾宋太平最盛时,官京洛,同时多伟人巨公,而欧阳公之文,蔡君谟之书,与先生之诗,三者鼎立,各自名家。文如尹师鲁,书如苏子美,诗如石曼卿辈,岂不足垂世哉? 要非三家之比,此万世公论也。先生天资卓伟,其于诗,非待学而工,然学亦无出其右者。方落笔时,置字如大禹之铸鼎,炼句如后夔之作乐,成篇如周公之致太平,使后之能者欲学而不得,欲赞而不能,况可得而讥评去取哉! 欧阳公平生常自以为不能望先生,推为诗老。王荆公自谓《虎图》诗不及先生"包鼎画虎"之作,又赋哭先生诗,推仰尤至,晚集古句,独多取焉。苏翰林多不可古人,惟次韵和陶渊明及先生二家诗而已。虽然,使本无此三公,先生何歉? 有此三公,亦何以加秋毫于先生? 予所以论载之者,要以见前辈识精论公,与后世妄人异耳。①

从三十四岁作《寄酬曾学士学宛陵先生体》起,到七十九岁作《梅圣俞别集序》为止,四十余年之间,陆游对于梅尧臣的认识,逐步提高,终于认为尧臣"非待学而工,而学亦无出其右者"。对于北宋诗人,一般文学史家都推崇欧阳修、王安石、苏轼、黄庭坚,认为四大诗人,但是对于梅尧臣,估计还有所不足。尧臣的年龄,略长于欧阳修,他们二人相互了解,欧阳修曾说起:

> 梅翁事清切,石齿漱寒濑。作诗三十年,视我犹后辈。②
> 少低笔力容我和,无使难追韵高绝。③

---

① 《文集》卷十五《梅圣俞别集序》。
② 《居士集》卷二《水谷夜行寄圣俞子美》。
③ 《居士集》卷二《病中代书奉寄圣俞二十五兄》。

嗟哉吾岂能知子，论诗赖子初指迷。①

欧阳修对于尧臣的推重，即此诸诗可见，但是他对于尧臣的认识，不一定很全面。他在梅尧臣墓志铭里说："圣俞为人仁厚乐易，未尝忤于物，至其穷愁感愤，有所骂讥笑谑，一发于诗，然用以为欢而不怨怼，可谓君子者也。"这里完全把尧臣写成一位典型的温柔敦厚的诗人，其实并不符合事实。陆游对于梅尧臣是非常推崇的，他把尧臣作为学习的目标，我们必须对于梅尧臣有比较确切的理解，然后始能对于陆游的创作道路，有适当的认识。

梅尧臣的诗是有初期和后期的区别的。早年他看到人民的痛苦和西夏的侵略，深深地感到阶级矛盾和民族矛盾的尖锐，所以诗中坦率地提出他的怨愤和他的主张；中年而后，因为国势的暂时安定和他自己的日渐衰老，所以诗句逐步向平淡方面发展，成为他后期诗的特点。这样的变化，基本上是和陆游诗的变化符合的。在论诗的方面，梅尧臣有他特有的看法，这和陆游的主张也是基本上符合的。梅尧臣说：

　　我于诗言岂徒尔，因事激风成小篇。辞虽浅陋颇克苦，未到二雅未忍捐。安取唐季二三子，区区物象磨穷年。昔古著书岂无意，贪希禄廪尘俗率。书辞辩说多碌碌，吾敢虚说同后先！②

　　直辞鬼胆惧，微文奸魄悲。不书儿女书，不作风月诗。唯

---

① 《居士集》卷五《再和圣俞见答》。
② 《宛陵集》卷二十五《答裴送序意》。

存先王法,好丑无使疑。安求一时誉,当期千载知。①

圣人于诗言,曾不专其中。因事有所激,因物兴以通。自下而磨上,是之谓国风。雅章及颂篇,刺美亦道同。不独识鸟兽,而为文字工。屈原作《离骚》,自哀其志穷。愤世嫉邪意,寄在草木虫。迩来道顾丧,有作皆言空。烟云写形象,葩卉咏青红。人事极诙诡,引古称辨雄。经营惟切偶,荣利因被蒙。遂使世上人,只曰一艺充。以巧比戏弈,以声喻鸣桐。嗟嗟一何陋,甘用无言终!②

尧臣的主张,和陆游是一致的。陆游在《示子遹》诗中说"诗为六艺一,岂用资狡狯",正是尧臣所说的"以巧比戏弈,以声喻鸣桐,嗟嗟一何陋,甘用无言终"。在同首诗中,陆游又说:"元白才倚门,温李真自郐。正令笔扛鼎,亦未造三昧。"正是尧臣所说的"安取唐季二三子,区区物象磨穷年"。

在尧臣诗中,我们看到诗人的人生态度。他说:

月缺不改光,剑折不改刚。月缺魄易满,剑折铸复良。势利压山岳,难屈志士肠。男儿自有守,可杀不可苟。③

这首诗是紧接着景祐三年(1036)一场政治斗争而后的作品。在那一年,尧臣的朋友范仲淹、尹洙、欧阳修等因为要求革新,和当权的吕夷简、高若讷展开政治斗争。其结果他们遭到了无情的打击,范仲淹贬知饶州,尹洙贬监郢州酒税,欧阳修贬为夷陵县令。尧臣听

---

① 《宛陵集》卷二十六《寄滁州欧阳永叔》。
② 《宛陵集》卷二十七《答韩子华韩持国韩玉汝见赠述诗》。
③ 《宛陵集》卷五《古意》。

到三人的失败消息以后，作诗喊出：

> 宁作沉泥玉，无为媚渚兰。①

在《古意》这首里，他一面提出"可杀不可苟"的决心，同时也说"月缺魄易满，剑折铸复良"，对于最后的胜利，仍抱定不可动摇的自信。

四年以后，康定元年（1040）因为西夏的侵攻，宋皇朝起用范仲淹为陕西经略安抚副使，尹洙为泾原秦凤经略安抚判官。尧臣《宛陵集》卷七有《闻尹师鲁赴泾州幕》一首，他非常羡慕尹洙的光荣任务。他说："青衫出二崤，白马如飞电。关山冒风露，儿女泣霜霰。"同时他也提到自己："贾谊非俗儒，慎无轻寡变。"

事实上尧臣也正在转变，他注《孙子》，研究战略，但是始终没有获得为国效力的机会。他在《寄永兴招讨夏太尉》的诗中也说：

> 我愿助画迹且远，侧身西望空凄凉。庶几一言可裨益，临风欲寄鸟翼翔。②

夏太尉是夏竦，当时的陕西经略安抚使。诗下原注"代人"二字，但是诗句透露了尧臣的思想感情。同卷又有《桓妒妻》一首，述桓温妻南郡公主的故事，最后两句"嫉忌尚服美，伤哉今亦无"，无疑地指出他自己不得柄用的痛苦。

这一年，尧臣的感情是非常激动的。西边的战事起了，西夏以一隅之地，牵制了中国二十万的大军，夏竦以外，当时名臣如韩琦、范仲淹，名士如尹洙，都担当了对外作战的重任，但是实际上没有

---

① 《宛陵集》卷四《闻尹师鲁谪富水》。
② 《宛陵集》卷七。

取得任何的进展,次年反遭到好水川的大败,士卒死者一万三百余人。在内地,因为征集壮丁,人民受到统治者的压迫,造成不断的死亡。尧臣的《田家语》、《汝坟贫女》、《昆阳城》、《故原战》、《故原有战卒死而复苏来说当时事》等篇,把平民和战士的痛苦,都反映到他的诗句里。《汝坟贫女》篇自注:

> 时再点弓手,老幼俱集,大雨甚寒,道死者百余人,自壤河至昆阳老牛陂,僵死相继。[①]

这完全是对于统治阶级的控诉。

从尧臣的诗里,我们可以看到他把对于祖国的热爱和对于人民的同情交织在一处。集中如《田家四时四首》、《农具十三首》、《蚕具十五首》、《伤桑》、《观理稼》、《见牧牛人隔江吹笛》等篇,都可以看出他是如何地热爱劳动人民。这样优良的传统,在陆游诗里也都可以看到。

正因为他同情人民,因此他也勇于斗争。庆历七年(1047)贝州宣义军的小军官王则起义,这是对腐朽政治的反应。北宋初年,统治者曾经一度向人民让步,社会勉强安定下来,到了十一世纪,仁宗赵祯在位四十一年(1023—1063),宫廷的惊人浪费和西边的不断战争,更造成了统治者加强剥削的趋势,人民起义已经成为必然的事实。统治者利用强大的武力,把起义镇压下来,带兵的文彦博因此获得"同平章事"的地位。这件事在统治者的史书里,称为"平贝州之乱",但是在尧臣诗集里却留下这样的两首诗:

> 太平无战阵,汉卒久生骄。金甲不曾擐,犀弓应自调。嗟

[①] 《宛陵集》卷七。

为燎原火,终作覆巢枭。若使威刑立,三军岂敢嚣!①

　　彬美下一国,曾无相印酬。莫惊除拜峻,自是战功优。壮士颇知勇,诸儒方贵谋。淮西封亦薄,裴度死生羞。②

尧臣当然不可能直捷地指出统治者的罪恶,造成王则的起义,但是"若使威刑立"一句,已经指出政治的腐朽,正是起义的动力。《宣麻》一首更提出文彦博的拜相,完全是一件意外的事,这里也看到尧臣的立场。

　　在梅尧臣集中,我们可以看到浑灏流转的诗句,如:

　　凤毛随校猎,浩浩古原沙。寒入弓声健,阴藏兔径赊。马头迷玉勒,鹰背落梅花。少壮心空在,悠然感岁华。③

但是集中以文为诗的作品,也不一而足。如《读蟠桃诗寄子美永叔》,全篇三百六十字,简直是一篇散文,看不到诗的韵律。有时他甚至不避俗恶,如:

　　万钱买尔身,千钱买尔笑。老笑空媚人,笑死人不要。④

从内容到字句,这是一首不同常格的诗。在命题方面,有时也看到非常可怪的,如《八月九日晨兴如厕有鸦啄蛆》。这样的题材,在元人散曲里,不难看到,但是在诗里,却是非常少有的。为什么在尧臣集中,看到这样的诗句和诗题? 这就必须联系到尧臣所处的时代。十一世纪的初年,革新的要求,普遍到政治、学术和文学艺术

---

① 《宛陵集》卷三十一《兵》。
② 《宛陵集》卷三十一《宣麻》。
③ 《宛陵集》卷六《猎日雪》。
④ 《宛陵集》卷四十八《倡妪叹》。

等各个方面,尧臣的诗也正体现了这个要求。他是诗人,所以能作工稳流转的诗句;他也是革新者,所以《陶者》、《倡妪叹》,乃至《有鸦啄蛆》,也都成为他的诗题。在革新的要求下,他大胆创作,有成功,当然也有失败,正因为不怕失败,所以他能成功。

有些文学史家认为尧臣的特点是平淡,这是不正确的。尧臣的平淡,乃是通过了艰辛的劳动而后获得的结果。四十六岁那一年他写出:

> 微生守贱贫,文字出肝胆。一为清颍行,物象颇所览。泊舟寒潭阴,野兴入秋菼。因吟适情性,稍欲到平淡。苦辞未圆熟,刺口剧菱芡。①

他指出他的作品是充分的自我暴露,到了颍州以后,和晏殊接触,这才起了转变,心情舒畅,诗句也逐步走向平淡,但是还没有完全圆熟。尧臣又有一首:

> 作诗无古今,唯造平淡难。譬身有两目,了然瞻视端。②

这诗是 1055 年尧臣五十四岁以后的作品,他认识到诗的境界,平淡最不容易。尧臣死时年五十九岁,因此我们可以把这个认为是他的晚年定论了。

在讨论陆游的创作道路的当中,我们不可能对于梅尧臣的诗作全面的分析,我们也不应当如此做。我们看到陆游最推重尧臣,不断地向他学习,因此我们必须了解尧臣对于陆游起了些什么影

---

① 《宛陵集》卷二十八《依韵和晏相公》。
② 《宛陵集》卷四十六《读邵不疑学士诗卷》。

响,陆游学了些什么,有那些没有学。他学到的和他没有学到的都必然和当时的客观情势有关。我们必须理解尽管陆游极力推重尧臣,陆游的成就,其实在尧臣之上,这里也必然存在着决定性的因素。

十一世纪初年,阶级矛盾和民族矛盾的尖锐,振荡了整个的中国。到了十二世纪,情形来得更严重了。世纪之初,起义的号角响遍了河北、山东、两浙和洞庭湖沿岸。三十年代,北方的女真民族长驱直入,宋朝的两个皇帝,成为异民族的俘虏,宋朝开国以来的首都,遭到敌人的扫荡,唐、邓、海、泗以北,完全沦陷,而敌骑的铁蹄,深入到浙江的东部、江西的南部和大巴山及秦岭的山麓。在中国的历史上,这一次的浩劫是空前的。正在民族危机最严重的时候,以杨么、范汝为等为首的起义队伍受到统治者的血腥的镇压,而以张遇、杨再兴等为首的起义队伍却和当时对外作战的军队相结合,成为抗战的力量。待到绍兴三十年(1160)陆游在临安供职敕令所的时候,尽管阶级矛盾因为官僚地主的土地集中和苛捐杂税的严重剥削而更加深刻,可是人民起义的呼声反而沉闷下去。这时期中女真部族在完颜亮的指挥下,正在积极准备,第二年发动一次攻势,长江北岸完全陷落,几乎结束了小朝廷的生存。因为民族危机一度的空前高涨,我们在《剑南诗稿》中听到抗战的呼声,这是完全可以理解的。

梅尧臣是感受到异族的压迫的,他作《孙子注》,时时准备出战,但是始终没有接近前线的机会。而在庆历三年(1043)他四十二岁那年,西夏战事又以中国支付岁币,西夏上表称臣而告终,此后尧臣的诗句中,也就很少作战的气息。陆游出生的那年,是宋金矛盾开始的一年，出仕临安的次年，就遇到完颜亮的大举侵略。乾道七年（1171）陆游入蜀，次年王炎在四川宣抚使任内，积极准备作战，陆游为宣抚使司干办公事兼检法官，曾经到达前线。开禧二年（1206）韩侂胄发动对金战事，八十二岁的陆游虽然不能直接参加战争，但是在宣传鼓动方面，他一些也没有放松，直到八十五岁逝世的前夕，他还是一位至死不懈的战士。这一切都反映在他的《诗稿》里面。

　　梅尧臣的时代是民族矛盾和阶级矛盾同样尖锐的时代，这两种矛盾同样地反映在他的作品里。同时因为尧臣出身于小官僚地主的家庭里，所以他的生活更接近人民，也更能反映人民的痛苦。《田家语》、《汝坟贫女》等篇完全提出人民对于统治阶级的控诉。陆游的时代是民族矛盾空前尖锐的时代，阶级矛盾退居第二位，因此在陆游的作品里，反映民族矛盾的远远超过反映阶级矛盾的。同时我们也必须承认陆游出身于官僚地主的家庭，虽然南渡以后，他的家庭已经中落了，但是建炎四年（1130）他的父亲携同全家逃到东阳的时候，还是依靠当地的地主陈彦实，他们间的关系是很清楚的。陆游出仕以后，在家乡置田产，收田租，蓄有奴婢。他在诗中不时透露他对于人民的感情，但是我们也不再看到像梅尧臣那样热烈地对于统治者的鞭挞，和他为劳动人民所作出的呼吁。他们处在不同的时代，因此他们在诗中的反映也必然不同。

　　在要求政治革新的当中，对于诗的创作也要求革新。梅尧臣的尝试有他的成功，同样也有他的失败。在陆游的诗稿里，他的特点主要地表现在意境的方面，他写出热爱祖国的情感，和收复失地的决心，这样的发扬蹈厉，一往直前，开辟了前所未有的境界。但是在字句词汇方面,他还具有一定的保留。梅尧臣有全仄诗,陆游也有全平诗;梅尧臣用俗语入诗,陆游也曾运用人民的口语;但是"老笑空媚人,笑死人不要"的诗句,《晨兴如厕有鸦啄蛆》的诗题,我们在《剑南诗稿》里是找不到的。这不是他不愿意尝试,可能他已经看到这是一条走不通的道路。

陆游晚年的诗,和梅尧臣的诗一样,也向平淡的方面发展。平淡是直抒胸臆,是自然,这里可以提出他自己的提示:

> 身外原无易,情中自有诗。①
> 诗如水淡功差进,身似云孤累转轻。②
> 诗情随处有,信笔自成章。③
> 无意诗方近平淡,绝交梦亦觉清闲。④
> 身游与世相忘地,诗到令人不爱时。⑤
> 禅欠遍参宁得髓,诗缘独学不名家。⑥
> 小诗闲淡如秋水,病后殊胜未病时。⑦

梅尧臣卒时年五十九岁,在他的一生,五十岁以后,已经接近晚年了。陆游卒时年八十五岁,因此他的晚年应当从六十六岁归田以后算起。诗人晚年的作品,多分只如杨万里六十四岁作《荆溪集序》时所说的那样:"步后园,登古城,采撷杞菊,翻乱花竹,万象毕

---

① 《诗稿》卷四十九《自勉四首》之一。
② 《诗稿》卷六十二《秋怀四首》之四。
③ 《诗稿》卷六十四《即事六首》之四。
④ 《诗稿》卷六十四《幽兴》。
⑤ 《诗稿》卷六十九《山房》。
⑥ 《诗稿》卷七十二《南堂杂兴八首》之五。
⑦ 《诗稿》卷八十四《嘉定己巳立秋得膈上疾近寒露乃小愈十二首》之八。

来,献予诗材。"这里有悠然自得的境地,但是也正意味着生活圈子的缩小,生命力的消沉,而尤其可悲的是政治热情的衰退,斗争意志的削弱。梅尧臣晚年诗是如此,陆游晚年诗的大部分也是如此,但是有些不同。陆游早年有坚强的斗争意志,中年而后,在南郑前线虽然没有经历正式作战,但是前线生活更加鼓舞了他和敌人斗争的决心。火种永远在他的心头燃烧着,任何平淡的生活,甚至如"老犹强仔佛"(《诗稿》卷四十九《自勉》),"本慕修真谢俗尘"(《诗稿》卷六十七《老学庵北窗杂书》)的那些出世的心境,都不能沉没他爱国的热情。因此,即在晚年,止要对外作战的号角一动,他的诗篇立即发出斗争的光芒,他不再是头童齿豁、意志消沉的衰翁,而是精神抖擞、据鞍踊跃的战士。《剑南诗稿》八十五卷,从二十一卷下半卷起,全部是陆游晚年的作品,其中慷慨悲歌之作,不断地发出绚烂的光彩,这是陆游所不同于梅尧臣的。

陆游的创作道路,是通过他毕生的摸索而得到的。他向古人学习,向梅尧臣和曾幾学习,但是他的成就比梅尧臣、曾幾更伟大。他在八十四岁,即是死前的一年,还梦到他的老师曾幾,但是他说"我昔学诗未有得"。是当真一无所得吗?不是的。江西派的炼字炼句,"脱胎换骨",甚至"饱参"、"活法"这一套本领,陆游都学会,而且运用得十分熟练灵活,可是陆游还是说"未有得"。为什么?因为诗家"三昧",并不在此。"三昧"在那里?"三昧"在多种多样的生活里,在人生的积极奋斗,直到死前的一刹那里。高度的热忱,至死不懈的积极性,这是诗家"三昧",这是诗。陆游从他的生活里,探求到诗的本质,但是这不是曾幾所能教的,所以他说"未有得"。那么他的"有得"又从那里得到启发呢?这就不能不指出梅尧臣。他们的时代有某种程度的类似,他们的生活也有某种程度的类似,因此梅尧臣的诗对于陆游便具有一定的吸引力。"突过元和作,巍然独主盟",不免是过誉,但是尧臣的感触时事,激昂奋发,和他的叙述疾苦,感伤沉着,都给陆游以极大的启发。陆游学梅尧臣,主要在此,而不在字句的安排。方回在《瀛奎律髓》里,屡次称道尧臣的圆熟,其实尧臣集中,生硬的诗句,为数远过于圆熟的诗句。宋诗的散文化,为后人所诟病,其是非姑不论,但是散文化的开始,不能不自梅尧臣算起。可是陆游学梅尧臣,并不在此。我们可以说,在炼字炼句方面,陆游向曾幾学习的居多,但是在思想面貌方面,陆游从梅尧臣得到较多的启发。

第九章　陆游和曾幾

　　陆游在十三四岁时开始读陶渊明诗，十七八岁时读王维诗最熟，但是真正学诗，应当从他和曾幾(1084—1166)认识的那一年开始。嘉泰二年(1202)陆游曾在诗中说起：

　　　　发似秋芜不受耘，茶山曾许与斯文。回思岁月一甲子，尚记门墙三沐熏。①

原注："游获从文清公时，距今六十年。"六十年以前是绍兴十二年(1142)，那年曾幾五十九岁，陆游十八岁。《诗稿》卷四十九《小饮梅花下作》，原注："予自年十七八学作诗，今六十年得万篇。"他把学诗之年和与曾幾相识之年，系在同时，可以看出他是如何重视他们二人间的关系。

　　《剑南诗稿》第一卷第一首便是《别曾学士》，从编次上也可看出他对于两人关系的重视。诗中说：

　　　　儿时闻公名，谓在千载前。稍长诵公文，杂之韩杜篇。夜辄梦见公，皎若月在天。起坐三叹息，欲见亡繇缘。忽闻高轩

---

① 《诗稿》卷五十一《赠曾温伯邢德允》。

过，欢喜忘食眠。袖书拜辕下，此意私自怜。道若九达衢，小
智妄凿穿。所愿瞻德容，顽固或少瘳。

钱大昕《陆放翁年谱》把这首诗系在绍兴二十六年(1156)，但是诗
言"匏系不得从，瞻望抱悁悁"，陆游除福州宁德县主簿，在绍兴二
十八年(1158)，因此很可能是那一年的作品。

从陆游文集中可以看出他和曾幾关系的密切：

> 河南文清公早以学术文章擅大名，为一世龙门，顾未尝轻
> 许可，某独辱知，无与比者。士之相知，古盖如此。方西汉时，
> 专门名家之师，众至千余人，然能自见于后世者寡矣。扬子惟
> 一侯芭，至今诵之，故识者谓千人不为多，一人不为少。某何
> 足与乎此？读公遗稿，不知衰涕之集也。开禧丙寅岁五月
> 乙巳。[1]

丙寅是开禧二年(1206)，陆游八十二岁。上距他和曾幾的初次会
见，已经六十四年，但是他对曾幾的感情，并没有因为时光的消逝
而冲淡。

《剑南诗稿》中，多处看到陆游从曾幾学诗的经过：

> 画石或十日，刻楮有三年。贱贫未即死，闻道期华颠。他
> 时得公心，敢不知所传![2]
> 忆在茶山听说诗，亲从夜半得玄机。[3]

---

[1]　《文集》卷三十《跋曾文清公诗稿》。
[2]　《诗稿》卷一《别曾学士》。
[3]　《诗稿》卷二《追怀曾文清公呈赵教授赵近尝示诗》。

我得茶山一转语,文章切忌参死句。^①

予昔从茶山,辱赏三语妙。文章老不进,憔悴今可吊。^②

陆游集中述及他和曾几的关系的很多,从第一首起直到嘉定元年(1208)八十四岁,他在死前一年还梦到曾几:

有道真为万物宗,巉然使我叹犹龙。晨鸡底事惊残梦,一夕清谈恨未终。^③

在曾几《茶山集》里,关于陆游的诗存六首:《还守台州次陆务观赠行韵》、《陆务观读道书名其斋曰玉笈》、《雪中陆务观数来问讯用其韵奉赠》、《陆务观效孔氏四舅氏体倒用二舅氏题云门草堂韵某亦依韵》、《题陆务观草堂》、《书陆务观所藏阿罗汉像一轴》。曾几对于陆游的作品,也曾提出他的看法:

陆子家风有自来,胸中所患却多才。学如大令仓盛笔(原注:寺本王子敬宅,有笔仓),文似若耶溪转雷。襟抱极知非世俗,簿书那解作氛埃? 集贤旧体君拈出,诗卷从今盥手开。^④

两人间的关系极密,因此陆游对于曾几,获得全面的认识。绍兴三十一年(1161)完颜亮大军南下,高宗赵构原来准备作战的,及至听到敌人逼近,他又准备投降了,曾几上疏力争。次年赵构传位给养子孝宗赵眘,曾几还是主张积极抗战。陆游曾记:

① 《诗稿》卷三十一《赠应秀才》。
② 《诗稿》卷五十三《谢徐志父帐干惠诗编》。
③ 《诗稿》卷七十九《梦曾文清公》。
④ 《茶山集》卷五《陆务观效孔氏四舅氏体倒用二舅氏题云门草堂韵某亦依韵》。

元(同完)颜亮盗塞,下诏进讨,已而虏大入,或欲通使以缓其来。公方病卧,闻之奋起,上疏曰:"遣使请和,增币献城,终无小益而有大害。为朝廷计,当尝胆枕戈,专务节俭,整军经武之外,一切置之。如是,虽北取中原可也。且前日陛下降诏,诸将传檄,数金人君臣,如骂奴耳,何词复和耶?"今上(指孝宗)初受内禅,公又上疏累数千言,大概如前疏而加详。①

把墓志铭和《文集》卷三十《跋曾文清公奏议稿》同看,我们可以见到曾幾在敌人大举进攻中的政治立场。这是和陆游的政治立场完全一致的。

墓志铭对于曾幾的诗也曾指出:

公治经学道之余,发于文章,雅正纯粹,而诗尤工,以杜甫、黄庭坚为宗,推而上之,縣黄初、建安,以极于《离骚》、《雅》、《颂》、虞、夏之际。初与端明殿学士徐俯,中书舍人韩驹、吕本中游,诸公继殁,公岿然独存,道学既为儒者宗,而诗益高,遂擅天下。

江西诗派,自称上继杜甫,至黄庭坚"始大出而力振之,抑扬反复,尽兼众体"。徐俯、韩驹、吕本中皆江西诗派中人,曾幾学诗,出于韩驹而问道于吕本中,其后也成为江西派一大家,所以方回在《瀛奎律髓》注中曾言:"予平生持所见,以老杜为祖,老杜同时诸人皆可伯仲。宋以后山谷一也,后山二也,简斋为三,吕居仁为四,曾茶山为五。其他与茶山伯仲亦有之,此诗之正派也。"

曾幾论诗的主张,于诗文中不多见。他在《东莱先生诗集后

---

①　《文集》卷三十二《曾文清公墓志铭》。

序》曾有所述及,东莱先生即吕本中。他说:

> 绍兴辛亥(1131),幾避地柳州,公在桂林,是时年皆未五十。公之诗固已独步海内,幾亦妄意学作诗。公一日寄近诗来,幾次其韵,因作书请问句律。公察我至诚,教我甚至,且曰:"和章固佳,本中犹窃以为少新意。"又曰:"诗卷熟读,治择工夫已胜,而波澜尚未阔。欲波澜之阔,须令规模宏放,以涵养吾气而后可。规模既大,波澜自阔,少加治择,功已倍于古矣。"①

陆游《老学庵笔记》也曾提出曾幾的主张:

> 茶山先生云:"徐师川拟荆公'细数落花因坐久,缓寻芳草得归迟'云:'细落李花那可数,偶行芳草步因迟。'初不解其意,久乃得之。盖师川专师陶渊明者也。渊明之诗皆适然寓意而不留于物,如'悠然见南山',东坡所以知其决非望南山也。今云'细数落花','缓寻芳草',留意甚矣,故易之。荆公多用渊明语而意异,如'柴门虽设要常关','云尚无心能出岫','要'字'能'字,皆非渊明本意也。"②

曾幾著作传世者仅存《茶山集》八卷及《茶山集拾遗》,大略尚可看出他的宗旨。首先在于肯定江西诗派和杜甫的关系,他说:

> 华宗有后山,句律严七五。豫章乃其师,工部以为祖。③
> 工部百世祖,涪翁一灯传。闲无用心处,参此如参禅。④

---

① 《茶山集拾遗·东莱先生诗集后序》。
② 《老学庵笔记》卷四。
③ 《茶山集》卷一《次陈少卿见赠韵》。
④ 《茶山集》卷二《东轩小室即事》。

老杜诗家初祖，涪翁句法曹溪。尚论渊源师友，他时派列
江西。①

江西派学杜诗，主要着重在形式方面，这是所谓"句律"、"句
法"。他们追求杜甫那一种运古入律的诗句，莽莽苍苍，非古非律。
在这里黄庭坚确实有他的成就，曾幾也是从这里下工夫的。他的
作品如《春晴》、《南山除夜》、《抚州呈韩子苍待制》都有这样的意
味。录《南山除夜》一首：

熏风吹船落江潭，日月除尽犹湖南。百年忽已度强半，十
事不能成二三。青编中语要细读，蒲团上禅须饱参。儿时颜
状听渠改，潇湘水色深接蓝。②

黄庭坚提出杜诗无一字无来历，开创了掉书袋的风气，进一步则为
运用僻典，名为耐人咀嚼，其实则转成晦涩，不但索解不易，而且也
打断了诗句中语意的运行自如。曾幾诗中如：

而公下劈箭，如驺骏得鞭。③
我亦欲睎颜，从君尚能屡。④
窈窕因吾有，恢台到尔无。⑤

"劈箭"、"睎颜"、"恢台"，都给人一种不够流畅的形象。但是有时
运用成语，造成全句对，句法反而显得生动突出，如：

---

① 《茶山集》卷七《李商叟秀才求诗》。
② 《茶山集》卷五《南山除夜》。
③ 《茶山集》卷一《次折仲古避寇浔州韵》。
④ 《茶山集》卷一《王岩起乐斋》。
⑤ 《茶山集》卷四《二儿次韵予亦复次韵》。

与子成二老,由来非一朝。①

惠然投我有华衮,何以报公无纻衣。②

归去来兮莫问津,有船即买系江滨。③

江西派言"句律",南宋之初,更言"活法"、"响字",因此在律句方面常常有很好的成就。曾幾五言律句中,如言:

长廊受风远,广殿得阴多。④

尽日绿阴合,有时黄鸟啼。⑤

一双还一只,能白或能黄。⑥

海近风先集,山高日易沉。⑦

碧天围斗野,红日下芜城。⑧

政以牛马走,曾陪鹓鹭行。⑨

一窗江表地,数朵广东山。⑩

身今镜湖住,山自道州来。⑪

飞来太湖石,坐我洞庭山。⑫

---

① 《茶山集》卷四《龙溪新亭》。

② 《茶山集》卷五《辞召命呈子忱侍郎》。

③ 《茶山集》卷五《寄信守徐稚山侍郎》。

④ 《茶山集》卷四《大热欲过广寿寺谒韩子苍追凉先之以诗》。

⑤ 《茶山集》卷四《病中闻莺啼》。

⑥ 《茶山集》卷四《蛱蝶》。

⑦ 《茶山集》卷四《参云亭晚坐》。

⑧ 《茶山集》卷四《登扬州郡圃小金山遥碧亭》。

⑨ 《茶山集》卷四《留别荣茂实侍郎》。

⑩ 《茶山集》卷四《南雄郡守致怪石四株》。

⑪ 《茶山集》卷四《何德器寄道州怪石》。

⑫ 《茶山集》卷四《怪石》。

七言律中,这样的例子也多,因为句子较长的关系,更觉得生动活泼。如:

> 天上谪仙皆欲杀,海滨大老竟来归。①
> 官曹卑似崔斯立,句律清如庾义城。②
> 山行野渡时时雨,妇饷夫耕处处田。③
> 有望临人山泰华,无私待物器权衡。④
> 微风不动炉烟直,永日方中树影圆。⑤
> 观水观山都废食,听风听雨不妨眠。⑥

曾幾在律句方面有很好的成就,同样地在绝句方面也有很好的成就,例如:

> 未快溪桥踏雪心,朝阳已复上遥岑。可怜昨夜琼瑶迹,化作春泥尺许深。⑦

但是无论曾幾律句绝句的成就如何,无论他怎样地运用全句,使用新典以及运古入律的成就如何,这一切都是在艺术方面的工作,从今天看,这一切都是次要的。尽管曾幾指出"老杜诗家初祖",但是老杜所以笼盖古今者并不在此。这就是说曾幾并没有真正学到老杜的长处,那么他和吕本中所讨论的"治择工夫"、"规模

---

① 《茶山集》卷五《闻李泰发参政得旨自便将归以诗迓之》。
② 《茶山集》卷五《李子长县丞示诗卷》。
③ 《茶山集》卷五《次劝农韵》。
④ 《茶山集》卷五《挽陈丞相》。
⑤ 《茶山集》卷六《即事》。
⑥ 《茶山集》卷六《发宜兴》。
⑦ 《茶山集》卷八《雪晴》。

阔大",其实全不相干。当然这个结论同样地也可以应用到一般江西派诗人。

那么曾幾对于南宋初年的政治情况是不是完全无动于衷呢？这是不可能的,在那个时代,爱国思想弥漫于整个社会之中,曾幾不可能不受到影响。同时,曾幾是胡安国的学生,那时安国正在提出《春秋》严夷夏之防的理论,从民族情感出发,激起对于女真入侵的反感。曾幾是诗人,也是一位爱国的士大夫,假如无动于中,那是不可想象的,也是不合理的。在他的诗篇中,如《尹少稷寄顾渚茶》、《雪中陆务观数来问讯用其韵奉赠》、《癸未八月十四日至十六夜月色皆佳》三首,都可以看到他对于国事的惦念,尤其是最后的一首：

> 年年岁岁望中秋,岁岁年年雾雨愁。凉月风光三夜好,老夫怀抱一生休。明时谅费银河洗,缺处应须玉斧修。京洛胡尘满人眼,不知能似浙江不?

癸未是隆兴元年(1163),这一年宋孝宗赵眘用张浚都督江淮东西路军马,率师北伐,五月,大败于符离县。八月,重行提出和议,金人索唐、邓、海、泗四州地,同时要求宋人称臣纳币。诗中的"年年岁岁","岁岁年年"是俗套,可是这两句正透出不断怅望的心情;第三句眼前景,第四句心中事,五句用杜甫诗《洗兵马》,"费洗"是说和平的绝望,六句指出军备的不可缺少。最后两句更指出中原沦陷,心情的沉痛。

曾幾对于国事的怀念,是不可否认的,但是他没有把爱国的心情充分体现出来。尽管他"聚族百余口,未尝以为忧,忧国而已",但是诗中止是消极的忧虑,而没有斗争的意志。这里正看到曾幾作品的局限,同时也看到在南宋这个时代,江西派的作风和主张,已经不能满足时代的需要,必须找出一条新路来。

第十章　陆游和江西诗派

　　陆游十八岁识曾幾，八十四岁还梦到这一位老师，可见六十多年的岁月，并没有冲淡他对于老师的怀念。他自称学诗，从认识曾幾那一年算起；他删定旧作，也从叙述他和曾幾认识的诗开始，这一切都有诗可证。但是他自称四十以前学诗全无所得，又全盘否定他和曾幾的学习关系，为什么这样说？这是陆游作品给我们的一个难题。

　　最有力地揭露出这个矛盾的是这一篇：

　　　　我昔学诗未有得，残余未免从人乞。力屏气馁心自知，妄取虚名有惭色。四十从戎驻南郑，酣宴军中夜连日。打球筑场一千步，阅马列厩三万匹。华灯纵博声满楼，宝钗艳舞光照席。琵琶弦急冰雹乱，羯鼓手匀风雨疾。诗家三昧忽见前，屈贾在眼元历历。天机云锦用在我，剪裁妙处非刀尺。世间才杰固不乏，秋毫未合天地隔。放翁老死何足论，《广陵散》绝还堪惜。①

这首诗是绍熙三年(1192)陆游六十八岁时作的。所谓"四十从戎

---

　　① 《诗稿》卷二十五《九月一日夜读诗稿有感走笔作歌》。

驻南郑",其实是四十八岁,那年是乾道八年(1172)陆游正在南郑,担任四川宣抚使司干办公事兼检法官的职务。

陆游自认早岁作诗无所得的看法,在别处也看到:

> 我初学诗日,但欲工藻绘。中年始少悟,渐若窥宏大。①

所谓"中年",还是指的四十八岁那一年。当然,我们不能说这一年陆游诗才起了一个绝大的变化。他胸中已经有了若干的内在因素,到这一年,因为生活上起了变化,接触到国防的最前线,军队正在积极地做收复失地的准备,一切都在运动变化之中,内在因素和外在条件相结合,在他的作品中,才留下不可磨灭的痕迹。"诗家三昧"正和这生龙活虎般的多种多样的生活相结合。认识到这一点,才看出"藻绘"不是诗,"忆在茶山听说诗,亲从夜半得玄机",其实也不是诗。淳熙十四年(1187)陆游六十三岁,他指出诗是坚强的生活:

> 大巧谢雕琢,至刚反摧藏。一技均道妙,佻心讵能当。结缨与易箦,至死犹自强。《东山》、《七月》篇,万古真文章。天下有精识,吾言岂荒唐。②

三年以后,他又提出:

> 文章最忌百家衣,火龙黼黻世不知。谁能养气塞天地,吐出自足成虹霓。③

什么是"百家衣"?这正和前面所说的"雕琢"和"藻绘"是相互联系

---

① 《诗稿》卷七十八《示子通》。
② 《诗稿》卷十九《夜坐示桑甥十韵》。
③ 《诗稿》卷二十一《次韵和杨伯子主簿见赠》。

的。开创江西派的黄庭坚说起:"自作语最难,老杜作诗,退之作文,无一字无来处,盖后人读书少,故谓韩杜自作此语耳。"见《答洪驹父书》。他认为在语言的运用方面,不能轻易创造,杜甫作诗,韩愈作文,没有一个字没有来历。这就为后来江西派诗人的拼拼凑凑,打下了思想基础。怎样的拼凑呢? 南宋前期的诗人杨万里,在《诚斋诗话》里指出:

> 初学诗者须用古人好语,或两字,或三字,如山谷《猩猩毛笔》:"平生几两屐,身后五车书。""平生"二字出《论语》,"身后"二字,晋张翰云"使我有身后名";"几两屐"阮孚语,"五车书",庄子言惠施。此两句乃四处合来。又"春风春雨花经眼,江北江南水拍天"。"春风春雨","江北江南",诗家常用。杜云"且看欲尽花经眼",退之云"海气昏昏水拍天",此以四字合三字,入口便成诗句,不至生硬。

诗句必须把前人曾经用过的成语拼凑而成,其结果的第二步,必然是没有诗:《猩猩毛笔》这一首,便不成其为诗。第二步是没有句,杨万里在诗体未变以前,曾经喊出"学之愈力,作之愈寡",其原因也在此。用拼凑的方法作诗,便是"百家衣",尽管勾心斗角,五色斑斓,极尽"雕琢"、"藻绘"的能事,其结果是空的。陆游所说的"结缨与易簣","养气塞天地",是指的思想方面,和江西派所说的作法没有共同之处。当然,杨万里的诗,中间经过几度的转变,完全摆脱了"四处合来"、"入口便成诗句"的作法,我们也不能凭《诚斋诗话》这一节,给万里做出结论来。

江西派谈杜诗,认为无一字无来历,陆游即直举杜诗,自抒所见:

今人解杜诗,但寻出处,不知少陵之意,初不如是。且如《岳阳楼》诗:"昔闻洞庭水,今上岳阳楼。吴楚东南坼,乾坤日夜浮。亲朋无一字,老病有孤舟。戎马关山北,凭轩涕泗流。"此岂可以出处求哉?纵使字字寻得出处,去少陵之意益远矣。盖后人原不知杜诗所以妙绝古今者在何处,但以一字亦有出处为工。如《西昆酬唱集》中诗,何曾有一字无出处者,便以为追配少陵,可乎?且今人作诗,亦未尝无出处,渠自不知。若为之笺注,亦字字有出处,但不妨其为恶诗耳。①

北宋后期的作家,过分强调了诗的艺术价值,在用字用韵方面下工夫,王安石、苏轼、黄庭坚在这里有他们的共同之点。南渡而后,江西派的斗险韵、下硬字,更成为他们的特色。陆游曾经说过:

诗岂易言哉!一书之不见,一物之不识,一理之不穷,皆有憾焉。同此世也而盛衰异,同此人也而壮老殊,一卷之诗有淳漓,一篇之诗有善病,至于一联一句,而有可玩者,有可疵者,有一读再读至十百读乃见其妙者,有初悦可人意,熟味之使人不满者。大抵诗欲工,而工亦非诗之极也,锻炼之久,乃失本指,斫削之甚,反伤正气。虽曰名不可幸得,以名求诗,又非知诗者。纤丽足以移人,夸大足以盖众,故论久而后公,名久而后定。呜呼艰哉!②

他首先提出对于作品,必须分别判定,不能抓住一点,做出结论,这是符合批评的原则的。其次他指出诗固然要"工",但是"工"并不

---

① 《老学庵笔记》卷七。
② 《文集》卷三十九《何君墓表》。

是最高的成就,而"锻炼之久,乃失本旨,斫削之甚,反伤正气",这正是对于江西派诗歌作法的批判。

　　这样的看法,应当上溯到南宋初期的张戒。张戒曾为监察御史、殿中侍御史、司农少卿。绍兴八年(1138)尚书左仆射赵鼎因与秦桧议论不合,罢为奉国军节度使、知绍兴府;张戒上书留鼎,为秦桧所恶,罢知泉州。他在政治立场上,坚决反对对外屈服,是非常鲜明的。在南宋初年江西派极盛的时候,他坚持现实主义的立场,反对江西派的作法,并在同时进一步反对王安石、苏轼、黄庭坚。他在《岁寒堂诗话》中说:"苏黄用事押韵之工,至矣尽矣,然究其实,乃诗人中一害,使后生只知用事押韵之为诗,而不知咏物之为工,言志之为本也。风雅自此扫地矣。"又说:"王介甫只知巧语之为诗,而不知拙语亦诗也,山谷只知奇语之为诗,而不知常语亦诗也。欧阳公诗专以快意为主,苏端明诗专以刻意为主,李义山诗只知有金玉龙凤,杜牧之诗只知有绮罗脂粉,李长吉诗只知有花草蜂蝶,而不知世间一切皆诗也。"张戒在南宋初年的理论,并没有得到当时人的重视,他所作的诗也没有传下来,但是他的论点是正确的,因此也必然不能抹杀。用事押韵的工巧,其实和诗的大本大源,全不相干,所以张戒认为"究其实乃诗人中一害"。陆游的年代和张戒相接,但是他早年家居山阴,绍兴十三年(1143)到临安应试,可能这是他第一次入都,所以他和张戒没有见面过。但是他的主张很多和张戒相近而和吕本中等相远。

　　可是陆游的学诗,却是由江西派入门的。他从曾幾学诗,曾幾说他的诗和吕本中相类,见陆游所作吕集序:

　　　　某自童子时,读公诗文,愿学焉。稍长,未能远游,而公捐馆舍。晚见曾文清公,文清谓某:"君之诗渊源殆自吕紫微,恨不一识面。"某于是尤以为恨。①

《宋史》卷三七六《吕本中传》称赵鼎"迁仆射,本中草制,有曰'合晋楚之成,不若尊王而贱霸;散牛李之党,未如明是以去非'。桧大怒,言于上曰:'本中受鼎风旨,何和议不成,为脱身之计。'风御史萧振劾罢之,提举太平观,卒"。赵鼎迁仆射,在绍兴四年(1134),罢仆射在绍兴八年(1138),宋金和议告成在绍兴十一年(1141),陆游初游临安,在绍兴十三年(1143)。吕本中之死,当在赵鼎罢相,和议未成之日,因此陆游无从与本中相识。更重要的在这篇序中,看到陆游对于这一位江西派诗人,是如何地倾慕。不幸他们没有见面。"晚见"曾几,当指后来,他和曾几的一度晤谈,不能说是陆游晚年和曾几相见,因为曾几死时,陆游止有四十二岁,不能称为晚年。陆游初见曾几年仅十八岁,当然还不可能有所成就,必须待到后来曾几看出吕本中和陆游在风格上有类似之处,才能说出"君之诗渊源殆自吕紫微"。

吕本中论诗文,重在悟入。魏庆之《诗人玉屑》卷五引《吕氏童蒙训》:

> 作文必要悟入处,悟入必自工夫中来,非侥幸可得也。如老苏之于文,鲁直之于诗,盖尽此理矣。
>
> 须令有所悟入,则自然度越诸子。悟入之理,正在工夫勤惰间耳。如张长史见公孙大娘舞剑,顿悟笔法。如张者专意此事,未尝少忘胸中,故能遇事有得,遂造神妙。使他人观舞

剑,有何干涉,非独作文学书而然也。

悟入之说,还有些空洞,本中更提出活法,其语见于所作《夏均父集序》:

> 学诗当识"活法"。所谓"活法"者,规矩备具而能出于规矩之外,变化不测而亦不背于规矩也。是法也,盖有定法而无定法,无定法而有定法。知是者则可以与语"活法"矣。昔谢玄晖有言"好诗流转圆美如弹丸",此真"活法"也。

本中提出"活法",在江西诗派的理论中,是一个推进。张戒《岁寒堂诗话》曾记他和吕本中谈诗的时候,本中说黄庭坚学杜诗,得其神髓,其本领在于"禅家所谓'死蛇弄得活'"。其实本中所说的活,基本上还在句法和字法,杜甫的真实本领并不在此,所以在张戒问起:"至于子美'客从南溟来'、'朝行青泥上'、《壮游》、《北征》,鲁直能之乎? 如'莫自使眼枯,收汝泪纵横。眼枯却见骨,天地终无情',此等句鲁直能到乎?"本中止能回答"子美诗有可学者,有不可学者"。

既然说"有可学者,有不可学者",这就是说在"活法"之上还有一个境界,是吕本中所指不出的。谢朓的诗达不到这一点,本中也就看不到"流转圆美"不是诗家的极处。南宋诗人论诗,如吕本中的"活法",韩驹的"饱参",和后来严羽的"关捩子",把诗境说得玄之又玄,其实并没有解决问题,止给人以一个惝恍迷离的印象。

陆游童年的时候,读到吕本中的诗文,便要向他学习,及至学有所得,曾幾说他"渊源殆自吕紫微",他更懊恨没有和本中晤面。可是他六十岁作诗却说:

　　文章要须到屈宋，万仞青霄下鸾凤。区区圆美非绝伦，弹
丸之评方误人。①

这是对于吕本中的主张，提出不同的意见了。所谓"到屈宋"者，正
是他在另一首诗中所说的"诗家三昧忽见前，屈贾在眼元历历"，他
指出诗的极高的境界。我们即就十六卷中的几首诗，如：

　　今皇神武是周宣，谁赋南征北伐篇？四海一家天历数，两
河百郡宋山川。诸公尚守和亲策，志士虚捐少壮年。京洛雪
消春又动，永昌陵上草芊芊。②

　　黑云垂到地，飞霰如细砾。我从湖上归，散发醉吹笛。少
年志功名，目视无坚敌。惨淡古战场，往往身所历。宁知事大
谬，白首犹寂寂。凄凉武侯表，零落陈琳檄。报主知何时，誓
死空愤激。天高白日远，有泪无处滴。③

当然，这止是就十六卷中随手录出的两首，我们看到陆游"报国有
心，请缨无路"的愤慨。尤其"天高白日远，有泪无处滴"两句，完全
从胸臆流出，写尽最高统治者的甘心屈服，不加理睬的神态，这正
同杜甫《新安吏》的"莫自使眼枯，收汝泪纵横，眼枯却见骨，天地终
无情"，同一机杼。吕本中说杜甫诗"有可学者，有不可学者"，可是
这里却看出在黄庭坚，吕本中认为"不可学者"，毕竟还被陆游学到
了。问题不在可学不可学，而在于思想感情，是不是和杜甫契合，
是不是现实主义的思想感情。这是诗的"三昧"，在这里是谈不到

---

① 《诗稿》卷十六《答郑虞任检法见赠》。
② 《诗稿》卷十六《感愤》。
③ 《诗稿》卷十六《作雪未成自湖中归寒甚饮酒作短歌》。

"圆美",谈不到"弹丸"的。

陆游自江西派入门,所作有时几于逼近黄庭坚,如:

> 蜗庐潦暑不可过,把卷一读赵子诗。如游麻源第三谷,忽见梅花开一枝。寄书问信不可得,握臂晤语应无期。惟当饮水绝火食,海山忽有相逢时。①

这首诗可能因为读赵昌甫诗,因此也和赵昌甫平时一样,用字造句都有意摹仿黄庭坚。可是在陆游的诗论中,很少推崇黄庭坚的,相反的,他甚至说:

> 琢雕自是文章病,奇险尤伤气骨多。君看太羹玄酒味,蟹螯蛤柱岂同科?②

苏轼评黄庭坚诗,曾言"鲁直诗文,如蝤蛑瑶柱,格韵高绝,盘飧尽废;然不可多食,多食则发风动气"。所谓"蟹螯蛤柱",正是东坡所指。这里看出所谓"近人诗"者,正是黄庭坚诗。陆游晚年对于黄诗的衡量,即此可见。

---

① 《诗稿》卷六十二《读赵昌甫诗卷》。
② 《诗稿》卷七十八《读近人诗》。

第十一章　陆游作品的分期

陆游的作品,通常分为三期。赵翼《瓯北诗话》说:

> 放翁诗凡三变。宗派本出于杜,中年以后,则益自出机杼,尽其才而后止。观其答宋都曹诗云:"古诗三千篇,删取财十一。诗降为楚骚,犹足中六律。天未丧斯文,杜老乃独出。陵迟至元白,固已可愤嫉。"《示子遹》诗云:"我初学诗日,但欲工藻绘。中年始稍悟,渐欲窥宏大。数仞李杜墙,常恨欠领会。元白才倚门,温李真自郐。"此可见其宗尚之正,故虽挫笼万有,穷极工巧,而仍归雅正,不落纤佻,此初境也。后又有自述一首云:"我昔学诗未有得,残余未免从人乞。力孱气馁心自知,妄取虚名有惭色。四十从戎驻南郑,酣宴军中夜连日。打球筑场一千步,阅马列厩三万匹。华灯纵博声满楼,宝钗艳舞光照席。琵琶弦急冰雹乱,羯鼓手匀风雨疾。诗家三昧忽见前,屈贾在眼元历历。天机云锦用在我,剪裁妙处非刀尺。世间才杰固不乏,秋毫未合天地隔。放翁老死何足论,《广陵散》绝还堪惜。"是放翁之豪肆,自从戎巴蜀而境界又一变。及乎晚年则又造平淡,并从前求工见好之意亦尽消除,所谓"诗到无

人爱处工"者。刘后村谓其皮毛落尽矣。此又诗之一变也。

赵翼所指的三变,大体是对的,但是他所指的"初境",意义还欠分析。《示子遹》诗明明指出"初学"、"中年"两者之间,截然不同,为什么都认为是"初境"? 其实"中年始稍悟,渐欲窥宏大",正和"四十从戎驻南郑……诗家三昧忽见前"句相应。《示子遹》诗作于嘉定元年(1208),陆游八十四岁,回顾四十八岁南郑从军之日,称为"中年",在事理上也说得通。答宋都曹诗和《示子遹》诗作于同年,中间相去一月,意境相同。"天未丧斯文"以下四句,和"数仞李杜墙"以下四句,推崇李杜,鄙视元白,意义也完全合拍。赵翼所说的"仍归雅正,不落纤佻",主要的还是指中年以后的诗境。陆游的初境,正如他自己所说的"但欲工藻绘","力屏气馁心自知",至少总还有些接近纤佻的所在,不过这一类的诗,存在的不多。

近人关于陆游诗的分段论如次:

> 早年——未脱江西派的影响,摹仿前人,特重文字的工巧。中年入蜀后——如火如荼的生活与壮美的自然对天才的激发,创造性的高度发挥,宏丽诗风的形成。晚年——生活较恬静,心境渐消沉,诗风趋向平淡。①

陆游诗的三个阶段,是怎样划分的? 为了说明问题,我们可以具体的作以下的分段:

(一)第一阶段 少时至乾道六年(1170)陆游四十六岁到达夔州的前夕为止。《诗稿》卷一至卷二《瞿唐行》。

(二)第二阶段 自到达夔州至淳熙十六年(1189)陆游六十五

---

① 一九五八年六月高等教育部《中国文学史教学大纲》。

岁被劾罢官为止。《诗稿》卷二《入瞿唐登白帝庙》至卷二十一《去国待潮江亭太常徐簿宋卿载酒来别》。

（三）第三阶段　自六十五岁罢归山阴至嘉定二年（1209）陆游八十五岁逝世为止。《诗稿》卷二十一《醉中作行草数纸》至卷八十五。

《剑南诗稿》卷一第一首《别曾学士》，据钱大昕所作《陆放翁年谱》，系于绍兴二十六年（1156）。诗中言"鞗系不得从，瞻望抱悁悁"，很可能是陆游入仕以后的作品；陆游初除福州宁德县主簿，在绍兴二十八年（1158），最早应当作于是年。但是陆游作诗并不是从这一年开始的。《诗稿》卷四十九《小饮梅花下作》自注："予自年十七八学作诗，今六十年得万篇。"倘使我们从十七岁起计算，那么第一阶段应当是三十年，第二阶段是十九年，第三阶段是二十年。

第一阶段时间最长，但是存诗最少，总共不足二百三十首。

陆游有《跋诗稿》一篇，原文如次：

> 此予丙戌以前诗二十之一也，及在严州，再编，又去十之九。然此残稿，终亦惜之，乃以付子聿。绍熙改元立夏日书。①

丙戌为乾道二年（1166），陆游四十二岁。《诗稿》卷一存 1165 年以前之诗共九十四首，机械地计算，被删的应当是一万八千七百〇六首。当然，陆游计算的时候，不能拘泥如此，但是他曾经删去大量的作品是无疑的。从作品的大量被删，我们可以证实陆游作诗的主张，中年以后，曾经起过非常可惊的变化。在考虑陆游作品的时候，我们必须把他曾经删去的数量，也一并考虑在内。

---

① 《文集》卷二十七。

陆游少年的时候,对于学诗,曾经有过许多方面的接触:

> 吾年十三四时,侍先少傅居城南小隐,偶见藤床上有渊明诗,因取读之,欣然会心。日且暮,家人呼食,读诗方乐,至夜,卒不就食。今思之,如数日前事也。庆元二年,岁在乙卯,九月二十九日,山阴陆某务观书于三山龟堂,时年七十有一。①

> 余年十七八时,读摩诘诗最熟。后遂置之者几六十年。今年七十七,永昼无事,再取读之,如见旧师友,恨间阔之久也。嘉泰辛酉五月六日,龟堂南窗书。②

> 予自少时,绝好岑嘉州诗。往在山中,每醉归,倚胡床睡,辄令儿曹诵之,至酒醒,或睡熟,乃已。尝以为太白、子美之后,一人而已。今年自唐安别驾来摄犍为,既画公像斋壁,又杂取世所传公遗诗八十余篇刻之,以传知诗律者,不独备此邦故事,亦平生素意也。乾道癸巳八月三日。山阴陆某务观题。③

在早年对于陆游起了最大的影响的,是他在十八岁时和曾几的认识。“忆在茶山听说诗,亲从夜半得玄机。”他所得的“玄机”主要的还在造字炼句、命意用事方面。

从第一期所存的二百三十首诗看,我们并看不出早期的特点。他说“但欲工藻绘”,但是看不到“藻绘”的遗迹。这件事的秘密,主要在于他的删定。删定的标准是什么? 他一定是以中年以后的眼

---

① 《文集》卷二十八《跋渊明集》。
② 《文集》卷二十九《跋王右丞集》。
③ 《文集》卷二十六《跋岑嘉州诗集》。

光,回看少时的初作。凡是不合于中年所得的"诗家三昧"的一概删弃,即使为了纪念一时的感触而偶存的,也是所存无几。

陆游删去的数字,大约可以得到一个揣测的估计,那些诗他曾经删去,虽无从指出,也许会有下列这几首:

(一)淳熙十四年(1187)陆游六十三岁,在严州任内,有诗二首,题为《余年二十时尝作〈菊枕〉诗,颇传于人,今秋偶复采菊缝枕囊,凄然有感》。《菊枕》的诗题,是有些纤佻了,所作的诗,当然不免有些"藻绘"之辞,这一首诗陆游删去了,但是直到六十三岁还是不能忘情。

(二)曾幾《茶山集》卷一《还守台州次陆务观赠行韵》,卷五有《雪中陆务观数来问讯用其韵奉赠》、《陆务观效孔氏四舅氏体倒用二舅氏题云门草堂韵某亦依韵》。陆游《剑南诗稿》奉呈曾幾的诗虽有,但是没有和曾幾的诗韵相合的,可见陆游这三首诗也被删去了。

因为大量的诗曾被删去,而去取的标准又是完全按照中年以后的看法,这就使得早年诗和中年诗的面目基本上混同起来。偶然也有琐碎的诗句,例如:

> 公闲计有客,煎茶置风炉。倘公无客时,濯缨亦足娱。①

这诗大约是陆游三十二岁作的。也有小巧的诗句,如:

> 磊落人为磊落州,滕王阁望越王楼。②

这诗是乾道二年(1166)陆游四十二岁作的。这样的诗句,陆游中

---

① 《诗稿》卷一《寄酬曾学士学宛陵先生体比得书云所寓广教僧舍有陆子泉每对之辄奉怀》。
② 同卷《寄答绵州杨齐伯左司》。

年以后，不是完全没有，不过也不多。但是在现存的早年作品中，却充满了大气旁薄，热爱国家的诗篇，如《夜读兵书》、《闻武均州报已复西京》、《送七兄赴扬州帅幕》、《刘太尉挽歌辞》、《出都》、《闻雨》、《投梁参政》等篇。凡是中年以后的沉着壮丽的特点，在这里都看到。炼字炼句，如：

> 吏进饱谙箝纸尾，客来苦劝摸床棱。①
> 墓前自誓宁非隘，泽畔行吟未免狂。②
> 天地何心穷壮士，江湖从古著羁臣。③
> 五更落月移树影，十月清霜侵马蹄。④
> 孙刘鼎足地，荆益犬牙中。⑤
> 县近欢欣初得菜，江回徙倚忽逢山。⑥

这些律句都很精炼，但是却精炼得浑灝流转，看不到生硬粗涩的所在。如卷二《黄州》：

> 局促常悲类楚囚，迁流还叹学齐优。江声不尽英雄恨，天意无私草木秋。万里羁愁添白发，一帆寒日过黄州。君看赤壁终陈迹，生子何须似仲谋？

这首诗的结尾，是有些衰飒的，但是全篇流动，一气呵成，在《剑南诗稿》中，还应当算是代表作品。最可怪的是尽管陆游学诗自江西

---

① 《诗稿》卷一《自咏示客》。
② 同卷《示儿子》。
③ 《诗稿》卷二《哀郢二首》之一。
④ 同卷《马上》。
⑤ 同卷《沙头》。
⑥ 同卷《晚泊松滋渡口二首》之一。

派入手,但是在这不足二百三十首中,却看不出显著地受到江西派影响的诗篇。《读赵昌甫诗卷》七律一首,全篇作江西诗派语,突兀苍莽,放在黄庭坚的诗集里,几于不可识别,但是这是开禧元年(1205)陆游八十一岁时的作品。假使我们说陆游诗受到江西派的影响,那么这个影响是贯彻他的一生而不仅在早年,他的注重文字技巧,其实也是贯彻一生的。陆游的摹仿前人,在他一生的诗篇中,都不时的露出苗头,但是即是在他最初的二百三十首中,也已经看出他不是杜甫、李白,而是他自己。尤其可注意的是从一般选家所选的陆游诗看,早年、中年、晚年这三个阶段中入选的诗和《诗稿》现存的诗对比,虽然早年诗入选的绝对数字不是最高的,但是从百分比看,确实是超过了中年和晚年的作品。为什么会有这样的情况?因为早年的诗,经过陆游的精选。那时他在严州任内,年龄在六十二至六十四岁之间,思想意识比较成熟了,作诗有精辟的主张,对于自己,尤其是早年的作品,要求严格,所以从现存的诗看,他早年的作品,不代表他早年的主张而是代表他中年的主张。倘使我们抹煞了这一点而要追求陆游早年作品的特点,那就会走入歧途而得不到着落的。

第二阶段前后十九年,存诗约共二千四百三十首。这里除了卷二十一的二十五首以外,都经过陆游自己的选定。他对于自己的要求,可能没有对于初期作品那样的严格,但是从陆游的早年和晚年两个阶段看,前后两段,他都有大量的作品,中段当然不会例外,这就是说,其间必然也有若干被删的作品。尤其可注意的,他在《诗稿》卷三十七《感旧》诗注曾说:"予山南杂诗百余篇,舟行过望云滩,坠水中,至今以为恨。"这里很可能是陆游故弄玄虚,把当日抒写从南郑前线调到后方时的真情实感的诗完全删去了。

陆游说到作品的变化是从他到达南郑的时候开始的,他指出"四十(应当作四十八)从戎驻南郑,酣宴军中夜连日……诗家三昧忽见前,屈贾在眼元历历"。但是事实上还应当从他到达夔州开始。当时的四川诸路——夔州路,利州东路,利州西路,潼川府路,成都府路,结集了西南的物力和人力,牵制了敌人的后方,成为对外力量的支柱。这个形势,陆游到达夔州以后,由于接触到现实的具体情况,完全明白了。他在去夔州的途中,还有若干个人的打算,但是一经到达夔州,他的思想起了变化。他在《入瞿唐登白帝庙》显示了自己的看法。"上陈跃马壮,下斥乘骡昏",他歌颂了跃马作战、死在沙场的公孙述,而斥责了骡车上道、对敌屈服的刘禅;实际上是侧面提出他对于徽宗赵佶、钦宗赵桓的看法,同时也提出他对于孝宗赵昚的期待。"丈夫贵不挠,成败何足论",完全透露了一位爱国志士的英雄气概。有了这样的感情,就为他到达南郑以后的思想变化打下了基础。

陆游前赴南郑的途中,经过三折铺,有《饭三折铺铺在乱山中》一首。他说:

> 平生爱山每自叹,举世但觉山可玩。皇天怜之足其愿,著在荒山更何怨! 南穷闽粤西蜀汉,马蹄几历天下半。山横水掩路欲断,崔嵬可陟流可乱。春风桃李方漫漫,飞栈凌空又奇观。但令身健能强饭,万里只作游山看。①

从这样的诗句里,我们看到他乐观和顽强的性格,也就是这样的性

---

① 《诗稿》卷三。

格,能够支持他度过前线生活的艰苦。在南郑的当中,最能传达他的感情的是他的《山南行》。他指出:"国家四纪失中原,师出江淮未易吞。会看金鼓从天下,却用关中作本根。"

但是他在南郑的时间是不久的。他和王炎讨论"经略中原,必自长安始"的当中,南宋小朝廷的政策变了,王炎调回临安,随即罢免,陆游也调到后方的成都,作为一个挂名的参议官。这是一个刻骨的创伤,无可治疗,也无从忘却,成为他的作品中的永恒的主题。中年时期他有《观大散关图有感》、《蒸暑思梁州述怀》、《观长安城图》、《客自凤州来言岐雍间事怅然有感》、《冬夜闻雁有感》、《忆山南》、《追感梁益旧游有作》、《闻蝉思南郑》、《夜观秦蜀地图》等篇。同样的诗题,晚年还是有的,但是散在六千余首之中,远不如中年时期的突出。所以从中年时期的作品看,陆游的爱国诗篇占据主要的部分,尤其是写出那请缨无路、功败垂成的情感。是不是功败垂成呢? 这是没有事实证明的。王炎在南郑,有他的一番布置,但是部下还没有动员,更谈不上成功,但是诗人的想象是生着翅膀的。陆游在《晓叹》的篇终说起:

> 王师入秦驻一月,传檄足定河南北。安得扬鞭出散关,下令一变旌旗色![①]

他看定战争是有把握的,一月之间,大功可以告成,这就更加深了功败垂成的悲哀。在第二阶段的十九年中,陆游经历成都、蜀州、嘉州、荣州、汉州等地,嗣后到过建安、抚州、严州,最后呆在临安,但是这一个永恒的主题,通过了十九年的岁月,一直贯穿到他临终

---

① 《诗稿》卷五。

以前的一刹那。

陆游这一时期中的作品,特殊表现在那一泻无余的作法。这是前人所说的"竭情",正是和"含蓄"相对的一种形态。唐人的作品尽多"不着一字,尽得风流"的意境,到杜甫手里,打破了这一关,要写的放手便写。这一个传统,陆游是发挥尽致了,如他在这时期里所写的《松骥行》:

> 骥行千里亦何得,垂首伏枥终自伤。松阅千年弃涧壑,不如杀身扶明堂。士生抱材愿少试,誓取燕赵归君王。闭门高卧身欲老,闻鸡相蹴涕数行。正令咿嘤死床箦,岂若横身当战场!半酣浩歌声激烈,车轮百转盘愁肠。①

这样的写法在陆游早年时期是看不到的,主要的还是因为中年而后,深刻地接触到人生的酸辛,这才使他冲破了诗贵含蓄、不可说尽的规律,而作出了这样的诗篇。这个情形在他晚年时期还继续存在着。爱国诗人的感情永远是沸腾的,而他报国无路的悲愤,更因为年龄的渐衰反而显得更加突出。庆元二年(1196)陆游七十二岁,有《陇头水》一首:

> 陇头十月天雨霜,壮士夜挽绿沉枪。卧闻陇水思故乡,三更起坐泪数行。我语壮士勉自强,男儿堕地志四方。裹尸马革固其常,岂若妇女不下堂。生逢和亲最可伤,岁辇金絮输胡羌。夜视太白收光芒,报国欲死无战场。②

第二阶段的诗都经过陆游自己的选定,但是他的要求,没有对于早

---

① 《诗稿》卷七。
② 《诗稿》卷三十五。

年作品那样的严格,因此在充满爱国思想的积极意义的作品中,也还存在着叙述身边琐事,甚至消极颓废的作品,不过这样的作品不很多,散在二千四百余首之内,并不觉得显著。

第三阶段前后共二十年,存诗约共六千四百七十首。陆游之所以称为多产作家,主要是因为现存的这二十年的创作成果。但是这不是说这二十年的作品比以前二期更多,因为从陆游自己的题跋里,我们知道他早年的创作比后来多得多。从早年推测中年,我们可以说陆游早年的作品最多,其次是中年,而晚年的时期,其实是创作较少的时期。这样的情形是和人的健康情况相适应的。

为什么晚年时期显得特别多产呢? 这是因为以前的作品尤其早年的作品,经过严格删定的原因。开禧二年(1206)陆游八十二岁,有《力耕》一篇,末言:

> 犹恨未能忘笔砚,小儿收拾又成编。①

自注:"子遹编予诗续稿,成四十八卷,卷有百篇。"所谓"四十八卷"者,指二十一卷至六十八卷。在这里可以注意的是前二十卷,经过陆游自己的删定,而自二十一卷以后,止是经过子遹的收拾成编,这里没有经过审查,因此保留了陆游晚年作品的全貌。

自二十一卷以后,用百篇一卷之例,直至八十四卷;最后八十五卷,为陆游绝笔,仅得五十二篇。

二十一卷至八十四卷,共六十四卷,都是百篇一卷,当然也偶有出入,有九十八、九十九篇,也有一百零几篇的,大体还是遵照百篇一卷之例。但是这里却有三个例外:

---

① 《诗稿》卷六十九。

1. 卷三十七,共一百三十六篇;
2. 卷五十二,共九十篇;
3. 卷六十,共九十一篇。

卷三十七可以看作偶然的例外,因为篇数较一百为多,这里不可能有中经删定的猜测,可是卷五十二、卷六十都是在《力耕》自注以前,曾经陆游亲眼看到,不容短少。篇幅减少,必然是曾经删削,而删削的执行,必然是在开禧二年十一月作《力耕》诗以后,这是可以推测的。韩侂胄的被杀,在开禧三年(1207)十一月,这里正足以说明这两卷诗中,必然有若干与韩侂胄有关的篇幅,在侂胄被杀以后,曾从《诗稿》里删除,正和陆游所作的《南园记》、《阅古泉记》,从《渭南文集》里删除一样。

《诗稿》卷五十二作于嘉泰二年(1202)九月至嘉泰三年(1203)正月,那时陆游正在临安做官。他和韩侂胄的关系在继续发展中,侂胄正在初步准备北伐的计划,陆游也有所闻。卷中两诗都透露一些消息:

> 问今何人致太平,绵地万里皆春耕。身际风云手扶日,异姓真王功第一。①

> 榆林雁门塞垣紫,孟津砥柱河流黄。出师有路吾能说,直自襄阳向洛阳。②

这一卷止有九十篇诗,短少的十篇诗,可能是更露骨的作品。

《诗稿》卷六十作于嘉泰四年(1204)十月,直至岁底。那一年

---

① 《韩太傅生日》。
② 《送襄阳郑帅唐老》。

南宋方面的初步准备已经完成,三月间辛弃疾入朝,陆游作诗送别,提出解除宿怨,和韩侂胄全面合作对外的劝告:

> 古来立事戒轻发,往往谀夫出乘蟥。深仇积愤在逆胡,不用追思灞亭夜!①

同年五月追封岳飞为鄂王,指出对外的方向;十一月改明年年号为开禧元年,结合了太祖开宝及真宗天禧年号,指出了武力统一,对付北来侵略的决心。《诗稿》卷六十止有九十一篇,短少的九篇诗,可能和改年号,准备对外作战有关。

当然这些止是猜测,但是结合《剑南诗稿》编定的体例和五十二卷、六十卷两卷完成的年代,以及陆游作诗的思想基础,这样的猜测不是没有根据的。

第三阶段存诗六千四百七十首左右,中间曾被删除的可能止有十九篇,这十九篇都和陆游的意气激扬,决心抗敌有关,因此这六千余首的诗篇,不免因此减色,其中描写身边琐事,消极颓废的作品,又因未经删除而大量存在,这就使得第三阶段比之第一第二两段都显得不够积极,不够紧张。

在第二阶段,陆游的主要思想在于建功立业,他以伊尹、吕望、诸葛亮、王猛自比。第三阶段开始,他已经六十五岁,衰老之年,加上伏处田里,他的事业心已经在无形之中衰退了。他把精力集中到诗句方面,除了李白、杜甫、梅尧臣、曾几、吕本中这些诗人以外,他又提到陶潜、谢朓、王维、孟浩然、韩翃、许浑,甚至宋代的林逋、魏野、苏过。陆游曾经说过:

---

① 《诗稿》卷五十七《送辛幼安殿撰造朝》。

> 吾幼从父师，所患经不明。何尝效侯喜，欲取能诗声？亦岂刘随州，五字矜长城？①

但是到了晚年，他的精力却集中在这里。他说：

> 诗到令人不爱时。②
> 诗缘独学不名家。③

他在作诗方面，功力不可谓不深，但是恰恰放弃了自己所找到的大路。有时他甚至写出这样的诗句：

> 小雪湖上寻梅时，短帽乱插皆繁枝。路人看者窃相语，此老胸中常有诗。归来青灯耿窗扉，心镜忽入造化机。墨池水浅笔锋燥，笑拂吴笺作飞草。④

> 还东寒暑几推移，渐近黄梅细雨时。窗下兴阑初掩卷，花前技痒又成诗。囊钱不贮还成癖，官事都捐未免痴。赖是病躯差胜旧，一杯藜粥且扶衰。⑤

在这些地方都不免使人想到这是"小家数"，给人玩弄技巧的印象。陆游曾经说到"诗家三昧"，这又是什么"三昧"呢？

主要的问题仍在编定的方面。倘使陆游对于第三阶段的作品，和他对于第一阶段一样，从一万余首之中，删存二百三十首左右，那么这一时期的作品，依然还是精金美玉，即使退一步说，倘使

---

① 《诗稿》卷四十四《读苏叔党汝州北山杂诗次其韵十首》之十。
② 《诗稿》卷六十九《山房》。
③ 《诗稿》卷七十二《南堂杂兴八首》之五。
④ 《诗稿》卷八十《湖山寻梅二首》之二。
⑤ 《诗稿》卷八十二《还东》。

和他对于第二阶段一样,删存二千余首,那还可能绚烂满目。可是现在是由子遹随得随编,这就不免在精力饱满的作品以外,也保留了消极颓废,甚至玩弄技巧的作品。

那么是不是陆游的第三阶段的作品,竟与第一第二阶段相同,或是基本上一致呢?把各阶段的作品,等同起来,或说是基本上是一致的,这样的说法是错误的,因为创作必须有生活的基础,创作和生活是分不开的。在第二阶段中,陆游过的是斗争的生活,这里有民族间的斗争,同时也有政治上的斗争,因此在他的作品中,主要的出现了反映斗争的作品,尤其是关于民族斗争的那一面。六十五岁以后,他的生活中的绝大部分,是在农村中的。我们不能说农村中没有斗争,但是远没有民族斗争或是政治斗争的那样尖锐。一位衰老的诗人,在比较安定的环境里,有条件进行对于人生的领略和体会,这是陆游晚年的作品比较平淡的原因,也正因此更显得他的晚年的作品不同于早年或中年。

但是陆游晚年的作品还有同于早年和中年的一面。他在中年的时候,曾经以他当时的思想认识,对他早年的作品进行删定,从大量的作品里,止留下二百三十篇左右,这就使他早年作品和中年作品的面貌接近起来。在他的思想认识里,爱国思想和积极奋斗的精神是主要的,而这样的思想认识在他的晚年还继续保存着,这是一粒火种,止要经过一阵煽动,依然发出旺盛的火苗。陆游的晚年是衰老了,他在书斋里的时间多,在所谓"道室"里的时间也不少,因此他写出了若干平淡闲适的,甚至消极颓废的诗篇。但是止要战争的号角一动,陆游还是南郑前线四十八岁的战士,在他的诗歌里倾吐了旺盛的斗志,他准备随时为国家献出自己的一切。

第十二章　陆游的古体诗

　　赵翼《瓯北诗话》指出陆游的古体诗"工力更深于近体"，平心而论，陆游的近体诗，从江西诗派融化而出，精练、流丽、圆熟，惟有在体裁方面的变化不多，但是在古体方面变化便多了。宋代以来，诗体起了转变，正如严羽所说："以文字为诗，以才学为诗，以议论为诗。"这一种情况，在古诗方面，尤其显著。陆游的古体诗和一般作者不同的地方，第一是他没有大篇。《诗稿》八十五卷之中，没有三百字以上的篇幅。这不是他的才力的不足，而是他的用笔的精练。其次在他的作品之中，很少有以文字、才学为诗的所在。他的议论是有的，但是一般都安排妥帖，不使人有生硬排奡之感。这就使他的古诗不同于当时一般作者的古诗。

　　陆游的五言古体诗，一般都是严正、整肃，例如他的《投梁参政》、《入瞿唐登白帝庙》、《观大散关图有感》。他的七言古体诗变化特别多，衡量陆游的古体诗应当在这里着眼。

　　七言古体之中最习见的是一韵到底。这是七言古体的主流，在动荡之中还带有严正的意义。《九月一日夜读诗稿有感走笔作歌》，是一篇最好的例子。

　　但是陆游七言古体之中,转韵的却很多,这就显得更流荡,更生动,一字一句都在纸面上跳跃起来。转韵的例子通常都是十六句,四句一转,尾韵平、仄、平、仄,或是仄、平、仄、平。这样便给人一种律动的感觉,如:

　　　　城中飞阁连危亭,处处轩窗临锦屏。涉江亲到锦屏上,却望城郭如丹青。虚堂奉祠子杜子,眉宇高寒照江水。古来磨灭知几人,此老至今元不死。山川寂寞客子迷,草木摇落壮士悲。文章垂世自一事,忠义凛凛令人思。夜归沙头雨如注,北风吹船横半渡。亦知此老愤未平,万窍争号泄悲怒。①

　　　　我行山南已三日,如绳大路东西出。平川沃野望不尽,麦陇青青桑郁郁。地近函秦气俗豪,秋千蹴鞠分朋曹。苜蓿连云马蹄健,杨柳夹道车声高。古来历历兴亡处,举目山川尚如故。将军坛上冷云低,丞相祠前春日暮。国家四纪失中原,师出江淮未易吞。会看金鼓从天下,却用关中作本根。②

在转韵诗中,这样的例子较多,陆游大约认为这是正规。有时是十二句,也是四句一转,尾韵是平、仄、平,或是仄、平、仄。这种情形和上面大同小异,不更举。

　　有时在这样的正规上却起一些变化。同样是十二句,前八句和上面相同,但是后四句却是两句一转,成为仄、平、仄、平,或是平、仄、平、仄,押韵的基本形式是和正规一致的,但是到了最后四句却更急促、更沉着,给人一些不同平常的感觉。如:

---

① 《诗稿》卷三《游锦屏山谒少陵祠堂》。
② 同卷《山南行》。

卧龙山前秋雨晴，郑子过我如凤昔。照人眉宇寒巉巉，悬知笔有千钧力。镜湖岁暮霜叶空，乃闻载酒同诸公。归来湖山皆动色，新诗一纸吹清风。文章要须到屈宋，万仞青霄下鸾凤。区区圆美非绝伦，弹丸之评方误人。①

平生不持面看人，宁作五湖云水身。忍穷闭门岂自苦，是中有味敌八珍。酒杯潋滟鼓吹作，我自悲咤人自乐。更阑坐睡不得去，如鹰在鞲虎遭缚。丈夫欢乐自有时，遇酒先怯非予衰。万骑击胡青海岸，此时意气令君看。②

当然，也尽有全诗十六句，前十二句四句一转，后四句两句一转的，其结果也同样地使人感觉到急促和沉着。下面是一首比较有名的诗：

珥貂中使传天语，一片惊尘飞辇路。清霜粲瓦初作寒，天为明时生帝傅。黄金饰盎雕玉筋，上尊御食传恩光。紫驼之峰玄熊掌，不数沙苑千群羊。通天宝带连城价，受赐雍容看拜下。神皇外孙风骨殊，凛凛英姿不容画。问今何人致太平，绵地万里皆春耕。身际风云手扶日，异姓真王功第一。③

在这些诗里，陆游都能把他要写的意义从音节中传达出来。

其次是柏梁体，这是每句用韵的七言古体，通常都是一韵到底。这样的诗最能给人一种浑灏流转的感觉。《柏梁诗》原有"枇杷橘栗桃李梅"的句子，韩愈的《陆浑山火》就有"鸦鸱雕鹰雉鹄鹍"一句。这样的句法是从《诗经·七月》的"黍稷重穋，禾麻粟麦"来

---

① 《诗稿》卷十六《答郑虞任检法见赠》。
② 《诗稿》卷十八《衰病不复能剧饮而多不见察戏作此诗》。
③ 《诗稿》卷五十二《韩太傅生日》。

的,在古代散文里也可以举出一些类似的例子,但是名词的堆砌,使人感觉到不够流畅。在陆游手里这样的句子是没有的,因此他的诗更显得自然通畅。还有一件可以注意的就是陆游早年中年之间,这一体的诗写得较多,晚年写得较少,八十二岁以后便绝迹了。当然这止是不自觉的,但是很可以反映出来,陆游暮年的时候,比较爱作平仄协调的近体诗,对于古体诗,尤其是柏梁体诗,因为需要更多的精力,他已经不太留意了。

最成功的一首应当推《陇头水》。

> 陇头十月天雨霜,壮士夜挽绿沉枪。卧闻陇水思故乡,三更起坐泪数行。我语壮士勉自强。男儿堕地志四方,裹尸马革固其常,岂若妇女不下堂。生逢和亲最可伤,岁辇金絮输胡羌。夜视太白收光芒,报国欲死无战场。①

从句句入韵的柏梁体,加以转变,有的两句一转,有的四句一转。因为不断的转韵,更给人感到诗句的活泼别致。这样的诗陆游写过三四首,但是不多,可能他对于这样的形式,认为还不够成功。事实上诗句过于跳动,不免影响到全篇的流畅性。例诗如次:

> 少狂欺酒气吐虹,一笑未了千觞空。凉堂下帘人似玉,月色泠泠透湘竹。三更画船穿藕花,花为四壁船为家。不须更踏花底藕,但嗅花香已无酒。花深不见画船行,天风空吹《白纻》声。双桨归来弄湖水,往往湖边人已起。即今憔悴不堪论,赖有何郎共此尊。红绿疏疏君勿叹,汉嘉去岁无荷看。②

---

① 《诗稿》卷三十五《陇头水》。
② 《诗稿》卷五《同何元立赏荷花追怀镜湖旧游》。

诗歌的成功,有意境之美、字句之美、音律之美。陆游在七言古体中,特殊注意到音律之美,因此在这里对于韵节的运用,常常别出心裁,追求转变。但是在意境卓越,辞气滂沛的时候,他又摆脱了固定的句法,使用杂言的形式。杂言在形式上已经很接近于散文,但是正因为思想的动荡,远远不同于散文,自具一种苍莽之感。陆游的杂言诗不过十余首,但是这十余首都有一定的价值,如:

> 善泅不如稳乘舟,善骑不如谨持辔。妙于服食不如寡欲,工于揣摩不如省事。在天有命谁得逃,在我无求直差易。散人家风脱纠缠,烟蓑雨笠全其天。莼丝老尽归不得,但坐长饥须俸钱。此身不堪阿堵役,宁待秋风始投檄。山林聊复取熊掌,仕宦真当弃鸡肋。锦城小憩不淹迟,即是轻舠下峡时。那用更为麟阁梦,从今正有鹿门期。①

在这首诗里,陆游提出自己的认识来,语言切至,但是意境超越,所以这不是散文,而是诗。有时他在杂言里,几于每句用韵,在长短错落的字句中,特殊富有音韵铿锵之感,如:

> 击鼓坎坎,吹笙呜呜。绿袍槐简立老巫,红衫绣裙舞小姑。乌柏烛明蜡不如,鲤鱼糁美出神厨。老巫前致词,小姑抱酒壶。愿神来享常欢娱,使我嘉谷收连车。牛羊暮归塞门闾,鸡鹜一母生百雏。岁岁赐粟,年年蠲租,蒲鞭不施,圜土空虚。束草作官但形模,刻木为吏无文书。淳风复还羲皇初,绳亦不结况其余。神归人散醉相扶,夜深歌舞官道隅。②

---

① 《诗稿》卷三《思归引》。
② 《诗稿》卷二十九《赛神曲》。

但是陆游的七言古体中,确实有散文意味太重的,不过这样的诗是非常个别,在九千余首的诗集中,是不足为怪的。例如:

> 古人不轻出,出则尧舜其君民;古人不轻隐,隐则坐使风俗淳。孰知后世乃不然,唐虞日远如飞烟。异端欲出六籍上,裔夷直居中夏先。穷居求志达行道,倘不塞责真负天。士固不可苟富贵,顾亦岂可徒贫贱,如其一念有愧心,宁不终身戴惭面。老夫少年铸铁砚,欲窥圣门终未见。祝君勿恃来日长,八九十年如掣电。[1]

为什么这首诗给人以散文的印象?因为这里都是写的日常的境界,没有思想,没有感情,所有的止是说教,而这些教条,又恰恰是老生常谈,索然寡味,因此这就成为散文了。当然,陆游的诗里,尽多感情奔放,想象丰富的诗篇。在一般作品中,他的奔放的感情是人所共知的。下面一首是他的想象力的表现。

> 夜漏欲尽鸡初唱,梦到神仙信非妄。泉流直春碧涧底,松根横走苍崖上。徐行林际遇飞桥,峭壁惊涛临万丈,非惟履险足躔踔,已觉处幽神悄怆。空岩滴乳久化石,宝盖珠缨纷物象。鬼神惨淡疑欲搏,龙蜃蜿蜒谁敢傍?长眉老仙乘白云,握手授我绿玉杖。三生汝有世外缘,一念已断尘中障。虽云曩事不复忆,怜汝瞳子神犹王。何须更待熟金丹,从我归哉住昆阆。[2]

---

① 《诗稿》卷六十六《寄题求志堂》。
② 《诗稿》卷三十二《五月二十三夜记梦》。

第十三章　陆游律句的特色

陆游诗的主要形式,应当认为是他的律诗,尤其是七言律诗。律诗的样式是比较固定的,因此不能像古体诗那样,可以任意变化,运用自如;除了联章以外,通常止是四十字,或五十六字,因此对于语意的运转,也有必然的限制,要求更严格,更凝炼,必须在这八句之内,把必须说出的话完全说出。内容受到形式的限制,但是必须使读者理解到在这区区八句当中,内容仍旧是充沛有余。从前的律诗作者,都在这里努力,陆游是成功的诗人之一。

在陆游的作品中,《书愤》是一首代表作:

> 早岁那知世事艰,中原北望气如山。楼船夜雪瓜洲渡,铁马秋风大散关。塞上长城空自许,镜中衰鬓已先斑。《出师》一表真名世,千载谁堪伯仲间?[1]

在这首诗里,他把四十岁在镇江,和四十八岁在南郑时的思想感情完全写出,他写到在他作诗的这一年(六十二岁),自己抱着宏伟的志愿,但是已经衰老了,可是想到千年以前的诸葛亮,不禁要提出

---

[1] 《诗稿》卷十七《书愤》。

谁能和他以兄弟辈相比的问题。在这八句之中,有过去,有现在,有东南的瓜洲渡,有西北的大散关,有当年的抱负,也有今日的感慨,最后一结,对自己,做出一定的估计,同时也提出无限的期待。在陆游诗中,这是一首极好的作品,全集类此的也还不少。篇首两句,显得气势耸动,篇末两句,也没有些微松懈的形迹,都是值得重视的。

　　一般的作品,主要力量还是安排在中间的四句,这四句通常是景一联、情一联,有时更是景中有情,情中有景,成为情景交融的诗句。律诗要求凝炼,要求以最经济的手法,传达比较复杂的意境,有时要运用典故,给读者以提示。陆游很少运用僻典,因此在创作中,还没有多大的流弊。有些作者,例如北宋的西昆体诗人,过分地运用生僻的故事,甚至全诗八句,每句如此,这样一来,不但使读者不易理解,同时也不能传达作诗的本意,这就走上了一条错路。

　　陆游诗中用典的例句如次:

　　　　蹈海言犹在,移山志未衰。①
　　　　度兵大岘非无策,收泣新亭要有人。②
　　　　青衫曾奏三千牍,白首犹思丈二殳。③
　　　　事去大床空独卧,时来竖子或成名。④
　　　　壮日自期如孟博,残年但欲慕初平。⑤

---

①　《诗稿》卷六十六《杂感六首》之三。
②　《诗稿》卷十八《夜登千峰榭》。
③　同卷《雪夜有感》。
④　《诗稿》卷二十四《冬夜读书忽闻鸡唱》。
⑤　《诗稿》卷六十三《枕上作》。

虚名定作陈惊坐，好句真惭赵倚楼。①

在这些律句之中，陆游完成了以经济手法传达比较复杂的意境的任务。"事去"一联，写出自己在政治上的失败，和即使遭到失败，仍不甘心屈服的气概，真可算是"言简意赅"，在律诗的运用中，是非常成功的。

其次是写景。陆游早年到达前线，经历名山大川，因此在写景的诗句中，非常壮阔，晚年以后，生活在农村中间，抒写景物，通常是细致入微，这是一个大概。壮阔的律句如：

浪蹴半空白，天浮无尽青。②

乱山徐吐日，积水远生烟。③

日依平野没，水带断槎流。④

山平水远苍茫外，地辟天开指顾中。⑤

无穷江水与天接，不断海风吹月来。⑥

别都王气半空紫，大将牙旗三丈黄。⑦

和这一类联系的，有豪壮的诗句，在抒写景象的当中，带有诗人主观上的情感成分，如：

---

① 《诗稿》卷七十五《恩封渭南伯唐诗人赵嘏为渭南尉当时谓之赵渭南后来将以予为陆渭南乎戏作长句》。
② 《诗稿》卷一《海中醉题时雷雨初霁天水相接也》。
③ 《诗稿》卷三《邻水延福寺早行》。
④ 《诗稿》卷八《江楼》。
⑤ 《诗稿》卷十《初发夷陵》。
⑥ 同卷《泊公安县》。
⑦ 同卷《将至金陵先寄献刘留守》。

度沙风破肉,攻垒雪平壕。①

水瘦河声壮,萁枯马力生。②

唾手每思双羽箭,快心初见万楼船。③

悲歌未肯弹长铗,豪气犹能卧大床。④

山川信美故乡远,天地无情双鬓秋。⑤

但是更多的是抒写入细的联句。这里需要细致的观察,平心的体会,最要紧的是细腻的描绘。这样的诗句,在陆游晚年特别多,略举数联,作为例证:

野烟山半失,溪涨浦横通。⑥

山深云满屋,夜静月当门。⑦

江边云湿初横雁,墙下桐疏不庇蝉。⑧

天际敛云山尽出,江流收涨水初平。⑨

弄姿野花晴犹敛,作态江云晚未归。⑩

护雏燕子常更出,著雨杨花又懒飞。⑪

---

① 《诗稿》卷二十八《小出塞曲》。
② 《诗稿》卷三十三《初冬感怀二首》之一。
③ 《诗稿》卷十《过采石有感》。
④ 《诗稿》卷十一《信州东驿晨起》。
⑤ 《诗稿》卷十二《春晚》。
⑥ 《诗稿》卷四十七《舍北》。
⑦ 《诗稿》卷七十八《秋日次前辈新年韵五首》之五。
⑧ 《诗稿》卷二《久病灼艾后独卧有感》。
⑨ 《诗稿》卷四《送客至江上》。
⑩ 《诗稿》卷八《昼卧》。
⑪ 《诗稿》卷二十二《晚春感事四首》之三。

孤灯无焰穴鼠出,枯叶有声邻犬行。①

云迷野渡一声雁,雪暗山村千树梅。②

城角吹残河渐隐,海氛消尽日初生。③

这一类都是非常细致的。江边一联,因为江上的大量水蒸气,所以云湿,因为云中湿气太重,所以雁行不齐;从另一面讲,因为靠墙,养分不足,所以桐叶不多,因为桐疏,所以蝉的全身暴露。两句十四字把诗人所见的情况,完全描绘出来。《诗稿》卷四十《题阳关图》颔联,"荒村孤驿梦千里,远水斜阳天四垂",写穷山僻壤,非常细切,却更充满了一种凄清的意味。

写景的诗句是诗人写所见的事物,在客观的描写以外,带有主观的成分;写情的诗句是诗人写自己的情感,这里主要是主观的成分。他以自己的充沛的情感,发生感染的力量。因此在律诗中,这是更重要的部分。

陆游写情的诗句,有些是表现阔大和沉雄的情感的,如:

孤舟镜湖客,万里玉关心。④

江声不尽英雄恨,天意无私草木秋。⑤

五更风雨梦千里,半世江湖身百忧。⑥

老子犹堪绝大漠,诸君何至泣新亭?⑦

---

① 《诗稿》卷六十三《枕上作》。
② 《诗稿》卷六十四《冬夜》。
③ 《诗稿》卷七十二《晓思》。
④ 《诗稿》卷二十七《春阴》。
⑤ 《诗稿》卷二《黄州》。
⑥ 《诗稿》卷十二《北窗》。
⑦ 《诗稿》卷十四《夜泊水村》。

浮生亦念古有死,壮气要使胡无人。①

和这类情感联系的有自负的诗句,如:

大节艰危见,真心梦寐知。②

杀身有地初非惜,报国无时未免愁。③

据鞍马援虽堪笑,强饭廉颇亦未非。④

老黑尚欲身当道,乳虎何疑气食牛。⑤

诗人有自负的热情,而没有得到应有的出路,这便成为感慨。陆游平时自负为诸葛亮、王猛、马周、李勣一流的人物。他有建立功名的愿望,始终没有掩饰过,但是也始终没有得到满足。他自己说:"飘零为禄仕,蹭蹬得诗名。"因此在他的诗中感慨的诗句比较多些,如:

报国计安出,灭胡心未休。⑥

汉廷虽好老,楚泽未招魂。⑦

扪虱雄豪空自许,屠龙工巧竟何成?⑧

时平壮士无功老,乡远征人有梦归。⑨

---

① 《诗稿》卷十五《读书罢小酌偶赋》。
② 《诗稿》卷五十《老学庵》。
③ 《诗稿》卷三《登慧照寺小阁》。
④ 《诗稿》卷六十七《亲旧见过多见贺强健戏作此篇》。
⑤ 《诗稿》卷七十二《秋晚》。
⑥ 《诗稿》卷九《枕上》。
⑦ 《诗稿》卷五十二《掩门四首》之一。
⑧ 《诗稿》卷三《即事》。
⑨ 《诗稿》卷七《春残》。

　　大床独卧豪犹在，万众横行策竟疏。①

　　关河可使成南北，豪杰谁堪共死生？②

　　三万里天供醉眼，二千年事入悲歌。③

　　规模肯堕管萧亚，梦想每驰河渭间。④

　　诗中感慨的成份太多，有时走上叹老嗟卑的途径，便成为诗中的俗套，反而引起读者的厌倦。这样的诗，在陆游诗稿中不是没有的，例如卷一《霜风》：

　　十月霜风吼屋边，布裘未办一铢绵。岂惟饥索邻僧米，真是寒无坐客毡。身老啸歌悲永夜，家贫撑拄过凶年。丈夫经此宁非福，破涕灯前一粲然。

　　在这一首诗里，"饥"、"寒"、"老"、"贫"，全部出现了，其实在写作的年代，陆游年仅四十三岁。诗的前后，有《分稻晚归》、《小酌》等首，境遇还不太坏，这样的写法，止是一种士大夫的习气。陆游中年时期，这样的诗较少，可能是生活方面接触较广，因此把叹老嗟卑的思想，从意识中排除了。不过陆游的感慨诗，却又不能一概而论，例如《即事》一首：

　　渭水岐山不出兵，却携琴剑锦官城。醉来身外穷通小，老去人间毁誉轻。扪虱雄豪空自许，屠龙工巧竟何成？雅闻岷

---

① 《诗稿》卷八《题庵壁》。

② 同卷《猎罢夜饮示独孤生三首》之三。

③ 《诗稿》卷二十三《览镜》。

④ 《诗稿》卷三十六《感怀》。

下多区芋,聊试寒炉玉糁羹。①

作这首诗的一年,陆游四十八岁,其实也还未老,结尾两句,感伤的意味也太浓些,但是这首诗却完全和《霜风》有所不同。因为就在这年(乾道八年,1172)陆游在南郑前线担任四川宣抚使司干办公事的职务,他正在宣抚使王炎的领导下,布置对敌作战,渴望成功的当中,从前线撤出,调任成都府安抚使司参议官。他眼见到出兵无望,自己的幻想破灭了,这才把"身外穷通"、"人间毁誉"看得一文不值,平时自比扪虱谈兵的王猛,却不料学会了屠龙的技巧,竟是无龙可屠,一切都落空了。这首诗的牢骚气息和消极因素是严重的,可是"渭水岐山不出兵"把通篇完全振起。牢骚和消极正是因为统治阶级的不抗战;止要抗战的命令一下,出兵渭水岐山,那时牢骚可以化为兴奋,消极转为积极。所以这首诗和一般的感慨诗有所不同。

律诗的格式通常是一联写景、一联写情,进一步便是景中有情,情中有景,成为情景交融的句法,例如:

客途南北雁,世事雨晴鸠。②

从雁飞南北而感到客途的怅惘,鸠鸣晴雨而感到世事的变幻,这是情景交融。这样的句法在七律里更多,也更显著,如:

十年尘土青衫色,万里江山画角声。③

———

① 《诗稿》卷三。
② 《诗稿》卷五十四《书悔》。
③ 《诗稿》卷二《晚晴闻角有感》。

十月风霜欺客枕,五更鼓角满江天。①

巴山频入初寒梦,江月偏供独夜愁。②

万里关河孤枕梦,五更风雨四山秋。③

关山满眼愁千斛,岁月催人雪一簪。④

碧云又见日将暮,芳草不知人念归。⑤

陆游的律句,有些写得非常自然圆转,这正是谢朓所说的"好诗流转圆美如弹丸"。当然,这里也还有一定的界线,从圆美到圆熟,已经到了好句的边缘,再过一步成为圆滑,便是诗中的病态。陆游也说"弹丸之说方误人",误人正是诗中一病。陆游的圆美的句子如:

正欲清言闻客至,偶思小饮报花开。⑥

小楼一夜听春雨,深巷明朝卖杏花。⑦

花如解笑还多事,石不能言最可人。⑧

雨声已断时闻滴,云气将归别起峰。⑨

律句的特点是有对仗,有了对仗必然会走上追求工稳的一条路。当然在意境浑灏生动的当中,原不必有对仗,甚至在对仗不工

---

① 《诗稿》卷十五《幽居感怀》。
② 《诗稿》卷三十八《龟堂独酌二首》之二。
③ 《诗稿》卷四十四《枕上作二首》之二。
④ 《诗稿》卷五十《新晴》。
⑤ 《诗稿》卷五十二《怀故山》。
⑥ 《诗稿》卷十五《幽居书事二首》之一。
⑦ 《诗稿》卷十七《临安春雨初霁》。
⑧ 《诗稿》卷三十五《闲居自述》。
⑨ 同卷《秋雨初霁试笔》。

的当中，更见到诗意，小楼一联，以"春雨"对"杏花"，正是如此。方回《瀛奎律髓》举贾岛《病起》诗中二联："身事岂能遂，兰花又已开。病令新作少，雨阻故人来。"他说："昧者必谓身事不可对兰花二字，然细味之，乃殊有味，以十字一串贯意，而一情一景，自然明白。下联更用雨字对病字，甚为不切，而意极切，真是好诗，变体之妙者也。"陆游死于宋嘉定二年（1209），方回生于宋宝庆三年（1227），两人年代相去不远，对于律诗的艺术手法，他们是会有共同的认识的。可是从另一方面谈，对仗的工稳，仍然是律诗的一个重要条件，而在不易工稳的所在，对得工稳，更看到诗人的技巧。在这个要求之下，字句方面，有时还需要一些不同寻常的布置，古代的诗人称为"炼句"。陆游的作品，虽不以此见长，但是也可以举出不少的例句，如：

> 儿学无歆异，孙嗁有启呱。①
> 一生不作牛衣泣，万事从渠马耳风。②
> 玩鸥有约间何阔，敛版无聊归去来。③
> 谁其云者两黄鹄，何以报之双玉盘。④
> 绝世本来希独立，刺天不复计群飞。⑤
> 长安之西过万里，北斗以南惟一人。⑥

---

① 《诗稿》卷七十三《秋冬之交杂赋六首》之一。
② 《诗稿》卷七《和范待制秋兴三首》之一。
③ 《诗稿》卷十九《张时可直阁书报已得请奉祠云台作长句贺之》。
④ 《诗稿》卷二十二《自东泾度小岭闻有地可卜庵喜而有赋》。
⑤ 《诗稿》卷二十三《遣怀》。
⑥ 《诗稿》卷三十三《感昔二首》之一。

当然在这些例句当中，还可以再加分别。"儿学"一联的"欹异"、"启呱"，是造句的锻炼。"间何阔"、"归去来"以成语对成语，"谁其云者"一联，以全句对全句，"长安"一联更是自在流行，句法是散文的句法，而因为语意的流转，气势的旁礴，使人不觉得类似散文。这一切手法都是陆游从江西派学来的。江西派的炼字炼句，在律诗句法方面，起了丰富多彩的作用，孤立起来看，不免注重形式，但是在具有进步意义的全篇当中，多样化的句法，更增加诗篇的感染力量。从前人论诗，以为陆游的早年诗受到江西派的影响，特重文字的工巧，其实陆游在这方面所受的训练，其影响一直贯彻他的一生。在他中年以后，接触到前线的具体生活，受到爱国思想的教育，使得他的作品，更增加了一层绚烂的色彩。

第十四章　陆游的绝诗

　　陆游在绝句方面，有他的光辉的发展。他一面继承了唐人的优良传统，但是更多的发挥了宋人好议论的特点，在绝诗里表现了他的爱国的精神。

　　陆游的绝诗也是多种多样的。《诗稿》卷二十九《五杂组》三言六句，这是一种特有的形式，全集中更无其他的例子，姑不具论。其次则有五绝，在全集中约二百首。除了偶有的三言以外，五绝应当算是最简短的形式。一般讲来，五绝很少借助于平仄的平衡，因此除了依靠本身具有的丰富感情以外，更不能倚靠音调的铿锵。陆游五绝中的佳作，如：

　　　　老死已无日，功名犹自期。清笳太行路，何日出王师？①
　　　　千金募战士，万里筑长城。何时青冢月，却照汉家营？
　　　　夜泊武昌城，江流千丈清。宁为雁奴死，不作鹤媒生。②

都能表现他特有的作风，其他如：

---

　　① 《诗稿》卷二十二《书怀》。
　　② 《诗稿》卷七十九《古意》。

　　疏钟渡水来，素月依林上。烟火认茅庐，故倚船篷望。^①

也能从清切的诗句中，写出他对于故居的留恋。

　　其次是六言绝句，这是一种比五言绝句更朴素的样式。五言很少借助于平仄的平衡，但是毕竟是奇数字的句子，自从西汉以来，久已成为民间流传的歌谣体，还有一定的韵律；六言是偶数字的句子，连这一些传统也剥夺了，因此简直成为赤膊作战，一空倚傍。前代诗人中的六言绝句极少，可能是这个原故。陆游对于这个样式，大约也感到兴趣，集中约存三四十首，其中如：

　　功名正恐不免，富贵酷非所须。铁马未平辽碣，钓船且醉江湖。^②

这首诗是淳熙十年（1183）陆游五十九岁，罢官以后家居山阴时作的。他指出自己并不追求富贵，但是建立功名的机会不是没有的，在没有讨平敌人，收复沦陷区以前，不妨留在家乡，作一个渔民。这里充满了志士的爱国思想，同时也传达了当时的知识分子不屑奔走权门的风格。以朴素的形式，传达丰富的内容，同时也充满了诗的感情，这一首诗应当算是成功的。

　　陆游的绝句之中，绝大多数是七言绝句，这是唐宋以来诗人共有的情况。唐人的绝句特重神韵，因为神韵的不易捉摸，清代的王士祯解释为清远。清远是什么？唐人曾经说起。殷璠《河岳英灵集》评常建的诗为"其旨远，其兴僻，佳句辄来，惟论意表"。这说明了唐代某些诗人的思想感情，和现实的日常生活比较疏远的情况。

---

　　① 《诗稿》卷三十二《夜归》。
　　② 《诗稿》卷十六《六言四首》之一。

当然,唐代的诗人不全是如此,但是有些批评家却认为这是唐人的特点,而且把这一点作为唐宋诗的界限。严羽《沧浪诗话》指出"盛唐诗人惟在兴趣,羚羊挂角,无迹可求",其意在此。严羽的主张是反现实主义的,但是在宋代之所以能产生严羽,而严羽的主张,在宋代也还能起一定的影响,这也可见宋代某些诗人,对于唐人的神韵,也还存在着留恋。是不是陆游也有这样的作品呢?应当说是有的。在他早年和中年的作品中都有,晚年以后便比较少了。在学习的过程中,他无法摆脱他的时代和环境。他的诗如:

衣上征尘杂酒痕,远游无处不消魂。此身合是诗人未?细雨骑驴入剑门。①

明窗短壁拂蛛丝,常是江边送客时。留滞锦城生白发,不如巢燕有归期。②

舟中一雨扫飞蝇,半脱纶巾卧翠藤。清梦初回窗日晚,数声柔橹下巴陵。③

桐阴清润雨余天,檐铎摇风破昼眠。梦到画堂人不见,一双轻燕蹴筝弦。④

莫嫌风雨作新寒,一树青枫已半丹。身在范宽图画里,小楼西角剩凭栏。⑤

新雁南来片影孤,冷云深处宿菰芦。不知湘水巴陵路,曾

---

① 《诗稿》卷三《剑门道中遇微雨》。
② 《诗稿》卷八《城北青莲院方丈壁间有画燕子者过客多题诗予亦戏作二绝句》之二。
③ 《诗稿》卷十《小雨极凉舟中熟睡至夕》。
④ 《诗稿》卷十二《夏日昼寝梦游一院阒然无人帘影满堂惟燕蹴筝弦有声觉而闻铁铎风响璆然殆所梦也邪因得绝句》。
⑤ 《诗稿》卷十七《初冬杂题六首》之二。

记渔阳上谷无。^①

从陆游的绝句里，我们看到富于唐人神韵的绝句，但是在宋人的绝句中，我们应当以宋人的特点来衡量，不能以唐人的特点来要求。宋人的特点是什么？正如严羽所说："近代诸公乃作奇特解会，遂以文字为诗，以才学为诗，以议论为诗。"严羽又说："夫岂不工，终非古人之诗也。盖于一唱三叹之音，有所歉焉。"严羽的主张是片面的。"以文字为诗"是古人所说的"掉书袋"，是不易做好的，姑置不论。"以才学为诗，以议论为诗"，同时加上"一唱三叹之音"，那有什么不好呢？所谓"一唱三叹之音"，是一种余韵，是古代批评家所说的"味外味"，这是诗人必须考虑的问题。诗不是散文，篇幅的长短，受到一定的限制，尤其绝诗止有二十字或二十八字，因此诗人在创作的过程中，必须追求精炼，他的成品止是一种提示，由读者去玩味和补充，这是所谓"一唱三叹"，诗人的工作是"一唱"，读者的欣赏是"三叹"，在相互支援的情形下，完成诗的创作。"以才学为诗，以议论为诗"，而不能注意提示的意义，没有启发的作用，是不能完成绝诗的任务的；但是为什么"以才学为诗，以议论为诗"便一定不能注意提示的任务，完成启发的作用呢？

陆游的绝句里，玩弄才学的地方是不多的，但是却好发议论，可是在发议论的当中，多数都留下余地，由读者去思考，让他在玩味之余，更能体会作家的用意。这正是在唐诗的范围之外，作出进一步的尝试。

陆游是一个不甘心于自己的命运的人。他认为自己有一套摧

---

① 《诗稿》卷七十八《闻新雁有感》。

毁敌人,收复沦陷区的策略,功败垂成,因此留下了终身的怅恨。
他在诗中说起:

> 北望中原泪满巾,黄旗空想渡河津。丈夫穷死由来事,要
> 是江南有此人。①

这是一首概括性的诗,其他如:

> 梦里都忘困晚途,纵横草疏论迁都。不知尽挽银河水,洗
> 得平生习气无?②

> 三万里河东入海,五千仞岳上摩天。遗民泪尽胡尘里,南
> 望王师又一年。③

> 公卿有党排宗泽,帷幄无人用岳飞。遗老不应知此恨,亦
> 逢汉节解沾衣。④

> 七十衰翁卧故山,镜中无复旧朱颜。一联轻甲流尘积,不
> 为君王戌玉关。⑤

> 书生忠义与谁论?骨朽犹应此念存。砥柱河流仙掌日,死
> 前恨不见中原。⑥

> 衰疾沉绵短鬓疏,凄凉圮上一编书。中原久陷身垂老,付
> 与囊中饱蠹鱼。⑦

---

① 《诗稿》卷二十《北望》。
② 《诗稿》卷二《记梦》。
③ 《诗稿》卷二十五《秋夜将晓出篱门迎凉有感二首》之二。
④ 同卷《夜读范至能揽辔录言中原父老见使者多挥涕感其事作绝句》。
⑤ 《诗稿》卷三十《看镜二首》之二。
⑥ 《诗稿》卷三十七《太息四首》之二。
⑦ 《诗稿》卷四十六《夏日杂题八首》之八。

在他离开南郑以后,前线的生活,常常使他产生回忆,这些都加深了他的怅恨。例如:

> 清梦初回秋夜阑,床前耿耿一灯残。忽闻雨掠蓬窗过,犹作当时铁马看。①

> 狼烟不举羽书稀,幕府相从日打围。最忆定军山下路,乱飘红叶满戎衣。②

> 曾从征西十万师,白头回顾只成悲。云深骆谷传烽处,雪密嶓山校猎时。③

失败的回忆止能使他滋生疑问。作为一个爱国的诗人,他不能不怀疑到国家的前途。他在诗中也曾说起:

> 百战元和取蔡州,如今胡马饮淮流。和亲自古非长策,谁与朝家共此忧?④

在陆游的绝诗里,常常发出乐观主义的光辉,在南郑前线固然时时有胜利的预感,即使在他离开前线以后,他依然没有被消极颓废的思想所征服,而是不时发出积极的乐观的议论和预期。惟有失败主义者才能安心于自己的失败,而乐观主义者必然是不甘心屈服,要从失败的边缘争取胜利,同时在失败中,看到即将到来的胜利。陆游在南郑时曾经有诗:

> 梁州四月晚莺啼,共忆扁舟罨画溪。莫作世间儿女态,明

---

① 《诗稿》卷十五《秋雨渐凉有怀兴元三首》之三。
② 《诗稿》卷三十四《怀旧六首》之五。
③ 《诗稿》卷六十《感昔七首》之三。
④ 《诗稿》卷二十一《估客有自蔡州来者感怅弥日二首》之二。

年万里驻安西。①

这首诗充满了乐观主义精神,思想感情也很自然。但是离开南郑以后的诗,更看出他的积极的精神,如:

绿沉金锁少时狂,几过秋风古战场。梦里都忘闽峤远,万人鼓吹入平凉。②

金尊翠杓犹能醉,狐帽貂裘不怕寒。安得骅骝三万匹,月中鼓吹渡桑乾。③

三受降城无壅城,贼来杀尽始还营。漠南漠北静如扫,清夜不闻胡马声。④

僵卧孤村不自哀,尚思为国戍轮台。夜阑卧听风吹雨,铁马冰河入梦来。⑤

胸中十万宿貔貅,皂纛黄旗志未酬。莫笑蓬窗白头客,时来谈笑取幽州。⑥

当然在这里我们必须提到陆游的《示儿》。这是最后的一首,但是即使他的生命已经到了最后的一刹那,他对于“王师北定中原日”,依然没有怀疑,依然是积极的。他曾经在这个腐朽的社会中,遭到多次的失败,对于腐朽的政权,不应仍然寄与幻想,但是他对于中国人民能够从失败中翻过身来,追求解放和自由,是没有怀疑的。

---

① 《诗稿》卷三《和高子长参议道中二绝》之一。
② 《诗稿》卷十一《建安遣兴六首》之五。
③ 《诗稿》卷十三《湖村月夕四首》之三。
④ 《诗稿》卷十四《军中杂歌八首》之一。
⑤ 《诗稿》卷二十六《十一月四日风雨大作二首》之二。
⑥ 《诗稿》卷二十八《冬夜读书有感二首》之二。

他不怀疑自己的积极,也没有怀疑人民的力量。

　　唐人绝句是不是也有着议论的? 当然也有。李白的《永王东巡歌》"试借君王玉马鞭,指挥戎虏坐琼筵。南风一扫胡尘静,西入长安到日边",正和上列的陆游七绝走着相同的道路。这里正看到以议论为诗,并不是起自宋人,因此也就不是"近代诸公"的"奇特解会";同样地我们也可以看到陆游的某些作品,和李白有渊源相通之处。当时人称他为"小李白",也有一定的理由,在陆游成家以后,可能这样的称呼,并不是最适合的。

　　诗中带着议论,不是一件坏事,有时甚至加强了诗的现实主义的意义,但是议论太多,或是太直率了,这就必然引起诗的过度散文化。散文止是散文,然而不是诗。所以诗句的直率是诗的一病。和直率类似的便是滥调,平凡的字句用得太多,成为滥调,不但不能提示美的情感,反而引起读者的厌倦。在陆游的作品中,这样的情况也是存在的。

　　直率的起因,主要是由于思想过于急迫,没有经过熔炼,冲口而出,因此不像诗。例如:

　　　　江阁欲开千尺像,云龛先定此规模。斜阳徒倚空三叹,尝试成功自古无。①

　　　　赵魏胡尘千丈黄,遗民膏血饱豺狼。功名不遣斯人了,无奈和戎白面郎。②

　　　　巨浸稽天日沸腾,九州人死若丘陵。一朝财得居平土,峻

---

① 《诗稿》卷三《能仁院前有石像丈余盖作大像时样也》。
② 《诗稿》卷十七《题海首座侠客像》。

宇雕墙已遽兴。①

从这几首诗里,我们看到陆游的感愤。对于隆兴年间的兴师北伐,
浅尝即止;对于乾道年间的对外屈服,放弃作战;尤其对于小朝廷
的偷安旦夕,粉饰太平,他都提出了攻击,因此这几首实际上都具
有极好的素材,但是正因为冲口而出,至少和唐诗是有一定的距
离。这样的作法也是有他的来源的。《诗经·小雅·雨无正》的
"哀哉不能言,匪舌是出,维躬是瘁;哿矣能言,巧言如流,俾躬处
休";同书《巷伯》的"彼谮人者,谁适与谋?取彼谮人,投畀豺虎。
豺虎不食,投畀有北。有北不受,投畀有昊",都是在同样的情形下
作成的。但是这里却有一个重要的分别。在唐诗的风格已经得到
普遍的承认以后,读者很容易拿唐诗的尺度衡量宋诗,这便使人感
觉到这些诗不像唐诗了。

陆游绝句中的滥调也是存在的。在北宋邵雍的作品中,这样
的诗句经常出现。这些诗像是格言,又像是劝世歌,在平凡的字句
中说出一些平凡的道理。陆游集中也可看到,如:

走马平欺刺绣坡,放船横截乱丝涡。从来倚个心平稳,遇
险方知得力多。②

风俗陵夷日可怜,乞墦钳市亦欣然。看渠皮底元无血,那
识虞卿鲁仲连?③

暮年世事转悠悠,揽涕凄然类楚囚。不道浑无排遣处,病

---

① 《诗稿》卷五十一《读夏书》。
② 《诗稿》卷三《戏题》。
③ 《诗稿》卷二十四《叹俗》。

观《周易》闷梳头。①

> 古言忍字似而非，独有痴顽二字奇。此是龟堂安乐法，大书铭座更何疑。②

此外有《谕邻人》三首，在韵律方面又有一些变化。七言四句，每句叶韵，成为绝句中的柏梁体，内容还是劝世歌：

> 邻曲有米当共舂，何至一旦不相容，为善何尝分士农，尧民皆当变时雍。
>
> 相攻本出忿与疑，能不终讼固已奇，讼端可塞君试思，岁时邻里相谐嬉。
>
> 世通婚姻对门扉，祸福饥饱常相依，忿争得直义愈非，不如一醉怀牒归。③

为什么陆游会有这样的诗句呢？在早年我们看到《戏题》一首，但是其他诸诗都是晚年做的，晚年之作和这些诗类似的尽多，这一切当然只有从《剑南诗稿》的编年看问题。早年的诗经过陆游的精选，《戏题》的存在，可能是由于他对于这首诗的创作，有所感触，引起兴趣；在作诗的时候，固然是"戏题"；那么在选诗的时候，也就不妨"戏存"，这是偶然的例外。中年的诗曾经过陆游的编定，所以也有一定的选择。惟有晚年的诗，自二十一卷以后，经过子遹的手编，随得随编，百篇一卷，因此一例编入，更没有一定的标准。二十一卷至六十八卷编定的那一年，子遹年仅二十八岁，对于诗的

---

① 《诗稿》卷三十《遣怀》。
② 《诗稿》卷五十五《杂感四首》之二。
③ 《诗稿》卷六十二《谕邻人三首》之三。

认识，可能还没有成熟，因此陆游晚年的滥调，依然存在，这里也正看到陆游暮年以后，生活颓唐，因此诗句里也不时地呈现流率的病态。

我们从陆游的绝句里，可以看出唐人在绝句方面的特长，他都保存着；而唐人所没有达到的境界，有时他也能够达到。现实主义的光辉，照耀了他的道路，他看到他的时代，看到了群众的要求，在他的作品中把人民的要求，如实地反映出来。他有时确实走上了"以议论为诗"的道路，这条道路在唐人的作品中，本来具体存在，不是他的独创而且在运用得当的时候，反而丰富了诗的内容。诗不仅要有艺术形式，而且要有思想内容。有了丰富的感情，热烈的要求，而能运用优美的形式，恰如其分地传达出来，这便成为好诗。陆游的绝句，有时确能达到这样的境界。他不是没有缺点，不过和他的优点比较起来，这是不重要的。

第十五章　陆游诗中的浪漫主义成分

　　唐代的两大诗人,李白和杜甫,在宋代同样得到当时的崇敬,李白代表浪漫主义传统,杜甫代表现实主义传统。陆游中年以后,现实主义的色彩更为明显,但是他在早年,曾经走过浪漫主义的道路,诗歌中还保留若干浪漫主义的作品。这个情形,一直延长到中年。晚年以后,除了在诗中偶然发出一些胜利的高歌以外,很少看到浪漫主义的色彩了。

　　宋罗大经《鹤林玉露》记宋孝宗赵眘一天和周必大谈话,问及当今诗人谁能比得唐代的李白。必大说惟有陆游。因此大家称陆游为"小李白"。被称为"小李白",应当在陆游的早年,这和陆游诗的发展是符合的。他在晚年,不但诗中的浪漫主义的色彩不多了,对于李白的看法也起了变化,认为李白识度甚浅,见所作《老学庵笔记》卷六。

　　淳熙元年(1174)陆游五十岁,在成都,有《池上醉歌》,很像李白的作品:

　　　　我欲筑化人中天之台,下视四海皆飞埃。又欲造方士入海
　　之舟,破浪万里求蓬莱。取日挂向扶桑枝,留春挽回北斗魁。
　　横笛三尺作龙吟,腰鼓百面声转雷。饮如长鲸海可竭,玉山不

倒高崔嵬。半酣脱帻发尚绿,壮心未肯成低摧。我妓今朝如花月,古人白骨生苍苔。后当视今如视古,对酒惜醉何为哉!①

《诗稿》卷十三的《醉眠曲》,和这首诗是属于一个类型的。主题是饮酒,在酒酣之中,更感觉到人生的无常,因此惟有痛饮才可以解决人生的苦恼。

和《池上醉歌》的同一年,陆游有《神君歌》,其中描绘神君的出入,很有些类似李白的《梦游天姥吟留别》。

> 泰山可为砺,东海可扬尘。惟有壮士志,死生要一伸。我梦神君自天下,威仪奕奕难具陈。飞龙驾车不用马,呵前殿后皆鬼神。奇形诡状,密如鱼鳞,魆魆黯黯,争扶车轮。黑纛白旄,其来无垠,黄雾紫氛,合散轮囷。考录魑魅,号呼吟呻,约束蛟螭,夭矫服驯。后车百两载美人,巾帻鲜丽工笑颦。金尊翠杓溢芳醇,琵琶箜篌饰怪珍。世间局促常悲辛,神君欢乐千万春。呜呼,生不封侯死庙食,丈夫岂得抱志长默默。②

这首诗很像《天姥吟》了,但是不尽相同。《天姥吟》比较复杂,我们看到作者从第一个梦境,进入第二个梦境,一层深似一层,其后从梦境的出来,也经过两度的惊醒,才转入实境,最后的五句,"别君去兮何时还,且放白鹿青崖间,须行即骑朝名山。安能摧眉折腰事权贵,使我不得开心颜",仍旧饱含着浪漫主义的色彩。陆游《神君歌》便不同了。尽管梦境写得惝恍迷离,"奇形诡状,密如鱼鳞,魆魆黯黯,争扶车轮",也和《天姥吟》的"虎鼓瑟兮鸾回车,仙之人兮

---

① 《诗稿》卷四。
② 《诗稿》卷五。

列如麻"相差无几,但是却不同了。"泰山可为砺,东海可扬尘,唯有壮士志,死生要一伸",和"呜呼,生不封侯死庙食,丈夫岂得抱志长默默",完全和陆游的现实主义的主导思想结合起来。陆游在这首诗里是学李白的,但是陆游仍旧透露了自己的本色。

和《神君歌》类似的作品,还有卷十六的《安期篇》《昆仑行》和卷三十二的《五月二十三夜记梦》。

陆游的两篇《春愁曲》,也带有浪漫的色彩:

春愁曲 客话成都戏作

虑羲至今三十余万岁,春愁岁岁常相似。外大瀛海环九洲,无有一洲无此愁。我愿无愁但欢乐,朱颜绿鬓常如昨。金丹九转徒可闻,玉兔千年空捣药。蜀姬双鬟娅姹娇,醉看恐是海棠妖。世间无处无愁到,底事难过万里桥!①

后春愁曲 并序

予在成都作《春愁曲》,颇为人所传。偶见旧稿,怅然有感,作《后春愁曲》。

六年成都擅豪华,黄金买断城中花。醉狂戏作《春愁曲》,素屏纨扇传千家。当时说愁如梦寐,眼底何曾有愁事?朱颜忽去白发生,真堕愁城出无计。世间万事元悠悠,此生长短归山丘。闭门坚坐愈生愁,未死且复秉烛游。②

前曲的写作,在乾道九年(1173)的岁底,陆游四十九岁,在嘉州任内,实际上不在成都,但是因为奉到调任蜀州的关系,正在准备卸任,前

---

① 《诗稿》卷四。
② 《诗稿》卷十五。

曲小注"客话成都",正说明主客都不在成都,故而后曲小序"予在成都"的"在"字,必须看得灵活些。后曲的写作在淳熙十年(1183)陆游五十九岁,在山阴。两曲的创作,是在完全不同的心理状态中完成的。前曲写成的时候,陆游正在嘉州任内,他离开南郑前线不足一年,还抱着一种功败垂成的想法,因此充满了悲愤;同时还有一些因素,一则年龄不足五十岁,不算太大,二则在当时的社会里,对于私生活的要求,远不如现代的严格,三则陆游多少还有些"风流太守"的想法。多种条件的综合,就完成了这一首诗。"蜀姬"指妓女,从这首诗也可以看出陆游在成都的私生活是浪漫的,他在醇酒妇人的当中,追求陶醉。他的"愁"其实是不深刻的。这个情况他在后曲里点清楚:"当时说愁如梦寐,眼底何曾有愁事?"后曲作成的时候,生活完全不同了,年龄老了,生活也比较严肃,愁是"真堕愁城出无计",可是"未死且复秉烛游"一句,却也指出解愁的途径。

浪漫主义的作者,提出一种幻想,从幻想里追求愿望的实现。因此积极的浪漫主义是和现实主义结合的。从陆游的作品里,这一点是可以具体指出的。庆元三年(1197)陆游七十三岁,家居山阴,有《书志》一首:

> 往年出都门,誓墓志已决。况今蒲柳姿,俯仰及大耋。妻
> 孥厌寒饿,邻里笑迂拙。悲歌行拾穗,幽愤卧啮雪。千岁埋松
> 根,阴风荡空穴。肝心独不化,凝结变金铁。铸为上方剑,衅
> 以佞臣血。匣藏武库中,出参髦头列。三尺粲星辰,万里静妖
> 孽。君看此神奇,丑虏何足灭!①

---

① 《诗稿》卷三十五。

这是一首现实主义和浪漫主义结合的作品。前八句言决心不再做官,生活困苦,悲歌幽愤。中四句言身死以后,埋于松下,阴风激荡,心肝凝为金铁。后八句言铸为上方剑,粲烂得和星星一样,用以扫荡万里的仇敌。

陆游从南郑的调回是痛苦的,对于这一次的痛苦,他曾经试用各种的艺术手法,来传达中心的悲哀。《春愁曲》是一种写法,他在醇酒妇人中追求陶醉,正写出内心的悲愤。有时直率地把自己的思想提出来。他在乾道九年所写的《言怀》便是这样的。篇首说:"兰碎作香尘,竹裂成直纹。炎火炽昆冈,美玉不受焚。"他指出自己经过艰难困苦,但是本质不变。接下又说:"捐躯诚有地,贾勇先三军。"他说止要给他作战的机会,他愿意身先士卒,牺牲生命。这样的祈战死的精神,是诗歌中少有的。但是在这首诗里,止是直接地提出来,没有加入幻想的成分。有时他却用宫怨的体裁,传达自己的想法。这是自古以来诗人常用的写法,可是因为陆游是结合到自己的爱国思想,不纯粹从个人的名位着想,我们应当给他以较高的估计。乾道九年,有这样的三首诗——《长门怨》、《长信宫词》、《铜雀妓》。这三首诗是前后相承,编在一处的,显见是出于一个思想来源。录《长门怨》于次:

> 寒风号有声,寒日惨无晖。空房不敢恨,但怀岁暮悲。今年选后宫,连娟千蛾眉。早知获谴速,悔不承恩迟。声当彻九天,泪当达九泉。死犹复见思,生当长弃捐。①

卷十七的《长门怨》,卷十九的《妾命薄》应当也归于这一类。《妾命

---

① 《诗稿》卷四。

薄》的结尾四句"宫中虽无珠玉赐,塞上不见烟尘飞,不须悲伤妾命薄,命薄却教天下乐",从正面提出自己的看法,使人看到陆游的影子,更显见的是他的《婕妤怨》:

> 妾昔初去家,邻里持车箱。共祝善事主,门户望宠光。一入未央宫,顾盼偶非常。稚齿不虑患,倾身保专房。燕婉承恩泽,但言日月长。岂知辞玉陛,翩若叶陨霜。永巷虽放弃,犹虑重谤伤。悔不侍宴时,一夕称千觞。妾心剖如丹,妾骨朽亦香。后身作羽林,为国死封疆。①

这首诗是淳熙六年(1179)陆游五十五岁,在建安任内作的。他写出少女入宫,偶然得到皇帝的宠爱,以为这样的生活,可以不断地延长下去,但是谤言来了,皇帝的心变了,少女终于被贬到冷宫里,度这残酷的岁月。陆游借喻自己曾经有过明朗的政治生活,但是受到不断的打击,终于到达建安城里,做这个没有前途的官职。最后的四句又和《长门怨》等这几首不同。陆游很快地从幻想中挣扎出来,他指出自己为国为人民的忠诚,至死不悔,但愿后身能作一名禁卫军士,在战场中献出自己的生命。

《剑南诗稿》里有一百多首诗,在诗题里指出他自己的梦境。他梦到他的亲人和师友,他梦到从前到过的实境,也梦到想念中的幻境,但是更多的他梦到南郑和南郑的周围。他梦到长安、潼关、华山、敷水,同样地他也梦到益昌、剑阁。有时他的梦境更把南郑的周围尽量的扩大,西边直到平凉府,东边直到榆关。总之,他梦到自己跨着战马,踏平敌人的堡垒,收复北方的沦陷区。他的梦境

---

① 《诗稿》卷十一。

正是他的浪漫主义和现实主义的结合，这便成为陆游的特点。他的诗稿里充满了在这个境界里发出的欢笑。若干的凯歌也是在同样的情绪中写出的。陆游少时，绝好岑参的诗，认为李杜而后，止有岑参一人。乾道九年他在嘉州刻岑参集。这里看到他对于岑参的倾倒。为什么他爱岑参的诗，为什么他从南郑调出而后，在嘉州耽搁几个月的时间，急于刻岑参诗？这里不仅仅是一个爱好的问题。在他的内心深处，必然有一个思想，在那里支持他。

岑参生在唐代强大的时期，在边塞从军，写下了不朽的诗篇，歌颂祖国的强大，发扬了战斗的意志。他的《轮台歌》、《白雪歌》、《走马川行》、《卫节度赤骠马歌》，都是那样的雄伟、坚强、豪迈——这一切都是陆游所向往的。但是岑参所写的是实境，而陆游所写的是幻境。这是时代的悲哀。岑参的《走马川行》奉送封常清出师西征，这首诗里的三句"匈奴草黄马正肥，金山西见烟尘飞，汉家大将西出师"，给人一个为国长征，勇于战斗的英雄形象。陆游也有一首《大将出师歌》。

> 将军北伐辞前殿，恩诏催排苑中宴。紫陌惊尘中使来，青门立马群公饯。绣旗杂沓三十里，画鼓敲铿五千面。行营暮宿咸阳原，满朝太息倾都羡。天声一震胡已亡，捷书奕奕如飞电。高秋不闭玉关城，中夜罢传青海箭。可汗垂泣小王号，不敢跳奔那敢战？山川图籍上有司，张掖酒泉开郡县。还朝策勋兼将相，诏假黄钺调金铉。丈夫未遇谁得知，昔日新丰笑贫贱。①

---

① 《诗稿》卷十一。

这首诗是和《婕妤怨》同时作的,是出于一样的思想感情。婕妤是陆游的化身,同样地我们可以说大将也是陆游的化身。淳熙十三年(1186)陆游在严州任内,有《秋怀》诗,最后的四句"平生养气颇自许,虽老尚可吞幽并。何时拥马横戈去,聊为君王护北平",正指出他率领大军出征的志愿。

淳熙七年(1180)陆游五十六岁,在江西提举常平茶盐公事任内有诗一首,举出他的梦境:

五月十一日夜且半,梦从大驾亲征,尽复汉唐故地,见城邑人物繁丽,云西凉府也,喜甚,马上作长句,未终篇而觉,乃足成之

天宝胡兵陷两京,北庭安西无汉营。五百年间置不问,圣主下诏初亲征。熊罴百万从銮驾,故地不劳传檄下。筑城绝塞进新图,排仗行宫宣大赦。冈峦极目汉山川,文书初用淳熙年。驾前六军错锦绣,秋风鼓角声满天。苜蓿峰前尽停障,平安火在交河上。凉州女儿满高楼,梳头已学京都样。①

这样的一首诗,正说明在无法满足收复失地的希望的时候,他把这种希望寄托给梦境,惟有梦才能完成他的幻想。

梦不是一种自觉的行为,因此他有时更把幻想的实现寄托给酒。在酒的刺激之下,他的思想更加奔放,有时也能给他以一种兴奋。

往时一醉论斗石,坐人饮水不能敌。横戈击剑未足豪,落笔纵横风雨疾。雪中会猎南山下,清晓嶙峋玉千尺。道边狐兔何曾问,驰过西村寻虎迹。貂裘半脱马如龙,举鞭指麾气吐

---

① 《诗稿》卷十二。

虹。不须分弓守近塞，传檄可使腥膻空。小胡逋诛六十载，猰
㺄獑子势已穷。圣朝好生贷孥戮，还尔旧穴辽天东。①

有时陆游也会从一幅图画里，表达他渴望胜利的意愿，求得自
我的满足：

> 王师北伐如宣王，风驰电击复土疆。中军歌舞入洛阳，前
> 军已渡河流黄。马声萧萧阵堂堂，直跨井陉登太行。壶浆箪
> 食满道旁，刍粟岂复烦车箱。不须绝漠追败亡，亦勿分兵取河
> 湟。但令中夏歌时康，千年万年无馈粮。②

古乐府里有《出塞曲》、《入塞曲》，主要写的出征军人勇于作战
和凯歌还国的情况。这里当然有某些夸张的成分，但是大都和战
争有关，夸张止是一种附带的部分。陆游虽然到过南郑前线，却没
有接触到实际的斗争，因此他所写的这一类的诗歌：如《诗稿》卷八
的《出塞曲》，卷十四的《军中杂歌》，卷十五的《出塞曲》，卷二十的
《塞上曲》，卷二十八的《小出塞曲》，都是写的一种想望，要从想望
之中，追求满足。他的《军中杂歌》是写得非常生动的：

> 三受降城无壅城，贼来杀尽始还营。漠南漠北静如扫，清
> 夜不闻胡马声。

> 秦人万里筑长城，不如壮士守北平。晓来碛中雪一丈，洗
> 尽膻腥春草生。

> 匈奴莫复倚长戈，来款军门早乞和。铁骑如山尚可避，飞
> 将军来汝奈何？

---

① 《诗稿》卷十四《醉歌》。
② 《诗稿》卷四十三《观运粮图》。

名王金冠玉蹀躞，面缚纛下声呱呱。薰街未遽要汝首，卖与酒家钳作奴。

三月未春冰塞川，冬月苦寒雪暗天。紫髯将军晓射虎，吓杀胡儿箭似椽。

北面行台号令新，绣旗豹尾渡河津。檄书才下降书至，不用儿郎打女真。

渔阳儿女美如花，春风楼上学琵琶。如今便死知无恨，不属番家属汉家。

北庭茫茫秋草枯，正东万里是皇都。征人楼上看太白，思妇城南迎紫姑。

淳熙十一年（1184）有《闻虏酋遁归漠北》、《闻虏政衰乱扫荡有期喜成口号》（皆见《诗稿》卷十六）；次年有《秋夜泊舟亭山下》，自注："闻虏酋行帐为壮士所攻，几不免。"又有《感秋》，自注："时闻虏酋自香山淀入秋山，盖远遁矣。"（皆见《诗稿》卷十七）；绍熙二年（1191）有《闻虏乱》（《诗稿》卷二十二）；嘉泰四年（1204）有《闻虏乱代华山隐者作》（《诗稿》卷五十六），同年又有《闻虏乱次前辈韵》（《诗稿》卷五十七），都是他渴望胜利的诗篇。在嘉泰四年这两首写作的时候，宋的统治者已经决定对敌作战，因此陆游的意气更加风发。开禧二年（1206）的秋天，战争已经发动了，经过一些小胜以后，战事的发展，对南宋非常不利；但是胜利的谣传还是接连地到达，激发了陆游奔放的热情。他有《书几试笔》：

解梁已报偏师入，上谷方看大盗除。药笈蓍囊幸无恙，莲峰吾亦葺吾庐。（自注：偶见报西师复关中郡县，昔予尝有卜

居条华意,因及之)①

同卷又有《闻西师复华州》两绝:

> 西师驿上破番书,鄠杜真成可卜居。细肋卧沙非望及,且炊黍饭食河鱼。

> 青铜三百饮旗亭,关路骑驴半醉醒。双鹭斜飞敷水绿,孤云横度华山青。

战事是不利的,南宋正在试探和议的复开,但是八十二岁的诗人,还是那么乐观,渴望关中的收复,自己准备去看看三条二华的山色。

---

① 《诗稿》卷六十九。

第十六章　陆游的词

　　陆游的词,和陆游的诗一样,在当时也负盛名,可是因为他的诗继往开来,自成一家,而词不免为诗名所掩,后世通常止称他为诗人。

　　从作品多寡衡量问题,陆游存诗约九千二百首;存词一百三十首,止当诗的百分之一点四,看来陆游所作的词比他所作的诗少得多。陆游的诗曾经编年,因此我们对于他的诗的发展情况,认识比较全面,可是他的词没有编年,有些固然可以从各方面加以推定,但是还有很大的一部分无从推定,因此认识不够全面。倘使我们把淳熙五年(1178)陆游五十四岁出川作为一条界线,那么可以假定他早年直至中年出川以前的词共四十七首,为全部作品的八分之三。可是从现存的陆游的诗看,他早年直至中年出川以前的作品约存一千一百三十首,仅为全部作品的八分之一。当然,这不是说陆游在五十四岁以前作词的兴趣较高,因为现存的陆游诗,不是他的全部作品。他对于中年以前,尤其早年的作品,作出严格的删定,所以这一段时期所存的诗较少。那么他为什么不曾对于他的词也作出严格的删定呢?这是说陆游对于词的要求,远不如他对

440

于诗的那样严格。他的诗之所以能独成一家,而词则不免为其所掩,可能这也是一个原因。

北宋后期的词人,苏轼和秦观同时,苏轼的词是那样的壮阔、倩丽,自开生面,而秦观的词却是细致、缠绵,情韵动人。南宋前期,辛弃疾和苏轼相近,陆游和秦观相近,但是辛弃疾的激昂排宕,不可一世,陆游的扫尽游词,超然拔俗,又和苏轼、秦观,有所不同,不过大体上还可以找到一些线索。

苏轼摆脱了词的旧道路而发现了新方向,但是秦观还在原来的道路上徘徊。辛弃疾和陆游的不同也正在此。从这一点来说,辛弃疾是胜过陆游的。不过陆游究竟和秦观有所不同。时代不同了,他有必要把他对于时代的认识,在词中反映出来。

陆游的《钗头凤》词,据周密《齐东野语》,是他为母亲所迫,和爱人唐琬离婚而后的作品。绍熙三年(1192)陆游六十八岁,有七律一首,题为《禹迹寺南,有沈氏小园,四十年前尝题小阕壁间,偶复一到而园已易主,刻小阕于石,读之怅然》。"四十年前"是一个约数,实际是绍兴二十五年(1155)陆游三十一岁,那时陆游已经别娶王氏,子虞、子龙都已经出生了,但是他对于唐琬,还是未能忘情。这里正看到他们之间的感情,字句的缠绵凄怆,也指出他的这一条路是从秦观来的。

《钗头凤》以后,我们可以指出他的《青玉案》(西风挟雨声翻浪),那是他在福建时作的。隆兴二年(1164),他在镇江府通判任内,和韩无咎等在一处,所作的词可考的有四五首;乾道六年(1170)陆游入川,次年在夔州度过,所作的词可考的有三四首。他在生活上尽管起了变化,词的风格还没有变。这就是说,尽管他到了夔州,诗已经起了变化,词还是没有变。甚至在一二年后,他的词已经开始转变,可是也还掩盖不了他那缠绵悱恻的特点,从这首词可以看出:

> 陌上箫声寒食近。雨过园林,花气浮芳润。千里斜阳钟欲暝,凭高望断南楼信。　　海角天涯行略尽。三十年间,无处无遗恨。天若有情终欲问,忍教霜点相思鬓。①

这样的词,一往情深,正是南唐、北宋以来的一条路,是陆游从秦观那里接受过来的。在川中的时候,他有《渔家傲寄仲高》一首,写出他对于故乡和兄弟的怀念,准备出川的当中,有《南乡子》一首,说出"重到故乡交旧少,凄凉,却恐他乡胜故乡"。这两首词,都可以使读者获得深刻的感受,可是这里却总觉得没有脱离个人的哀怨。

但是他的词必然要起变化的。南宋前期词人的风格,和北宋是不同的,不仅辛、陆二人如此,比他们略早和同时的人也是如此。赵鼎的《满江红》(惨结秋阴),岳飞的《满江红》(怒发冲冠),张元幹的《贺新郎》(梦绕神州路),朱敦儒的《相见欢》(金陵城上西楼),张孝祥的《六州歌头》(长淮望断),刘过的《沁园春》(斗酒彘肩),这一切都反映出南宋前期那样的一个时代。辛弃疾、陆游在词中的反映,也正是那个时代的精神。可注意的止是陆游词中转变的时期,和他在转变以后,仍旧保留着个人独有的风格。

乾道八年(1172)春间,陆游从夔州出发,前往南郑前线,他的词开始发生变化:

---

① 《文集》卷四十九《蝶恋花》。

鹧鸪天葭萌驿作

看尽巴山看蜀山，子规江上过春残。惯眠古驿常安枕，熟听《阳关》不惨颜。　　慵服气，懒烧丹，不妨青鬓戏人间。秘传一字神仙诀，说与君知只是顽。①

从陆游的词作看，这首词不算是上品，但是在这首词里，已经看到他的坚强的性格。他到南郑去的时候，正如他自己所说的"书生迫饥寒，一饱轻三巴。三巴未云已，北首趋褒斜"。但是正当他接近前线的当中，他的思想不断地坚定起来。"顽"是他的一字诀，是他新的人生观，止有"顽"，他才能"惯眠古驿常安枕，熟听《阳关》不惨颜"。

到达前线以后，陆游看到人民对于国家的责任，同时他也看到自己的责任。他和宣抚使王炎的关系是好的，前线的准备工作，正在进行着，止要动员令一下，他们认为可以唾手收复长安。陆游的《秋波媚》是在这个情况中写成的：

秋波媚七月十六日晚登高兴亭望长安南山

秋到边城角声哀，烽火照高台。悲歌击筑，凭高醉酒，此兴悠哉。　　多情谁似南山月，特地暮云开？灞桥烟柳，曲江池馆，应待人来。②

这一首小词，充满了要求杀敌的激情，和胜利前夕的喜悦，在陆游的词里，是最突出的一首。陆游的诗里，叙述南郑时期的心境的，多是事后的追忆，因此情感没有这首词的热烈。

---

① 《文集》卷四十九。
② 《文集》卷四十九。

但是好梦是不会长久的。七月十六日,陆游还在计算进入长安;九月十二日,南宋的小朝廷已经下诏调走王炎,幕府中人不久就星散了。陆游离开南郑以后,有《蝶恋花》一首:

蝶恋花

桐叶晨飘蛩夜语。旅思秋光,黯黯长安路。忽记横戈盘马处,散关清渭应如故。　　江海轻舟今已具。一卷兵书,叹息无人付。早信此生终不遇,当年悔草《长杨赋》。①

这首词是不是乾道八年作的,还不能肯定。我们知道陆游最后离开南郑,在十一月二日,这已经不是桐叶晨飘、寒蛩夜语的时候了,但是词人托物起兴,从桐飘蛩语入手,也是可能的。我们所能确定的,是陆游在这首词里充分地写出自己的伤感。

既说是伤感,那么这是不是回到秦观的老路呢?这里有所不同。秦观所关怀的是个人的情感,而陆游的这首词,不是从个人出发。他所关怀的是“散关清渭”。他为了军事计划的不能实现,沦陷区的不能及时收复而伤感。因为出发点的不同,这就在秦观和陆游的作品中间,划出一条界线。这样说,不一定就是贬低秦观。他们两人所处的时代不同,因此反映不同,风格也就不同。

从南郑到达昭化县南的葭萌驿,止是短短的一段路。陆游过葭萌驿,有词一首:

清商怨葭萌驿作

江头日暮痛饮,乍雪晴犹凛。山驿凄凉,灯昏人独寝。

---

① 《文集》卷四十九。

　　驾机新寄断锦,叹往事不堪重省。梦破南楼,绿云堆一枕。①

陆游经过葭萌,不止一次。春间赴南郑去的时候,他是那样的高兴,但是十一月从南郑调回的时候,情况完全不同了。他的惆怅,是不是因为只身南行,把家眷寄在南郑,因此有灯昏独寝之感呢?不是的。他到南郑去的时候,是自己先去,家眷后去的,所以《鼓楼铺醉歌》有"稚子入旅梦,挽须劝还家"两句。现在从南郑出发,全家同行,《诗稿》卷三有《壬辰十月十三日自阆中还兴元,游三泉龙门,十一月二日自兴元适成都,复携儿曹往游赋诗》可证。既然如此,那么《清商怨》下半阕,不是赋而是比,可以断言。"叹往事不堪重省。梦破南楼,绿云堆一枕",使我们看清楚陆游对于从南郑调回的痛苦,是何等的深刻。

　　乾道八年岁暮,陆游到达成都,次年有《汉宫春》一首,把当时的感情,充分地诉说出来:

汉宫春_{初自南郑来成都作}

　　羽箭雕弓,忆呼鹰古垒,截虎平川。吹笳暮归,野帐雪压青毡。淋漓醉墨,看龙蛇飞落蛮笺。人误许,诗情将略,一时才气超然。　　何事又作南来,看重阳药市,元夕灯山。花时万人乐处,欹帽垂鞭。闻歌感旧,尚时时流涕尊前。君记取,封侯事在,功名不信由天。②

同样的感情,在其他两首里,也可以看出:

---

①　《文集》卷四十九。
②　同卷。

夜游宫 记梦寄师伯浑

雪晓清笳乱起,梦游处不知何地。铁骑无声望似水。想关河,雁门西,青海际。　　睡觉寒灯里,漏声断月斜窗纸。自许封侯在万里。有谁知,鬓虽残,心未死。[①]

桃源忆故人 题华山图

中原当日三川震,关辅回头煨烬。泪尽两河征镇,日望中兴运。　　秋风霜满青青鬓,老却新丰英俊。云外华山千仞,依旧无人问。[②]

从南郑的调回,是一切希望的破灭,无论从国家的前途,或是从个人的事业看问题,这里止是一片空虚。《汉宫春》一首,是初离南郑以后的作品,因此音调沉雄,气势顿挫,还充满了战场的气氛。《夜游宫》、《桃源忆故人》两首都是回肠荡气,从寥寥的几句中,把内心的痛苦,诉说出来。从《汉宫春》这一首发展下去,陆游很可能走上辛弃疾的一路,但是陆游毕竟止是陆游,他还是走的南唐、北宋的一条通路。"睡觉寒灯里,漏声断月斜窗纸",充满了怅恨,写得凄怨、宛转,这是他和辛弃疾不同的。

乾道八年岁暮,陆游到达成都,从此直到淳熙五年(1178)他在川中六七年。这一段时间里,他追忆过去,也怀念家乡,但是他却无法理解现实,这正是陆游词中所写出的境界。

感皇恩

小阁倚秋空,下临江渚,漠漠孤云未成雨。数声新雁,回

---

① 《文集》卷五十。
② 同卷。

首杜陵何处？壮心空万里，人谁许？　　黄阁紫枢，筑坛开府，莫怕功名欠人做。如今熟计，止有故乡归路。石帆山脚下，菱三亩。①

在他东归以后，他还是不断地怀念南郑。他的诗是这样的，他的词亦复如此：

诉衷情

当年万里觅封侯，匹马戍梁州。关河梦断何处？尘暗旧貂裘。　　胡未灭，鬓先秋，泪空流。此生谁料，心在天山，身老沧洲。②

谢池春

壮岁从戎，曾是气吞残虏。阵云高狼烽夜举。朱颜青鬓，拥雕戈西戍。笑儒冠自来多误。　　功名梦断，却泛扁舟吴楚。漫悲歌伤怀吊古。烟波无际，望秦关何处？叹流年又成虚度。③

在这些词里，是失望，是怅望。从这里再踏进一步，很可能成为怨愤，陆游不是没有这样的心境的。他曾写出：

夜游宫宫词

独夜寒侵翠被，奈幽梦不成还起。欲写新愁泪溅纸。忆承恩，叹余生，今至此。　　萩萩灯花坠，问此际报人何事？怐

---

① 《文集》卷四十九。
② 《文集》卷五十。
③ 同卷。

尺长门过万里。恨君心,似危栏,难久倚。^①

这首词的主题思想,是和辛弃疾的《摸鱼儿》(更能消几番风雨),完全一致的。可是弃疾自注:"淳熙已亥自湖北漕移湖南,同官王正之置酒小山亭,为赋。"弃疾的怨愤是公开的。陆游的自注止是"宫词",这样便比较隐讳了。是宫词吗? 当然不是。这里的宫人,正和他在《婕妤怨》(见《诗稿》卷十一)的宫人一样。这里可能有一些偏激,可是在《婕妤怨》的最后,他止说"妾心剖如丹,妾骨朽亦香。后身作羽林,为国死封疆"。陆游止是陆游,除了这首《宫词》以外,在他伤感之余,总是予以适当的控制,这里可以看到:

一丛花

　　樽前凝伫漫魂迷,犹恨负幽期。从来不惯伤春泪,为伊后滴满罗衣。那堪更是,吹箫池馆,青子绿阴时。　　回廊帘影昼参差,偏共睡相宜。朝云梦断知何处? 倩双燕说与相思。从今判了,十分憔悴,图要个人知。^②

这首词的结尾,类似柳永的"衣带渐宽终不悔,为伊消得人憔悴",但是不同,因为柳永所写的是男女间的感情,而陆游的词中,却充满了对于国家的恋切。这样的恋切,正因为深挚,所以他不会写出辛弃疾《摸鱼儿》里的"休去倚危栏,斜阳正在烟柳断肠处"。陆游始终没有脱离缠绵的本色,因此不能走向奔放的道路,这是辛、陆二人分手的所在。

　　对于统治者存在着一定的幻想,这是封建社会里士大夫所常

---

① 《文集》卷五十。
② 同卷。

有,陆游是无法跳出这个局限的。同样地,由于他的生活优裕,对男女关系的认识不够严肃,因此他的诗、词里都留下这样的记录,《乌夜啼》(金鸭余香尚暖),《真珠帘》(灯前月下嬉游处),可证。最后,我们也可以指出在陆游的思想深处,还存留着一些出世的,尤其是道家的思想。词中如《一落索》、《破阵子》都是。这些都是陆游词中的糟粕。

第十七章　陆游的散文

陆游的散文现存《渭南文集》五十卷，《南唐书》十八卷，《老学庵笔记》十卷，及《家世旧闻》、《斋居纪事》。《放翁逸稿》中尚存有赋七篇，记两篇。子遹在《渭南文集》跋中记陆游曾言"如《入蜀记》、《牡丹谱》、《乐府词》本当别行，而异时或至散失，宜用庐陵所刊欧阳公集例，附于集后"。因此《渭南文集》中还保留着部分不应收入文集的作品。

从陆游的散文看，我们大体可以分为四项讨论：（一）一般作品，（二）《南唐书》，（三）《入蜀记》，（四）《老学庵笔记》。他的词应当另论，其余皆可从略。

（一）南宋时代，陆游和朱熹同称为当时的古文作家，有人甚至认为他的散文是南宋第一。平心而论，陆游的散文和唐宋八家比较，远在苏洵、苏辙之上，明人茅坤选《八大家文钞》，不录朱熹、陆游，所见不可谓不偏，后代对于陆游散文的注意不够，可能正由于此。

绍兴三十一年(1161)陆游三十七岁，有《上执政书》，提出他对于古文的看法。

　　某小人，生无他长，不幸束发有文字之愚，自上世遗文，先秦古书，昼读夜思，开山破荒，以求圣贤致意处。虽才识浅暗，不能如古人迎见逆决，然譬于农夫之辨菽麦，盖亦专且久矣。原委如是，派别如是，机杼如是，边幅如是。自《六经》、《左氏》、《离骚》以来，历历分明，皆可指数，不附不绝，不诬不紊，正有出于奇，旧或以为新，横鹜别驱，层出间见。每考观文词之变，见其雅正，则缨冠肃衽，如对王公大人；得其怪奇，则脱帽大叫，如鱼龙之陈前，枭卢之方胜也。①

陆游的这些言论，和一般古文家所言，大体相同，其实还不够深入。但是在他晚年作《傅给事外制集序》，便能提出独有的见解。

　　某闻文以气为主，出处无愧，气乃不挠，韩柳之不敌，世所知也。公自政和(1111—1118)讫绍兴(1131—1162)，阅世变多矣，白首一节，不少屈于权贵，不附时论以苟登用。每言虏，言畔臣，必愤然扼腕裂眦，有不与俱生之意。士大夫稍有退缩者辄正色责之若仇，一时士气为之振起。今观其制告之词，可概见也。②

所谓"文以气为主"，这是古代批评家和古文家相传的主张，但是经过陆游这样的提出，增加了新的意义，因为他指明傅给事的为人：

　　公天资忠义绝人，自东夷寇逆滔天，建炎中大驾南渡，虏吞噬不遗力，几犯属车之坐。公眇然书生，位未通显，独涕泗感激，请提孤军，横遏虏冲，卫乘舆，论功埒诸大将。及驻跸会

①　《文集》卷十三。
②　《文集》卷十五。

稽，公遂为浙东帅，始隐然有大臣望，虽摈斥不容，而士论愈归。及在东省，御史力诋去之，然犹知公为一代大儒，盖公论不可掩如此。

这里看得清楚，陆游所说的"气"，是指的政治认识，必须认识正确，文章才能传世，所谓"出处无愧，气乃不挠"。这就和一般人所说的"文气"，有所不同。唐人柳冕《答杨中丞书》曾说："故无病则气生，气生则才勇，才勇则文壮，文壮犹后可以鼓天下之道。"陆游的主张，和柳冕很相近，但是他从政治认识讲，比柳冕所说的"无病"，仅从一般思想讲，更为切实。可是从另一方面看，陆游对于柳宗元的认识，还为旧时代的史家所蒙蔽，没有看到宗元对于政治革新的要求，和他对于腐朽势力的斗争，因此立论不免扬韩抑柳，连带地对于宗元的文学作品，也不能做出正确的估价，这是必须指出的。

现代所称的散文，其实也包括古代的骈体文在内。陆游所作的骈体文，如《贺黄枢密启》中称：

> 夷狄鸱张，肆猖狂不逊之语；边障狼顾，怀震扰弗宁之心。东有淮江之冲，西有楚蜀之塞。降附踵至，人心虽归而强弱尚殊；踊跃请行，士气虽扬而胜负未决。坚壁保境，则曷慰后来之望；辟国复土，则又有兵连之虞。①

"降附踵至"以下两联，辞句流转，事理明畅，应当推为佳作。但是这样的作品，在宋人四六中，并非罕见，因此对于陆游的散文，给与正当的估价，还得考虑他的一般作品。

在《渭南文集》里，议论文不多，这是陆游和一般宋人不同的。

----

① 《文集》卷七。

《论选用西北士大夫札子》、《代乞分兵取山东札子》都结合到绍兴末年（1162）的具体情况。隆兴二年（1164）有《上二府论都邑札子》，他说：

> 然某闻江左自吴以来，未有舍建康他都者。吴尝都武昌，梁尝都荆渚，南唐尝都洪州，当时为计，必以建康距江不远，故求深固之地，然皆成而复毁，居而复徙，甚者遂至于败亡。相公以为此何哉？天造地设，山川形势，有不可易者也。车驾驻跸临安，出于权宜，本非定都，以形势则不固，以馈饷则不便，海道逼近，凛然常有意外之忧，至于谶纬俗语，则固所不论也。今一和之后，盟誓已立，动有拘碍，虽欲营缮，势将艰难。某窃谓及今当与之约：建康、临安，皆系驻跸之地，北使朝聘，或就建康，或就临安。如此，则我得以闲暇之际建都立国，而彼既素闻，不自疑沮。黠虏欲借以为辞，亦有不可者矣。①

建都建康，虽然是当时一般人士共有的主张，但是陆游却说得平易通透。其他如论进兵山东事，当时有人主张发兵由山东直取河北，陆游却主张首先巩固两淮。他说：

> 为今之计，莫若戒敕宣抚司，以大兵及舟师十分之九固守江淮，控扼要害，为不可动之计；以十分之一，遴选骁勇有纪律之将，使之更出迭入，以奇制胜。俟徐、郓、宋、亳等处抚定之后，两淮受敌处少，然后渐次那大兵前进。如此，则进有辟国拓土之功，退无劳师失备之患，实天下至计也。盖京东去房巢万里，彼虽不能守，未害其疆。两淮近在畿甸，一城被寇，尺地

---

① 《文集》卷三。

陷没,则朝廷之忧复如去岁。此臣所以夙夜忧惧,寝不能瞑,而为陛下力陈其愚也。①

这是绍兴三十二年(1162)的作品,那时陆游还没有参加军事,因此他也没有具体的作战经验,但是已经看到发兵冒进的危险而主张稳扎稳打。这里正是他的认识。对于财政,他曾说起:

> 司马丞相曰:"天地所生,财货百物,止有此数,不在民则在官。"其说辩矣,理则不如是也。自古财货不在民又不在官者,何可胜数? 或在权臣,或在贵戚近习,或在强藩大将,或在兼并,或在老释。方是时也,上则府库殚乏,下则民力穷悴,自非治世,何代无之? 若能尽去数者之弊,守之以悠久,持之以节俭,何止不加赋而上用足哉!②

在陆游的议论文中,最有价值的还是他讨论诗的创作的几篇,如《京口唱和序》、《东楼集序》、《吕居仁集序》、《方德亨诗集序》、《梅圣俞别集序》、《澹斋居士诗序》、《曾裘父诗集序》、《何君墓表》。他是一位有名的诗人,而且有独特的主张,因此议论更能中肯。他把诗人的思想修养提到一定的高度;又指出诗人的创作,必须抒写自己的热烈的感情,诗的成就必然是不断地在变,因此也就不怕变。这些都是非常警辟的。他说:

> 诗岂易言哉! 才得之天,而气者我之所自养。有才矣,气不足以御之,淫于富贵,移于贫贱,得不偿失,荣不盖愧,诗由

---

① 《文集》卷三《代乞分兵取山东札子》。
② 《文集》卷二十五《书通鉴后》。

此出，而欲追古人之逸驾，讵可得哉！①

　　《诗》首《国风》，无非变者，虽周公之《豳》，亦变也。盖人之情，悲愤积于中而无言，始发为诗，不然，无诗矣。苏武、李陵、陶潜、谢灵运、杜甫、李白，激于不能自已，故其诗为百代法。国朝林逋、魏野以布衣死，梅尧臣、石延年弃不用，苏舜钦、黄庭坚以废绌死，近世江西名家者例以党籍禁锢，乃有才名。盖诗之兴本如是。②

从陆游的素养和他的成就看，我们可以说他是体现了他的主张的。乾道九年（1173）他刚从南郑前线调到成都，曾把他入蜀以后的诗编为《东楼集》。这一部著作《宋史·艺文志》没有著录，现在更看不到了。他在序中自言：

　　余少读地志，至蜀、汉、巴、僰，辄怅然有游历山川、揽观风俗之志。私窃自怪，以为异时或至其地以偿素心，未可知也。岁庚寅，始溯峡，至巴中，闻《竹枝》之歌。后再岁，北游山南，凭高望鄠、万年诸山，思一醉曲江、渼陂之间，其势无由，往往悲歌流涕。又一岁，客成都、唐安，又东至于汉嘉，然后知昔者之感，盖非适然也。到汉嘉四十日，以檄得还成都，因索在笥，得古、律三十首，欲出则不敢，欲弃则不忍，乃叙藏之。③

陆游认为诗是热烈的感情的喷薄，他对于古代诗人的探讨，也从这条路入手，这是可以理解的。他论杜甫：

----

① 《文集》卷十四《方德亨诗集序》。
② 《文集》卷十五《澹斋居士诗序》。
③ 《文集》卷十四《东楼集序》。

　　少陵，天下士也，早遇明皇、肃宗，官爵虽不尊显而见知实深，盖尝慨然以稷、契自许。及落魄巴蜀，感汉昭烈、诸葛丞相之事，屡见于诗，顿挫悲壮，反复动人，其规模志意岂小哉？然去国寖久，诸公故人熟睨其穷，无肯出力。比至夔，客于柏中丞、严明府之间，如九尺丈夫俯首居小屋下，思一吐气而不可得。予读其诗，至"小臣议论绝，老病客殊方"之句，未尝不流涕也。嗟夫，辞之悲乃至是乎！荆卿之歌，阮嗣宗之哭，不加于此矣。少陵非区区于仕进者，不胜爱君忧国之心，思少出所学佐天子，兴贞观、开元之治，而身愈老，命愈大谬，坎壈且死，则其悲至此，亦无足怪也。①

　　爱国的感情，在陆游诗里，得到充分的抒写；同样地在他的散文里，也得到畅达的叙述。《傅给事外制集序》、《静镇堂记》、《铜壶阁记》、《镇江驻扎御前诸军副都统厅壁记》、《书渭桥事》都是。在这些作品里，他把积极御外、收复失地的思想感情都具体流露出来。乾道八年(1172)陆游在南郑，为四川宣抚使王炎作《静镇堂记》，他指出：

　　　　虏暴中原久，腥闻于天，天且悔祸，尽以所覆畀上，而公方弼亮神武，绍开中兴；异时奉銮驾，奠京邑，屏符瑞之奏，抑封禅之请，却渭桥之朝，谢玉关之质，然后能究公静镇之美云。②

　　正和他在诗里吐露了爱国的感情，有时也写出闲适的情趣一样，他在散文中，除了《静镇堂记》这一类作品以外，还有《烟艇记》、

---

① 《文集》卷十七《东屯高斋记》。
② 《文集》卷十七。

《书巢记》、《居室记》这些作品。这几篇小记都写得很干净，尤其能透露作者晚年的心情。那时候他固然准备随时响应国家的号召，束装待发，但是乡居久了，人也衰老了，因此一些闲散的心情，不时从诗文中流露出来。他说：

> 陆子治室于所居堂之北，其南北二十有八尺，东西十有七尺。东、西、北皆为窗，窗皆设帘障，视晦明寒燠为舒卷启闭之节。南为大门，西南为小门，冬则析堂与室为二，而通其小门以为奥室，夏则合为一，而辟大门以受凉风。岁暮必易腐瓦，补罅隙，以避霜露之气。朝晡食饮，丰约惟其力，少饱则止，不必尽器。休息取调节气血，不必成寐；读书取畅适性灵，不必终卷。衣加损，视气候，或一日屡变。行不过数十步，意倦则止，虽有所期处，亦不复问。客至，或见或不能见。间与人论说古事，或共杯酒，倦则亟舍而起。四方书疏，略不复遣。有来者，或亟报，或守累日不能报，皆适逢其会，无贵贱疏戚之间。足迹不至城市者率累年。少不治生事，旧食奉祠之禄以自给，秩满，因不复敢请，缩衣节食而已。又二年，遂请老，法当得分司禄，亦置不复言。舍后及旁，皆有隙地，莳花百余本，当敷荣时，或至其下，方羊坐起，亦或零落已尽，终不一往。有疾，亦不汲汲近药石，久多自平。①

从作品的篇幅讲，集中如《曾文清公墓志铭》、《尚书王公墓志铭》、《朝议大夫张公墓志铭》长达三四千字，都是大篇。《曾文清公墓志铭》叙述曾幾的立朝大节，论诗宗旨，更是有价值的作品。但

---

① 《文集》卷二十《居室记》。

是陆游散文的特长,正和他的诗一样,在短篇中表现得更突出。
例如:

> 我游三峡,得砚南浦,西穷梁益,东掠吴楚。浑洒淋漓,鬼
> 神风雨,百世之下,莫予敢侮。[1]

> 名动高皇,语触秦桧,身老空山,文传海外。五十年间,死
> 尽流辈,老子无才,山僧不会。[2]

> 进无以显于时,退不能隐于酒,事刀笔不如小吏,把锄犁
> 不如健妇。或问陈子何取而肖其像?曰:是翁也,腹容王导辈
> 数百,胸吞云梦者八九也。[3]

> 某去国八年,浮家万里,徒慕古人之大节,每遭天下之至
> 穷。登揽江山,徘徊祠宇,九原孰起,孤涕无从,虽薄奠之不
> 丰,冀英魂之来举。[4]

> 某有捐百身起九原之心,有倾长河注东海之泪,路修齿
> 耄,神往形留。公殁不亡,尚其来飨。[5]

在这些作品里,我们从三四十字之内,看到作者的思想面貌,这正
是古人所称"尺幅千里"的情况。

(二)陆游在实录院,有与傅伯寿同修的《孝宗实录》五百卷、
《光宗实录》一百卷,又有《圣政草》一卷,皆见《宋史·艺文志》,今
不传。传世的《南唐书》十八卷,确是一部有名的作品。在他以前,

---

① 《文集》卷二十二《金崖砚铭》。
② 《文集》卷二十二《放翁自赞》。
③ 《文集》卷二十二《放翁自赞》。
④ 《文集》卷二十四《祭富池神文》。
⑤ 《文集》卷四十一《祭朱元晦侍讲文》。

有马令、胡恢两部关于南唐的史书,胡书失传,马书一般认为不如
陆游的著作。南宋前期,胡安国的《春秋传》,朱熹的《通鉴纲目》,
和陆游的《南唐书》,都是政治意味特别浓重的作品。这里正看出
那个时代士大夫阶级中的爱国热忱,从前朝记载的论述中,曲折达
出。陆游的目的,在于指出即使南宋仅仅保有东南一隅,但是对于
北方的女真统治者用不到畏惧。《南唐书·元宗本纪论》正指明这
一点。他说:

> 论曰:元宗举闽楚之师,境内虚耗,及契丹灭晋,中原有隙
> 可乘,而南唐兵力国用,既已弗支,熟视而不能出,世以为恨。
> 予谓不然。唐有江淮,比同时割据诸国,地大力强,人材众多,
> 且据长江之险,隐然大邦也。若用得其人,乘闽、楚昏乱,一举
> 而平之,然后东取吴越,南下五岭,成南北之势,中原虽欲睥
> 睨,岂易动哉!不幸诸将失律,贪功轻举,大事弗成,国势遂
> 弱,非始谋之失,所以行之者非也。且陈觉、冯延鲁辈用师闽、
> 楚,犹丧败若此,若北乡而争天下,与秦晋赵魏之师战于中原,
> 角一旦胜负,其祸可胜言哉!故予具论其实如此,后之览者得
> 以考观焉。①

旧时代的史家,常常就事立论,作为对于当代的一种警戒,这
正是所谓"以古为鉴"。陆游《南唐书》里,这样的例子不止一处,他
的议论,不一定就能探讨到问题的本质,但是他在立论的时候,认
清对于当代的意义,这是可取的,举例如次:

> 论曰:南唐之衰,刘仁赡死于封疆,孙忌死于奉使,皆天下

---

① 《南唐书》卷二。

伟丈夫事,虽敌仇不敢议也。区区江淮之地,有国仅四十年,覆亡不暇,而后世追考,犹为国有人焉。盖自烈祖以来,倾心下士,士之避乱失职者以唐为归。烈祖于宋齐丘,字之而不敢名,齐丘一语不合,则挐衣笥,望秦淮门欲去,追谢之乃已。元宗接群臣如布衣交,间御小殿,以燕服见学士,必先遣中使谢曰:"小疾不能着帻,欲冠帽,可乎?"呜呼,是诚足以得士矣。苟含血气,名人类者,乌得不以死报之耶?《传》曰:"君之视臣如手足,则臣视君如腹心。"讵不信夫?①

论曰:亡国之君必先坏其纪纲而后其国从焉。方是时,疆场之臣,非皆不才也,败于敌未必诛,一有成功,谗先杀之。故强者玩寇,弱者降敌,自古非一世也。南唐如陈觉、冯延鲁、查文徽、边镐辈,丧败涂地,未尝少正典刑;朱元取两州于周兵将遁之时,固未为隽功,而陈觉已不能容,此元之所以降也。元降,诸将束手无策,相与为俘累以去,而唐遂失淮南,臣事于周,虽未即亡,而亡形成矣。欲知南唐之亡者当于是观之。②

呜呼,南唐偏国短世,无大淫虐,徒以寖衰而亡,要其最可为后世鉴者,酷好浮屠也。③

《南唐书》的这些言论,对于南宋时代,都有一定的意义。作者要求当时的统治者,对于人才加以重视,同时也希望他们不要把国家的财力,消耗在佛寺的建筑上。这一切都是他的用意。

他在人物形象的塑造方面,继承古代史家的优秀传统,给与栩

---

① 《南唐书》卷十一《孙忌传论》。
② 《南唐书》卷十二《朱元传论》。
③ 《南唐书》卷十八《浮屠列传》。

栩如生的描绘,如:

> 王会,庐州庐江人,本名安。少事吴武王,王尝临战,升高
> 冢望敌,安捧唾壶侍侧,左右皆注目前视。忽有卒持稍径趋
> 王,莫能御者。会置壶于地,引弓射之,一发而殪,徐纳弓弢
> 中,复捧壶立,色不变。王喜,抚其背曰:"汝器度如此,他日必
> 富贵。"①

> 虚白数为烈祖言,中原方横流,独江淮丰阜,兵食俱足,当
> 长驱以定大业,毋失事机,为他日悔。烈祖不能从,虚白乃谢
> 病去,南游至九江落星湾,因家焉。常乘双犊版辕,挂酒壶车
> 上,山童总角,负一琴一酒瓢以从,往来庐山,绝意世事。保大
> 初,〔韩〕熙载为史馆修撰,荐虚白可用。元宗召见,访以国事。
> 对曰:"草野之人,渔钓而已,安知国家大计。"赐宴便殿,醉溺
> 于殿陛。元宗曰:"真隐者也。"赐田五顷,放还山。及元宗南
> 迁豫章,次蠡泽,虚白鹤裘藜杖,迎谒道旁。元宗驻跸劳问曰:
> "处士居山,亦尝有所赋乎?"曰:"近得《溪居》诗一联。"使诵
> 之。曰:"风雨揭却屋,浑家醉不知。"元宗变色,厚赐粟帛、上
> 樽酒。徐铉、高越谓之曰:"先生高不可屈,肯使二子仕乎?"虚
> 白曰:"野人有子,贤则立功业,以道事明主,愚则负薪捕麋,以
> 养其母,仆未尝介意也。不敢以累公。"铉、越愧叹。卒年六十
> 八。将终,谓其子曰:"官赐吾美酒,饮之略尽,尚留一榼,吾
> 死,置藜杖及此酒于棺中。四时勿用祭享,无益死者,吾亦不

---

① 《南唐书》卷六《王会传》。

歙。"子皆从之。①

毛炳，洪州丰城人，隐居庐山，时为诸生讲，得钱即沽酒。尝醉卧道旁，有里正掖起之，炳瞑目呵之曰："醉者自醉，醒者自醒，亟去，毋挠予睡。"后徙居南台山，数年，忽书斋壁曰："先生不住此，千载惟空山。"因大醉，一夕卒。②

皇甫辉，魏州人。……周师攻淮南，为北面行营应援使，会刘彦贞、姚凤兵以行。彦贞举动躁挠，人测其必败。辉独持重，部分甚整，士亦乐为用，周人颇惮之。及彦贞败死，辉、凤退保清流关。周世宗亲帅众尽锐攻寿州，而分兵袭清流。辉陈山下，周兵出山后邀击。辉大败，犹收兵，且战且行。入滁州，滁州刺史王绍颜已委城遁，辉无所归，方断桥自守，周兵涉水逾城而入，执辉、凤送寿州行在。见世宗，曰："臣力惫，欲暂坐。"及坐，曰："欲暂卧。"不俟命而卧，神色自若。曰："臣非不尽力国事，南北勇怯不敌，臣在晋，屡与契丹战，安能如今日大朝兵甲之盛。昨退保滁州城，不意大军攀堞，如飞而入，臣智力俱殚，故被擒耳。"世宗赐之马及衣带。数日创甚，辉不肯治而死。③

（三）《入蜀记》六卷，是一部极好的日记。这里记的乾道六年（1170）闰五月十八日自山阴启行，至十月二十七日抵夔州为止。数年以后，范成大自四川东还，有《吴船志》，与《入蜀记》齐名，但是范成大的作品，是远不及陆游的。《入蜀记》的好处，在于写得自

---

① 《南唐书》卷七《史虚白传》。
② 《南唐书》卷七《毛炳传》。
③ 《南唐书》卷十《皇甫辉传》。

然,毫不做作,有议论,有见解,有时还很安详地流露了作者的感情。如:

〔六月〕二十九日,泊瓜洲,天气澄爽,南望京口月观、甘露寺、水府庙,皆至近。金山尤近,可辨人眉目也。然江不可横绝,放舟稍西,乃能达,故渡者皆迟回久之。舟人以帆弊,往姑苏买帆,是日方至。两日间,阅往来渡者无虑千人,大抵多军人也。夜观金山塔灯。

〔八月〕二十五日,观大军教习水战,大舰七百艘,皆长二三十丈,上设城壁楼橹,旗帜精明,金鼓鞺鞳,破巨浪往来,捷如飞翔,观者数万人,实天下之壮观也。

〔九月〕十九日,郡集于新桥马监,监在西门外四十里。自出城,即黄茅弥望,每十余里,有村疃数家而已。道遇数十骑,纵猎,获狐兔,皆系鞍上,割鲜藉草而饮,云襄阳军人也。是日极寒如穷冬。土人云:“此月初,已尝有雪。”

〔九月〕二十八日,泊方城,有嘉州人王百一者,初应募为船之招头。招头,盖三老之长,顾直差厚,每祭神,得胙肉倍众人。既而船户赵清,改用所善程小八为招头,百一失职怏怏,又不决去,遂发狂投水,予急遣人拯之,流一里余,三没三踊,仅得出。一招头得丧,能使人至死,况大于此者乎!

〔十月〕二十一日,舟中望石门关,仅通一人行,天下至险也。晚泊巴东县,江山雄丽,大胜秭归,但井邑极于萧条,邑中才百余户,自令廨而下,皆茅茨,了无片瓦。权县事秭归尉右迪功郎王康年,尉兼主簿右迪功郎杜德先来,皆蜀人也。谒寇莱公祠堂,登秋风亭,下临江山。是日重阴,微雪,天气飂飂,复观亭名，使人怅然，始有流落天涯之叹。遂登双柏堂、白云亭。堂下旧有莱公手植柏，今已槁死。然南山重复，秀丽可爱。白云亭则天下幽奇绝境，群山环拥，层出间见，古木森然，往往二三百年物。栏外双瀑泻石涧中，跳珠溅玉，冷入人骨，其下是为慈溪，奔流与江会。予自吴入楚，行五千余里，过十五州，亭榭之胜，无如白云者，而止在县廨厅事之后。巴东了无一事，为令者可以寝饭于亭中，其乐无涯，而阙令动辄二三年，无肯补者，何哉？

（四）《老学庵笔记》十卷，作于绍熙年间（1190—1194），每条自二三十字至三四百字，文笔极简练，所记有时关涉时事及文学，可供探讨，如：

> 故都李和炒栗，名闻四方，他人百计效之，终不可及。绍兴中，陈福公及钱上阁出使虏庭，至燕山，忽有两人持炒栗各十裹来献，三节人亦人得一裹。自赞曰："李和儿也。"挥涕而去。

> 姚平仲谋劫虏寨，钦宗以询种彝叔，彝叔持不可甚坚。及平仲败，彝叔乃请速再击之，曰："今必胜矣。"或问："平仲之举，为虏所笑，奈何再击？"彝叔曰："此所以必胜也。"然朝廷方上下震栗，无能用者。彝叔可谓知兵矣。

> 蜀人石耆公言苏黄门尝语其侄孙在庭少卿曰："《哀江头》即《长恨歌》也。《长恨》冗而凡，《哀江头》简而高。"在庭曰："《常武》与《桓》二诗皆言用兵而繁简不同，盖此意乎？"黄门摇手曰："不然。"

> 今人解杜诗，但寻出处，不知少陵之意初不如是。且如

《岳阳楼》诗："昔闻洞庭水，今上岳阳楼。吴楚东南坼，乾坤日夜浮。亲朋无一字，老病有孤舟。戎马关山北，凭轩涕泗流。"此岂可以出处求哉？纵使字字寻得出处，去少陵之意益远矣。盖后人原不知杜诗所以妙绝古今者在何处，但以一字亦有出处为工。如《西昆酬唱集》中诗，何尝有一字无出处者，便以为追配少陵可乎？且今人作诗，亦未尝无出处，渠自不知；若为之笺注，亦字字有出处，但不妨其为恶诗耳。

后　记

陆游是一位有名的诗人，但是过去我们对于他的认识很少从全面来考虑，这本书的写成，希望在这点上作出一些贡献，但是因为受到自己的认识水平的限制，总感觉无法完成这个任务。姑让我把自己的一些看法提出来。

作为一位诗人，他必然有自己的思想基础，这是陆游所说的"汝果欲学诗，工夫在诗外"。陆游有一套理想，也有一番事业，当然他的事业远远落在他的理想之后，但是他不甘心于做一位雕章琢句的诗人，是可以从他"飘零为禄仕，蹭蹬得诗名"的诗句而获得理解的。他的主导思想是什么？为什么他在主导的儒家思想以外，不断地流露出佛家思想和道家思想来？解决了这些问题，对于理解陆游的作品，可以摸到一些线索。

陆游的生活和南宋的政局是息息相关的。首先，在南郑的一段时间，虽然不足一年，但是在他的一生，这是最主要的一个段落，对于他的风格的转变起了极大的影响。他在南郑究竟做了些什么事业，我们所掌握的材料虽然还不够，但是必须就这些仅有的材料，说明问题，才能理解陆游和他的作品的发展。其次，陆游在山阴农村中,住过很长的一段时期,他的作品之中,很多描写农村生活的。他不是说过吗:"年来诗料别,满眼是桑麻。"他究竟是否参加过生产劳动,他和一般农民的阶级感情如何,都值得我们考虑一下,这样做对于理解他的晚年作品,是有用处的。最后,我们对于陆游和韩侂胄的关系,有必要进行仔细的分析。在韩侂胄掌握政权之初,他们之间是有一定距离的,但是后来他们接近了。在什么立场上,他和韩侂胄接近的? 我们明白了这一点,便不至为庸俗的史家所欺,也更可以理解陆游的作品。

陆游卒于嘉定二年,见《宋史·陆游传》,本来久成定论,但是钱大昕作《陆放翁年谱》,根据《直斋书录解题》,定为嘉定三年,以陆游诗"嘉定三年正月后,不知几度醉春风"作为论证。近人多用钱大昕说,认为陆游卒于嘉定三年。实则诗中既言"不知",原是未定之说,自张淏《宝庆续会稽志》发现之后,更足证明卒于嘉定二年之说不误。这不是一个重要的问题,但是因为目前还存在一定的争执,应当予以澄清。

陆游参加了当时的政治斗争,在诗中留下对于政治斗争的认识;同样地,因为他长期住在山阴农村,他对于山阴发生了情感,也在诗中留下山阴风土的踪迹。要了解陆游,我们对于他所接触到的统治阶级内部斗争和山阴的风物人情都有了解的必要。

诗是一种艺术,对于一位诗人的艺术作品,作出衡量的时候,我们考虑它的独创性,也得考虑它的继承性。我们都知道陆游是南宋初年"尤、杨、范、陆"四大诗人中的一位。从前都把他作为四位中间最后的一位,但是从现实主义的角度来衡量,他的地位不应当是最后而应当是最前。大家都说他是出自江西诗派,其后自成一家。他从江西诗派学到些什么？发展些什么？他出自江西诗派，必然有所推重，他推重些什么？既然自成一家，那他对于江西诗派的特点也必然有所抛弃，又抛弃些什么？从传授渊源看，陆游从曾幾学诗，所以他说"我得茶山一转语"；但是他也说过"我昔学诗未有得"。究竟是有"得"，或是"未有得"？我们必须从陆游和曾幾的关系中，探求这个问题的答案。追溯上去，我们必须理解梅尧臣的作品对陆游所起的影响。北宋开国以后的诗人，到梅尧臣这才截然划断和晚唐诗的联系。陆游说他"突过元和作，巍然独主盟"，这决不是偶然的。陆游对于古代的诗人，最敬服梅尧臣，《剑南诗稿》中学梅体的也独多，所以探讨陆游诗的渊源，我们必须上溯梅尧臣，近数曾幾，旁推一般江西诗派。这是陆游诗的发展给我们所规定的。

　　关于陆游诗的分期问题，通常把它分为三期：初期、中期和后期。这是和他的生活联系的。三期的界线在那里？各期的特点是什么？当然，我们要在人的一生划分截然不同的段落，中间必然有若干的困难，有时甚至给人一些牵强附会的印象，但是为了便于讨论，我们不妨进行分期的尝试。这三期都有各自的特点，但是也有前后一贯之处。各期的特点是什么？前后一贯之处又是什么？尤其困难的是初期，陆游也曾说过"我初学诗日，但欲工藻绘"，但是从陆游的初期诗看，我们找不到"藻绘"之处。是陆游有意委屈自己吗？他没有委屈自己的必要；是我们不解"藻绘"的意义吗？这里的命意非常明显，不可能引起误解。这就必须进行一些仔细的分析，始能对于陆游诗的分期问题有所认识。

　　对于陆游诗各种体裁的长短，论者的意见也不一致，有人认为他的古体诗比近体诗好,可是更多的人却推崇他的近体诗。在近体诗里,对于律诗和绝诗的看法也不相同。这些不同的意见,主要地都是从艺术的角度来衡量的。陆游的古体诗没有长的篇幅,但是句法的变化较多。他的律诗的成就,似在他的古诗之上,句法的要求更严格、更凝炼,但是意境仍然充沛有余。他的律诗的长处在此,和他从江西诗派所学的那些炼字炼句的功夫是分不开的。在绝句方面,陆游比较地爱着议论,但是他的着议论,一般地都能做到不致过分着迹,因此能够耐人咀嚼,有"一唱三叹"的余味。

陆游是一位现实主义的诗人,但是早年得到"小李白"的称号,这决不是偶然的。他在诗的创造上,同样地也运用了积极浪漫主义的手法。这个情况在他前期的诗作中较多,晚年却比较少了。我们从陆游的作品中,可以找到不少的实例,证明要把诗人分门别类,有时不免有些例外。不过这里总可以分别出一个主次来,从陆游的全部作品看,我们把他认作一位现实主义的诗人是正确的。自然,我们也不能忽视这样一个事实:在杰出的古典诗歌中,现实主义与浪漫主义往往是紧密结合的,而陆游的某些诗篇也正好说明了这一点。

辛弃疾的出现,给宋词打开了一个新的局面,拿陆游词和辛弃疾词比较,是略有逊色的,但也止是略有逊色。论南宋的词,辛、陆可以并称;论南宋的诗,从来没有听到辛、陆并称。这正说明了陆游的词有一定的成就,不容我们忽视。在衡量陆游作品的时候,我们必须把他的词也一同考虑,这才看到全面。简略地说,他的诗能够别开生面,但是他的词不能别开生面,这是他的词不如诗的所在,也是陆词不如辛词的所在。但是他的词意境深厚,情致疏远,这就为他的作品，取得一定的地位，尤其中间还有若干首写到他的生活，能够补充他的诗文所不及，要了解陆游的一生，这些词更具有独特的价值。

古文家对于古代散文，虽然唐、宋并称，其实是轻唐重宋，所以有人提出"唐诗宋文"的口号，清人姚鼐撰《古文辞类纂》，所选宋文的数量，远过于唐文，其故在此。但是后代的批评家，对于南宋的散文，重视不够，这是一件不易索解的事。陆游以七十八岁的高年，领导国史的工作，这正见到当时对于他的史才的重视。他的《入蜀记》，写得自然而生动，是少有的作品。宋代的题跋，通常都是简短、精练，陆游有时能以二三十字写出丰富深厚的思想感情，这是他特有的成就。至于一般的散文，他更是南宋的名家。我们对于陆游的散文，是不能忽视的。

对于陆游，自己确实想从各方面进行探索，但是因为涉及的方面多了，这本书就显得庞杂，不能成为系统的著作。同时因为政治水平太低，不能从高处着眼，把问题提得更深入，更警辟。尤其遗憾的是我写这本书的同时，也正在进行《陆游传》的创作。在《陆游研究》当中，我们不能离开他的生活而空洞地谈他的思想和作品；在《陆游传》的叙述里，离开他的生活，那又能写些什么呢？当然，我应当尽量设法避免重复，但是也还有些无法避免的重复。这一切都使我深切地感到内疚，请求读者给予应有的批评。